2013
北京市经济社会统计报告

Beijing Economic—Social Statistical Profile

经济社会发展篇（上册）

北　京　市　统　计　局
国家统计局北京调查总队　编

北京日报报业集团
同心出版社

图书在版编目（CIP）数据

北京市经济社会统计报告.2013 （上下册）.北京市统计局、国家统计局北京调查总队编著.
北京：同心出版社，2013.1
ISBN 978-7-5477-0411-0

Ⅰ.①北… Ⅱ.①北… ②国… Ⅲ.①社会经济统计—研究报告—北京市—2013 Ⅳ.①C832.1

中国版本图书馆 CIP 数据核字（2012）第 315968 号

北京市经济社会统计报告（上、下册）

出版发行：同心出版社
地 址：北京市东城区东单三条 8-16 号东方广场东配楼四层
邮 编：100005
电 话：发行部：（010）65255876 总编室：（010）65252135-8015
印 刷：北京鑫正大印刷有限公司
经 销：各地新华书店
版 次：2013 年 1 月第 1 版
2013 年 1 月第 1 次印刷
开 本：787×1092 1/16
印 张：43.75
字 数：672 千字
定 价：60.00 元（上、下册）

《北京市经济社会统计报告（2013）》（上册）

编辑委员会

序　言

2012 年是北京市实施“十二五”规划的重要一年，保增长、调结构、稳物价等宏观经济政策的实施，牵动着北京经济社会的发展动向，关系着普通百姓生活的方方面面。在经济形势复杂多变，统计数据备受关注的背景下，北京市政府统计系统努力做好统计分析工作，致力于通过数据解读北京经济社会的发展状况。《北京市经济社会统计报告（2013）》（以下简称报告）以“关注发展方式转变、服务首都科学发展”为主题，将与北京经济社会发展和人民生活息息相关的重要热点问题囊括其中。

报告延续近年来的编辑体例，以上、下册的形式出版。上册包括经济形势综述、重点领域监测和民情民意调查三部分，下册包括产业经济透视和区域发展研究两部分。从具体内容看，报告突出了以下几个特点：

1. 监测运行状况，把握发展脉搏。2012 年，北京市第十一次党代会及中共十八大对北京经济、社会建设都提出了更高的要求。在调整产业结构和布局、转变经济发展方式的关键时期，北京市经济社会发展逐步呈现出积极变化，但也存在着亟待解决的问题。报告以数据为基础，对经济运行、社会发展、投资消费、财政金融、节能降耗、物价变化、居民收入等方面的情况进行了客观分析，并就未来发展预期进行了探讨。

2. 聚焦重点领域，彰显首都特色。党的十八大确立的发展方向、奋斗目标和战略部署，对北京经济社会的改革和发展产生了深刻影响。报告聚焦全面建设小康、科技文化创新、城镇化进程、收入分配、城乡一体化等经济社会发展过程中的关键问题，着力进行深入分析；为突出展现首都的产业及区域发展特色，报告还以横纵向对比的方式进行剖析论证，有针对性地对重点领域的发展状况进行了监测评价，为完善相关政策提供了建设性意见。

3. 关注民生状况，透析百姓生活。改革开放30余年来，民生问题日益受到各级政府和社会公众的普遍关注。报告以调查数据为载体，收录了未成年人思想道德建设、城镇居民消费、房屋租赁市场、阶梯电价、蔬菜价格等方面的调查报告，分析结论为全方位、多元化推进首都民生工程的建设提供了参考意见。

报告出版之际，感谢编委会领导及成员的大力支持，感谢稿件作者的辛勤劳动。由于编辑时间较短，书中难免存在缺点和不足，恳请广大读者批评指正。

编　者

2012年12月

目　录

（上册）

经济形势综述

重点领域监测

民情民意调查

北京市经济社会统计报告

Beijing Economic-Social Statistical Profile

经济形势综述

2012年北京经济形势分析及2013年走势展望

◆◇朱燕南　马俊炯　孙　涛　杨　爽

2012年以来，在复杂严峻的国内外环境中，全市经济增速较上年小幅回调，同时随着“稳增长”政策逐步显效，年内经济形成温和回升态势；调结构、惠民生等重点工作稳步推进。总体来看，全年经济保持平稳运行，符合“稳中求进”的总基调。展望明年，国际环境依然复杂，国内环境将趋于好转，全市经济有望保持平稳运行。

一、经济运行基本情况及总体评价

2012年以来，全市经济增速逐季小幅回升。初步核算，1-3季度实现地区生产总值12678.1亿元，按可比价格计算，同比增长7.5%，比上年同期回落0.5个百分点；但分别比2012年上半年和一季度提高0.3个、0.5个百分点。预计四季度将延续温和回升态势，全年增速略高于前三季度（见图1）。

图1　2009年以来地区生产总值季度累计增速

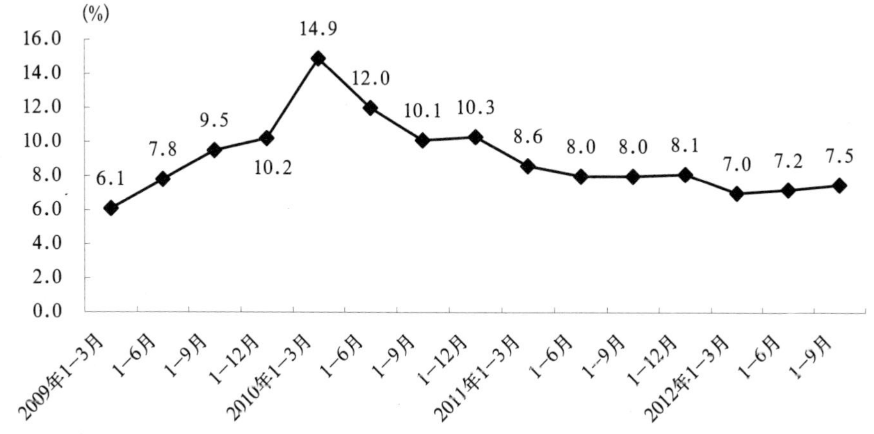

（一）工业生产低位回升，企业效益有所改善

2012 年以来受市场需求低迷影响，全市工业生产维持低速增长态势。1–11 月，规模以上工业增加值按可比价格计算，同比增长 6.8%，比上年同期回落 0.3 个百分点。但从年内走势看，在“稳增长”政策作用下，增速逐步小幅回升，1–11 月比 1–3 季度提高 0.6 个百分点（见图 2）。

图 2　　2010 年以来规模以上工业增加值累计增速

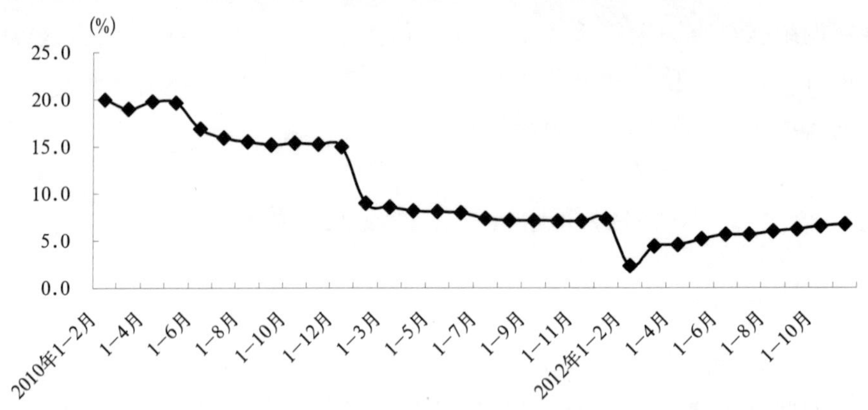

从重点行业看，电力、医药行业保持较快增长，增速分别为 19.9%和 13.4%；电子行业在中芯国际、京东方 8.5 代线、小米手机等带动下，增长 9.5%；汽车制造业在乘用车生产扩张带动下，增长 6.5%；装备行业仍呈降势，通用设备制造业下降 10.4%，专用设备制造业下降 4.8%。

企业效益有所改善。全市规模以上工业企业利润在 7 月份止跌回升后保持小幅增长。1–10 月实现利润 896.2 亿元，同比增长 6.2%，其中电力、医药行业利润分别增长 39.3%和 25.6%；企业亏损面从年初的 45.9%下降到 31.4%。

（二）服务业稳中有升，企业盈利继续好转

1–3 季度，全市第三产业增加值比上年同期增长 7.7%，同比回落 0.8 个百分点，但高于 2012 年上半年和 1 季度 0.2 个、0.3 个百分点，逐季小幅回升。

企业盈利继续好转。1–8 月，规模以上第三产业企业实现利润 8362.1

亿元，增长 10.2%，比 1-5 月提高 1.4 个百分点。

（三）投资增势基本稳定，结构有所优化

1-11 月，全市完成全社会固定资产投资 5890.1 亿元，同比增长 9.7%，预计全年投资增长将超过 9%。其中，完成房地产开发投资 2902.9 亿元，由 8 月份以来的持续下降转为增长 2.2%（见图 3）。

图 3　　2010 年以来全社会固定资产投资累计增速

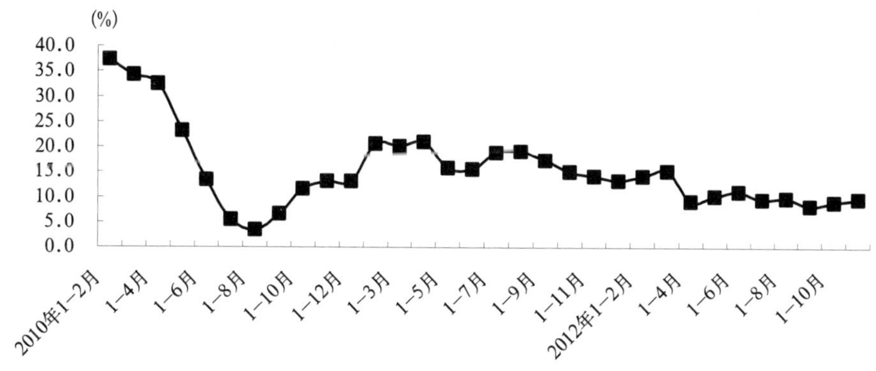

重点行业投资快速增长。医药制造业投资增长 65.8%，信息传输、软件和信息技术服务业增长 52.1%，科学研究和技术服务业增长 63.1%，文化、体育和娱乐业增长 98.7%。

薄弱区域投资有所加强。城南、西部地区投资分别增长 11%和 14.4%，高于全市平均水平 1.3 个和 4.7 个百分点。

（四）商品住宅销售增长加快，房价略有回升

全市商品房销售面积在 5 月份止跌回升后增速逐步提高。1-11 月，销售商品住宅 1179.2 万平方米，增长 52.7%。其中，销售纯商品住宅 892.1 万平方米，增长 67.2%；销售政策性住宅 287.1 万平方米，增长 20.3%（见图 4）。

商品住宅供给仍较低迷。1-11 月，全市商品住宅施工面积 7356.8 万平方米，同比增长 5.3%；其中新开工面积 1455 万平方米，下降 40.5%。

新建住宅销售价格自 6 月份开始环比持续上涨，10 月份环比上涨 0.2%。从同比涨跌变动走势看，呈降幅先扩大后收窄态势，在 5 月份至年内最低点（下降 1.2%）后，降幅有所缩小，10 月份同比下降 0.2%（见图 5）。

图 4　　　　2010 年以来商品住宅销售面积累计增速

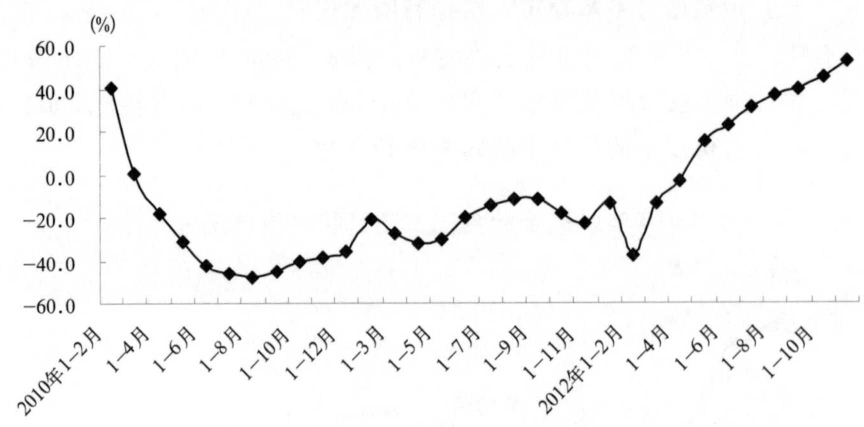

图 5　　　　2011 年以来新建住宅销售价格当月同比、环比涨跌幅度

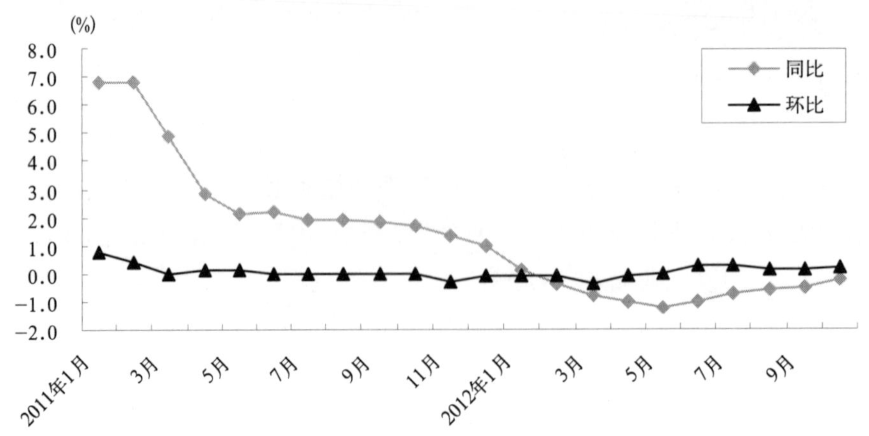

（五）消费品市场稳中趋缓，网上销售增势良好

1−11 月，全市实现社会消费品零售额 6944.5 亿元，增长 11.6%，同比提高 0.7 个百分点，但比 2012 年上半年略有放缓。预计全年有望保持这一增势（见图 6）。

随着电子商务的发展和网络促销力度的加强，网上销售保持较快增长。1−11 月，全市限额以上批零企业实现网上零售额 519.3 亿元，同比翻番；占限额以上批零企业零售额的比重为 9.2%，同比提高 4.1 个百分点。此外，与消费结构升级相关的通讯器材、书报杂志用品类零售额增长也较快，分别增长63%和24.8%。

图6　　2010年以来社会消费品零售额累计增速

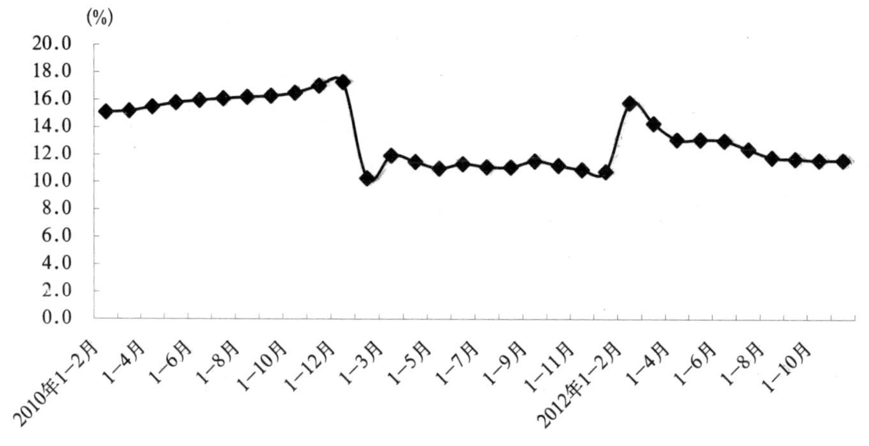

（六）出口低迷，利用外资增长较快

受全球经济复苏缓慢影响，全市出口延续了上年的低迷态势。1–10月地区进出口总值3359.6亿美元，同比增长5.8%，增速较1–3季度回落0.8个百分点。其中出口490亿美元，增长1.9%，回落1.3个百分点；进口2869.6亿美元，增长6.5%，回落0.7个百分点（见图7）。

图7　　2010年以来海关出口累计增速

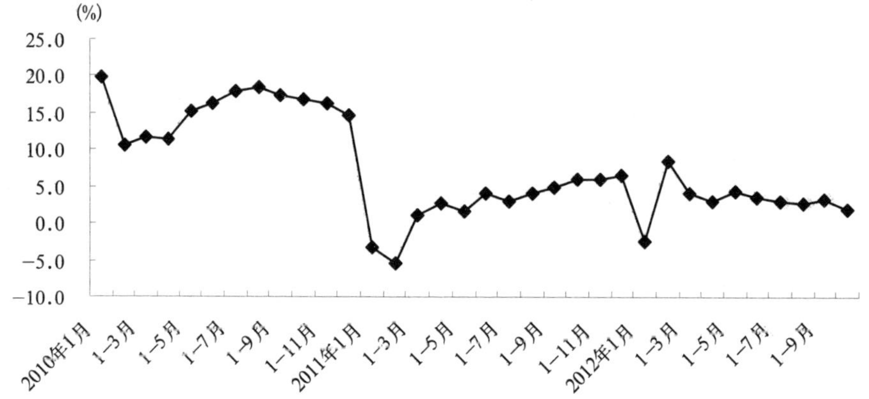

全市实际利用外资保持两位数增长，整体快于上年水平。1-11 月全市实际利用外资 78.3 亿美元，增长 13.5%，同比提高 0.5 个百分点；其中，制造业中的电子、汽车行业，服务业中的交通运输、科研、信息行业利用外资增长较快。

（七）消费价格涨幅高位回落，生产价格延续降势

2012 年以来，全市居民消费价格涨幅总体呈现高位回落态势，但自 8 月份以来涨幅略有扩大，主要是受上年同期基数走低的影响。11 月份居民消费价格比上年同月上涨 3.2%，涨幅比 10 月份提高 0.3 个百分点。其中，食品类价格上涨 4%，涨幅提高 0.8 个百分点；居住类价格上涨 6.4%，提高 1.4 个百分点。1-11 月，全市居民消费价格比上年同期上涨 3.2%，始终处于 4%的预期目标内（见图 8）。

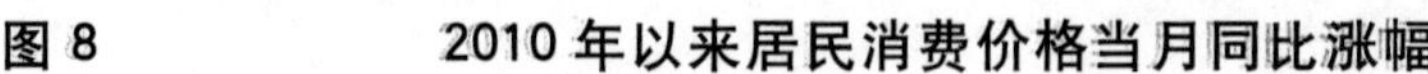

图 8　　2010 年以来居民消费价格当月同比涨幅

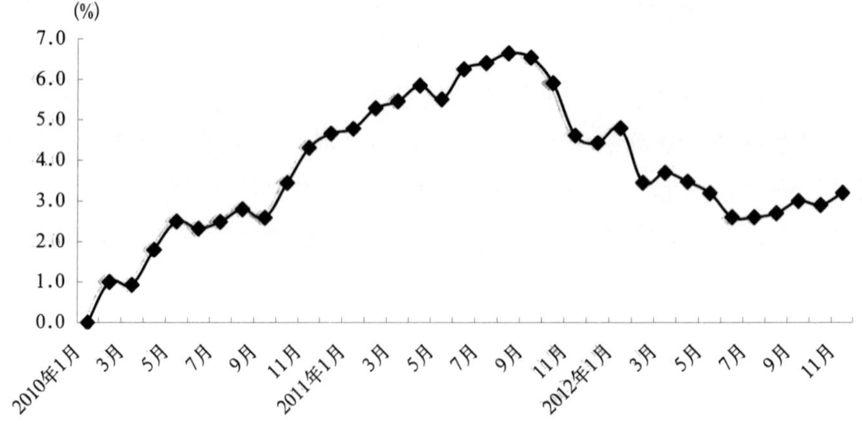

受市场需求乏力影响，全市工业生产者出厂价格和购进价格延续了上年四季度以来的下行态势，并在 5 月份双双由升转降，近 2 个月降幅有所收窄。11 月份出厂价格和购进价格分别比上年同月下降 2.8%和 2.7%，降幅均较上月收窄 0.2 个百分点。1-11 月，出厂和购进价格比上年同期下降 1.5%和 1.1%（见图 9）。

图 9　　2010 年以来出厂价格和购进价格当月同比涨跌幅度

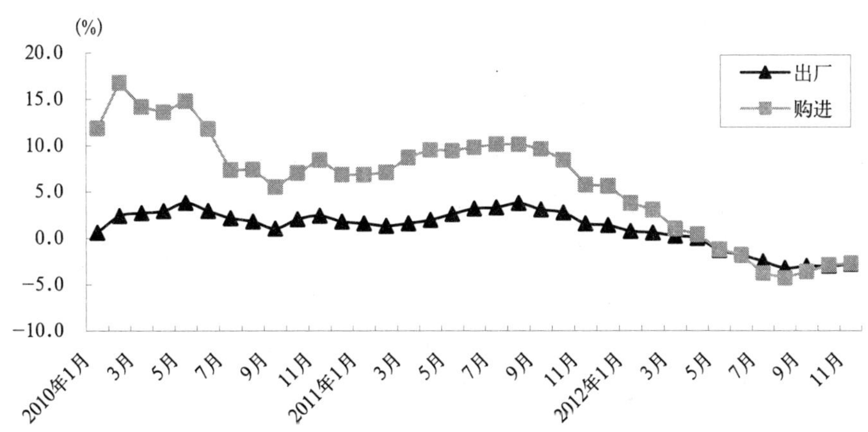

（八）居民收入稳步提高但增势趋缓

2012 年以来全市城乡居民收入稳步增长，但自 9 月份开始受上年同期基数走高影响，增速有所放缓。1−11 月城镇居民人均可支配收入 33328 元，同比增长 11%，较 1−3 季度回落 0.5 个百分点。农村居民人均现金收入 17844 元，增长 12%，回落 0.2 个百分点。扣除价格因素，城乡居民收入实际分别增长 7.6%和 8.5%，均高于全年 7%的预期目标。

总的来看，2012 年全市经济增势虽较上年有所放缓，但在“稳增长”政策带动下，各季增速温和回升；与此同时，价格涨幅始终稳定在预期目标内，从业人员继续增加（三季度末法人单位从业人员同比增长 5.6%），反映出总体经济运行基本平稳。

与此同时，调结构、转方式、惠民生继续推进。一是投资向重点行业、薄弱区域倾斜。消费领域呈现一些积极变化，网上销售等新兴业态快速发展。高技术制造业在医药制造业带动下连续 8 个月增速保持在两位数以上，且快于工业平均水平，1−11 月增长 10.7%。二是能耗持续下降，1−3 季度全市万元 GDP 能耗按可比价格计算，同比下降 4.59%，高于 2.5%的年度下降目标。三是保障房建设稳步推进，1−11 月政策性住房投资增长 14.2%，施工、竣工面积分别增长 20.4%和 50.6%，销售面积增长 20.3%；老旧小区改造、平原造林等改善居民生活、生态环境的重点工程取得明显进展。

二、需要关注的三个问题

（一）经济回升的内生动力仍显不足

2012年以来，全市经济虽逐步形成温和回升态势，但主要是依靠“稳增长”政策带动，内生动力仍显不足。

从投资看，国有、中央单位投资快速增长，民间投资较为低迷。4月份以来，全市国有及国有控股单位投资增速保持在15−19%的水平，1−11月同比增长16%；中央单位投资下半年以来明显加速，由上半年下降2.4%回升到1−11月增长15.8%；而民间投资仍然低迷，1−11月仅增长4.3%。

从消费看，2006年以来，全市消费率超过投资率，形成消费主导格局，但政府消费在其中发挥了重要作用。政府消费增长快于居民消费，使得政府消费占最终消费的比重持续上升，由2005年的36.3%提高到2011年的41.8%。2012年以来，这一趋势仍在延续。1−11月，全市公共财政预算支出增长17.7%，而城镇居民人均消费性支出增长10.3%，农村居民人均消费性支出仅增长6.6%。

从工业生产看，下半年以来，工业回升主要依靠国有及国有控股企业。1−11月，全市规模以上工业增加值增速由上半年的5.7%回升到6.8%；其中，国有及国有控股企业由7.7%回升到9.2%。

要保持经济的平稳可持续增长，巩固经济回升的基础，最终还要依靠经济体内在的自主增长力量，这就离不开微观主体的信心与活力。下阶段应在“稳增长”取得阶段性成效的基础上，抓紧推进相关改革，优化制度环境；在重点发展领域出实招、推项目；继续向有发展潜力的小微企业给予减税和补贴，提升民资、小微企业的市场信心，缓解其生产经营困境，逐步形成扩张意愿。同时，借加快收入分配改革的有利时机实现稳增收，并通过坚持物价调控，创造安全、高质的消费环境等措施，提升居民消费预期。

（二）双轮驱动作用尚显不足

科技与文化创新双轮驱动是提升经济发展内涵的重要途径，但从目前相关领域表现看，“创新”发挥的作用仍然不够。

从科技创新看，中关村示范区应发挥引领作用。但 2012 年以来示范区在新认定企业带动总收入增长加快的同时（4 月份以来各月累计增速均在 25%以上，高于去年同期约 10 个百分点），技术收入占比却有所下降。1–10 月，示范区技术收入占总收入的比重为 12.5%，低于去年同期 1.4 个百分点。此外，园区中开展科技活动的企业所占比重不足七成，与自主创新示范区的定位还有差距。

从文化创新看，文化创意产业是重点领域，但作为产业升级重点的新闻出版、广播影视、文化艺术、设计、艺术品交易等领域比重仍然较小，1–8 月占收入的比重合计不足 3 成。

“创新”驱动作用不够与企业尚未发挥创新主体作用有关。下阶段应深化科技体制改革，充分发挥市场作用，倒逼企业创新转型。政府要营造好的创新环境，加强知识产权保护力度，搭建好三个平台，即产学研对接平台、企业创新示范平台和技术成果转化应用平台，让企业勇于创新、乐于创新。

（三）实现居民收入增长与经济发展同步仍存在较大难度

北京“十二五”规划提出，要“努力实现居民收入增长与经济发展同步”。2011 年，全市经济增长 8.1%，城乡居民收入实际分别增长 7.2% 和 7.6%，均低于经济增速。从 2012 年情况看，虽然农村居民人均纯收入预计实际增长 8%以上，将超过经济增速；但城镇居民人均可支配收入预计实际增速不足 7.5%，仍将低于经济增速，给完成“十二五”同步增长目标带来较大压力。

因此，未来应在居民增收方面出实招，见实效，确保“十二五”后 3 年居民收入增长略快于经济增长；同时，在计划制订层面，应考虑相关目标的协调性、匹配性，统筹安排，对实际工作发挥导向和指引作用，确保重点规划目标的全面实现。

三、2013 年经济形势展望

从国际看：2012 年三季度以来，包括美国在内的主要经济体出台了帮助经济复苏的财政金融政策，大选也陆续结束，内部政局趋于稳定。10 月份，IMF 预测 2013 年全球经济增长 3.6%，略高于对 2012 年的预期（3.3%），表明世界经济将延续缓慢复苏态势；但对美、日、欧等发达经济体的预期仍不乐观，认为带动复苏的力量还是集中在新兴经济体。同时，政治争端、贸易保护、大宗商品市场走势等增加了复苏进程的不稳定性和不确定性。总体看，国际经济环境仍较为复杂。

从国内看：全国经济运行企稳态势基本形成，预期指标有回暖迹象。11 月份，全国制造业采购经理指数（PMI）为 50.6%，比上月上升 0.4 个百分点；非制造业商务活动指数基本保持在 55%以上，11 月份为 55.6%，连续 2 个月上升。近期召开的中央政治局会议已明确将保持宏观经济政策的连续性和稳定性，这将有利于巩固目前的经济企稳复苏态势。

从北京看：2012 年下半年以来，随着“稳增长”政策逐步显效，国内需求有所回暖，北京经济呈现温和回升态势，但回升基础仍有待稳固。综合考虑国际国内环境变化，初步判断明年全市经济有望保持平稳运行。

2012年北京市宏观经济监测预警报告

◆◇丁文斌　谢　黎　黄思宁　刘立功

2012 年，北京经济平稳运行。北京宏观经济监测预警系统的运行结果显示：反映未来经济走势的先行指数于 9–11 月连续 3 个月回升。从合成先行指数的分指标表现看，多数指标走势平稳。结合预警指数测算结果及国内外经济发展环境分析，预计 2013 年上半年经济将保持平稳走势。

一、北京市宏观经济预警系统监测结果分析

（一）先行指数有上行表现，但回升幅度较小

2012 年 11 月，反映未来经济走势的先行指数为 103.45，连续 3 个月回升。从年初以来的先行指数变化情况看，总体延续近 2 年来的下行态势，但 9–11 月指数连续回升 3 个月，回升幅度较小。指数出现上行表现，预示经济中仍有上升动能，但起伏波动的运行轨迹，表明先行指数上升动力不足，需要密切关注后几个月的走势（见图 1）。

（二）先行指数分项指标走势平稳

北京市宏观经济先行指数由 7 项指标合成，分别是全社会固定资产投资、商品房新开工面积、工业产品订货、中资金融机构人民币贷款月增加额、上证成交量、地方公共财政一般预算支出和企业家信心指数，这 7 项指标的先行性具有经济理论依据，也经过统计方法的测算和验证。

本报告采用数学方法将价格因素（涉及价格因素的指标）、季节因素（Season）、随时间变化的趋势因素（Trend）和偶然意外因素（Irregular）等影响进行分离，用循环波动因素（即 Cycle 序列，简称 C 序列）来反映经济变量的内生波动规律。通过观察分析经济变量 C 序列的变化情况，可以判断相关经济指标的周期性波动规律。从全社会固定资产投资等 7 项先行指标的内在波动变化看（C 序列变化），指标走势平稳。

图 1　　1999 年 1 月–2012 年 11 月先行指数走势图

1. 商品房新开工面积小幅回升，民间投资动力不强

1–11 月，全市完成全社会固定资产投资 5890.1 亿元，同比增长 9.7%，11 月当月完成投资 700.5 亿元，创近年来各月新高，剔除价格因素后较为平稳，比去年同期增长 45.8 亿元（见图 2）。从进度完成情况看，1–11 月完成全年任务的 91.3%，超出预期 1.3 个百分点。

图 2　　2008 年以来全社会固定资产投资及其 C 序列走势

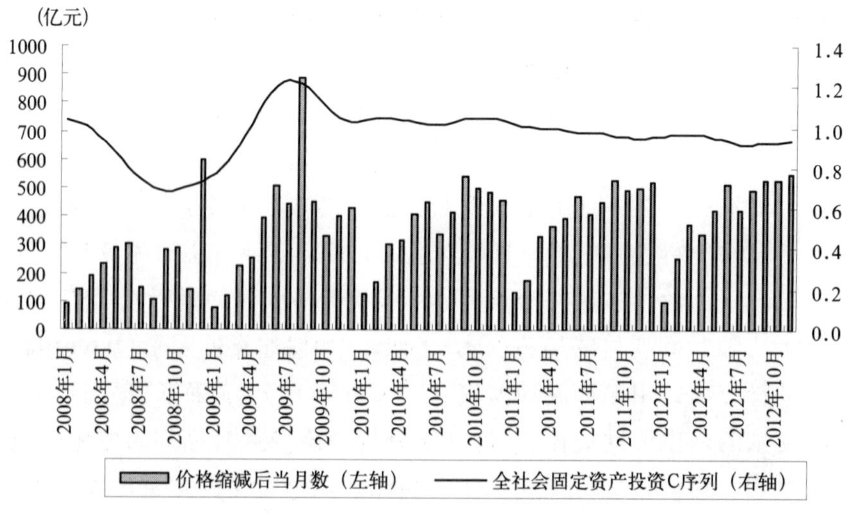

从投资主体来看，受大项目影响，1–11 月，全市中央投资完成 797.7 亿元，比上年同期增长 15.8%。非国有内资投资 3388.6 亿元，比上年同期增长 3.9%，占全社会投资比重为 57.5%，同比下降 3.3 个百分点。从近年来的情况看，2010 年以来非国有内资占全社会固定资产投资比重基本保持在 60%左右，目前该比重有所下降，说明面对复杂低迷的经济形势，民间投资趋向谨慎，动力不强（见图 3）。

图 3　　2007 年以来非国有内资增速及比重走势

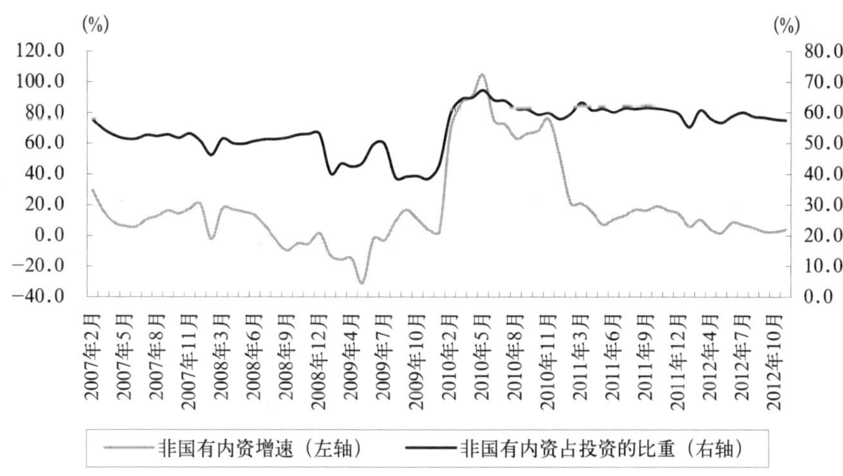

图 4　2007 年以来商品房新开工面积 C 序列与住宅销售面积增速图

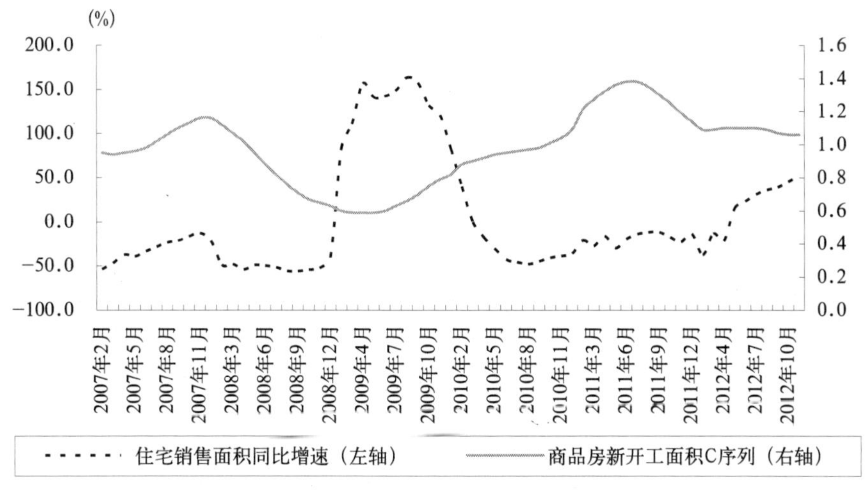

在投资领域中，商品房新开工面积是重要的先行经济指标。从剔除价格和季节因素影响的指标数据（即 C 序列）看，商品房新开工面积从 2012 年 8 月起小幅回落，可见走高基础并不稳固。从走势看，当前楼市仍处于去库存的进程中，销量的平稳回升与商品房新开工面积走弱之间的矛盾，将对未来供需状况产生一定影响（见图 4）。

2. 工业生产、效益有所增加，景气显示企稳态势延续

1-11 月，在汽车、电力、热力生产和供应业、医药制造业等行业生产提速的带动下，全市规模以上工业增加值比上年同期增长 6.8%，增速比三季度提高 0.6 个百分点。其中，现代制造业增加值增速达到 6.4%，比三季度提高 1.3 个百分点。与全国及其他四个城市的工业增加值增速进行对比可以发现（见图 5），虽然北京与上海的工业增加值增速仍处于低位，但从前 3 季度的走势来看，北京工业生产已呈现回稳增长态势。

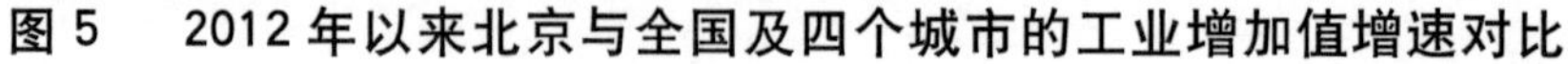
图 5　2012 年以来北京与全国及四个城市的工业增加值增速对比

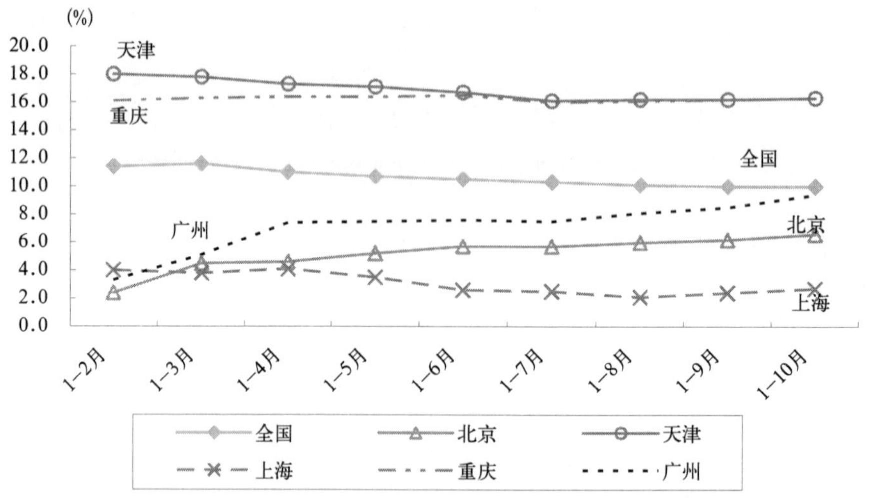

从效益情况看，工业企业效益缓慢好转，但仍低于近年同期水平。图 6 显示：2012 年以来，北京市规模以上工业企业利润总额和利税总额增速均由负转正，亏损企业比重也出现了明显下降；但与过去三年同期相比，仍处于较低水平。

11 月份，北京市制造业采购经理指数（PMI）为 50.4%，环比提升

0.1 个百分点，连续 2 个月在临界点以上小幅回升。表明制造业企稳态势延续，经济继续保持低位扩张。

图 6　　2009 年以来工业企业效益对比

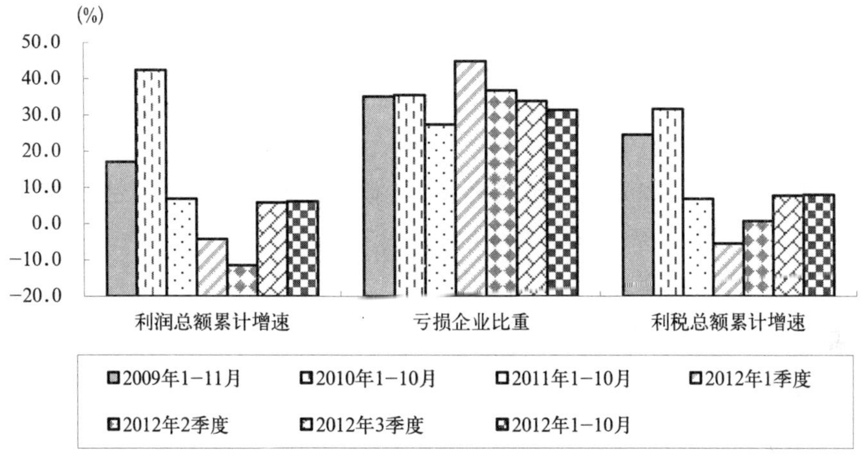

3. 货币政策趋于宽松，人民币贷款波动运行

年初以来，"稳增长"成为经济调控的主要任务，人民银行两次下调存款准备金率和存贷款利率，货币政策趋于宽松。北京中资金融机构人民币贷款每月增加额在 7 月份触底后，开始波动上行。其中 10 月份北京

图 7　　2012 年 1 月以来人民币贷款每月增加额走势图

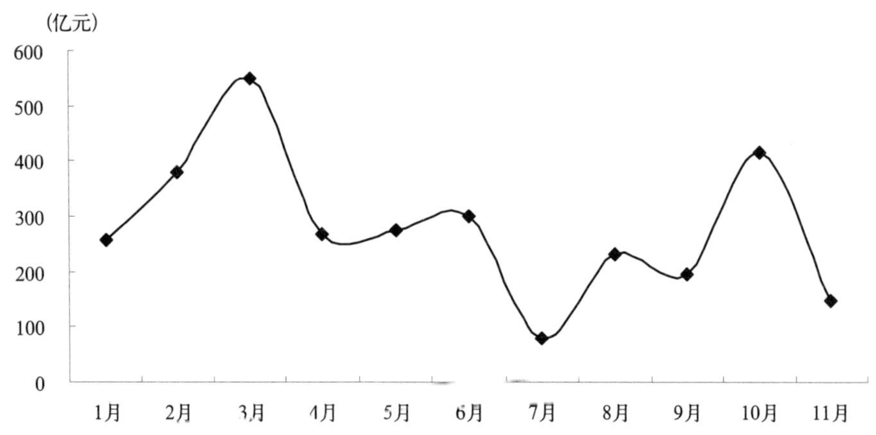

中资金融机构人民币贷款额比上月增加 415.3 亿元，仅次于 3 月份的增加额。11 月增加额为 149.9 亿元，处于波动运行的趋势（见图 7）。贷款的增加意味着对资金需求增大，后期经济增长将有更大的增长动能。

4. 上证成交量低位运行，“北京版块”相对平稳

2012 年 1–3 季度以来，全国经济增速放缓，投资者对未来经济增长预期持谨慎态度，11 月季度上证成交量为 1245 亿股，较上月小幅回升，但整体低位运行（见图 8）。

图 8　2011 年 1 月以来上证成交量及 10 家北京上市公司成交量走势

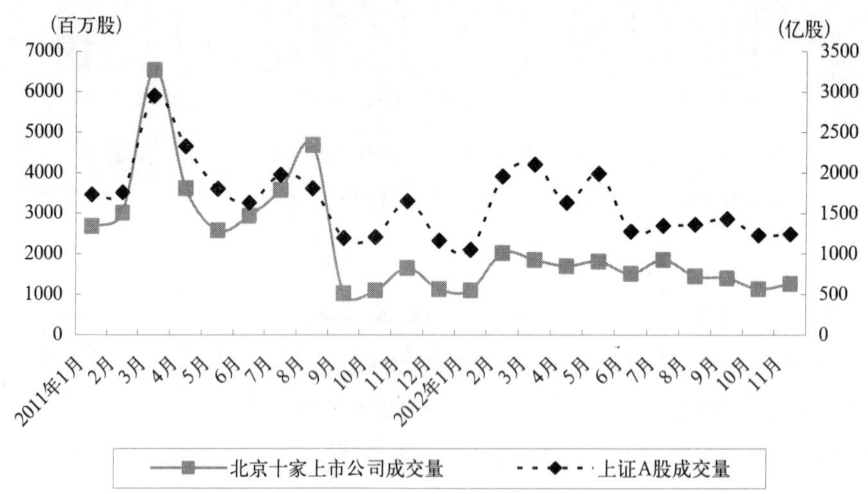

从“北京版块”（选取较能体现北京经济特点的 10 家上市公司）成交量来看，基本和上证走势一致（见图 8）。1–3 季度，华锐风电，北京城建和中国软件等 3 家公司利润同比出现下降，7 家公司利润同比上升，上升和下降公司数目与 1 季度持平。3 家消费类企业（王府井，全聚德和燕京啤酒）利润继续同比上升，从一个侧面反映出北京消费继续平稳增长。

5. 财政支出平稳增长、支出结构重点突出

1–11 月，全市地方财政一般预算支出 2933.5 亿元，同比增长 17.7%；11 月份，财政支出 411.6 亿元，同比增速较快，为 55.5%（见图 9）。从财政支出结构看，重民生的政策效应继续显现，投向社会保障和就业、

医疗卫生、交通运输等领域的支出大幅增加，当月同比增速均在 20%以上。

图 9　　2008 年以来地方公共财政预算支出及其 C 序列走势

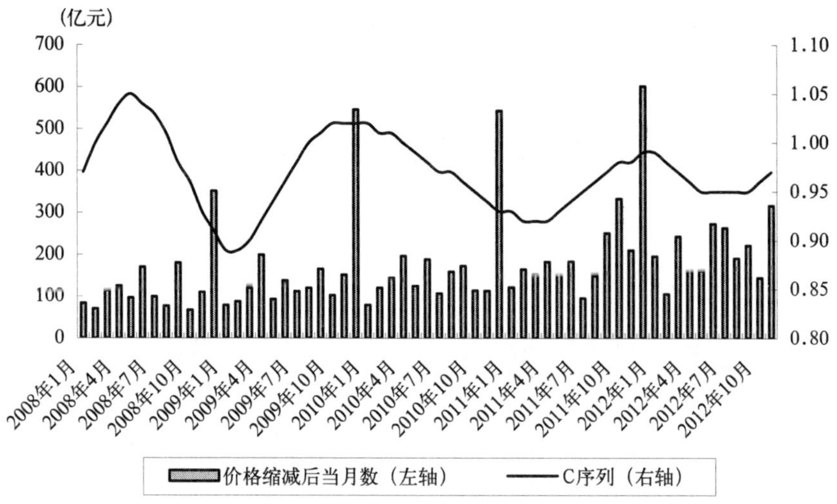

6. 企业家信心指数略有回落，未来预期偏于谨慎

2012 年三季度，北京市企业家信心指数为 116.1。从企业家信心指数的 C 序列来看（见图 10），延续了年初以来的平稳回落态势。但信息

图 10　　企业家信心指数 C 序列走势图

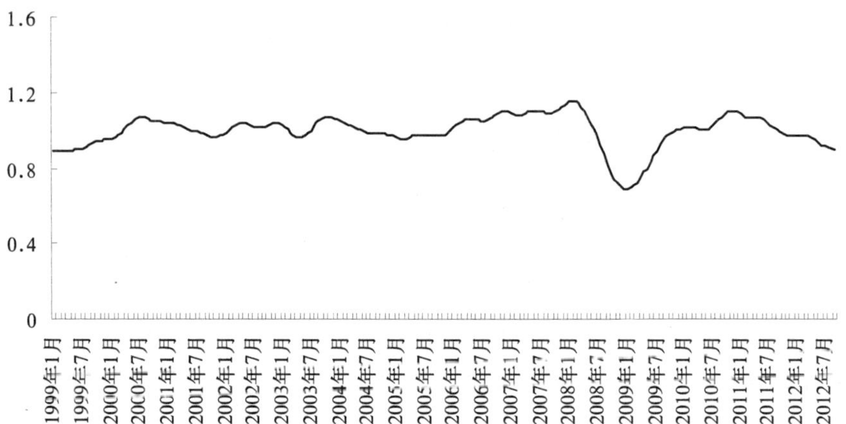

传输、计算机服务和软件业、住宿和餐饮业以及社会服务业的企业家信心指数继续保持较高水平；在商品房销售市场回暖的带动下，房地产业的企业家信心指数呈企稳迹象，当季为99.4，比上季度温和回升1.6点。

（三）宏观经济总体景气度处于绿灯区

2012年11月，反映北京宏观经济总体景气度的综合景气指数为27.4，景气曲线继续在绿色灯区内运行（见图11）。

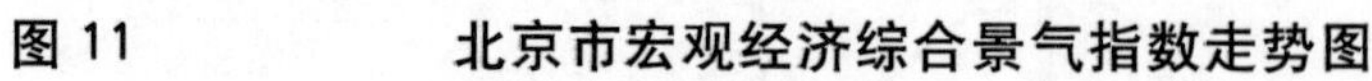

图11　北京市宏观经济综合景气指数走势图

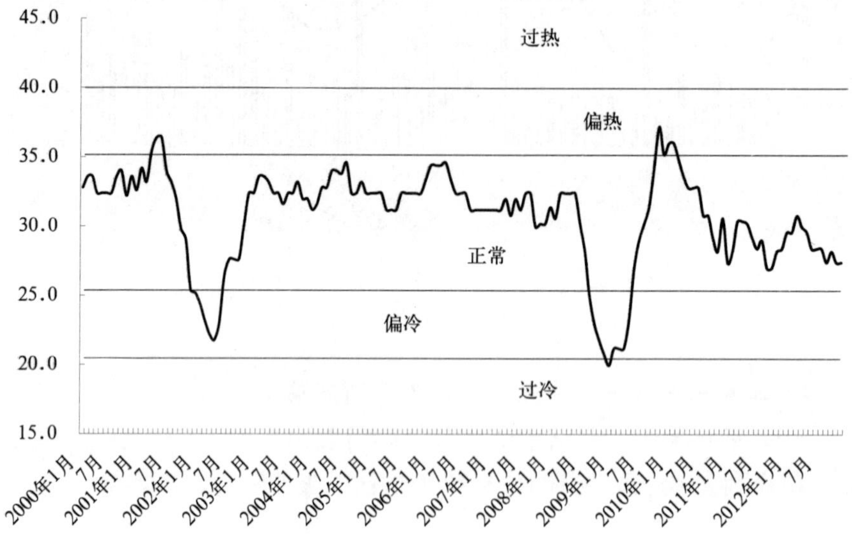

注：综合景气指数值在41分以上显示为红灯，表示整体经济处于过热状态；指数值在35-40分之间显示为黄灯，表示经济处于偏热状态；指数值在25-35分之间显示为绿灯，表示经济发展稳定、正常；指数值在19-25分之间显示为浅蓝灯，表示经济偏冷；指数值在19分以下显示为深蓝灯，表示经济过冷。

从10项监测指标数值及相关景气灯号情况看：规模以上工业增加值、全社会固定资产投资、居民消费价格总指数、社会消费品零售额、中资金融机构人民币贷款月增加额、财政一般预算收入及城镇居民人均可支配收入等7项指标增速基本保持了平稳走势，景气灯号处于绿色的正常范围内；规模以上工业出口交货值、海关进出口总额的景气度分别于8月、10月由正常降至偏冷；受宏观调控、房地产市场持续低迷影响，京房景气指数的景气度仍处于偏冷区域（见表1）。

表 1　　监测指标景气信号图

指标名称	权重	2011 年	2012 年										
		12	1	2	3	4	5	6	7	8	9	10	11
规模以上工业增加值	0.12	☆	☆	☆	☆	☆	☆	☆	☆	☆	☆	☆	☆
居民消费价格总指数	0.12	▲	▲	▲	▲	△	☆	☆	☆	☆	☆	☆	☆
全社会固定资产投资	0.12	☆	☆	☆	☆	☆	☆	☆	☆	☆	☆	☆	☆
社会消费品零售额	0.12	▽	▽	☆	☆	☆	☆	☆	☆	☆	☆	☆	☆
城镇居民人均可支配收入	0.10	☆	☆	☆	☆	☆	☆	☆	☆	☆	☆	☆	☆
规上工业出口交货值	0.10	☆	☆	☆	☆	☆	☆	☆	☆	▽	▽	▽	▽
海关进出口总额	0.08	☆	☆	☆	☆	☆	☆	☆	☆	☆	☆	▽	▽
京房景气指数	0.08	▼	▼	▼	▼	▽	▽	▽	▼	▼	▽	▽	▽
一般财政预算收入	0.08	☆	☆	☆	▽	▽	▽	▽	☆	☆	☆	☆	☆
中资金融机构人民币贷款每月增加额	0.08	☆	☆	☆	☆	☆	☆	☆	☆	☆	☆	☆	☆
综合景气指数		29.6	29.6	30.8	30	29.6	28.4	28.4	28.4	27.4	28.2	27.4	27.4
景气状况		☆	☆	☆	☆	☆	☆	☆	☆	☆	☆	☆	☆

注：过热▲、偏热△、正常☆、偏冷▽、过冷▼

二、国际经济环境分析及北京经济走势判断

当前，世界发达经济体经济复苏缓慢，新兴经济体经济增长普遍低于预期，世界经济的不确定因素进一步增多，北京经济面临的国际环境依然复杂。

（一）国内外经济环境总体相对稳定

OECD 发布的景气预测数据显示，美国、欧元区、日本等发达经济体的先行经济指数总体相对稳定，其中欧元区先行经济指数保持小幅下

降趋势。从金砖四国的情况看，各国先行经济指数相对平稳，10 月中国和印度的先行指数呈现小幅回升趋势（见图 12）。

图 12　2010 年 12 月以来美、日、欧及金砖四国先行指数走势图

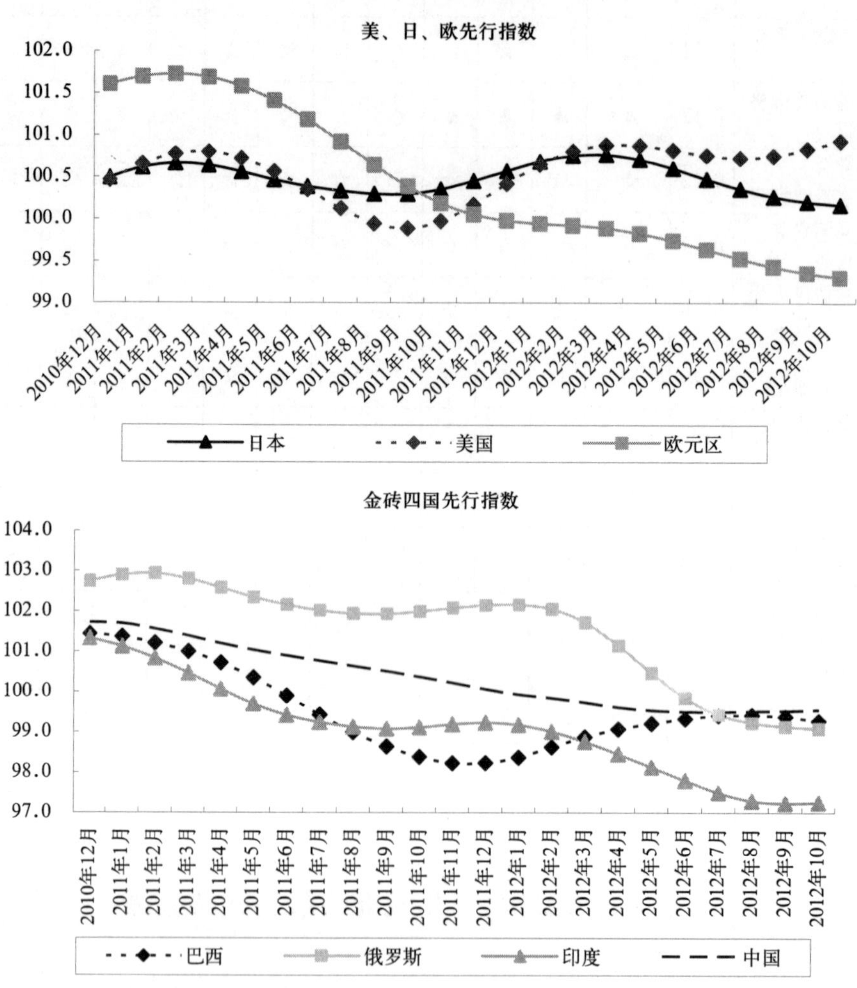

注：数据来源于 OECD 网站。

从就业市场的情况看，10 月份美国失业率降至 7.9%，比 9 月份略提高 0.1 个百分点，但比上年同期下降 1 个百分点；日本失业率为 4.1%，维持较为平稳的水平。欧元区国家 10 月份失业率仍处高位，为 11.7%（见图 13）。

图 13　　2011 年 9 月以来美、欧、日失业率

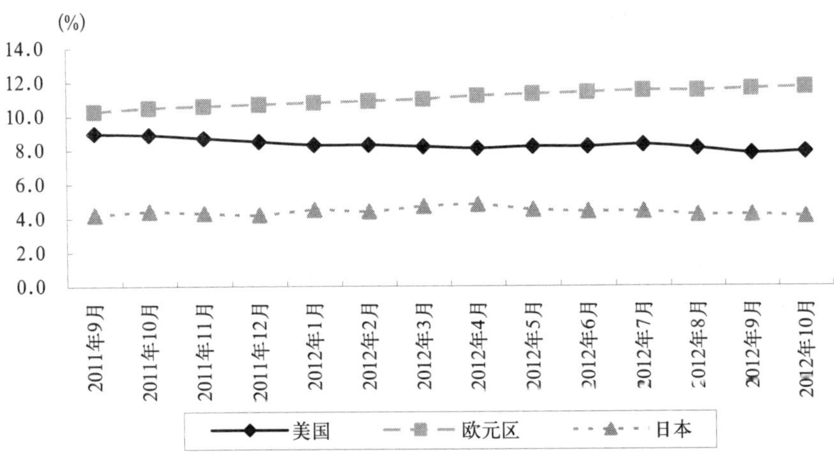

注：数据来源于美国、日本和欧盟统计局网站。

（二）明年上半年北京经济运行将相对平稳

年初以来，北京经济温和回升，前 3 季度经济增速分别为 7.0%、7.2%、7.5%，虽低于 2011 年 8.1%的增速，但呈小幅回升态势。从主要经济领域表现看：进入三季度以来，工业生产呈现回稳迹象，1-11 月规模以上工业增加值同比增长 6.8%，比上半年提高 1.1 个百分点；固定资产投资相对平稳，9-11 月各月剔除价格因素后完成投资额均在 500 亿元以上；消费需求保持惯性动力，11 月社会消费品零售额 684.8 亿元，超越 10 月成为年内次高点（9 月的 700.9 亿为历史最高），经济运行中驱动复苏的动能仍在积极发挥作用。从预测未来走势的先行指数变化情况看，近 3 个月呈现连续上升迹象，预示经济运行中有上升动能。初步预测，2013 年上半年北京经济运行将相对平稳。

2012 年北京市固定资产投资运行分析

◆◇余高潮　于丽君

2012 年是北京市投资领域主动调控力度持续加大的一年。一方面，北京市不断加大对投资的调控力度，“促项目落地、促项目开工”，特别是加快对已供地未开工项目的落地协调调度，为投资平稳增长提供动力支撑；另一方面，坚决贯彻中央关于房地产调控措施不动摇，持续加大政策性住房保障力度，促进房地产销售市场稳定运行。随着调控措施效果的不断显现，北京市投资运行平稳，结构优化，符合主动调控预期，呈现良好的发展态势。

一、规模结构并举

（一）投资运行平稳

1. 规模上水平

2012 年 1－11 月，北京市完成全社会固定资产投资 5890.1 亿元，全年投资规模确保突破 6000 亿元，预计接近 6500 亿元（见图 1）。

图 1　　2000 年以来北京市投资规模情况

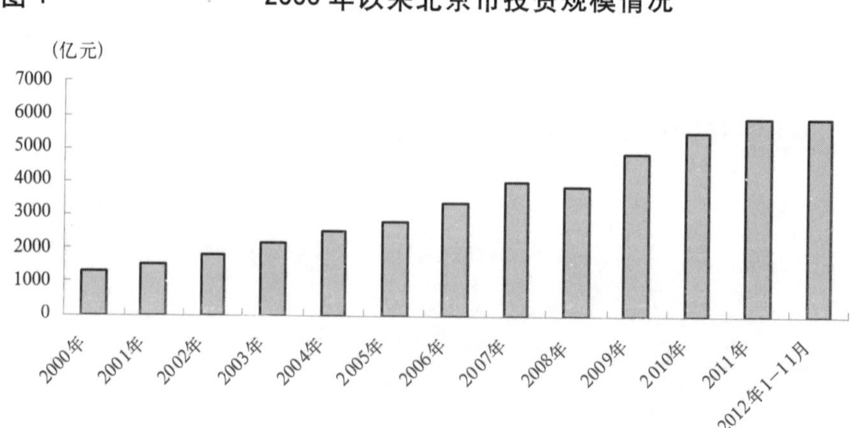

2. 增速趋平稳

2012 年 1−11 月，北京市投资比上年同期增长 9.7%，自一季度以来持续保持在 10%左右的水平，增速波幅保持在 2.7 个百分点，与上年同时期相比，缩小 5 个百分点（见图 2）。

图 2　　2011 年来北京市投资累计增速运行情况

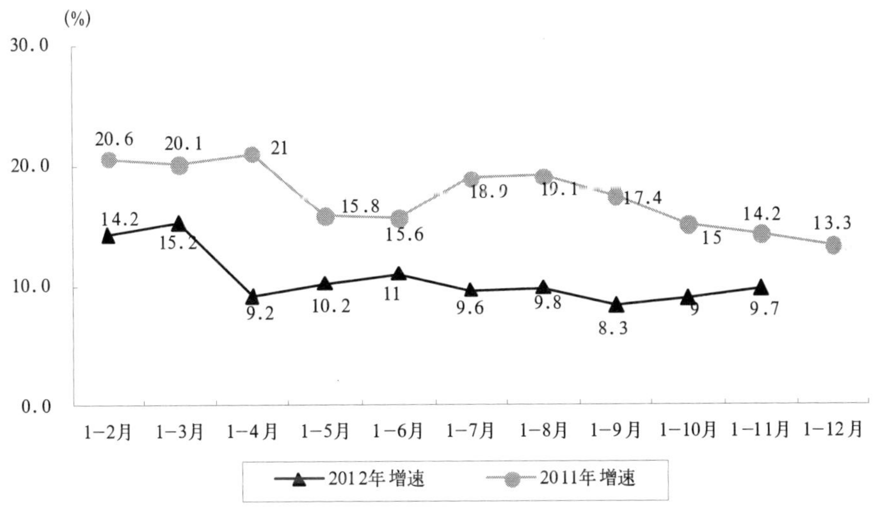

（二）结构继续优化

1. 投资侧重于非房地产开发领域

今年以来，北京市房地产开发投资占全社会投资比重有所降低，进一步推动各类发展要素向非房地产开发领域集聚。2012 年 1−11 月，北京市完成房地产开发投资 2902.9 亿元，同比仅增长 2.2%；占全社会投资比重为 49.3%，同比下降 3.6 个百分点。非房地产开发投资领域完成 2987.3 亿元，增长 18.2%。

2. 投资侧重于实体领域

2012 年 1−11 月，北京市完成建安投资 2719.9 亿元，比上年同期增长 20%，高于全社会投资 10.3 个百分点，高于费用形成投资 22.5 个百分点。从比重看，建安投资占全社会投资比重为 46.2%，同比提高 4 个百分点，费用形成投资比重由上年同期的 44.6%下降为 39.6%。

3. 投资侧重于重点行业和产业领域

2012 年 1-11 月，北京市信息传输、软件和信息技术服务业完成投资 133.3 亿元,比上年同期增长 52.1%;文化体育和娱乐业完成投资 87.7 亿元，增长 98.7%；科学研究和技术服务业完成投资 118.4 亿元，增长 63.1%；公共管理、社会保障和社会组织完成投资 159.9 亿元，增长近 2 倍。上述四个行业完成投资占全社会投资（不含房地产开发）比重超过 1/6，同比提高 6.5 个百分点。旅游产业、文化创意产业和生产性服务业分别完成投资 577.9 亿元、256.3 亿元和 345.2 亿元，占全社会投资比重为 9.8%，4.4%和 5.9%。

4. 投资侧重于薄弱地区

2012 年 1-11 月，北京市城区完成投资 2793.6 亿元，比上年同期增长 7%；郊区完成投资 3096.5 亿元，同比增长 12.3%。郊区投资比重同比提高 1.2 个百分点。城南、西部地区投资增速高于全市。2012 年 1-11 月，北京市城南地区完成投资 1920.1 亿元，比上年同期增长 11%；西部地区完成投资 1351.8 亿元，同比增长 14.4%；增速分别比全市投资高出 1.3 个和 4.7 个百分点。

二、调控效果显现

（一）“促落地、促开工”措施：下半年以来投资明显加快

1. 2012 年下半年以来北京市投资不断加快，进度超预期

2012 年初，北京市投资确立了全年任务为 6450 亿元、各季度进度为 14:30:26:30 的调控目标。但上半年投资进度持续低于预期目标。1-3 季度，北京市投资进度 70%，符合预期目标，成功扭转了进度连续滞后的局面。四季度以来，投资完成进度不断加快，超过预期。1-10 月进度超出预期 0.5 个百分点，1-11 月超出 1.3 个百分点。

2. 2012 年 11 月投资创近年来新高

2012 年 11 月当月完成投资超过 700 亿元，创近年来各月新高（见图 3）。

图 3　近年来北京市各月投资完成情况

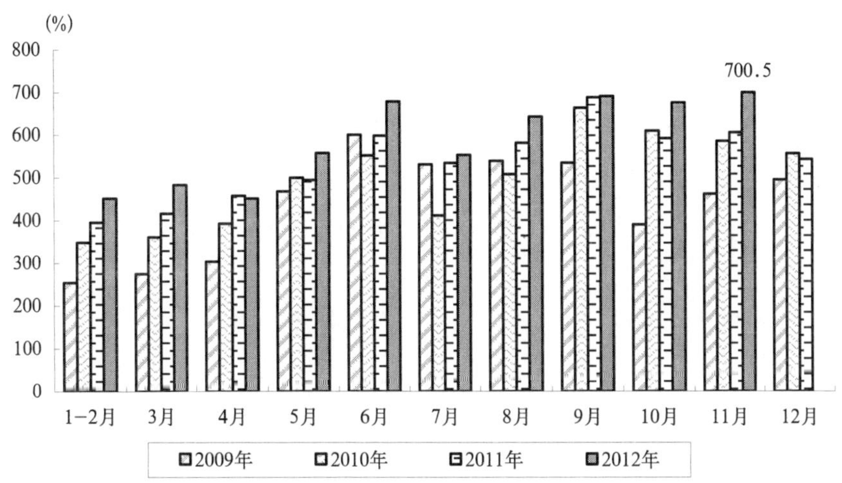

3. 调控政策效果显现是投资加快的主要原因

2012 年二季度以来，北京市不断加大对投资的调控力度，“促落地、促开工”政策效果逐步显现，为投资保持平稳增长提供了政策环境支撑。

一是新开工形势好转。2012 年 1–11 月，北京市新开工投资项目（不含房地产开发）1615 个，计划总投资 2544.9 亿元，同比分别增长 18.5% 和 56.9%；城镇（不含房地产开发）新开工面积 1211.2 万平方米，同比增长 57.4%，农村非农户新开工面积 792.9 万平方米，增长近一倍。

2012 年 1–11 月，北京市新开工计划总投资 10 亿元以上的大项目完成投资 331.9 亿元，增长近 1.2 倍；对全社会投资（不含房地产开发）增长的贡献率接近 40%。

二是政府支撑因素明显。一是国有投资增速快于民间投资。2012 年 1–11 月，国有及国有控股单位完成投资 3644.7 亿元，比上年同期增长 16%；民间投资完成 1893 亿元，同比增长 4.3%。国有及国有控股投资占全社会投资比重为 61.9%，同比提高 3.4 个百分点；民间投资比重为 32.1%，下降 1.7 个百分点。二是基础设施投资增长较快。2012 年 1–11 月，北京市基础设施投资持续较快增长，完成 1535.3 亿元，同比增长 28.3%，占全社会投资比重为 26.1%，同比提高 3.8 个百分点。

三是房地产开发投资增速由负转正。2012年四季度以来，北京市“已供地未开工”项目前期工作进展得到有力推进，新开工项目明显增多，土地购置费形成投资降幅缩小，带动房地产开发投资增速由负转正。2012年1-11月，北京市完成房地产开发投资2902.9亿元，由1-10月的同比下降2.6%转为增长2.2%；其中土地购置费形成投资1145.2亿元，同比下降11.9%，降幅比1-10月缩小5.6个百分点。

（二）房地产调控措施：政策性住房保障力度持续加大，销售市场运行稳定

1. 政策性住房建设平稳推进，保障力度持续加大

2012年以来，政策性住房成为拉动北京市房地产市场发展的重要力量，政策性住房的快速发展对全市房地产市场起到了积极作用，改善了长期以来中低端市场供应不足的局面，一定程度上缓解了中低收入家庭住房困难局面。2012年1-11月，全市政策性住房完成投资760.6亿元，比上年同期增长14.2%，增速比1-10月提高7.2个百分点；占全市房地产开发投资比重为26.2%，同比提高2.8个百分点。

政策性住房保障力度持续加大。2012年1-11月，全市政策性住房销量面积为300.2万平方米，同比增长20.4%，增速比1-10月提高20.4个百分点。11月当月，在政策性住宅继续集中签售的影响下，全市政策性住宅销售面积环比大幅增长，共销售72.6万平方米，比上月增长1.2倍。

2. 纯商品住宅当月销售连续四个月减少，市场运行稳定

“限购”政策实施一年多来，北京市房地产销售市场经历了从迅速变冷—持续低迷—逐渐回暖的运行轨迹，自2012年5月份起，市场的降价、降息等利好因素刺激刚性需求大量释放，成为推动市场回暖的主要因素，但随着销量回升，房地产市场出现量升价涨的苗头，房价上涨压力不断加大。对此，北京市坚决贯彻房地产市场调控政策不动摇，稳定市场预期，促进销售市场稳定运行。纯商品住宅当月销售量自8月份起连续四个月减少。2012年11月当月，全市纯商品住宅销售面积为93.5万平方米，比上月下降5.4%，比销量最高月份7月下降21%（见图4）。

图 4　　2012 年北京市纯商品住宅月度销售情况

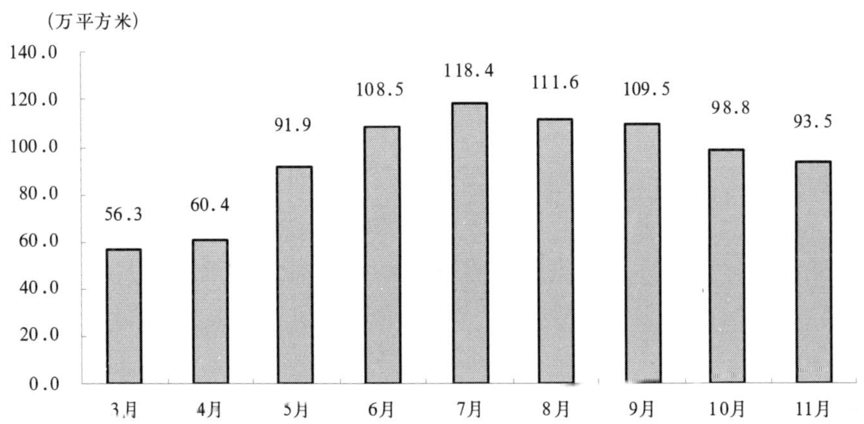

三、2013 年展望

结合当前总体形势，初步判断，2013 年仍然是北京市投资“调结构、上水平”的重要机遇期。尽管存在诸多不利因素，但整体来看，机遇大于挑战。

（一）有利因素

1. 整体环境层面

一是宏观政策稳中求进，投资仍是稳增长的重要手段。二是积极的财政政策和稳健的货币政策继续实施，信贷规模稳中偏松，利率市场化助推资金成本降低，直接融资政策导向有利于实体经济的发展。三是结构性减税和营改增、投融资体制改革以及国家服务业综合改革试点深度推进制度创新。

2. 项目储备层面

一是二机场、国铁、轨道加密线等重大基础设施陆续开工，民生和资源环境投资稳定提升。二是新三年城南行动计划将对投资增长形成有力支撑。三是新兴产业投资增势强劲，科技文化创新双轮驱动势能累积。四是丽泽、CBD、通州新城等重点区域建设提速。

3. 增长动力层面

土地市场活跃度趋于上升；公共领域进一步向社会资本开放，吸引民间投资进入实施阶段；投资自主增长动力有望进一步加强。

（二）不利因素

一是经济仍处于调整周期，实体经济尚未形成稳定回升态势，经济增长仍存在下行风险，内外需全面提振尚需时日。二是严控平台贷款和房地产调控政策趋于长期化，而发展动力转换、投资结构调整和新增长点形成需要一个过程。三是低成本优势消失，征地拆迁等项目落地成本全面上涨。四是受多种因素制约，项目普遍存在周期拉长的情况，资金平衡难度加大，有效资金不足。

（三）内涵重于外延

结合北京市投资发展所处的阶段，及城市整体功能的运行状况，在保持投资平稳增长的同时，应注意到，外延式增长已无力支撑更大规模投资。应进一步优化投资结构，力求推动投资以内涵式发展为主。

1. 规模适度增长

为稳定经济发展动力，为经济结构转型预留一定缓冲空间，投资仍需保持适度稳定增长，建议 2013 年规模保持在 7000 亿元左右，增速保持在 9%左右。

2. 内涵重于外延

当前北京市人口资源环境矛盾突出，城市化进程中土地成本过高，利用新增地块和新建项目保持投资更大规模增长的要素支撑力度有所不足，“摊大饼”模式无以为继，外延式增长面临较大挑战。建议逐步加大改建和技术改造项目的支持力度，以优化投资结构为抓手，在保持一定规模的同时，促进要素向非房地产开发领域、民间领域、基础设施领域聚集，向存量调整优化、盘活现有资源方向聚集，力求推动投资内涵式发展。

2012 年北京市房地产市场运行分析

◆◇李贝贝

2012 年，北京市房地产市场总体运行平稳。政策性住房建设的有序推进，为全市房地产市场的健康发展起到了强大的支撑作用。销售市场在经历了上年的低迷之后，二、三季度随着房价下行和降息等利好因素影响，刚性需求大量释放，回暖状态明显。

市场在向好的同时，存在的问题值得关注。房地产开发投资增长乏力，供给水平依然较低，尤其是住宅新开工面积降幅较大；销售市场随着销量的持续回暖，房价上涨压力不断加大。预计 2013 年市场形势不容乐观。

一、房地产市场运行特点

（一）房地产开发投资增速由负转正，费用投资影响较大

1. 促开工效果明显，房地产开发投资增速由负转正

2012 年以来，受新开工项目大幅减少影响，北京市房地产开发投资增长乏力，除 3 月份达到 8.7%的最高增长速度以外，其余各月基本处于低速、波动状态，1—7 月，房地产投资增速再次出现负增长。为促进房地产项目落地开工，维持市场发展的持续性，市政府专门召开了投资工作促进会议，分别对 16 个区县及经济技术开发区 2009 年—2011 年已供地未开工项目进行了逐项调度。经过调度，已供地未开工项目前期工作进展得到有力推进，新开工项目明显增多。2012 年 1—11 月，全市完成房地产开发投资 2902.9 亿元，由 1—10 月的同比下降 2.6%转为增长 2.2%；占全社会投资比重为 49.3%，比 1—10 月提高 0.8 个百分点（见图 1）。

图 1　　2011 年以来北京市房地产开发投资增速情况

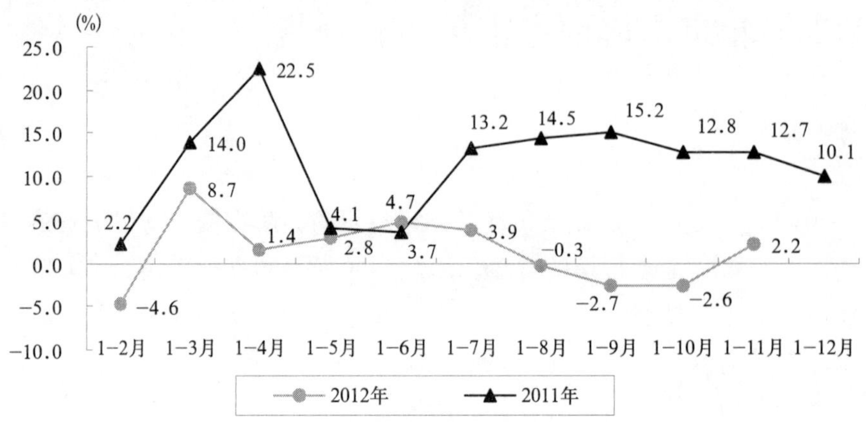

2. *从投资结构看，建安工程投资增速不断回落，费用对投资走势影响较大*

2012 年三季度以来，全市房地产开发投资中，建安工程投资增速呈现逐月回落态势，1−11 月共完成投资 1195.7 亿元，同比增长 10%，增速比前三季度回落 3.5 个百分点，比上半年回落 5.3 个百分点；受土地购置费用持续下降影响，全市费用形成投资基本维持下降态势，1−11 月为 1651.5 亿元，同比下降 4%，占房地产开发投资比重为 56.9%。

（二）房地产开发建设缓慢，住宅新开工面积降幅超过 40%

1. *施工面积维持增长态势，但增速持续回落*

截至 2012 年 11 月末，全市商品房施工面积为 12786.1 万平方米，比上年同期增长 9.4%，增速比前三季度回落 1 个百分点，比上半年回落 6.6 个百分点。其中，住宅施工面积为 7356.8 万平方米，同比增长 5.3%，增速比前三季度回落 1.5 个百分点，比上半年回落 11.9 个百分点。

2. *新开工面积下降明显，住宅新开工面积降幅超过 40%*

2012 年 1−11 月，全市商品房新开工面积为 2897.3 万平方米，比上年同期下降 26%，降幅比 1−10 月缩小 1.4 个百分点。全市住宅新开工面积降幅继续加大，1−11 月为 1455 万平方米，同比下降 40.5%，降幅比 1−10 月扩大 0.6 个百分点。住宅中，政策性住宅和纯商品住宅新开工面积分别为 777.8 万平方米和 677.2 万平方米，同比分别下降 40.3%

和40.7%。

（三）房地产销售市场刚性需求释放，商品房同比销量持续增长

自2012年5月份以来，北京市房地产销售市场总体表现量升价稳，销量强劲回升，市场需求不断释放，同时受上年同期基数较低影响，全市商品房销售面积同比增速不断提高。1—11月，全市商品房销售面积为1531.7万平方米，比上年同期增长38.3%，增速比前三季度提高13.1个百分点，比上半年提高26.4个百分点；其中住宅销售面积为1179.2万平方米，同比增长52.7%，增速比前三季度提高13.4个百分点，比上半年提高29.5个百分点（见图2）。

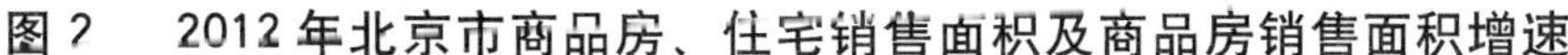
图2　2012年北京市商品房、住宅销售面积及商品房销售面积增速

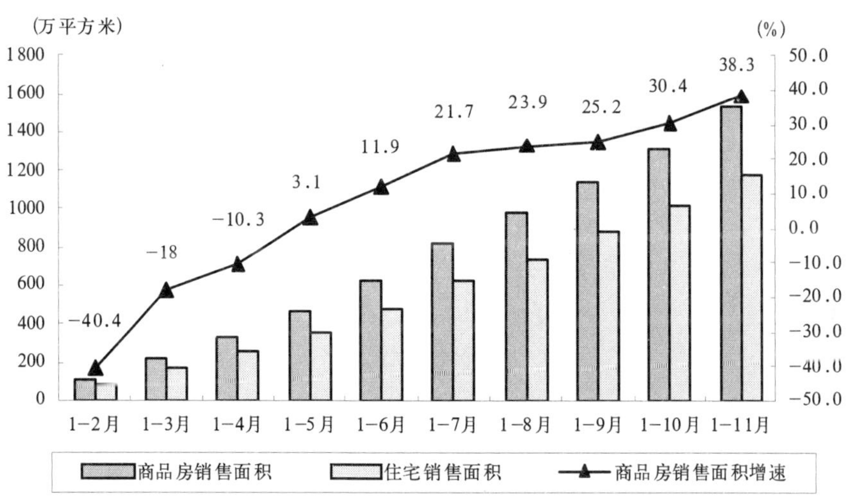

（四）定金及预收款不断加快增长，房地产开发项目到位资金不断充裕

随着商品房销售量的持续、有力回升，全市房地产企业通过销售房屋收取的定金及预收款大幅增长，2012年1—11月为1741.2亿元，由年初的同比下降49.3%转为增长27.3%，增速比1—10月提高5个百分点。在此影响下，全市房地产开发项目本年实际到位资金不断充裕，2012年1—11月为5177亿元，同比增长8.4%，增速比1—10月提高2.8个百分点（见图3）。

图 3　　2012 年北京市房地产开发项目本年到位资金和定金及预收款增长情况

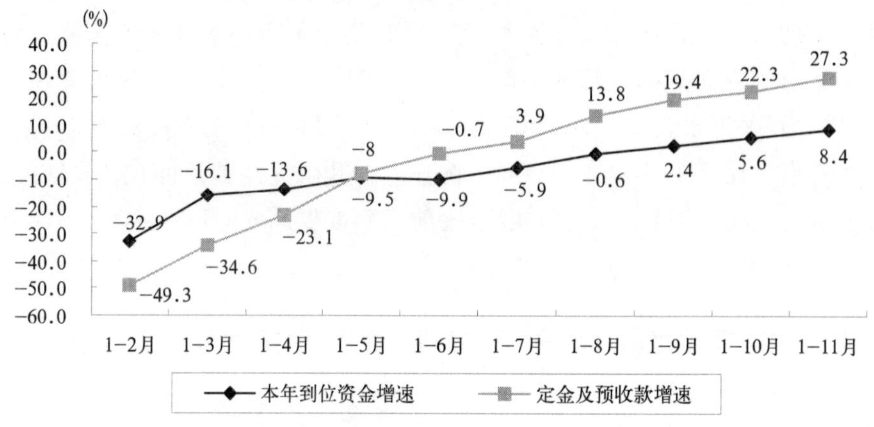

二、调控政策对北京市房地产市场的影响

（一）政策性住房建设有序推进，年度计划目标提前顺利实现

为深入贯彻《国务院办公厅关于进一步做好房地产市场调控工作有关问题的通知》（国办发[2011]1 号），认真落实北京市人民政府办公厅印发的《关于贯彻国办发[2011]1 号文件精神进一步加强本市房地产市场调控工作的通知》要求，市委市政府高度重视保障性安居工程建设工作。建设工作采取领导挂帅，制定目标，措施明确，任务分解，积极推进，落实资金，完善机构，注重质量的 32 字方针。2012 年北京市保障性住房建设、收购的计划是：保障性住房建设用地占全市住宅供地的 50%以上，全市计划新开工建设、收购保障性住房 16 万套，其中公开配租配售的保障性住房 9 万套，用于旧城区人口疏解、棚户区改造、重点工程建设拆迁等定向安置用房 7 万套；全年竣工各类保障性住房 7 万套。

为进一步加快北京市保障性住房建设进程，确保按时完成 2012 年全市新开工建设保障性住房 16 万套的目标，按照“以区为主，全市统筹”的原则，市住房保障工作领导小组办公室分两批汇总编制了《2012 年保障性住房建设计划》，并及时向社会公开，为保障性住房建设提供了有利的社会环境和政策支持。据市住房保障办数据显示，2012 年 1–11 月，北京市新开工建设保障性住房16.3万套，基本建成8万套，年初计划目标提前、顺利实现。

1. 政策性住房建设平稳推进

2012年以来，政策性住房成为拉动北京市房地产市场发展的重要力量，政策性住房的快速发展对全市房地产市场起到了积极作用，改善了长期以来中低端市场供应不足的局面，一定程度上缓解了中低收入家庭住房困难局面。2012年1—11月，全市政策性住房完成投资760.6亿元，比上年同期增长14.2%，增速比1—10月提高7.2个百分点；占全市房地产开发投资比重为26.2%，同比提高2.8个百分点。

2012年11月末，全市政策性住房施工面积为4748.6万平方米，同比增长20.4%，占房地产施工面积的37.1%；新开工面积为1039.8万平方米，同比下降35.1%，占房地产新开工面积的35.9%；竣工面积为512.2万平方米，同比增长50.6%，占房地产竣工面积的33.7%。

2. 政策性住房保障力度持续加大

在政策性住房建设步伐加快的同时，全市政策性住房销售面积也加快增长。2012年1—11月，全市政策性住房销售面积为300.2万平方米，同比增长20.4%，增速比1—10月提高20.4个百分点。11月当月，在政策性住宅继续集中签售的影响下，全市政策性住宅销售面积环比大幅增长，共销售72.6万平方米，比上月增长1.2倍，其中朝阳区东坝驹子房经济适用房项目、平谷区马坊北区定向安置房项目和海淀区温泉两限房项目当月签售量均在10万平方米以上。

（二）在市场回暖的情况下，坚持调控政策促进销售市场稳定和防止房价反弹

“限购”政策实施一年多来，北京市房地产销售市场经历了从迅速变冷—持续低迷—逐渐回暖的运行轨迹，自5月份起，市场的降价、降息等利好因素刺激刚性需求大量释放，成为推动市场回暖的主要因素，但随着销量回升，房地产市场出现量升价涨的苗头，房价上涨压力不断加大。对此，市委、市政府及时向社会明确坚持北京市调控政策不动摇、坚决防止房价反弹的信号，稳定市场预期，同时采取严格执行限购政策和严格项目价格管控等措施维持销售市场稳定，促进房价稳定运行。纯商品住宅当月销售量自2012年8月份起连续四个月减少。11月当月，全市纯商品住宅销售面积为 93.5 万平方米，比上月下降 5.4%，比销量最高月份 7 月下降 21%（见图 4）。

图 4　　2012 年北京市纯商品住宅月度销售情况

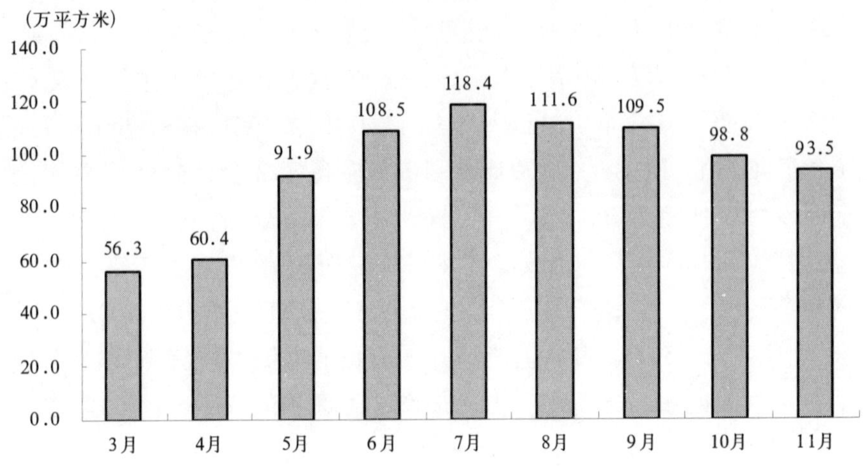

从价格指数看，2012 年 1–10 月全市新建商品住宅价格同比除 1 月份上涨 0.1%外，其余各月一直低于上年。2–4 月分别下降 0.5%、1%和 1.3%，5 月份下降 1.6%，为 2012 年以来最大降幅，6–10 月分别下降 1.3%、1%、0.8%、0.7%和 0.3%。

三、值得关注的主要问题

（一）房地产开发投资增长主要受费用影响，建安投资增长乏力

2012 年 1–11 月，全市房地产开发投资增速由负转正，但增长动力主要来自费用形成投资，建安投资增长依然乏力。自 2012 年 6 月份起，全市建安工程投资增速持续回落，1–11 月同比增长 10%，增速比前三季度回落 3.5 个百分点，比上半年回落 5.3 个百分点。全市费用形成投资下降 4%，降幅比 1–10 月缩小 7.5 个百分点，占全市房地产开发投资比重为 56.9%，比 1–10 月提高 0.6 个百分点，由于费用形成投资占全部投资比重超过 50%，费用对投资走势影响更为明显（见图 5）。

图 5　　2012 年北京市建安及费用投资增长情况

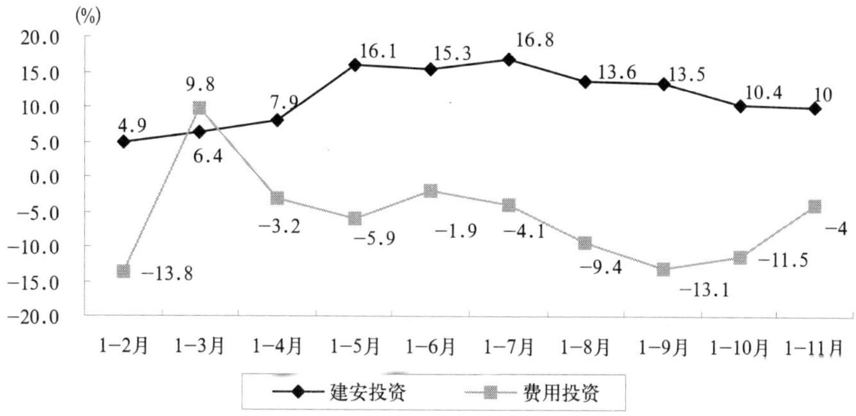

2. 年内住宅投资降幅持续在 10%以上，新开工面积降幅在 20%以上，市场供给压力较大

2012 年年以来，北京市住宅开发投资建设缓慢，年内降幅持续在 10%以上，1-11 月，全市住宅投资比上年同期下降 13.1%；住宅新开工面积降幅持续在 20%以上，1-11 月同比下降 40.5%，降幅比 1-10 月扩大 0.6 个百分点。住宅中，纯商品住宅新开工面积下降 40.7%，降幅依然不断扩大，比 1-10 月扩大 0.7 个百分点（见图 6）。

图 6　　2012 年北京市住宅投资及新开工面积增长情况

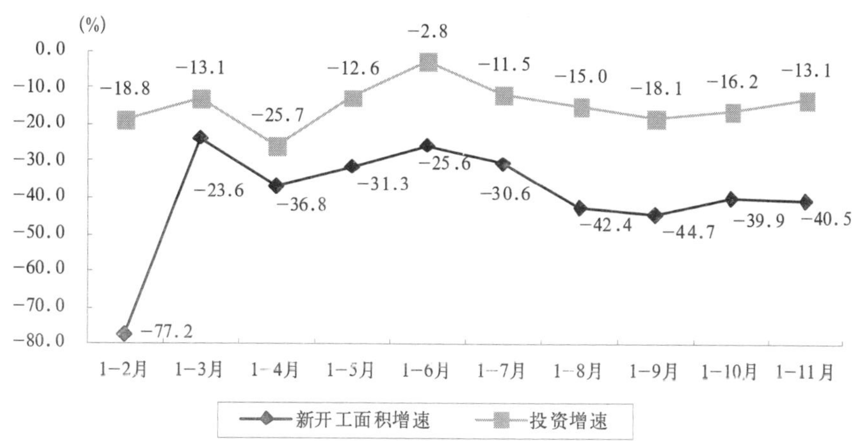

3. 稳定房价面临一定压力

尽管北京市坚持调控政策不动摇，但随着销售市场回暖，房价面临的上涨趋势压力日益明显。多数购房者感觉市场价格已经开始回调，房价继续下降的可能性不大，在一定程度上更加剧了对价格和政策较为敏感的购房者的购房决心。另外，对于一些购买大户型的人士来说，他们之前对于市场的观望，现在也进入到一个实际的操作过程。新建房市场部分项目试探性提价，二手住房挂牌价格也出现上涨和议价空间缩小的现象，2012 年 10 月份，全市新建商品住宅价格环比价格指数上涨 0.3%。同时，由于 2012 年市场总体供应水平处于低位，尤其是住宅新开工面积下降显，给后续销售市场带来的不确定性因素增多，稳定房价任务艰巨。

四、2013 年初步展望

2013 年市场形势不容乐观。一方面，房地产市场调控方向不变，调控政策仍然严格，企业开发建设态度消极，房地产新开工面积、土地购置费等先行指标持续下降，开发投资同比增长缓慢，建安工程等实体投资增长乏力，特别是住宅投资下降趋势明显，2013 年市场建设及供给形势依然严峻。另一方面，进入 2012 年三季度后，商品房销售价格上涨趋势日渐明显，预计 2013 年房价调控压力依然较大。

2012年北京能源消费情况分析

◆◇方秀玉

2012年以来，面对国内外纷繁复杂的经济形势，北京市坚决贯彻落实中央各项宏观调控政策，加快转变经济发展方式，全市经济运行“稳中有升”，能源消费总量延续低位增长态势，节能降耗工作总体进展顺利。预计完成全年目标压力不大，但经济复苏预期拉动能耗快速增长、第三产业和居民生活用能管理难度大，以及2012年较低的基数等因素，将使明年节能降耗工作难度加大。

一、全市能耗概况

（一）能耗增速低位平稳，电耗增速高位放缓

1-3季度，全市能源消费总量5330.1万吨标煤，同比增长2.5%；用电量643.3亿千瓦时，同比增长5.8%。三次产业和居民生活用能分别增长6.3%、-1.8%、4.7%和5.0%，第二产业中的工业能耗下降2.2%。

从历史数据比较情况来看，2012年以来，北京市能耗在2011年低速增长（增长0.6%，为2005年以来年度最低增速）的基础上有所回升，但仍处低速运行区间，1-3季度增速较“十一五”期间年均4.7%的增速低2.2个百分点。一季度电耗增速主要因上年的低基数高位开局（增长8.6%），但后两个季度持续放缓，1-3季度电耗增速较“十一五”期间年均7.3%的增速低1.5个百分点（见图1）。

（二）单位GDP能耗、单位GDP电耗降幅平稳

按2010年可比价格计算，1-3季度北京市万元GDP能耗0.4489吨标煤，下降4.59%；万元GDP电耗541.81千瓦时，同比下降1.52%。分产业情况看，第一产业万元增加值能耗上升2.01%，二、三产业分别下降7.89%和2.82%（见表1）。

图 1　　近年来北京市能耗、电耗增速图

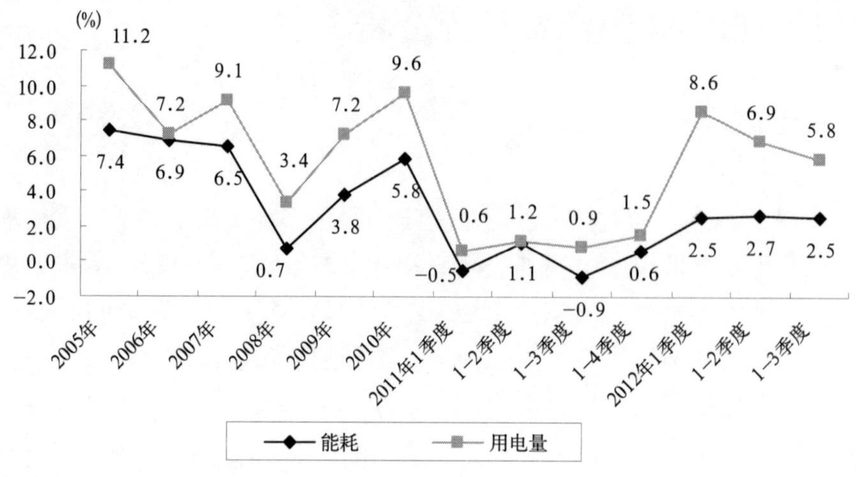

表 1　　2012 年前三季度全市能耗、电耗及变化情况

全市	能源消费量		万元 GDP 能耗		用电量		万元 GDP 电耗	
	能耗（万吨标煤）	增速（%）	单耗（吨标煤）	增速（%）	用电量（亿千瓦时）	增速（%）	单耗（千瓦时）	增速（%）
1 季度	1809.2	2.5	0.4999	-4.18	226.8	8.6	626.7	1.5
1-2 季度	3488.5	2.7	0.4477	-4.13	417.7	6.9	536.1	-0.26
1-3 季度	5330.1	2.5	0.4489	-4.59	643.3	5.8	541.8	-1.52

注：万元 GDP 能耗、万元 GDP 电耗及速度按 2010 年可比价格计算。

表 2　　2012 年 1-3 季度各功能区能耗情况

	能源消费总量		万元 GDP 能耗	
	消费量（万吨标准煤）	速度（%）	单耗（吨标准煤）	速度（%）
首都功能核心区	505.86	2.77	0.1676	-4.28
城市功能拓展区	1949.13	2.08	0.3262	-5.79
城市发展新区	2168.30	1.72	0.8438	-5.38
生态涵养发展区	311.47	1.17	0.6286	-7.49

注：万元 GDP 能耗按现价计算，万元 GDP 能耗速度按可比价计算。

（三）各功能区能源利用效率均有所提高

1–3季度，全市四大功能区单位GDP能耗均有不同程度的下降，能源利用效率有所提高。其中，生态涵养发展区单耗降幅最大，为7.49%；城市功能拓展区、城市发展新区和首都功能核心区分别为5.79%、5.38%和4.28%（见表2）。

二、主要耗能领域能耗情况

“十一五”期间，工业是推动全市节能降耗的主要动力。“十二五”以来，随着经济社会发展和节能降耗形势的变化，北京市提出“将节能降耗的重点领域由依靠工业节能转到工业、服务业和居民生活节能并举”的方针。但从2012年以来的情况看，工业仍是全市节能的主要促进因素。

（一）工业能耗情况

2012年以来，全市工业生产总体呈现低位震荡、缓慢回升的态势。受此影响，工业能耗持续下降，但降幅渐窄，一季度下降2.8%，1–2季度下降2.5%，1–3季度下降2.2%。工业下拉前三季度全市能耗增长0.7个百分点，对全市能耗增长的贡献率为–28.4%。

1. 规模以上工业能耗持续下降，高耗能行业能耗下降是主因

规模以上工业能耗持续下降。前三季度降幅持续扩大，一季度下降2.6%，1–2季度下降3.1%，1–3季度下降3.3%，但进入四季度后降幅连续两个月缩小，与工业生产的回升有直接关系。1–11月，全市规模以上工业综合能耗1616.6万吨标煤，同比下降2.3%，在1–10月降幅比前3季度缩小0.3个百分点的基础上，1–11月降幅又比前十月收窄0.7个百分点。

高耗能行业能耗下降对规模以上工业能耗下降的贡献率超过100%，且其能耗降幅变化趋势与规模以上工业一致。2012年以来，主要受部分高耗能产品产量减少影响，北京市高耗能行业能耗同比持续下降。1–11月，占全市规模以上工业能耗75.8%的高耗能行业综合能源消费量1225.9万吨标煤，同比下降3.4%，拉动全市规模以上工业能耗下降2.6个百分点。五大高耗能行业能耗“一增四降”，其中电力、热力生产和供应业同比增长2.6%，其余四个行业能耗同比下降（见表3）。

表 3　　2012 年 1–11 月规模以上工业能耗变化情况

	综合能耗（万吨标煤）	比重（%）	速度（%）	对规模以上工业能耗变化的贡献率（%）	增加值能耗增速（%）
全部规模以上工业	1616.6	100.0	−2.3	100.0	−8.6
高耗能行业合计	1225.9	75.8	−3.4	112.9	−13.3
石油加工、炼焦和核燃料加工业	461.5	28.6	−1.3	15.8	1.4
化学原料和化学制品制造业	107.4	6.6	−17.6	60.2	−15.8
非金属矿物制品业	154.0	9.5	−14.2	66.7	−14.4
黑色金属冶炼和压延加工业	13.8	0.9	−7.3	2.8	2.5
电力、热力生产和供应业	489.3	30.3	2.6	−32.7	−14.6
非高耗能行业合计	390.6	24.2	1.3	−12.9	−3.7
黑色金属矿采选业	89.8	5.6	−5.4	13.3	−5.3
汽车制造业	45.5	2.8	19.2	−19.2	11.8
计算机、通信和其他电子设备制造业	32.6	2.0	28.6	−19.0	17.3

非高耗能行业能耗自 9 月份开始由降转增。1–3 季度，其能耗由上半年的下降 0.1%转为增长 0.8%。4 季度以来，非高耗能行业能耗加速增长，1–11 月同比增长 1.3%，增速分别比 1–10 月和 1–9 月提高 0.1 和 0.5 个百分点。自 2010 年底首钢在京涉钢业务主流程停产后，北京市规模以上工业中的能耗结构发生了较大变化。其中，高耗能行业能耗比重从原来的 85%左右降至 75%左右，相应地，非高耗能行业比重从 15%左右升至 25%左右。因此，非高耗能行业能耗对规模以上工业能耗的影响不容忽视。

2. 规模以上工业万元增加值能耗持续下降

自年初以来，规模以上工业能源利用效率不断提高，万元增加值能耗持续下降。规模以上工业单耗变化趋势与其能耗变化趋势基本一致，前 3 季度降幅持续扩大，由一季度的下降 6.8%扩大为 1–3 季度的 9%。

但进入四季度以来，规模以上工业单耗降幅同样出现缩小。1-11 月，规模以上工业万元增加值能耗下降 8.6%，降幅比前 3 季度和 1-10 月均缩小 0.4 个百分点。其中，高耗能行业单耗下降 13.3%，非高耗能行业单耗下降 3.7%。

（二）第三产业和居民生活用能情况

一方面，随着人口和城市建设规模的扩大，第三产业和居民生活用能刚性增长的态势没有改变，二者仍然是拉动全市能耗同比增长的主要因素。1-3 季度，在全市工业能耗同比下降 2.2%的情况下，第三产业和居民生活用能同比分别增长 4.7%和 5.0%，二者占全市能源消费量的比重合计达 65%，共同拉动全市能源消费总量同比增长 3 个百分点，对全市能耗增长的贡献率超过 100%。

另一方面，2012 年以来全市第三产业和居民生活用能增速总体上有所放缓，均为 2006 年以来的较低增速，分别比 2011 年的增速（分别为 7%和 6.2%）低 2.3 个和 1.2 个百分点，比“十一五”期间年均增速（均为 8.6%）低 3.9 个和 3.6 个百分点，这在一定程度上抑制了全市能耗的高速增长（见图 2）。

图 2　　近年来北京市第三产业和居民生活用能增速图

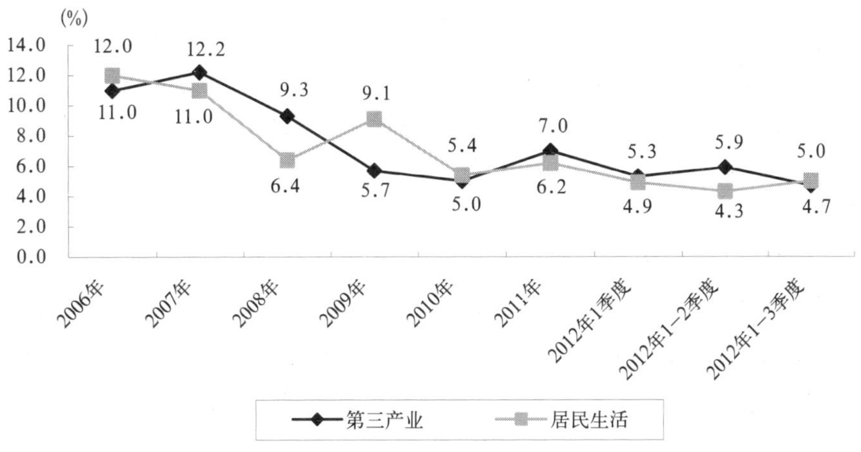

宏观经济减速和适宜天气是 2012 年来北京市第三产业和居民生活用能增速放缓的主要原因。虽然前三季度第三产业增加值增速温和回升，

但受宏观经济环境影响，流通服务领域需求总体不足，第三产业中能耗比重最大（2011 年约占四成）的交通运输业增加值增速低位徘徊，且下半年来呈放缓态势，带动其能耗低速增长。1–3 季度，第三产业调查单位[1]中的交通运输业能耗同比增长 2.8%，增速远低于近几年行业的平均水平（2008–2011 年，交通运输业能耗年均增长 5.8%）。与此同时，相对往年来说冬暖夏凉的适宜天气使前 3 季度全市采暖、制冷工作照常进行，春季集中供暖按期结束，夏季制冷用电负荷也未出现明显提高。1–3 季度，第三产业和居民生活用电分别增长 6.7%和 5.1%，增速均处于近年来的较低位。全市前 3 季度采暖、制冷能耗未因天气因素额外增加。

三、需要关注的问题和建议

（一）部分工业行业和产品降耗情况不理想，需强化“内涵促降”手段

1–11 月，北京市 39 个工业行业大类中，13 个行业的单位增加值能耗不降反升；特别是北京市重点发展的计算机、通讯和其他电子设备制造业单位增加值能耗同比增长 17.3%，汽车制造业同比增长 11.8%，均延续了之前各月 10%以上的增速。此外，单位产品能耗下降情况是“内涵促降”效果的最直接反映。1–3 季度，全市纳入统计范围的 23 类产品综合能耗或电耗中，接近一半的产品单耗同比上升，其中单位烧碱生产综合能耗（离子膜法）上升 11%，吨原煤生产电耗、综合能耗分别上升 9.5%和 7.7%，单位原油加工电耗上升 5.4%，吨水泥熟料综合电耗上升 3.2%。

应继续强化“内涵促降”手段，促进工业内部各行业或产品能源利用效率的提高。从“十二五”以来的情况看，2011 年首钢停产为北京市节能降耗的主要促进因素，2012 年产品产量下降导致高耗能行业能耗降低为主要促进因素。从本质上说，无论是主动型的“以退促降”（退企业）还是被动型的“因减而降”（减产量），上述节能方式仍是属于结构节能，

1 指限额以上年耗能 50 吨标煤以上的非工业单位以及纳入调查的公共机构。2012 年 1–3 季度，交通运输业能耗占全市非工业调查单位能耗的比重为 54%。

这与北京市提出“十二五”期间要“着力提高内涵促降能力”的要求仍有距离。应继续通过推进新技术、新产品，加强节能改造等手段推动“内涵促降”，促使工业内部单耗不降反升的行业或企业扭转局面，切实提高能源利用效率。

（二）第三产业和居民生活用能刚性增长，需加强管理

虽然2012年来第三产业和居民生活用能增速有所放缓，但人口的增加、建筑面积规模的扩大和城市化加快建设促使其刚性增长的趋势短期内不可改变。此外，三产和居民生活用能还受宏观经济状况、天气变化等不可控因素的影响，加之其存在用能分散化、节能效果相对滞后、节能关乎民生等特点，如何加强对第三产业和居民生活用能的管理、促使其为全市“十二五”节能降耗做出更大贡献是一个迫切的课题。前3季度，适宜天气使采暖制冷能耗正常增长。但4季度以来，北京市气温偏低，已使1–11月用电量增速出现反弹，特别是居民用电增速比1–10月大幅加快2.9个百分点，全年采暖耗能势必增加，第三产业和居民生活用能将加速增长。

应继续加大对第三产业重点领域的节能改造和能源管理，合理引导居民生活用能。同时，节能政策的制定应兼顾理想目标和现实的可操作性。针对当前社会的突出问题，着重解决以下几个对节能降耗影响较大的方面：加大对非工业重点耗能企业能耗的监测，严控共用能指标；加强建筑特别是大型公建的节能和用能管理，加强建筑物节能改造，实行合同能源管理、限定温度等机制和手段，尽快实现全市建筑采暖、制冷的高效化、节约化；加大交通拥堵治理力度，提高路网运行效率，节省机动车油耗；强化全民节能意识，培养居民合理的用能方式，鼓励公交出行和节能家电的使用。

（三）高耗能行业能耗增速出现回升势头，应密切关注

前3季度高耗能行业能耗全面下降，是促使全市节能的主要因素。但是，由于高耗能产品多为基础原材料，经济的回升必然带动对其需求的回升。从下半年以来情况看，伴随着石油加工炼焦和核燃料加工业、化工行业及非金属矿物制品业等生产的回升，高耗能行业能耗累计降幅逐月收窄，9月当月能耗更是由降转增，11月当月增速达到年初来的最高，从而带动全市规模以上工业能耗呈相同变化（见表4）。

表 4　　2012 年三季度以来规模以上工业部分行业当月能耗变化情况（%）

	7月	8月	9月	10月	11月
工业	−10.3	−1.8	2.7	0.5	4.1
高耗能行业	−13.2	−3.2	2.9	−1.0	4.9
石油加工、炼焦和核燃料加工业	−4.1	30.3	27.0	−2.2	−3.4
化学原料和化学制品制造业	−21.1	−17.4	−40.2	−58.9	4.4
非金属矿物制品业	−32.1	−12.8	−0.2	−6.7	−10.3
黑色金属冶炼和压延加工业	−9.1	−13.5	−15.2	−17.2	−13.8
电力、热力生产和供应业	−13.6	−16.5	−2.2	20.9	20.7

高耗能行业能源消费弹性系数高，其生产回升带来的能耗增量大。在当前预期实现全年工业增加值增长目标压力大的情况下，需要密切关注高耗能行业生产对能耗的影响。四季度以来其生产延续企稳回升势头，带动全市规模以上工业能耗降幅回落明显，对年内节能降耗产生较大影响，特别需要严控重点耗能企业年度节能目标。

四、趋势判断

2012 年北京市单位 GDP 能耗下降目标为 2.5%，是“十一五”以来年度最低目标。从前 3 季度情况来看，北京市单位 GDP 能耗降幅均保持在 4%以上；重点耗能领域能耗总体呈平稳运行态势。第四季度以来，主要领域能耗降幅持续收窄或增速反弹，全年能耗增速将比前 3 季度加快。若第四季度北京市经济增速持续平稳，预计完成全年目标问题不大。但如前文所述，有关领域问题需密切关注，完成全年目标需继续努力。

2013 年，各界预期的宏观经济复苏拉动能耗快速增长、第三产业和居民生活用能管理难度大，以及 2012 年较低的基数等，将使明年节能降耗工作难度加大。

2012年工业经济形势分析及2013年展望

◆◇周 博 张红阳 唐 蜜

2012年，北京市深入贯彻落实科学发展观，积极应对复杂多变的国际国内环境，牢牢把握“稳中求进”的总基调，积极推进工业经济发展方式的转变。全年工业经济实现平稳增长，企业效益逐步向好，经济调整继续优化，产业升级初步显现。但在复杂的外部环境和艰巨的调整任务下，全市工业经济回升基础依然不牢，企业经营活力不足，工业发展内生动力不强，外生力量可持续性弱的问题依然突出。展望2013年，北京工业经济将在加快调整经济结构、转变经济发展方式的总要求下，保持平稳增长。

一、工业运行基本态势

（一）生产低起步，稳回升

2012年，全市工业经济呈现低开稳走的运行态势，1-11月，规模以上工业增加值比上年同期增长6.8%（按可比价计算），增幅比上年同期降低0.3个百分点，为2009年以来同期最低水平。全年工业经济运行经历低起步和稳回升两个阶段。

低起步：2012年1-2月，全市规模以上工业增加值增速以2.4%的增长水平低速开局，增幅同比降低6.6个百分点，为“十一五”以来的次低点，仅高于2009年同期（金融危机期间）的增长水平。

稳回升：从各季度增长情况看，工业生产逐季稳步回升。一季度，规模以上工业增加值比上年同期增长4.5%，增幅为2010年以来最低水平。进入二季度，随着全市“稳增长”各项工作逐步深入，工业增加值增速在一季度触底后逐步回升；二季度，全市规模以上工业增加值比上年同期增长6.9%，比一季度提高2.4个百分点；三季度，全市规模以上工业增加值增长7.4%，增幅比二季度提高0.5个百分点；10月份和11

月份增速均保持在 8.2%以上，据此，四季度工业增速也将达到 8%以上。工业回升势头得到巩固（见图 1）。

图 1　　2008—2012 年各季度工业增加值增速

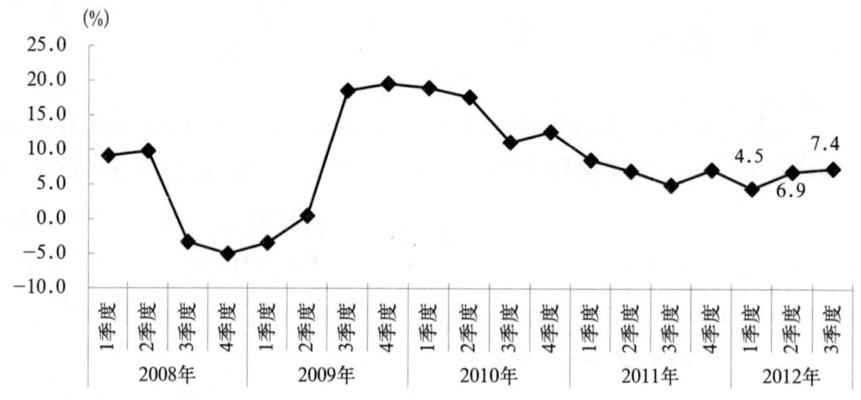

（二）企业效益“先降后增”

1—10 月，规模以上工业经济效益综合指数为 242.5，同比提高 3.2 个点，连续 4 个月同比提高。规模以上工业利润在 7 月份扭转了持续 6 个月的下降局面后稳步回升。1—10 月，规模以上工业企业实现利润 896.2 亿元，比上年同期增长 6.2%，增幅分别比 1—3 季度、上半年和一季度提高 0.3 个、8.8 个和 10.4 个百分点。

（三）产销衔接良好，市场销售稳中有升

2012 年以来，全市工业品产销衔接良好。1—11 月，规模以上工业产销率为 98.9%，比上年同期提高 0.8 个百分点。实现销售产值 13545 亿元，比上年同期增长 6.7%，除年初外，全年工业销售产值增速稳定在 4.7%至 6.7%之间，下半年，其增速逐月加快。1—11 月，工业销售产值 6.7%的增速分别高于 1—3 季度、上半年和一季度 1.1 个、0.7 个和 2 个百分点。

（四）企业劳动用工基本稳定

1—10 月，全市规模以上工业企业从业人员平均人数为 118.3 万人，比上年同期增长 0.6%，增幅同比回落 1.5 个百分点。技术密集型行业从业人员同比增速高于规模以上工业平均水平，如汽车制造业、医药制造业、通用设备制造业、专用设备制造业从业人员平均人数分别为 11.6 万、6.2 万、6 万、7 万人，分别比上年同期增长 9.8%、7.7%、1.1%、1.9%；劳动密集型行业从业人员同比下降，纺织服装服饰业、非金属矿物制品业、金属制品业、农副食品加工业从业人员平均人数分别为 5.7 万、5.7 万、4.6 万、3.4 万人，分别比上年同期下降 2.8%、1.7%、3.2%、0.4%。

二、工业运行呈现“四个反差”

2012 年以来，全市工业经济在内外市场不振的背景下，运行中呈现四个反差特征：一是资源型行业带动强，制造业带动弱；二是工业品市场需求在投资与消费领域的反差；三是国内市场升温与外需持续萎靡之间的反差；四是大型企业增长较快与中小型企业增长低缓之间的反差。以上四个方面的反差不仅凸显北京工业运行的特点，同时反映出来的问题也值得深思。

（一）资源性行业带动强，制造行业带动弱

1–11 月，全市采矿业增加值比上年同期增长 23.4%，快于全市规模以上工业平均水平 16.6 个百分点，拉动规模以上工业增长 1.6 个百分点；电力燃气及水的生产供应业增长 18.4%，快于规模以上工业平均水平 11.6 个百分点，拉动规模以上工业增长 3.2 个百分点；制造业仅增长 2.7%，慢于规模以上工业平均水平 4.1 个百分点，带动规模以上工业增长 2 个百分点（见表 1）。

表 1　　1–11 月工业各门类增加值增速

	增加值增速（%）		拉动点（百分点）	
	1–11 月	1–10 月	1–11 月	1–10 月
规模以上工业	6.8	6.6	6.8	6.6
采矿业	23.4	24	1.6	1.7
制造业	2.7	2.1	2	1.6
电力燃气及水的生产供应业	18.4	19.1	3.2	3.3

（二）投资需求领域生产低迷，消费需求领域生产趋升

1—11月，全市39个行业大类中，有23个行业增幅提高或降幅缩小，比1—10月增加1个行业。全市11个重点行业中，有6个行业增幅提高或降幅收窄，反映半数重点行业发展逐步向好。其中，与投资领域密切相关的行业，如石油、化工、冶金、建材、装备制造业等行业普遍生产低迷。而与消费需求领域紧密相连的行业，如医药、汽车和电子等行业的生产普遍趋升。

1—11月，石油加工、炼焦和核燃料加工业与化学原料和化学制品制造业增加值分别比上年同期下降2.6%和2.2%，虽然降幅比1—10月分别缩小1个和2.1个百分点，但仍处于下降区间。装备制造业生产低缓。1—11月，电气机械和器材制造业下降4.1%，降幅比1—10月扩大1.4个百分点；通用设备制造业下降10.4%，为前11个月最低点；专用设备制造业下降4.8%，降幅缩小0.4个百分点（见表2）。

表2　与投资领域相关的主要行业

	1—11月增速（%）	拉动点数（百分点）	比1—10月增减（百分点）
全市合计	6.8	6.8	0.2
石油加工、炼焦和核燃料加工业	−2.6	−0.1	1.0
化学原料和化学制品制造业	−2.2	−0.1	2.1
非金属矿物制品业	0.2	0.0	1.0
黑色金属冶炼和压延加工业	−9.6	0.0	−1.4
通用设备制造业	−10.4	−0.4	−0.9
专用设备制造业	−4.8	−0.2	0.4
电气机械和器材制造业	−4.1	−0.2	−1.4

与消费领域紧密相连的行业普遍增势稳中趋升。前11个月，医药制造业增加值增速始终保持在13%以上，1—11月，该行业增长13.4%，高于规模以上工业平均水平6.6个百分点。汽车制造业增加值增长6.5%，增幅比1—10月提高1.6个百分点。其中，消费领域中的乘用车

及零部件增加值增长10.6%，快于汽车制造业平均水平4.1个百分点。计算机、通信和其他电子设备制造业增长9.5%，增幅提高0.2个百分点（见表3）。

表3 与消费领域相关的主要行业

	1-11月增速（%）	拉动点数（百分点）	比1-10月增减（百分点）
全市合计	6.8	6.8	0.2
医药制造业	13.4	0.8	-0.4
汽车制造业	6.5	1.0	1.6
乘用车	10.6	1.9	0.3
计算机、通信和其他电子设备制造业	9.5	0.7	0.2

（三）内销保持增长，出口持续下降

2012年以来，工业内销保持稳步增长，而工业出口交货值低位运行，尤其是7月份以后，工业出口交货值进入下降区间，降幅逐步扩大。1-11月，规模以上工业实现内销产值12186亿元，比上年同期增长7.8%，增幅比1-10月提高0.8个百分点，比1-3季度提高1.4个百分点；出口交货值下降2.3%，降幅扩大0.1个百分点，比1-3季度扩大1.1个百分点。

（四）大型企业增长较快，中小型企业增长低缓

1-11月，规模以上大型企业增加值占全市58.6%，增加值比上年同期增长7.9%，增幅快于规模以上工业平均水平1.1个百分点，对全市规模以上工业增加值增长的贡献率达到66.9%。规模以上中小企业增长5.8%，增幅低于规模以上工业平均水平1个百分点。年初以来，大型企业增加值增速始终高于规模以上工业平均水平0.4-1.4个百分点，而中小型企业则低于规模以上工业平均水平1个百分点左右。

三、工业温和回升的主要因素

（一）“政策促稳”成效逐步显现

为贯彻温家宝总理“把稳增长放到更重要位置”的指示精神，国家相关部门采取多种措施刺激经济企稳回升。近一年来，在“保增长、扩内需、调结构”的政策推动下，先后批复近万亿元的基建投资项目，实施节能家电、高效照明、节能汽车惠民补贴政策，下调存款准备金率等措施，增加了有效需求。随着“稳增长”政策实施的逐步实施和深入，工业经济企稳回升态势得到巩固。

基础原材料领域出现企稳迹象。1—11月，石油加工炼焦和核燃料加工业增加值比上年同期下降2.6%，降幅比1—3季度缩窄1.5个百分点；非金属矿物制品业增加值增幅由负转正，增长0.2%。11月份，石油加工炼焦和核燃料加工增加值增长5.3%，连续三个月保持增长；非金属矿物制品业增长7.4%，保持6个月增长态势。另外，在中央推进基础建设的影响下，铁路、船舶、航空航天和其他运输设备制造业加速增长，1—11月，该行业增加值比上年同期增长6.5%，增幅比1—3季度和上半年分别提高4.4个和5.5个百分点。

（二）新生力量扩张明显

2011年以来，全市新建投产规模以上工业企业49家，自投产运营，49家企业生产规模明显扩张，共拉动2012年前11个月全市规模以上工业增长1.3个百分点。其中，拉动制造业增长1.7个百分点。在新建投产企业中，北京京东方显示技术有限公司、北京小米科技有限责任公司等企业扩张明显，在规模以上工业总产值的排名中分列第25位和第55位。相比之下，存量工业企业仅拉动工业增加值增长5.5个百分点。其中，拉动制造业增长1个百分点。

（三）“以调促产”逐步深化

汽车制造业和计算机、通信和其他电子设备制造业是北京工业的支柱行业。近两年，通过技术改造、扩大产能、引进高新技术项目等方式，大力推出新车型、新产品，一定程度缓解了由于需求不足带来的经济下行压力。

1－11 月，全市汽车制造业增加值比上年同期增长 6.5%，增幅比 1－3 季度提高 3.6 个百分点。在全国汽车产销低迷的背景下，北京汽车制造保持了较快增长，究其原因，一是北京现代汽车有限公司和北京奔驰汽车有限公司在 2012 年分别完成了新工厂的扩能和生产线的改造，生产规模实现了一定程度的扩张。二是企业积极调整产品结构，开发适销对路的新车型，提升产品竞争力。“8 代索纳塔”、“朗动”和“奔驰－GLK”的量产有效带动全市汽车制造业的增长。

前 11 个月，计算机、通信和其他电子设备制造业“先升后稳”，行业内部结构调整升级稳步推进，形成“多点带动”的局面，在外需乏力的背景下，有效抵御了整体行业大幅下滑的风险。1－11 月，该行业增加值比上年同期增长 9.5%，增幅与 1－3 季度持平（见表 4）。

表 4　　2006 年与 2012 年 1－11 月电子行业内部结构对比（%）

行业代码	行业名称	2012 年 1－11 月	2006 年
39	计算机、通信及其它电子设备制造业	100.0	100.0
391	计算机制造	15.4	19.6
392	通信设备制造	31.8	54.1
393	广播电视设备制造	2.1	1.2
394	雷达及配套设备制	0.3	0.8
395	视听设备制造	2.5	0.7
396	电子器件制造	30.1	13.1
397	电子元件制造	12.1	6.1
399	其他电子设备制造	5.8	4.1

四、问题与建议

1－11 月，工业主要经济指标逐步向好，企稳回升态势逐步明朗。但也应看到，当前经济运行中出现的积极变化主要是较为得当的政策驱动的结果，经济自主复苏和增长的内在动力仍然不足，回升的基础和可持续性仍需巩固和增强。

（一）回升基础不牢

从生产角度看，1–11 月，作为工业经济主体的制造业对规模以上工业增长的拉动力为 2 个百分点，虽然比 1–3 季度有所提升，但依然较弱。从效益角度看，企业抵御风险能力较弱。1–10 月，制造业实现利润 512.6 亿元，比上年同期下降 13.8%，与采矿业、电力燃气及水的生产和供应业增长 121.6%和 38.2%形成较大反差。全市工业利润中，投资收益增长 46.7%，而营业利润仅增长 0.1%。反映出与市场紧密相关的实体经济复苏缓慢，工业经济的回升基础薄弱。

（二）经济活力不足

中、小、微企业对市场变化较为灵敏，其发展状况直接反映经济的活跃程度。1–11 月，规模以上中型、小型和微型企业增加值增速分别低于规模以上工业平均水平 1.6 个、0.5 个和 30.6 个百分点。1–10 月，中型、小型和微型企业实现利润分别比上年同期下降 5.4%、6.3%和 44.3%，均低于全市规模以上工业增长 6.2%的平均水平。

（三）内生动力不强

从运行质量看，1–10 月，构成工业经济效益综合指数的 7 项指标中，仅有全员劳动生产率和产销率好于上年同期，其余 5 项指标均低于同期，反映微观经济的资本效率、盈利能力等方面较弱。

从科技投入看，上半年，大中型企业科技投入强度为 1%，比上年同期提高 0.2 个百分点，但远低于 4%（表明创新能力较强）的国际标准。

从增长结构看，一是工业增长依然倚重汽车、电子两大制造业行业，1–11 月，两个行业占工业增加值的比重为 22.9%；医药制造业比重不足 7%，通用设备制造业、专用设备制造业、电气机械和器材制造业均不足 5%。新增长点的发力有待时日。二是工业出口结构依赖电子行业。1–11 月，计算机、通信和其他电子设备制造业出口交货值占规模以上工业出口交货值的比重为 65.2%，而排在第二位的通用设备制造业仅占 5.5%。

（四）外生力量不稳定、不平衡

一是工业投资同比下降。1–10 月，全市完成工业城镇固定资产投资 469.7 亿元，比上年同期下降 9.9%，而 2010 年和 2011 年分别增长 40.7%和 64.8%。二是行业投资不平衡，近几年工业投资主要集中在电力热力燃气及水生产和供应业、汽车制造业以及计算机通信和其他电子设备制造业，2012 年 1–10 月，电力热力燃气及水生产和供应业投资额占工业城镇固定资产投资的 35.6%；汽车制造业占 25.2%，计算机通信和其他电子设备制造业占 14.1%，以上三个行业投资占全市工业城镇固定资产投资总额近四分之三。

五、2013 年趋势展望

2013 年是全面贯彻落实十八大精神的开局之年，也是“十二五”规划承前启后的关键之年。全市工业经济仍将面临复杂多变的国际经济形势和国内艰巨的改革任务，要努力克服经济增长下行压力加大、微观经营成本不断上涨等困难，通过加强企业创新、加大结构优化、提高企业的市场开拓能力，提高对要素成本提高的适应能力，实现北京工业有质量、有效益、可持续的发展。

（一）政策环境相对稳定

2012 年的中央经济工作会议提出做好 2013 年经济工作要以提高经济增长质量和效益为中心，继续把握好稳中求进的工作总基调，开拓创新，扎实开局。提出要继续坚持积极的财政政策和稳健的货币政策。因此，2013 年的政策取向基本稳定，为全市工业调结构、转方式提供政策保障和更大的空间。

（二）市场环境“外弱内扩”

2013 年，全球经济仍处危机后的调整期，国际环境仍充满复杂性和不确定性。联合国经济与社会事务部在《2013 年世界经济形势与展望》预测，2013 年全球经济增长率为 2.4%，比 2012 年上半年预测值大幅调低，虽然高于 2012 年 0.2 个百分点，但仍属于低迷状态。从国内市场看，扩大内需已成为经济工作中重要的战略基点，随着城镇化的不断推进，新的消费增长点的培育与发展，为全市工业经济平稳运行起到重要的市场支撑作用。

（三）企业成本刚性上涨

一是 2012 年以来三项费用的增长始终高于主营业务收入。1–10 月，三项费用同比增长 17.5%，高于主营业务收入 12.1 个百分点，比 2011

年扩大6.1个百分点；二是工资成本增加。随着北京地区经济的不断发展，劳动力价格也同步上升。2010年以来，全市工业企业职工薪酬支出始终保持快速增长。2012年1–11月应付职工薪酬同比增速为11.8%，比上年同期净增91.7亿元亿元。增幅虽然比前两年有所收窄，但依然保持了两位数的增长水平。三是节能减排成本增加。面对北京的资源环境压力，企业通过购置节能减排设备，实施工艺更新改造，加大了对节能、环保、安全等方面的投入。

（四）先行指标预示回升力度减弱

一是原材料存货持续回落。10月末原材料存货738.5亿元，同比下降1.3%，降幅比9月末扩大了1.2个百分点，6月末和3月末分别增长2.7%和10.5%。原材料存货增速下滑反映出企业生产意愿不强。

二是工业品价格处于下降区间。前11个月，北京市工业品生产者出厂价格(PPI)同比指数为98.5%，虽然在8月份触底后企稳，仍处于下降区间，在国内产能过剩的背景下，市场需求恢复仍需要一段时间。

（五）重点企业发展较为乐观

2011年以来，“小米手机”、“京东方8.5代线”为代表的一批新建企业和“现代三工厂”、“中芯国际二期”等新增项目陆续投产，产能逐步释放，增长势头良好，在全市工业增长中起了重要的带动作用。预计2013年还将继续保持增长态势，并将逐步进入“成熟期”，对工业经济的带动力将逐渐减弱。另外，2012年，“诺基亚通信有限公司”、“华锐风电科技（集团）股份有限公司”等大企业受市场、政策等影响，出现了大幅下滑，对全市工业经济下拉作用明显。2013年，上述企业生产下滑趋势有望缓解，对全市工业的不利因素有所减弱。

综合判断，2013年北京工业经济仍处在深度调整期，全年工业增加值增长水平将与2012年大体持平。

2012年北京第三产业稳中有升

◆◇张小洁　张国会　徐　燕

2012年以来，北京市第三产业总体呈现稳中有升态势，收入增速逐季回升，企业效益有所好转，在全市经济中发挥着稳定器的作用。但是，在当前总体需求放缓的情况下，北京市第三产业依然面临增长动力较弱和成本费用上涨的双重压力，应继续着眼首都城市功能定位，不断优化经济运行环境，着力培育新的经济增长点，促进第三产业协调健康发展。

一、总体运行情况

2012年前三季度，北京市第三产业收入增速逐季回升，企业效益继续好转，从业人员基本保持稳定。第三产业总体呈现稳中有升态势，在全市经济中继续发挥稳定器的重要作用。

（一）总体收入缓步回升，主要行业稳定向好

收入增速连续两季回升。1–8月，全市规模以上第三产业法人单位实现收入5.2万亿元，按现价计算（下同），比上年同期增长12.0%，比1–5月提高0.4个百分点，比1–2月提高2.5个百分点，呈逐季回升态势（见图1）。

13个行业门类中8个门类同比增速高于全市平均水平。1–8月，第三产业13个门类中，只有批发和零售业、交通运输仓储和邮政业、住宿和餐饮业、房地产业、居民服务修理和其他服务等5个门类同比增速低于全市平均水平；其他行业收入增速均高于全市12.0%的平均水平。

多数重点行业增速好于1–5月。1–8月，7个重点行业[1]门类中，5个门类收入增速较1–5月继续回升：房地产业、金融业回升幅度较大，

1 第三产业重点行业包括：金融业，批发和零售业，信息传输、软件和信息技术服务业，科学研究和技术服务业，租赁和商务服务业，房地产业，交通运输、仓储和邮政业。

图 1　　2007—2012 年各报告期第三产业收入同比增速

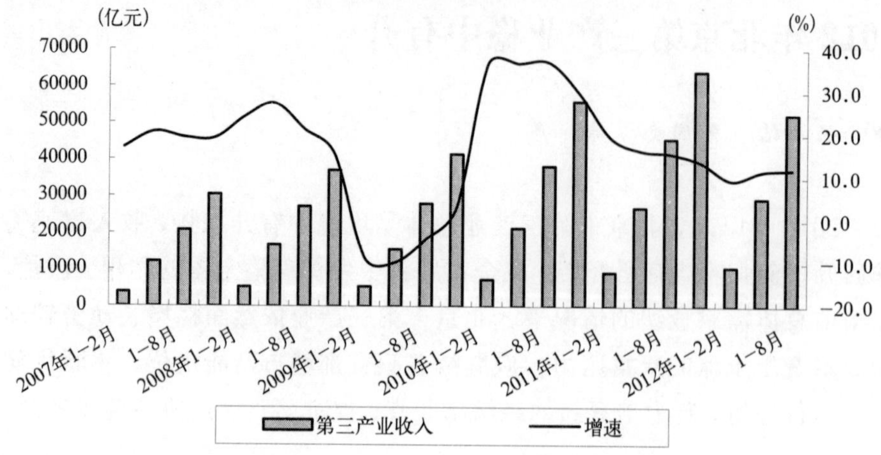

表 1　　规模以上第三产业各行业收入及增速情况

行业	绝对值（亿元）	1—8 月增速（%）	1—5 月增速（%）
第三产业合计	52382.4	12.0	11.6
批发和零售业	27096.8	10.8	11.8
交通运输、仓储和邮政业	2182.5	9.8	11.0
住宿和餐饮业	575.2	9.5	10.8
信息传输、软件和信息技术服务业	2630.5	13.5	13.4
金融业	8813.8	12.1	8.6
房地产业	1326.3	-6.6	-14.9
租赁和商务服务业	4241.1	19.2	16.8
科学研究和技术服务业	2988.7	16.7	14.2
水利、环境和公共设施管理业	191.0	17.5	11.0
居民服务、修理和其他服务业	92.3	8.9	6.3
教育	795.3	23.3	25.3
卫生和社会工作	697.3	24.9	26.9
文化、体育和娱乐业	751.7	19.2	9.3

分别为 8.3 个和 3.5 个百分点；科学研究和技术服务业、租赁和商务服务业、信息传输、软件和信息技术服务业收入增速分别提高 2.5 个、2.4 个和 0.1 个百分点。而批发和零售业、交通运输仓储和邮政业两个行业收入增速分别比 1—5 月回落 1.0 个和 1.2 个百分点（见表 1）。

（二）企业效益继续好转

1—8 月，规模以上第三产业企业实现利润总额 8362.1 亿元，同比增长 10.2%，比 1—5 月提高 1.4 个百分点，13 个行业门类均实现盈利。主要盈利行业为金融业、租赁和商务服务业，分别占第三产业企业利润总额的 68.0%和 11.0%。第三产业企业亏损面呈下降态势。1—8 月，规模以上第三产业企业亏损面为 46.3%，比 1—5 月缩小 3.1 个百分点。

（三）从业人员增速基本稳定

在“稳增长”系列措施的作用下，全市三产领域就业形势基本保持稳定。1—8 月，规模以上第三产业法人单位从业人员达 484.3 万人，同比增长 4.3%。

二、重点行业发展情况

1—8 月，第三产业 7 大重点行业门类中，信息传输软件和信息技术服务业、科学研究和技术服务业、租赁和商务服务业增长稳健；金融业、房地产业实现恢复性增长；批发和零售业、交通运输仓储和邮政业受商品流通服务需求不足的影响较大，增速继续放缓。

（一）租赁和商务服务业各行业普遍回升，央企和龙头企业拉动作用突出

1—8 月，规模以上租赁和商务服务业实现收入 4241.1 亿元，占规模以上第三产业收入的 8.1%，同比增长 19.2%，比 1—5 月提高 2.4 个百分点；利润总额由 1—5 月同比下降 15.1%转为同比增长 1.6%。其中，企业管理服务、广告、法律服务、咨询与调查等领域收入均呈现不同程度的回升态势。

租赁和商务服务业中央单位较为集中，1—8 月租赁和商务服务业中，中央单位收入同比增长 33.2%，对租赁和商务服务业收入的贡献率为 56.0%，拉动租赁和商务服务业收入增长 10.7 个百分点。龙头企业增长提速，拉动作用突出。1－8 月，租赁和商务服务业中收入排名前十位的企业，收入共增长 39.7%，对租赁和商务服务业收入的贡献率达到 69.6%，拉动租赁和商务服务业增长 13.3 个百分点。

（二）信息服务业在调整转型中稳健发展

近年来，政府相关部门加强结构调整力度，大力推进和实施两化融合，北京市信息服务业步入了技术深度整合与产业转型升级的调整期。1－8 月，规模以上信息传输、软件和信息技术服务业实现收入 2630.5 亿元，同比增长 13.5%，高于规模以上第三产业收入增速 1.5 个百分点（见图 2），实现利润 720.7 亿元，同比增长 15.3%，高于第三产业利润增速 5.1 个百分点。其中，互联网和相关服务、软件开发等领域服务需求稳定增长，受宏观经济的影响相对较小，表现出强劲的增长态势。

图 2　　第三产业和信息传输、软件和信息技术服务业收入增速

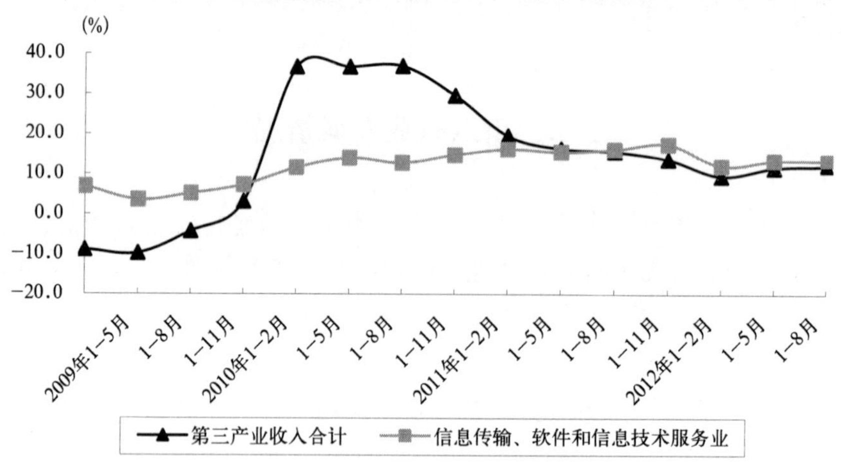

（三）科学研究和技术服务业收入增速继续回升

2012 年以来，北京市科技投入力度不减，技术服务交易表现活跃。1－8 月，在科学技术领域，地方公共财政预算支出 117.6 亿元，同比增长 56.9%；北京技术合同共成交 3.6 万项，同比增长 19.6%；实现技术交易额 1401.1 亿元，同比增长 25.8%。

1－8 月，科学研究和技术服务业实现收入 2988.7 亿元，同比增长 16.7%，高于第三产业收入增速 4.7 个百分点，比 1－5 月提高 2.5 个百

分点。其中，专业技术服务增势强劲，实现收入1646.1亿元，同比增长26.8%，高于第三产业收入增速14.8个百分点。

（四）金融业、房地产业呈现恢复性增长

在货币政策微调影响下，本季金融业收入增速回升。1-8月，金融业收入同比增长12.1%，比1-5月回升3.5个百分点。其中，货币金融服务业受利息净收入、手续费及佣金净收入、投资收益增长带动收入增速比1-5月提高3.8个百分点；资本市场服务业受投资收益增长带动，比1-5月提高6.2个百分点。

受房地产市场交易量回升影响，房地产业暂时摆脱低迷。1-8月，全市商品房销售面积975.4万平方米，同比增长23.9%，比1-5月提高20.8个百分点。1-8月，第三产业中房地产业收入同比下降6.6%，降幅比1-5月缩小8.3个百分点（见图3）。

图3　2010-2012年金融业和房地产业收入增长情况

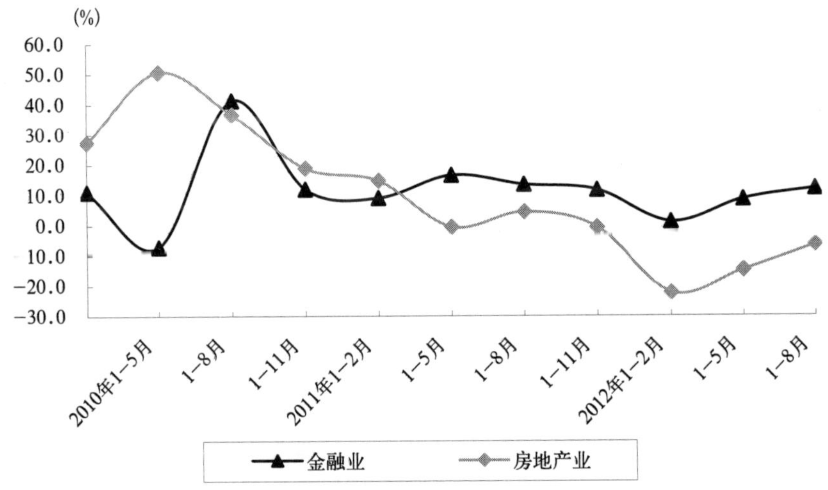

（五）批发和零售业、交通运输业增速回落

2012年以来，受宏观经济环境的影响，流通服务需求总体不足，批发和零售业收入增速低位徘徊，交通运输、仓储和邮政业收入增速呈逐季放缓态势。1-8月，规模以上批发和零售业实现收入2.7万亿元，同比增长10.8%，比1-5月回落1.0个百分点；实现利润总额531.8亿元，同比下降 35.7%，降幅比 1−5 月加深 2.9 个百分点。1−8 月，交通运输、仓储和邮政业实现收入 2182.5 亿元，同比增长 9.8%，增速比 1−5 月回落 1.2 个百分点。与收入相对应，货物周转量同样呈逐季回落态势。1−8 月，公路、铁路和民航货物周转量同比增长 10.6%，增速比上年全年回落 2.9 个百分点。

三、第三产业内部结构呈现新的特点

在“稳增长、调结构”政策作用下，第三产业内部结构呈现出一些新的特点。

（一）生产性服务业对第三产业带动力增强，高端服务领域稳健发展

生产性服务业是拉动第三产业增速回升的主要动力。1−8 月，规模以上生产性服务业实现收入 43045.7 亿元，同比增长 11.8%，对第三产业收入增长的贡献率达到 79.8%。知识密集、资本密集、附加值高的高端服务领域稳健发展。1−8 月，信息服务、科技服务、商务服务分别同比增长 13.5%、16.7%和 19.2%，对第三产业收入增长的贡献率为 27%，拉动第三产业收入提高 3.2 个百分点。

（二）文化创意产业中文化核心领域发展加快

1−8 月，规模以上文化创意产业实现收入 5203.5 亿元，同比增长 12.9%，高于第三产业收入增速 0.9 个百分点。其中，广播电视电影、文化艺术等文化核心领域发展较快，收入增速分别达 29%和 25.8%。1−8 月，文化创意产业实现利润 311.5 亿元，同比增长 3.7%，与 1−5 月相比企业效益明显好转。

（三）财政民生保障力度加大，公共服务业加快发展

政府对科教、民生、文化等领域投入力度加大。1−8 月，全市地方公共财政预算支出 2044.2 亿元，同比增长 37.5%。科学技术教育、医疗卫生、文化体育与传媒、交通运输、农林水事务等领域财政支出均比上年同期增长 40%以上，一般公共服务、社会保障和就业支出达到 38%。1−8 月，第三产业中公共服务业单位收入同比增长 23%，增速高于第三产业 11 个百分点。政府在教育、医疗卫生方面加大了财政投入，学校和医院的基础设施得到升级改造。1−8 月，教育及卫生和社会工作行业收

入中，财政拨款分别同比增长 29.3%和 34.8%。

（四）区域发展速度由内向外逐步递减

从区域发展看，1–8 月，第三产业四大功能区呈现由内向外递减态势，核心区第三产业同比增长 18.6%，功能拓展区和城市发展新区第三产业分别增长 9.8%和 8.7%，增幅分别比 1–5 月提高 0.8 个和 1.2 个百分点，生态涵养区同比下降 6.5%，降幅比 1–5 月扩大 0.4 个百分点。

四、存在的主要问题

（一）第三产业发展中不确定因素依然较大

批发零售业、交通运输业、金融业、房地产业 4 个行业增加值占第三产业增加值的 40%以上，对第三产业的稳定增长影响较大。2012 年以来，受宏观经济景气度较低的影响，批发和零售业、交通运输业低位运行，全市社会消费品零售额增幅逐月回落，交通运输业收入、利润双下滑，对第三产业增长贡献明显不足。而金融业、房地产业在资本市场疲软、货币政策稳健和房地产调控政策不放松等因素的综合的影响下，也难有更为突出表现。在我国经济运行仍存在较大下行压力的情况下，外向型特征明显的第三产业发展依然面临较大不确定性因素。

（二）企业经营成本普遍上升，经营压力加大

目前，北京市第三产业普遍面临收入增长缓慢，但房租、水电、人工等成本快速上涨的双重压力。1–8 月，第三产业企业成本费用同比增长 12.9%，高于收入增速 1.3 个百分点。其中，应付职工薪酬增长 20.7%，高于收入增速 9.1 个百分点。1–8 月，除金融业之外，其余 12 个行业总成本费用利润率由上年同期的 7.5%下降为本期的 6.5%，降低 1.0 个百分点。12 个行业门类中，除信息传输、软件和信息技术服务业成本费用利润率微增 0.7 个百分点以外，其余 11 个行业门类均为下降，企业盈利空间有所收窄，经营压力进一步加大（见表 2）。

（三）第三产业内部发展不够均衡，生活性服务业发展有待加强

北京市第三产业内部，生产性服务业增加值占比达到 65.7%，相对于快速发展、日益强大的生产性服务业，生活性服务业在北京市第三产业中的地位作用有待增强。1–8 月，生活性服务业同比增长 10.8%，低于全市平均水平 1.2 个百分点，利润总体下降 46.2%。其中，客运服务、零售服务利润同比降幅均达 84%；住宿餐饮服务、居民服务分别下降 16.8%和 41.4%。

表 2　　第三产业各行业企业成本费用利润率（%）

行业门类	1–8 月	上年同期
批发和零售业	2.0	3.5
交通运输、仓储和邮政业	4.9	9.0
住宿和餐饮业	1.9	2.7
信息传输、软件和信息技术服务业	18.9	18.2
房地产业	11.1	12.7
租赁和商务服务业	20.8	25.0
科学研究和技术服务业	8.4	9.6
水利、环境和公共设施管理业	5.2	6.0
居民服务、修理和其他服务业	1.2	2.2
教育	13.9	17.2
卫生和社会工作	7.0	8.6
文化、体育和娱乐业	9.3	10.0
第三产业（不含金融）合计	6.5	7.5

五、政策建议

2012 年以来，北京市第三产业总体平稳运行，并呈现缓慢回升的积极态势。在国家进一步加快对基建、环保等领域重大项目建设速度和重启家电补贴、汽车以旧换新等利好因素的作用下，北京市应继续优化经济运行环境，着力培育新的经济增长点，促进第三产业协调、健康发展。

一是加强政策扶持，培育新的经济增长点。战略性新兴产业作为北京市未来规划和部署的重点产业，代表了未来相当长时期内我国产业和技术的发展方向，应及早落实并细化战略性新兴产业财政扶持政策，促进新一代信息技术、节能环保等产业的快速发展。

二是优化经济运行环境，为企业高效运营创造条件。从9月1日起，北京市已在交通运输业和部分现代服务业启动营业税改征增值税试点。应密切关注试点及财政扶持政策的实施效果，简化退税审批手续，确保企业税负基本不增。

2012 年北京市商贸流通市场运行情况分析

◆◇饶 琦

2012 年，随着中央“稳增长”措施逐步推进，全国经济企稳回升，“调结构、转方式”步伐加快，北京市批发业调整中出现好转迹象，消费品市场在汽车、通讯器材等商品带动下平稳增长，流通、消费规模有望实现双突破，对首都经济发展作出了重要贡献。

一、总体情况

（一）购销总额有望突破 9 万亿元

2012 年 1-11 月，全市批发和零售业商品购销总额达到 87540.4 亿元，全年有望突破 9 万亿元。其中商品购进总额 42279.4 亿元，同比增长 6.8%，商品销售总额 45261 亿元，同比增长 9.9%。

（二）消费规模即将突破 7000 亿元

2012 年 1-11 月，全市实现社会消费品零售额 6944.5 亿元，全年即将突破 7000 亿元；同比增长 11.6%，增速高于上年同期 0.7 个百分点。

（三）第三产业中批发零售业对经济增长贡献居次席

2012 年 1-3 季度，全市第三产业实现增加值 9839.2 亿元，同比增长 7.7%。其中批发零售业实现增加值 1702 亿元，占第三产业增加值的 17.3%，占全市地区生产总值的 13.4%；同比增长 5.2%，对全市经济增长的贡献率 9.8%，规模和贡献在第三产业中均仅次于金融业居次席。

（四）企业利润时隔三年再次出现下滑

2012 年以来，北京限额以上批发、零售和餐饮企业经济效益低迷，利润总额增速继 2009 年 1-2 月首次出现同比下降后，时隔三年再次出现负增长，且降幅持续加深。

2012 年 1-8 月，北京限额以上批发零售企业实现利润总额 531.8 亿元，同比下降 35.7%，降幅比 1-5 月扩大 2.9 个百分点；限额以上餐饮企业实现利润总额 9.9 亿元，同比下降 12.1%，降幅比 1−5 月扩大 0.8 个百分点；限额以上住宿企业虽在 1−5 月扭亏为盈，实现利润总额 3 亿元，但三季度疲态再现，1−8 月累计实现利润总额 1 亿元，同比下降 59.9%（见图 1）。

图 1　2008 年至今限额以上批发零售企业和餐饮企业利润增速

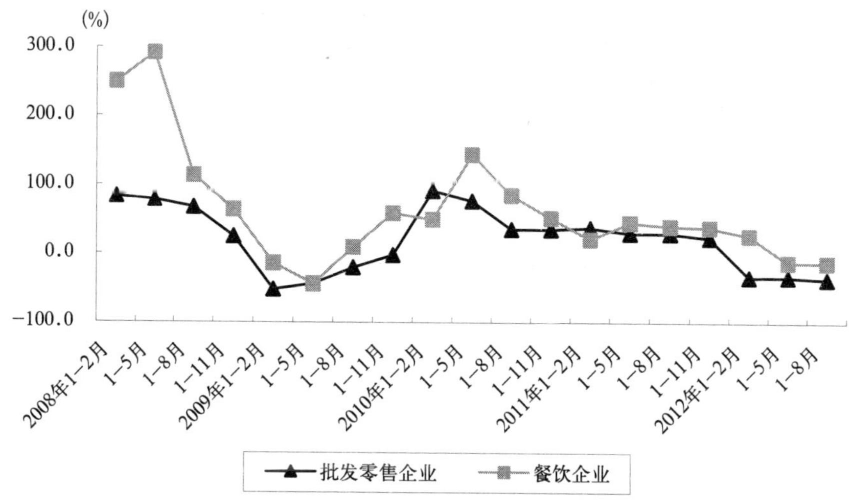

二、批发业调整中出现好转

（一）购进增速波动较大，前景不明朗

1−11 月，全市限额以上批发企业实现商品购进总额 35922.2 亿元，同比增长 9%，增速低于上年同期 8.4 个百分点。其中市内购进额 5540.3 亿元，占 15.4%，增长 7.4%；市外购进额（含进口）30381.9 亿元，占 84.6%，增长 9.3%。从各月情况看，批发业月购进增速波动较大，波峰与波谷相差 20.7 个百分点，前景尚不明朗（见图 2）。

（二）销售额总体呈回升态势

1−11 月，全市限额以上批发企业实现商品销售总额 38476.9 亿元，同比增长 9.3%。从各月看，销售额总体呈回升态势，其中 11 月份在生产资料销售良好的带动下，实现销售额 3932.5 亿元，为年内最高(见图 3)。

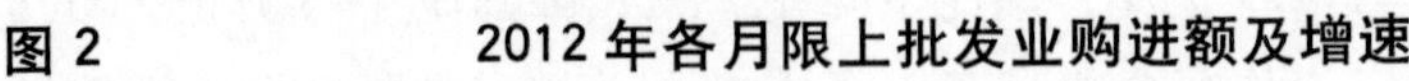

图 2　2012 年各月限上批发业购进额及增速

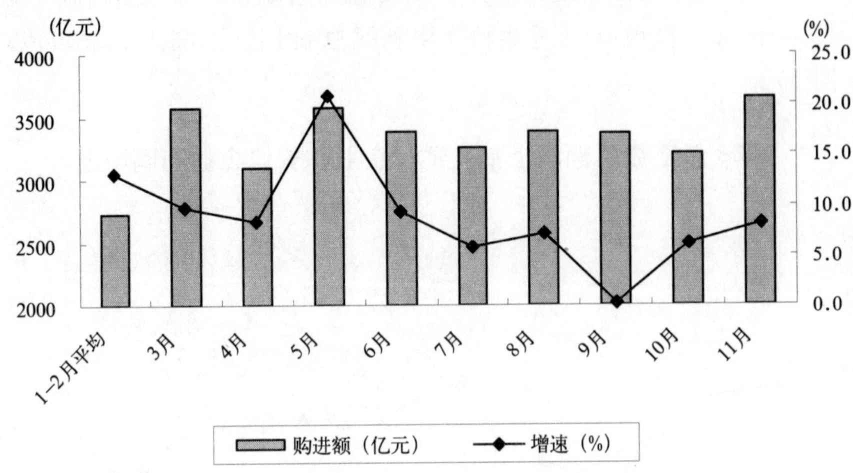

图 3　2012 年各月限上批发业销售额

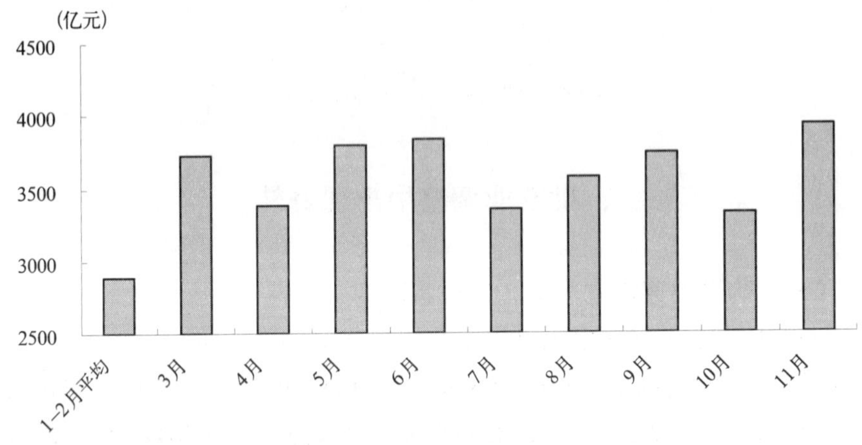

1–11 月，限上批发企业销售的 25 类商品中，9 类商品销售额增速超过平均水平，占 25.2%，其中化工材料及制品类同比增长 84.9%，增幅居首，拉动限上批发企业销售额增长 5.6 个百分点；9 类商品销售额实现增长但增速低于平均水平，占 57.8%，其中金属材料类和石油及制品类分别增长 4.3%和 8.7%；7 类商品销售同比下降，占 17%，其中机电产品及设备类同比下降 1.9%。

（三）库存清理见成效，与销售增速差距逐步缩小

2012 年以来，北京限额以上批发企业库存增速呈倒 V 型走势，上半年一路攀升，于 7 月底达到最高点 29.5%，此后持续下滑，去库存渐显成效。11 月底，限上批发企业期末库存总额 4016.9 亿元，同比增长 14.3%，增速高于当月销售 1.8 个百分点，差距比 10 月份收窄 4.6 个百分点（见图 4）。

图 4　　2011 年以来限上批发业商品销售和库存增速对比

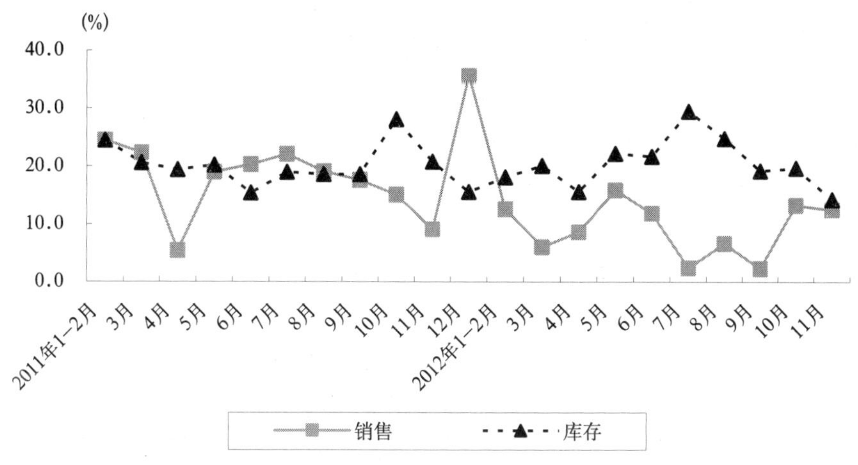

值得关注的是，占比近三成的汽车批发企业和石油批发企业库存增速虽有所回落，但仍处于较高水平，分别增长 51.3%和 65.4%。

三、消费品市场运行特征

2012 年 1-11 月，全市消费品市场总体运行平稳。从规模看，除 4 月份外，各月零售额均超过 600 亿元，9 月份实现零售额 700.9 亿元，创历史新高；从增速看，年初高位开局，此后呈回落态势， 8 月份到达最低点 7.8%，四季度进入促销旺季，增速持续上扬（见图 5）。

（一）商品销售特点

按照满足人类不同消费需求层次的特点，将市场销售的主要商品分为三种类型：生存型商品（粮油食品饮料类、服装鞋帽针纺织品类等 4

类)、发展型商品(书报杂志类、文化办公用品类等6类)、时尚型商品(化妆品类、金银珠宝类等6类)。1-11月,三种类型商品合计实现零售额5370.3亿元,同比增长12.5%,占全部零售额的77.3%(见表1)。

图5　　2012年各月零售额及增速

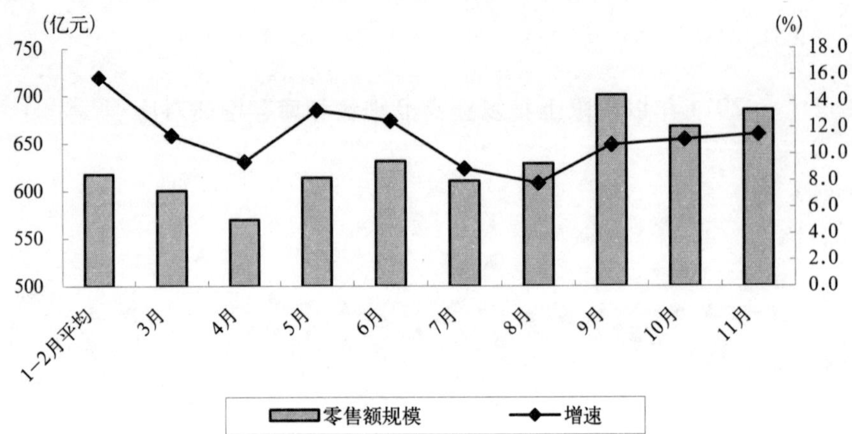

表1　　2012年1-11月生存型、发展型和时尚型商品零售额相关指标(%)

	商品类别	增速	贡献率	比重
生存型	粮油、食品、饮料类	8.4	5.2	6.9
	服装、鞋帽、针纺织品类	7.1	5.5	8.7
	日用品类	14.2	4.3	3.6
	中西药品类	20.2	13.0	8.0
	小计	12.0	28.0	27.3
发展型	书报杂志类	24.8	3.1	1.6
	电子出版物及音像制品类	-0.1	0	0.2
	家用电器和音像器材类	9.8	2.9	3.3
	文化办公用品类	15.3	6.2	4.8
	家具类	3.3	0.3	1.1
	建筑及装潢材料类	-15.9	-0.7	0.4
	小计	11.8	11.7	11.5

表 1　2012 年 1–11 月生存型、发展型和时尚型商品零售额相关指标（%）（续）

	商品类别	增速	贡献率	比重
时尚型	化妆品类	10.0	1.6	1.9
	金银珠宝类	1.8	0.7	4.3
	体育、娱乐用品类	18.9	1.8	1.1
	通讯器材类	63.0	13.9	3.7
	石油及制品类	4.5	3.2	7.9
	汽车类	12.8	21.5	19.6
	小计	13.0	42.7	38.5

1. 生存型商品销售平稳

1–11 月，生存型商品销售平稳，合计实现零售额 1894.8 亿元，占 27.3%；同比增长 12%，对全市零售额增长的贡献率为 28%。其中中西药品类实现零售额 558.6 亿元，增长 20.2%，对零售额增长的贡献率为 13%。

2. 文化办公用品带动发展型商品贡献超一成

1–11 月，发展型商品合计实现零售额 798.4 亿元，占 11.5%；同比增长 11.8%，对全市零售额增长的贡献率为 11.7%。其中文化办公用品类是重要推手，实现零售额 336.6 亿元，增长 15.3%，对零售额增长的贡献率为 6.2%。

3. 汽车、通讯器材带动时尚型商品贡献超四成

1–11 月，时尚型商品合计实现零售额 2677.1 亿元，占 38.5%；同比增长 13%，对全市零售额增长的贡献率为 42.7%。其中占比 19.6%的汽车类仍是最大的支撑点，增长 12.8%，对零售额增长的贡献率为 21.5%；占比 3.7%的通讯器材类销售火爆，增长 63%，对零售额增长的贡献率为 13.9%；此外，金银珠宝类和石油及制品类告别以往增速迅猛的态势，仅分别增长 1.8%和 4.5%。

（二）四大功能区增速两高两低

1–11 月，四大功能区中城市发展新区和生态涵养发展区增速高于全市，其中城市发展新区实现零售额 1294.1 亿元，占 18.6%，同比增长 14.3%；生态涵养发展区实现零售额 352 亿元，占 5.1%，增长 13.5%。首都功能核心区和城市功能拓展区增速低于全市，分别实现零售额 1388.9 亿元和 3909.6 亿元，分别增长 11.2%和 10.7%，合计占 76.3%。

（三）网上商店保持高增长

1–11 月，全市限额以上批发零售企业实现网上零售额 519.3 亿元，同比翻番，占全部零售额的 7.5%，比重较 1–3 季度提高了 0.7 个百分点。

从各零售业态看，批发零售企业统计的 18 种业态中 14 种同比增长。网上商店实现零售额 442.6 亿元，增长 80.1%，增速居各业态之首，电话购物、专卖店、大型超市和电视购物增幅均超过 10%。其中网上商店和专卖店对全市零售额的增长贡献居前两位，分别是 27.3%和 23.5%，二者合计拉动零售额增长 5.9 个百分点。

另外，购物中心等 4 种业态同比下降，这 4 种业态合计占全市零售额的比重为 2.1%，仅影响零售额下降 0.1 个百分点（见表 2）。

表 2　　2012 年 1–11 月北京各零售业态零售额

零售业态	零售额（亿元）	同比增长（%）	贡献率（%）
网上商店	442.6	80.1	27.3
电话购物	67.2	14.8	1.2
专卖店	1316.0	14.8	23.5
大型超市	374.6	12.3	5.7
电视购物	2.2	10.3	0.0
便利店	37.5	9.8	0.5
厂家直销中心	91.4	9.5	1.1
超市	217.8	7.7	2.2
折扣店	18.6	5.6	0.1
专业店	1167.5	5.3	8.1

表 2　　2012 年 1-11 月北京各零售业态零售额　　（续）

零售业态	零售额（亿元）	同比增长（%）	贡献率（%）
仓储会员店	39.3	5.3	0.3
百货店	649.1	4.9	4.2
加油站	440.9	4.0	2.4
邮购	3.1	1.1	0.0
购物中心	75.2	-0.7	-0.1
食杂店	3.3	-4.0	0.0
家居建材商店	68.0	-4.5	-0.4
自动售货亭	0.2	-32.1	0.0

四、住宿餐饮业低位运行

2012 年 1-11 月，全市住宿业实现营业额 345.4 亿元，同比增长 6%，餐饮业实现营业额 646 亿元，同比增长 8.9%，增速分别低于上年同期 6.6 个和 6.9 个百分点。从全年走势看，住宿餐饮业上半年经营良好，增速均在 9%-10%左右；7 月份受“7.21”特大暴雨及连续阴雨天气影响，市民出行不畅，客流减少，当月增幅显著下滑，住宿业和餐饮业分别增长 5.1%和 5.8%；此后增速延续回落，11 月虽有所反弹但仍处于较低水平（见图 6）。

图 6　　2012 年北京住宿业和餐饮业营业额增速

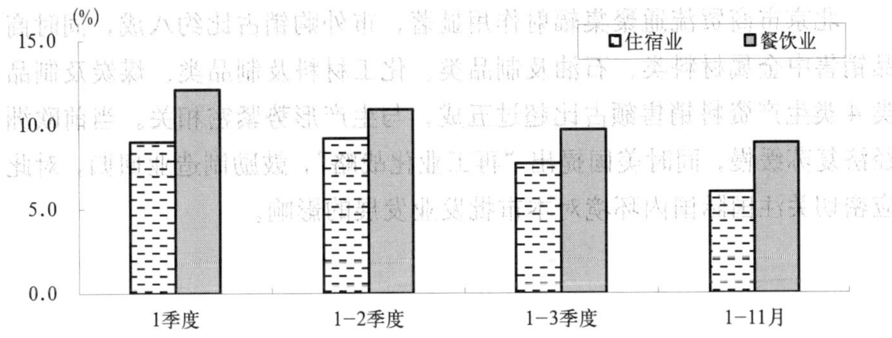

五、需要关注的问题

（一）关注餐饮市场发展

1-11月，全市实现社会消费品零售额中，餐饮收入实现757.3亿元，仅占全部零售额的10.9%；同比增长8.4%，增速低于全部零售额3.2个百分点，规模和增速均偏低。同时据了解，部分餐饮企业因租金成本、用工成本和原材料价格显著上升等因素，业绩下滑，甚至关闭门店。应采取相关措施减轻餐饮企业经营压力，挖掘餐饮市场潜力。

（二）关注有关促消费政策

2012年有关促消费政策陆续出台，取得一定效果。其中6月份，家电节能补贴政策开始实行，实行后家电类月均实现零售额22.9亿元，平均增长15.3%，增速高于1-5月份12.7个百分点；11月份，家具以旧换新政策试行，当月实现零售额7.5亿元，高于政策实行前平均水平0.8亿元。需对2013年有关接续和替代政策加以关注。

（三）关注城镇化带来的消费潜力

“十八大”报告提出，“坚持走中国特色新型工业化、信息化、城镇化、农业现代化道路，推动信息化和工业化深度融合、工业化和城镇化良性互动、城镇化和农业现代化相互协调，促进工业化、信息化、城镇化、农业现代化同步发展。”同时还强调要提高城镇化的质量。城镇化对家电类、建材类等商品消费及餐饮消费带动作用明显，应以此为契机，继续扩大消费市场，推动结构升级。

（四）关注国际国内环境

北京市商贸流通聚集辐射作用显著，市外购销占比约八成，同时商品销售中金属材料类、石油及制品类、化工材料及制品类、煤炭及制品类4类生产资料销售额占比超过五成，与生产形势紧密相关。当前欧洲经济复苏缓慢，同时美国提出“再工业化战略”，鼓励制造业回归，对此应密切关注国际国内环境对本市批发业发展的影响。

2012 年北京对外经济贸易情况分析

◆◇贾　薇

2012 年 1-11 月，北京地区进出口规模继续扩大，保持低速增长态势，全年有望再创历史新高；实际利用外资平稳增长；对外承包工程显著增加。但复杂的政治、经济形势将对北京对外经济贸易产生影响，以下问题需密切关注：《对外贸易“十二五”规划》出台为对外贸易发展提供了有利保障、新出口订单指数明显回升，出口形势有回暖迹象、国际形势更趋复杂，持续影响对外贸易、人民币汇率变动的影响。

一、进出口情况

（一）进出口总额有望再创历史新高

1. 进出口总额在全国位列第四，增速低于全国 0.7 个百分点

2012 年 1-11 月，北京地区进出口总额达 3712.8 亿美元，在全国 31 个省市中排在广东、江苏和上海之后，位列第 4；比上年同期增长 5.1%，增速低于全国 0.7 个百分点。

2. 进出口总额屡创新高，增速为近 10 年次低

从近 10 年数据看，北京地区进出口规模除 2009 年受金融危机影响外，10 年来规模不断扩大。2012 年，北京地区进出口规模更是屡创新高，在上半年历史同期首次突破 2000 亿美元大关后，1-3 季度再次突破 3000 亿美元整数关口，按 1-11 月月均进出口总额 337.5 亿美元计算，预计 2012 年北京地区进出口规模将再次刷新历史最高纪录。

从增速看，2003 年起北京进出口贸易快速增长，除 2009 年同比下降 20.9%外，其他年份增速均保持在 22%以上的高速增长，但从 2011 年开始，增速呈现下滑态势。2012 年 1—11 月，进出口总额同比增长 5.1%，增速同比回落 25.5 个百分点，为近 10 年来的次低（见图 1）。

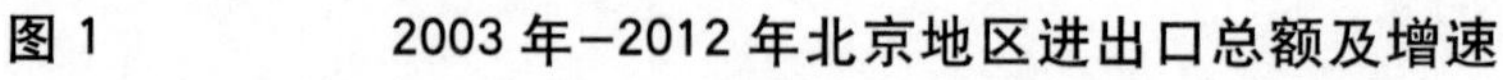

图 1　　2003 年–2012 年北京地区进出口总额及增速

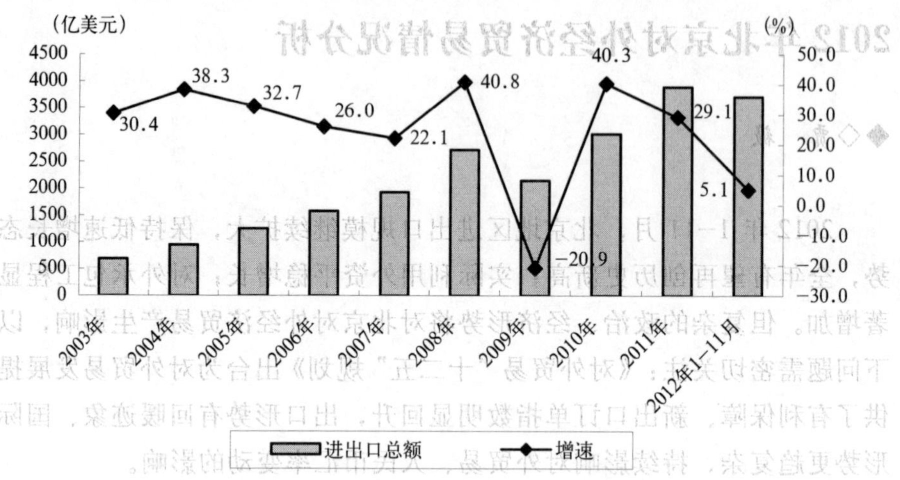

3. *贸易逆差增长率显著回落*

与全国进出口格局不同，北京是一个贸易逆差较大的城市，且 10 年来增长率始终处于较高水平。2012 年，贸易逆差增长率明显回落，1–11 月同比增长 6.7%，比 2011 年回落 35.8 个百分点（见表 1）。

表 1　　2003 年–2012 年北京地区进出口贸易差额

年份	贸易差额（亿美元）	增长率（%）
2003 年	−347.6	27.4
2004 年	−535.1	53.9
2005 年	−638.3	19.3
2006 年	−822.1	28.8
2007 年	−951.0	15.7
2008 年	−1569.2	65.0
2009 年	−1180.4	−24.8
2010 年	−1904.8	61.4
2011 年	−2714.4	42.5
2012 年 1–11 月	−2630.1	6.7

（二）出口情况

1. 出口总额在全国位列第七，增速低于全国5.9个百分点

1–11月，北京地区出口541.4亿美元，在全国31个省市中排在广东、江苏、浙江、上海、山东和福建之后，位列第7；同比增长1.4%，增速低于全国5.9个百分点。

2. 出口商品中机电产品占比六成多

1–11月，北京出口的22个类别的商品中，共有7类商品实现增长，占全市出口额的62%。

表2　　2012年1–11月北京地区各类商品出口情况

排名	商品类别	金额（亿美元）	比重（%）	同比增长（%）	拉动力（百分点）
1	机电音像设备	238.6	44.1	3.8	1.6
2	矿产品	71.6	13.2	−1.2	−0.2
3	运输设备	59.5	11.0	17.5	1.7
4	贱金属及制品	48.0	8.9	−7.8	−0.8
5	化工产品	36.9	6.8	−9.3	−0.7
6	光学医疗仪器	23.7	4.4	33.0	1.1
7	纺织品	21.5	4.0	−6.0	−0.3
8	塑料橡胶制品	8.4	1.5	−5.8	−0.1
9	杂项制品	6.5	1.2	9.9	0.1
10	矿物制品	6.2	1.1	−0.4	0.0
11	植物产品	5.6	1.0	13.9	0.1
12	食品	5.5	1.0	−0.1	0.0
13	鞋帽伞等制品	2.4	0.4	−0.9	0.0
14	珠宝	2.0	0.4	−42.4	−0.3
15	木制品	1.5	0.3	8.9	0.0
16	木浆、纸制品	1.3	0.2	−22.4	−0.1
17	皮革制品	1.0	0.2	−7.1	0.0
18	动物产品	1.0	0.2	−7.1	0.0
19	艺术品	0.1	0.0	150.4	0.0
20	其他	0.1	0.0	−98.8	−0.9
21	武器	0.1	0.0	−3.7	0.0
22	油脂	0.0	0.0	−59.6	0.0

一直以来，北京的机电产品占据较大比重，且比重不断提高。1–11月，北京地区出口机电产品341.5亿美元，占全市出口比重为63.1%，比2011年提高3.6个百分点。其中，占全市出口4成多的机电音像设备类增幅由降转升，同比增长3.8%（2011年同比下降1.2%），对全市出口的影响较大，拉动全市出口增长1.6个百分点（2011年为逆向拉动出口增长0.6个百分点）；此外，运输设备及光学医疗仪器对出口增长的拉动均超过1个百分点，分别为1.7个和1.1个百分点（见表2）。

3. 国外需求不足，对前十大贸易伙伴出口5成同比下滑，8成增幅同比回落

2012年，复杂的国际政治、经济形势使国外需求严重不足，对前十大贸易伙伴出口半数同比下滑。1–11月，对欧盟、日本、印度、韩国和德国出口同比分别下降16%、12.5%、15.2%、31.9%和8.3%，降幅分别比2011年扩大出口10.1个、63.8个、15.4个、57.2个和19个百分点。此外，对美国、中国香港和俄罗斯同比虽有不同程度的增长，但增幅同比仍呈回落态势，分别比2011年回落13.2个、10.4个和23.9个百分点（见表3）。

表3　　2012年1–11月北京地区前十大出口贸易伙伴情况

排名	国别地区	金额（亿美元）	同比增长（%）	增幅比2011年增长（百分点）
1	欧盟	72.2	−16.0	−10.1
2	东盟	67.6	9.5	29.5
3	美国	45.6	2.0	−13.2
4	日本	43.2	−12.5	−63.8
5	中国香港	42.9	4.0	−10.4
6	印度	22.3	−15.2	−15.4
7	韩国	18.8	−31.9	−57.2
8	越南	15.9	15.2	41.1
9	俄罗斯	14.5	30.0	−23.9
10	德国	14.4	−8.3	−19.0

（三）进口情况

1. 进口总额在全国位列第二，增速高于全国1.7个百分点

1-11月，北京地区进口3171.4亿美元，在全国31个省市中仅排在广东之后，位列第二；同比增长5.8%，增速高于全国1.7个百分点。

2. 前十大进口商品贡献率高达1.1倍

1-11月，排名前十位的进口商品共实现进口额2160.6亿美元，占全市进口额的68.1%，对全市进口增长的贡献率高达1.1倍，拉动全市进口增长6.1个百分点。与上年同期相比，有7种商品实现增长，3种商品呈现下降。

（1）原油贡献率67.1%，居各类商品之首。1-11月，进口原油1470.9亿美元，同比增长8.5%，对全市进口增长的贡献率高达67.1%，拉动全市进口增长3.9个百分点，居各类商品之首。

（2）液化石油气、棉花和粮食贡献率均超10%。前十大进口商品中，液化石油气、棉花和粮食3类商品贡献率也相对较高，均超过10%，分别为15.2%、14.8%和14.4%，3类商品合计拉动全市进口增长2.6个百分点。

（3）铁矿砂、集成电路和成品油贡献率为负。前十大进口商品中，铁矿砂、集成电路和成品油3类商品贡献率分别为-10.6%、-8.1%和-3.1%，3类商品合计逆向拉动全市进口增长1.3个百分点。

3. 一般贸易占据绝对主导地位，但增速低于全市平均水平

1-11月，北京一般贸易进口2839.8亿美元，占全市进口总值的比重为89.6%，占据绝对主导地位，但同比增长5.2%，低于全市0.6个百分点；加工贸易和“海关特殊监管区域”贸易方式占全市进口的比重也相对较高，均为4.7%，同比分别增长10.4%和10.9%，分别高于全市4.7个和5.1个百分点。

二、实际利用外资平稳增长

2012年1-11月，北京实际利用外商直接投资78.3亿美元，同比增长13.5%。从月度趋势看，本年实际利用外资均高于去年同期水平。其中：9月份实际利用外资8.3亿美元，为全年最高，同比增幅与去年持平；2 月份实际利用外资 6.7 亿美元，增速全年最高，达 63.4%；而 11 月份实际利用外资有所减少，为 4.2 亿美元，为全年最低，但同比增长 20%，仍高于本年平均增速（见图 2）。

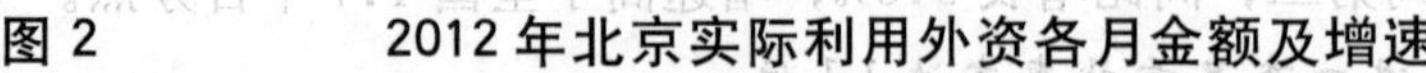
图 2　　2012 年北京实际利用外资各月金额及增速

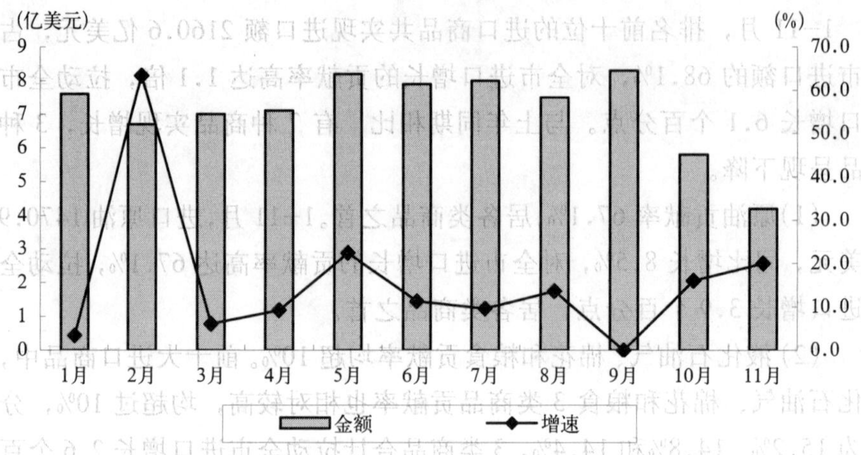

（一）第二产业比重持续提高，增幅由降转升

今年以来，北京第二产业实际利用外资比重持续提高，1–11 月，实际利用外资 10.8 亿美元，比重由 1 季度的 6.8%上升为上半年的 10.9%，又上升至 1–11 月份的 13.8%；同比增幅由一季度的下降 54%转为增长 36.8%。其中：通信设备、计算机及其他电子设备制造业和交通运输设备制造业以及电力、燃气及水的生产和供应业比重分别比 1 季度提高 2.8 个、1 个和 3 个百分点，同比分别增长 1.3 倍、72.3%和 72%，成为第二产业增长的主要拉动力量。

（二）第三产业中教育等 3 个行业成倍增长、租赁和商务服务业由升转降、房地产业降幅收窄

1–11 月，第三产业实际利用外资 67.5 亿美元，占全市比重为 86.1%，同比增长 10.4%，仍占据绝对主导地位。其中：教育、居民服务和其他服务业、交通运输、仓储和邮政业 3 个行业增幅成倍增长，分别比上年同期增长 79.3 倍、10.2 倍和 6 倍；而占比最高的租赁和商务服务业增幅由升转降，同比下降 14.5%（上半年增长 34.3%）；房地产业虽同比下

降22.9%，但降幅明显收窄，比上半年收窄48.3个百分点。

（三）来自中国香港、韩国和开曼群岛外资超七成，瑞士等四个国家和地区入资成倍增长

1–11月，在北京实际利用外资中，分国别地区位列前三位的是中国香港、韩国和开曼群岛，实际利用外资分别为43亿、7亿和5.9亿美元，比重分别为54.9%、9%和7.6%，三者合计占全市的比重达71.5%；从增速看，瑞士、荷兰、韩国和新加坡入资成倍增长，同比分别增长4.6倍、2.4倍、2.2倍和1.5倍。

三、对外承包工程显著增加

2012年1–11月，北京对外承包工程新签合同额32.1亿美元，同比增长64.6%；完成营业额24.8亿美元，增长11.5%；期末在国外人数11382人，同比下降12.8%。

分地区看，北京对外承包工程业务主要集中在亚洲和非洲两大地区，1–11月，两地区合计新签合同额占全市的比重为96.7%。其中，非洲是北京对外承包工程的第一大市场，且比重持续增加。1–11月，新签合同额22亿美元，同比增长1.5倍，占全市的比重为68.7%，比2011年提高16.7个百分点。

四、需要关注的问题

（一）《规划》出台为对外贸易发展提供了有利保障

2012年4月，商务部出台了《对外贸易“十二五”规划》，此《规划》是我国外贸发展史上的第一个专项五年规划。《规划》提出“十二五”时期，进出口总额年均增长10%左右的目标。并提出八项外贸发展的保障措施，即完善外贸管理体制和政策、完善涉外财政税收政策、完善涉外金融政策、完善外贸法律法规体系、加强贸易摩擦应对工作、加强多双边经贸合作、提高贸易便利化水平、加强外贸人才培养工作等。2012年已是“十二五”规划的第二年，至11月份，北京累计进出口总额同比增长5.1%，低于10%的年均增长目标，也低于全国0.7个百分点，因此在《规划》出台的有利保障下，北京的对外贸易还有很大的发展空间。

（二）新出口订单指数明显回升，出口形势有回暖迹象

据国家统计局、中国物流与采购中心公布数据显示，反映制造业外贸情况的新出口订单指数临近年末明显回升。2012 年 11 月，新出口订单指数结束了 5 个月的不佳表现，再次回升至临界点（50%）以上，为 50.2%，比上月上升 0.9 个百分点。20 个行业中，木材加工及家具制造业、计算机通信电子设备及仪器仪表制造业、纺织服装服饰业、金属制品业和汽车制造业等 10 个行业指数均高于 50%，出口形势有回暖迹象。

（三）国际形势更趋复杂，持续影响对外贸易

今年以来，国际形势更趋复杂，欧债危机、地缘冲突、美日等发达经济体大选等多重因素影响，全球经济复苏艰难，国际市场需求不足。与此同时，钓鱼岛事件更使中日政治经济关系日趋紧张，对日贸易往来受到严重影响，7 月份开始进出口贸易逐月减少。1–11 月，北京地区对日本进出口总额 172.8 亿美元,同比下降 14.6%，而 11 月当月，进出口 11.7 亿美元，同比下降 40.1%，为年内各月最大降幅，复杂的国际形势仍将对北京对外贸易产生持续影响。

（四）人民币汇率变动的影响

人民币汇率变动一定程度上影响对外贸易的发展，2012 年人民币升值速度加快，人民币升值一方面有利于推动外贸增长方式的转变、有利于进口成本的降低，有利于中国企业“走出去”和改善吸引外资的环境。但另一方面也会产生一定的消极影响，特别是对北京这样一个贸易逆差较大的城市，将会进一步对出口产生一定影响，尤其对纺织服装行业等对出口依存度较高行业的出口。

2012年北京市财政金融运行状况分析

◆◇严　彦

2012年以来，面对复杂多变的国内外经济环境，我国继续实施积极的财政政策和稳健的货币政策。北京市认真贯彻落实中央宏观调控政策，坚持稳中求进的工作总基调，全市经济呈现出“转中趋稳、稳中向好”的态势。全市财政收入稳步增长，货币信贷增长平稳适度。

一、财政收入稳定增长

（一）地方公共财政预算收入持续上升走势

1-11月，全市公共财政预算收入累计完成3092.9亿元，同比增长10.4%。2012年以来，财政收入呈现逐月回升的趋势，由年初的下降3.1%，稳步回升至两位数增长。一方面，全市经济的平稳运行促进了财政收入的稳步回升；另一方面，2011年财政收入增速高开低走的格局对2012年的走势产生了一定影响（见图1）。

图1　　财政收入累计增速变化情况

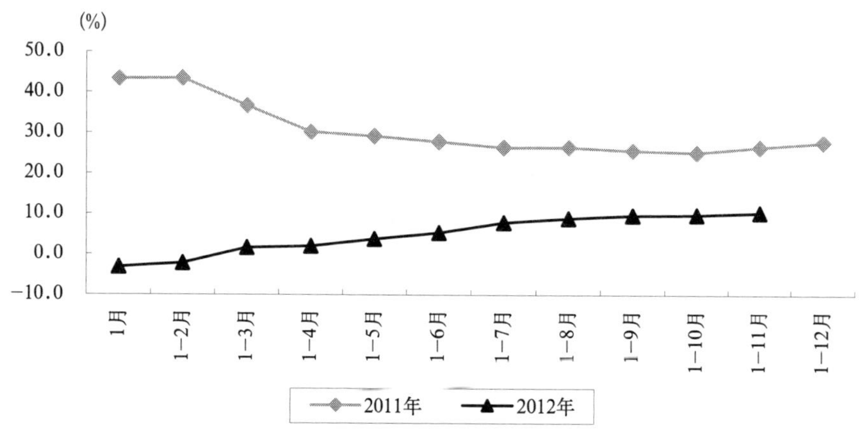

（二）四大主体税种均实现正增长

1-11月，四大主体税种合计完成收入2328.5亿元，同比增长9.8%，较1-10月提高0.6个百分点，较年初提高14.5个百分点，占公共财政预算收入的75.3%。

其中，营业税完成1081.6亿元，同比增长8.9%，11月当月下降5.8%；增值税完成266.5亿元，同比增长21.5%，11月当月增长1.2倍。增值税当月收入增幅较高及营业税当月增幅下降主要是受"营改增"试点改革的影响。分行业来看，营业税增收行业主要集中在金融业、房地产业，这两个行业占营业税的比重达到40.1%。其中，金融业营业税完成239.8亿元，同比增长24.4%，得益于金融机构利息收入、手续费及佣金收入及投资收益的较快增长，金融业营业税年初以来一直保持24%以上的增长；房地产业营业税完成193.3亿元，同比下降5.2%，降幅由年初的-51.2%持续收窄至上半年的-27.3%、三季度的-12%。

企业所得税完成719亿元，同比增长10.1%；个人所得税完成261.4亿元，同比增长2.2%。去年9月份开始实施新个人所得税法，受此影响，年初以来个人所得税持续负增长，直到10月份进入可比期，增速才由负转正（见图2）。

图2　　2012年1-11月四大税增速变化情况

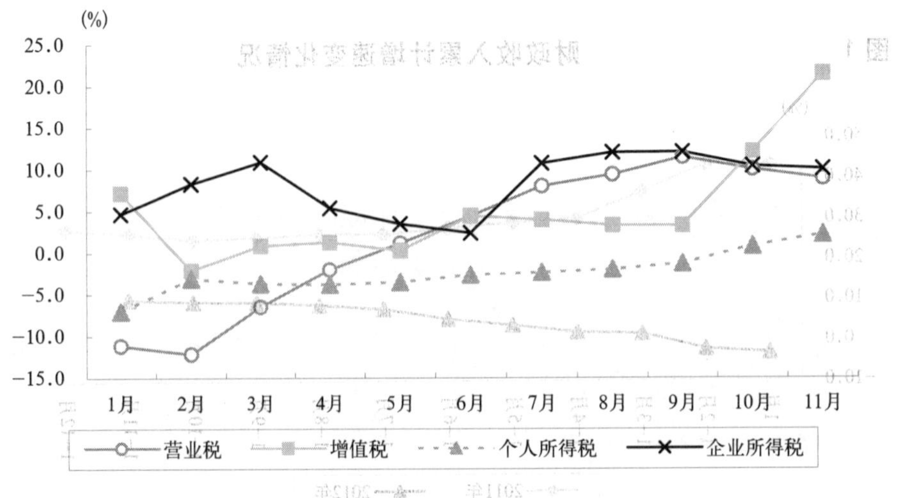

（三）区县财政收入保持稳定增长，增幅高于全市平均水平

1−11 月，区县财政收入累计完成 1424.8 亿元，同比增长 12%，高于全市增速 1.6 个百分点。其中，有 12 个区县增速高于全市水平。分功能区看，首都功能核心区、城市功能拓展区、城市发展新区、生态涵养发展区同比分别增长 13.1%、10.1%、14.2%和 15%，均达到 10%以上增长。

（四）财政支出执行正常，重点保障民生领域

财政收入稳定增长的同时，财政支出积极发挥保障作用，支持民生领域各项事业的发展。开展家具“以旧换新”试点，继续落实家电下乡政策；支持第九届中国园林博览会备展工作；发放高效节能家电产品补贴，推动节能减排工作；投入市级抢险救灾资金，拨付区县救灾善后资金；下达城市环境综合整治资金，改造道路工程、“城中村”治理和首都环境建设；落实远郊区县医疗中心建设，进一步完善北京地区整体医疗卫生体系等等。

1−11 月，全市地方公共财政预算支出 2933.5 亿元，同比增长 17.7%。其中，教育支出 496.8 亿元，增长 24.9%；社会保障和就业支出 381.1 亿元，增长 24.4%；医疗卫生支出 217.9 亿元，增长 23.6%；农林水事务支出 157.7 亿元，增长 44.4%；节能环保支出 80 亿元，增长 33.4%；文化体育与传媒支出 102.9 亿元，增长 94.2%。

二、金融机构存贷款总体保持平稳增长

2012 年以来，中国继续实施稳健的货币政策，着力增强政策的前瞻性、针对性和灵活性，适时适度进行预调微调。央行两度降息、两次下调存款准备金率，引导货币信贷平稳适度增长。

截至 2012 年 11 月末，北京市金融机构（含外资）本外币各项存款余额 81556.1 亿元，同比增长 10.9%；比年初新增 6562.6 亿元，同比少增 594.7 亿元。本外币各项贷款余额 43071.2 亿元，同比增长 9%；比年初新增 3389.8 亿元，同比多增 154.8 亿元（见图 3）。

图 3　　2012 年 1–11 月存贷款增速变化情况

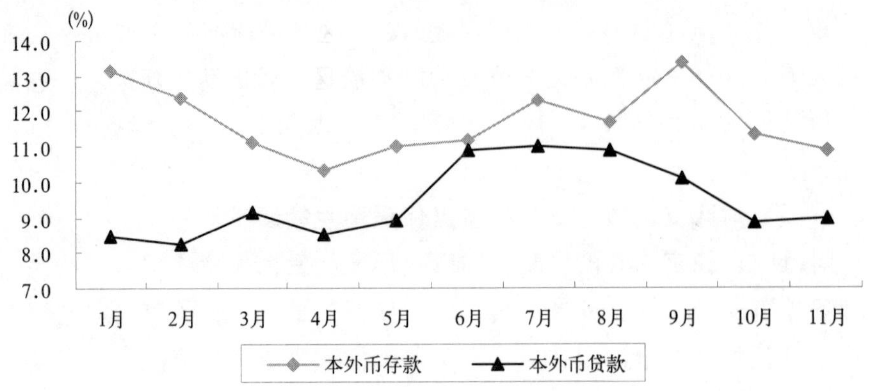

（一）人民币存款呈现季末冲高、季初回落的波动性

截至 11 月末，人民币各项存款余额 78001.9 亿元，同比增长 9.5%；比年初新增 5354.9 亿元，同比少增 1623.8 亿元。受内部考核、外部监管、信息披露等因素影响，金融机构存款增量持续出现季末大幅冲高、季初明显回落现象。2012 年 3 月份、6 月份和 9 月份新增存款分别达到 2616.6 亿元、2038.6 亿元和 2442.6 亿元，而 1 月份、4 月份、7 月份和 10 月份分别为减少 2427.4 亿元、减少 816.7 亿元、增加 269.7 亿元和减少 87.7 亿元（见图 4）。

图 4　　2012 年 1–11 月人民币存款增长变化情况

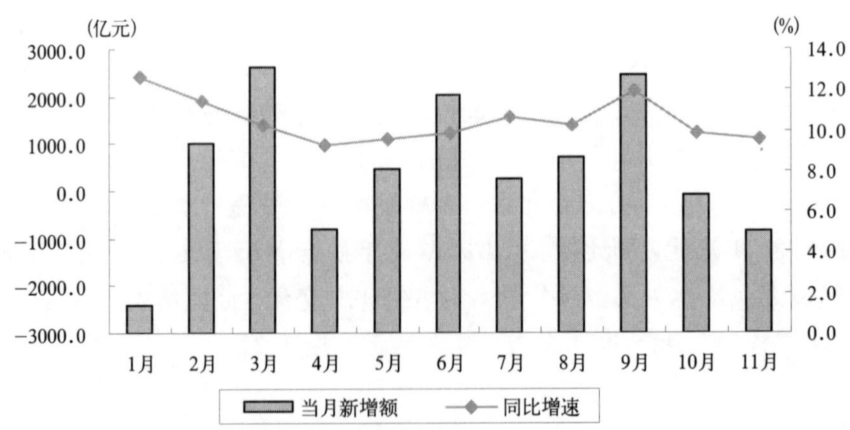

（二）单位存款呈现定期化趋势，储蓄存款季初流出、季末回流

11 月末，人民币单位存款余额 47805.7 亿元，同比增长 5.5%。其中，单位活期存款余额 15720.5 亿元，同比下降 4%，已连续 9 个月负增长；单位定期存款余额 19057.4 亿元，同比增长 17.8%，比年初提高 8.8 个百分点。单位活期存款的占比为 32.9%，比年初降低 2.5 个百分点；单位定期存款的占比为 39.9%，比年初提高 1.1 个百分点。

11 月末，人民币个人储蓄存款余额 20871.1 亿元，同比增长 17.5%。受到银行季末揽存、理财产品期限设计成季末到期等因素影响，储蓄存款增量也呈现出季初流出、季末回流的规律，2012 年 3 月份、6 月份和 9 月份新增额分别为 756.3 亿元、1005.8 亿元和 487.8 亿元，而 1 月份、4 月份、7 月份和 10 月份分别减少 167.5 亿元、242.2 亿元、389.4 亿元和 251.1 亿元。

（三）人民币贷款增长平稳，新增贷款“短多长少”

截至 11 月末，人民币各项贷款余额 36534.2 亿元，同比增长 10.2%；比年初新增 3146.2 亿元，略低于 2008—2011 年同期新增人民币贷款平均规模（3601 亿元）。

从期限结构上看，“短多长少”是 2012 年以来一个明显的信贷特征。11 月末，人民币短期贷款余额 11265.5 亿元，同比增长 18.7%，比年初新增 1572.3 亿元；中长期贷款余额 23814 亿元，同比增长 4.8%，比年初新增 1031.1 亿元；票据融资余额 1354.9 亿元，同比增长 59.1%，比年初新增 538.1 亿元。新增短期贷款占新增人民币贷款的 50%，新增中长期贷款占比 32.8%。

短期贷款和票据融资的快速增长，有利于满足企业短期经营性资金需求，但也反映出企业经营活力不强、投资意愿不高；此外，由于贷款利率进入下行通道，企业出于节约成本考虑，在贷款策略上也会出现“弃长取短”倾向；而 2012 年以来，债券市场发展加快，其中主要的中长期债务融资工具迅速增长也部分替代了中长期贷款对实体经济的支持作用。根据人行营管部资料，前三季度北京地区非金融企业通过债券市场净融资 6026 亿元，同比增长 87.4%。

（四）商品住宅销售提速，带动房地产相关贷款增长明显

2012 年三季度以来，房地产市场交易不断回升。1—11 月，全市商

品房销售面积1531.7万平方米，同比增长38.3%，比1–9月提高13.1个百分点，比上半年提高26.4个百分点。其中，住宅销售面积1179.2万平方米，同比增长52.7%，比1–9月提高13.4个百分点，比上半年提高29.5个百分点。

与商品房销售提速相对应，房地产贷款增速也持续上升。11月末，北京市中资金融机构房地产贷款余额8528.3亿元，同比增长4.3%，增速比1–9月提高0.8个百分点，比上半年提高4.1个百分点。其中，个人住房贷款余额3531亿元，同比增长1.7%，增速比1–9月提高1.2个百分点，比上半年提高3.6个百分点（见图5）。

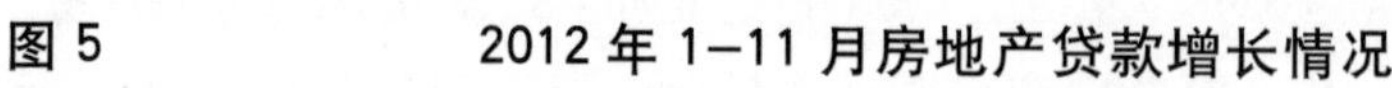
图5　2012年1–11月房地产贷款增长情况

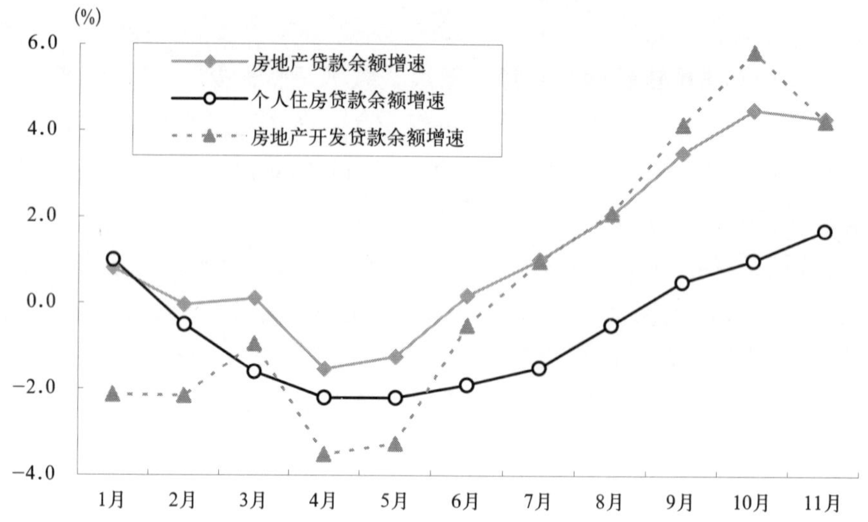

（五）新增贷款主要投向采矿业、制造业、交通运输等行业

1–11月，北京市金融机构新增人民币贷款（不含票据融资）主要投向采矿业（567亿元），制造业（560.7亿元），交通运输、仓储和邮政业（496.2亿元），批发和零售业（386.6亿元），公共管理、社会保障和社会组织（269.1亿元）和房地产业（207.9亿元）。

三、股市持续低迷，债券市场加快发展

2012年以来，A股市场持续低迷，市场成交量不断萎缩。沪指年初以2212点开盘，收于11月30日的1980.12点，累计下跌10.5%；深成指开于8980.76点，收于7903.25点，累计下跌12%。1—11月，北京市股票市场成交额累计40532.3亿元，同比下降30.8%。

与股市的低迷相反，债券市场发展加快，对经济的支持力度不断增强。1—11月，北京市债券成交额累计33297.9亿元，同比增长1.5倍。其中，债券现货累计成交860.4亿元，同比增长30.6%，债券回购累计成交32437.5亿元，同比增长1.6倍。

1—11月，北京市基金交易累计成交1955.5亿元，同比增长46.4%，2012年以来也保持了较快增长。

11月末，北京市证券市场月末库存市值5.3万亿元，比10月末减少1191.3亿元；月末交易结算资金余额705.2亿元，比10月末减少16.3亿元；累计散户开户数为548.5万户，当月新增1.1万户，累计新增30.4万户；累计法人开户数为39810户，当月新增359户，累计新增5945户。

2012 年北京工业生产者价格形势分析

◆◇郭翰超　李智沛

受国内外经济增速回落、需求放缓、人民币升值、微观主体支撑力度减弱以及上年同期基数因素等共同影响，2012 年北京市工业生产者价格总体下行。1-11 月，出厂、购进价格同比分别下降 1.5%和 1.1%。4 季度，在多重因素综合作用下，北京市工业生产者价格触底企稳。

一、工业生产者价格总体运行特点

（一）工业生产者购销价格双降

1-11 月，北京市工业生产者出厂价格下降 1.5%，与上年全年上涨 2.3%相比，涨跌幅度差为 3.8 个百分点；购进价格下降 1.1%，与上年全年上涨 8.4%相比，涨跌幅度差为 9.5 个百分点（见图 1）。

图 1　　工业生产者价格年度涨跌走势

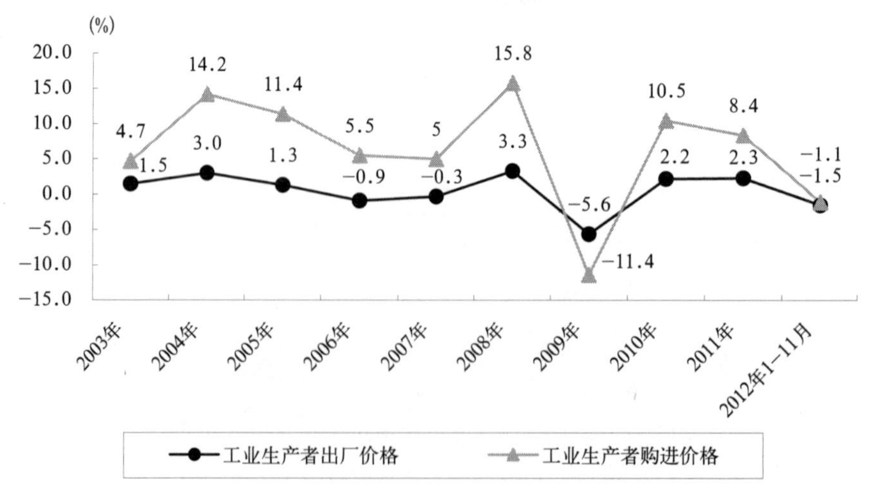

全市调查的 37 个行业大类中，20 个行业出厂价格同比下降，17 个行业上涨，降价面 54.1%，为 2009 年来最高。

带动工业生产者出厂价格指数(PPI)下降的主力集中在计算机、通信设备、钢铁、电气、煤炭、化工等行业，其中，计算机、通信设备最为突出。1-11 月，计算机、通信和其他电子设备制造业产品出厂价格同比累计下降 7.7%，影响 PPI 下降 1.5 个百分点。黑色金属冶炼及压延加工业、电气机械和器材制造业、煤炭开采和洗选业、化学原料和化学制品制造业等共影响 PPI 下降 0.8 个百分点（见表 1）。

表 1　影响 PPI 变动的主要行业出厂价格指数及其影响程度（%）

行业	1-11 月份出厂价格指数	影响总指数涨跌百分点
合　计	—	-2.3
计算机、通信和其他电子设备制造业	92.3	-1.5
黑色金属冶炼及压延加工业	91.1	-0.2
电气机械和器材制造业	95.9	-0.2
煤炭开采和洗选业	95.6	-0.2
化学原料和化学制品制造业	94.2	-0.2

表 2　九大类原材料、燃料、动力产品购进价格指数及影响程度（%）

	1-11 月购进价格同比指数	影响总指数涨跌百分点
合　计	—	-1.1
其它工业原材料及半成品类	98.8	-0.4
黑色金属材料类	92.3	-0.4
燃料、动力类	99.3	-0.2
建筑材料及非金属矿类	94.0	-0.1
农副食品类	98.4	-0.1
有色金属材料和电线类	96.9	-0.1
木材及纸浆类	99.1	0.0
纺织原料类	100.9	0.0
化工原料类	102.8	0.2

购进价格中，九大类原材料、燃料、动力产品购进价格由上年全年“八升一降”转为“二升七降”。1-11 月，其他工业原材料及半成品类、黑色金属材料类、燃料动力类购进价格同比分别下降 1.2%、7.7%和 0.7%，共带动总指数下降 1 个百分点，对总指数下降的影响力最大（见表 2）。

（二）工业生产者价格呈“三阶段”运行特征

1-11 月，北京市工业生产者价格呈“三阶段”特征，价格运行先后经历了“涨幅回落-降幅加深-触底企稳”阶段（见图 2）。

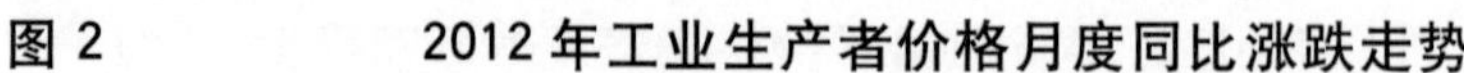
图 2　2012 年工业生产者价格月度同比涨跌走势

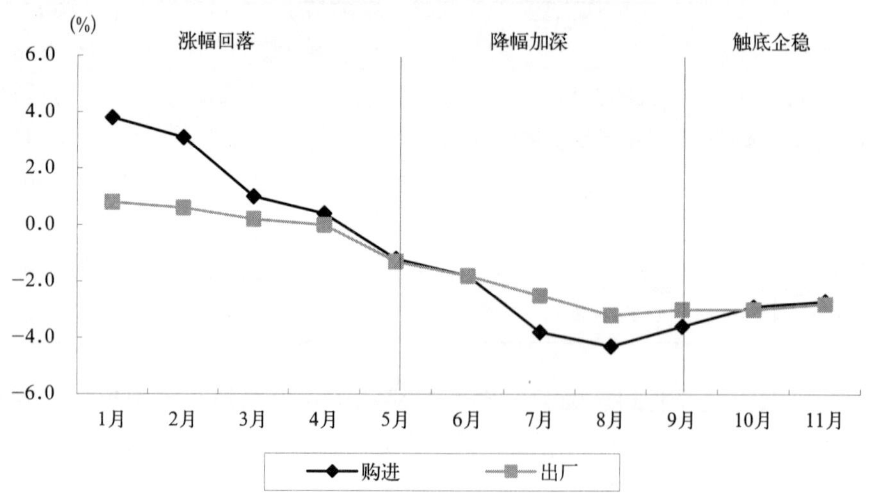

1-4 月，北京市工业生产者价格涨幅持续回落。出厂价格同比涨幅由 1 月份 0.8%回落至 4 月份同比持平。购进价格涨幅由 3.8%回落至 0.4%。

5 月份，两大指数同时进入下降通道。此后，降幅逐步加深。至 8 月份，出厂价格和购进价格同比分别下降 3.2%和 4.3%，降幅为年内最大。

9 月份开始，在多重因素共同作用下，北京市工业生产者价格出现企稳迹象，两大指数降幅逐步收窄。11 月份，出厂价格同比下降 2.8%，降幅比上月收窄 0.2 个百分点；购进价格同比下降 2.7%，降幅比上月收窄 0.2 个百分点。

（三）生产资料领降 PPI，采掘类降幅明显

1-11 月，北京市生产资料出厂价格同比下降 2.1%，影响 PPI 下降 1.7 个百分点，是影响总指数下行的主要推动力。3 月份，生产资料出厂价格同比由升转降，下降时间领先 PPI 两个月。4-8 月，生产资料价格降幅逐月加深，且下降速度快于 PPI，9-11 月，生产资料出厂价格降幅仍大于 PPI（见图 3）。

图 3　2012 年 PPI 及其中生产资料出厂价格月度同比涨跌走势

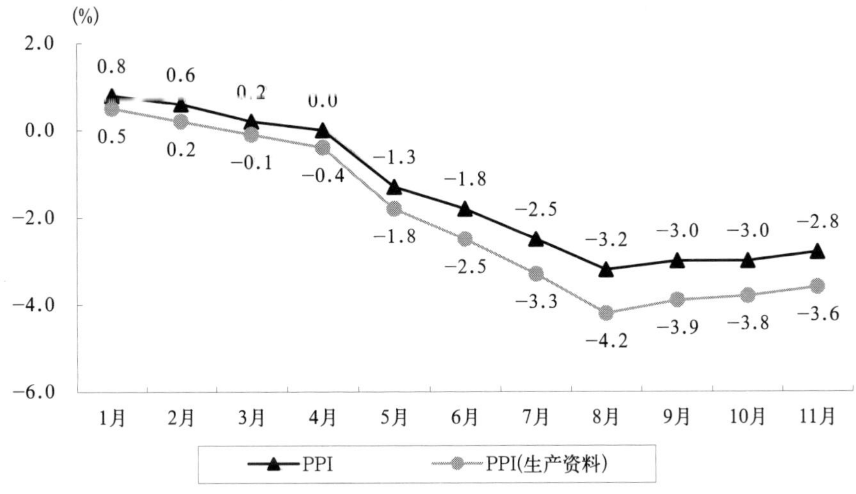

三大类生产资料价格走势不一。其中，采掘类价格降幅明显，1-11 月，采掘类产品出厂价格累计下降 5.3%，居三大类生产资料之首。5 月份，采掘类同比价格由上月上涨 7.1%转为下降 8.3%。6-10 月，降幅逐月扩大，至 11 月份，同比降幅已连续 5 个月突破两位数。原料类价格先落后降再升，上半年原料类价格涨幅逐月回落，7 月份价格由升转降并持续至 9 月份，10 月份以后价格再次上涨。加工类价格稳步下降，降幅由 1 月份的 2.5%逐步扩大至 11 月份的 5%（见图 4）。

主要产品中，煤炭、铁矿石、成品油、化工产品、有色金属、水泥、钢材等产品价格 9 月份以来均有所上行，同比涨幅出现扩大或降幅持续收窄现象（见表 3）。

图 4　　2012 年三类生产资料出厂价格月度同比涨跌走势

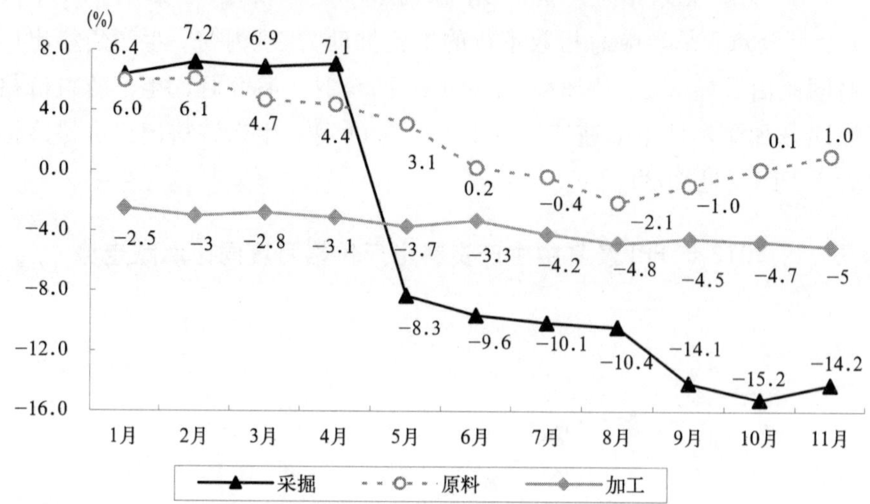

表 3　　2012 年 5—11 月主要生产资料出厂价格同比指数（%）

	5 月	6 月	7 月	8 月	9 月	10 月	11 月
无烟煤	92.2	91.0	90.4	90.3	86.9	85.8	86.0
铁精矿	81.8	78.8	80.1	76.6	67.4	66.4	80.1
汽油	104.2	97.4	95.1	96.7	101.3	104.1	104.9
煤油	116.7	101.4	93.4	87.8	93.6	102.5	107.9
酮	93.0	85.7	75.3	81.7	81.8	82.0	87.0
无环烃	98.1	86.9	91.7	83.6	83.0	93.8	103.4
精炼铜(电解铜)	87.4	86.2	83.4	81.8	90.3	105.0	100.9
强度等级水泥	93.3	91.0	96.1	67.0	63.2	70.1	73.0
钢筋	91.4	87.6	87.9	87.4	87.4	73.9	75.3

（四）生活资料价格微涨，食品类起伏较大

1—11 月，生活资料出厂价格上涨 1.1%，月度涨幅由 1 月份的 2%震荡回落至 11 月份的 0.4%，5 月份以来稳定在 1%以内的低位区间。

生活资料中，食品类出厂价格起伏较为明显，同比涨幅由 2 月份的 6.5%持续回落至 9 月份的 1.4%。10 月份以来，价格显现回升迹象，当月同比上涨 1.7%，涨幅比上月扩大 0.3 个百分点，11 月份上涨 2.2%，涨幅比上月扩大 0.5 个百分点。主要产品中，饲料、植物油等出厂价格均持续上涨。

（五）北京市 PPI 走势与全国基本一致

1-11 月，北京市 PPI 月度同比走势与全国基本一致，均经历了“涨幅回落-降幅加深-触底企稳”等 3 个运行阶段。其中，北京市晚于全国 2 个月出现由升转降，并先于全国 1 个月实现触底企稳（见图 5）。

图 5　2012 年全国及北京 PPI 月度同比涨跌走势

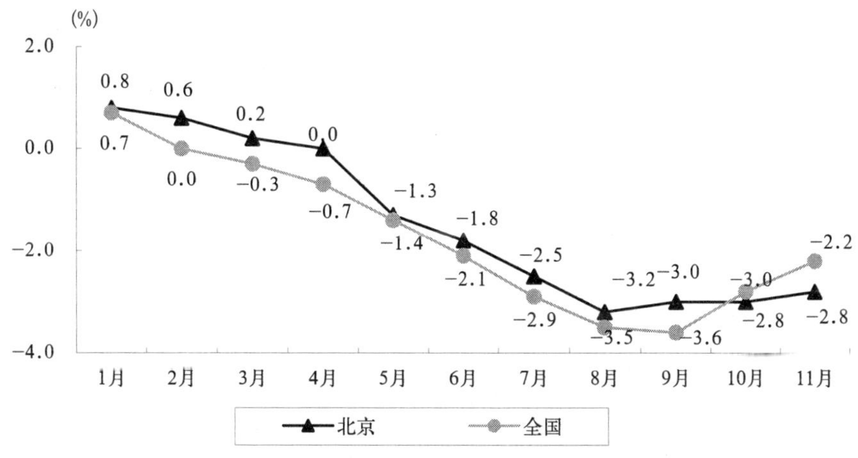

二、工业生产者价格走势影响因素分析

2012 年北京市工业生产者价格总体下行，4 季度价格触底企稳。价格变动影响因素分析如下：

（一）宏观经济环境缺乏有效支持

一方面，国内经济增速持续放缓，外部需求较为乏力，价格上涨动力不足。

另一方面，输入型因素减弱。2012 年以来，国外经济形势复杂，欧债危机不断蔓延，美国经济增长回落，新兴经济体增速放缓，国际市场大宗商品价格盘整回落，带动国内相关产品价格下行。

此外，北京市部分下游制造业产品以出口为主，人民币不断升值，部分企业产品价格下降。

（二）微观力量支撑不足

一方面，价格长期下降的行业仍维持下降格局。受更新换代、技术进步等因素影响，以计算机设备制造为代表的高端设备制造业产品价格长期呈小幅下降趋势，2012 年仍然延续这种格局。1-11 月，北京市高技术产品价格同比下降 6.1%。其中，计算机、通信和其他电子设备制造业同比下降 7.7%，仪器仪表制造业同比下降 0.5%，电气机械和器材制造业同比下降 4.1%。

另一方面，受产能过剩、竞争加剧等因素影响，上年助推 PPI 上涨的产品价格一路下滑。2011 年，石油、化工、有色金属、钢铁、煤炭、铁矿石以及农副食品加工等对 PPI 形成有效支撑，各月价格同比涨幅大部分都在 10%以上。2012 年以来，以上大部分行业价格进入下降通道。11 月份，煤炭、铁矿石、有色金属等产品价格同比降幅达两位数。

（三）基数因素影响

2011 年，北京市工业生产者价格处于上升区间，PPI 同比上涨 2.3%，前 3 季度涨幅不断攀升。较高的基数对 2012 年工业生产者价格下行造成影响。

（四）多因素影响四季度工业生产者价格触底企稳

一是国际市场流动性增加。9 月份美国推出第三轮量化宽松货币政策，9-11 月份，石油加工、化工、有色金属等产品价格企稳回升。二是政策调控效果初现。随着宏观经济政策的微调，工业、投资领域有所回暖，带动相关产品价格回升。三是上年同期基数因素影响。上年 9 月份，北京市工业生产者价格迎来“拐点”，四季度两大指数涨幅持续快速回落。在基数因素作用下，近期北京市工业生产者价格降幅有所收窄。

三、2013 年价格走势展望

2013 年，带动价格企稳上行的因素较多，一是宏观经济调控政策作用效果将进一步显现，受各项政策推动，预计国内及北京市经济增速有望高于 2012 年，相关行业需求进一步回暖，或将带动部分生产资料领域价格企稳回升。二是 2013 年全球经济弱势复苏，整体状况好于 2012 年，出口需求有所提振，有利于价格回升。三是 2012 年价格持续回落，较低的基数也将有利于 2013 年价格回升。四是 2013 年资源性产品价格改革及调价的可能性较大，将给相关资源性产品价格带来上行空间，也将在一定程度上推升生产成本，从而带动工业产品价格走高。

不过，近期全球三大石油机构欧佩克、国际能源机构、美国能源署预计 2013 年原油价格稳中有降，以原油为代表的大宗商品价格对北京市的影响将有所减小。此外，2013 年负翘尾因素影响依然较大，未来 PPI 大幅回升的动力仍显不足。

结合以上分析，预计 2013 年 PPI 将继续企稳上行，全年有望呈现前低后高走势。

2012 年北京市房地产价格运行分析

◆◇崔　霞

2012 年以来，为保持房地产市场稳定健康发展，各级政府坚定不移的贯彻落实房地产调控措施不动摇。一方面多次强调坚决抑制不合理需求，另一方面通过完善首套房优惠、加大货币政策调整力度以及增强保障房政策支持等措施，支持自住型合理需求。在政策微调、金融支持、开发商降价促销等多方面原因的作用下，北京市新建住宅市场有所回暖，住宅销量持续增长，销售价格环比稳中有升。受政策及季节等因素影响，租赁市场需求旺盛，住宅租金不断上涨。

一、住宅销售价格运行情况

2012 年以来，为保持房地产市场稳定健康发展，各级政府坚定不移的贯彻落实房地产调控措施不动摇。一方面，继续坚决抑制不合理需求，温家宝总理多次指出要稳定和严格实施房地产调控政策，相关部委及地方政府相继辟谣否认政策放松。8 月 7 日，北京发布了《关于落实北京市住房限购政策进一步做好房屋登记有关问题的通知》，将限购政策落实到实处。另一方面，支持自住型合理需求，加大货币政策预调微调力度，2012 年以来央行两次降低存款准备金率，并于 6 月 8 日和 7 月 6 日连续两次下调金融机构人民币存贷款基准利率，均对市场预期产生影响，有效释放刚性需求，促进成交量的稳步回升。

（一）新建住宅销售价格稳中有升

1. 新建住宅销售价格环比止跌回升

2012 年以来，新建住宅销售价格环比涨幅降幅均未超过 0.4%，价格基本保持稳定，总体看呈现先抑后扬走势。年初房价延续了去年的下降走势，1-4 月新建住宅价格环比降幅先扩大后收窄，1、2 月全市新建住宅销售价格环比均下降 0.1%，3 月下降 0.4%，为 2012 年以来最大降幅，4 月下降 0.1%，降幅收窄 0.3 个百分点；5 月环比持平，结束了自 2011 年 11 月份以来连续 6 个月下降趋势；6 月、7 月均上涨 0.3%，为 2011 年 6 月份以来首次上涨，同时也为 2012 年以来最大涨幅；8 月、9 月均上涨 0.1%，涨幅缩小 0.2 个百分点；10 月上涨 0.2%，涨幅再次扩大 0.1 个百分点。

其中，新建商品住宅销售价格自 2011 年 10 月份开始连续 8 个月下降。2012 年 1–5 月分别下降 0.1%、0.2%、0.5%、0.2%和 0.1%；6 月份由降转升，上涨 0.3%；7–9 月涨幅逐月缩小，分别上涨 0.3%、0.2%和 0.1%；10 月上涨 0.3%，涨幅再次扩大（见图 1）。

图 1　　新建住宅与新建商品住宅环比价格指数

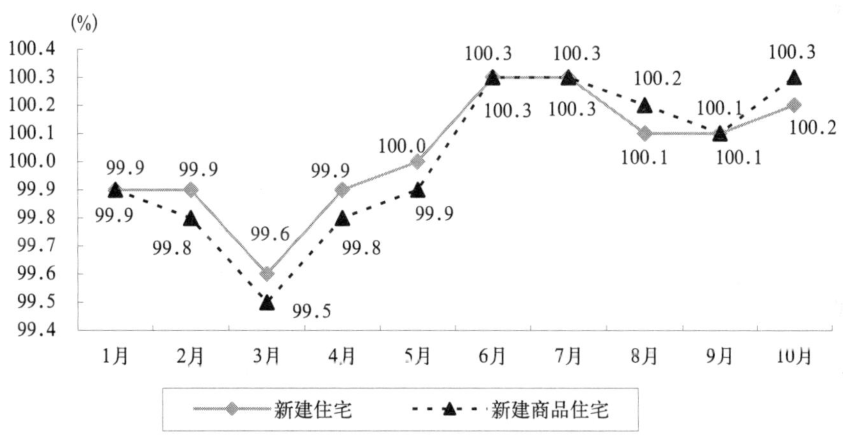

2. 新建住宅销售价格同比呈“V”型走势

与上年同期相比，2012 年 1–5 月全市新建住宅销售价格由升转降，且受翘尾影响降幅逐月扩大，6 月份开始降幅有所收窄，总体看呈“V”型走势。1 月新建住宅销售价格同比上涨 0.1%；2–4 月分别下降 0.4%、0.8%和 1%，5 月下降 1.2%，为年内最大降幅，6–10 月分别下降 1%、0.7%、0.6%、0.5%、0.2%，降幅逐月缩小。

其中，2012 年新建商品住宅 1 月份上涨 0.1%，2–4 月分别下降 0.5%、1%和 1.3%，5 月份下降 1.6%，为当年最大降幅，6–10 月分别下降 1.3%、1%、0.8%、0.7%和 0.3%，降幅逐月缩小（见图 2）。

图 2　　新建住宅与新建商品住宅同比价格指数

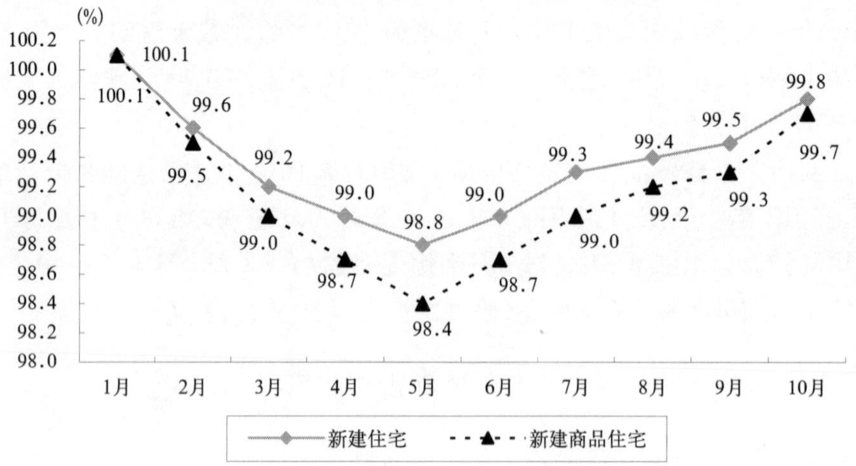

3. 90－144 平方米户型价格环比累计涨幅最小

分套型面积看，90 平方米及以下户型 2012 年 1－4 月价格环比分别下降 0.1%、0.2%、0.6% 和 0.2%，5 月环比持平，先于其他户型止跌，6 月上涨 0.3%，7 月上涨 0.4%，为 2012 年以来最大涨幅，8－10 月分别上涨 0.3%、0.1%、0.2%；90－144 平方米户型价格 1－5 月环比分别下降 0.2%、0.3%、0.4%、0.2%和 0.1%，降幅相对稳定，6 月、7 月上涨 0.4%，8 月、9 月涨幅缩小，分别上涨 0.2%和 0.1%，10 月涨幅再次扩大，上涨 0.2%；144 平方米以上户型价格 1 月份环比持平，2 月、4 月、5 月环比均下降 0.1%，3 月份下降 0.6%，为年内最大降幅，6 月、7 月上涨 0.3%，8 月上涨 0.1%，9 月环比持平，10 月涨幅扩大 0.4 个百分点，为上涨 0.4%。

表 1　　新建商品住宅分套型价格环比变动情况（%）

	1月	2月	3月	4月	5月	6月	7月	8月	9月	10月	累计
新建商品住宅	99.9	99.8	99.5	99.8	99.9	100.3	100.3	100.2	100.1	100.3	100.1
90 平方米以下	99.9	99.8	99.4	99.8	100.0	100.3	100.4	100.3	100.1	100.2	100.2
90－144 平方米	99.8	99.7	99.6	99.8	99.9	100.4	100.4	100.2	100.1	100.2	100.1
144 平方米以上	100.0	99.9	99.4	99.9	99.9	100.3	100.3	100.1	100.0	100.4	100.2

与上年末相比，2012 年 1—10 月新建商品住宅价格环比累计增长 0.1%。其中 90 平方米及以下户型和 144 平方米以上户型价格环比累计上涨 0.2%，90—144 平方米户型价格环比累计上涨 0.1%，涨幅最小（见表 1）。

4. 新建住宅销售量 8 月最高

在政策微调、金融支持、开发商降价促销等多方面原因的作用下，新建商品住宅市场的销售量达到市场回暖以来的最高峰。其中，2012 年 8 月份单月签约达 14509 套，为当年的最高值。从成交项目分布区域看，1—10 月累计签约量居前五位的区县依次是：朝阳、大兴、通州、房山和昌平。这五个区县项目的签约量约占全市总量的 65%。主要原因是这些区域的未来地铁沿线小户型项目，对于刚性需求消费者来说有着很强的吸引力。

（二）二手住宅销售价格小幅波动

1. 二手住宅销售价格环比小幅波动，同比降幅收窄。

2012 年以来，北京市二手住宅价格环比小幅波动。二手住宅销售价格环比在 1 月、2 月分别下降 0.9%和 0.2%后，3 月止跌回升，环比上涨 0.2%，为近 7 个月以来首次上涨，4 月涨幅扩大 0.2 个百分点，为上涨 0.4%，5 月环比价格下降 0.1%，6 月二手住宅价格环比再次止跌回升，上涨 0.2%，7 月、8 月均上涨 0.3%，9 月上涨 0.1%，10 月环比持平（见图 3）。

图 3　　二手住宅销售价格同比与环比价格指数

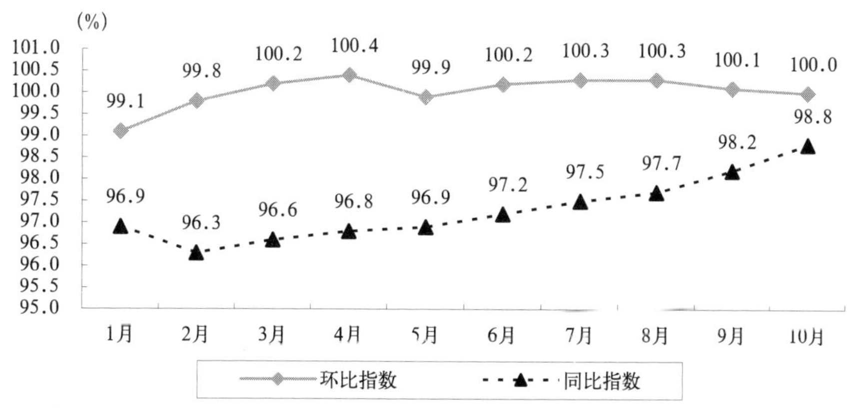

与上年同期相比，北京市二手住宅价格呈下降态势，2012 年 1-10 月分别下降 3.1%、3.7%、3.4%、3.2%、3.1%、2.8%、2.5%、2.3%、1.8%和 1.2%。虽然同比降幅较大，但从 3 月份开始降幅逐月收窄（见图 3）。

2. 与上年末相比二手住宅价格环比累计上涨 0.3%

分套型面积看，2012 年 90 平方米及以下户型价格继 1 月环比下降 0.8%，2 月环比下降 0.2%后，3 月持平，4-9 月持续上涨，分别上涨 0.3%、0.2%、0.3%、0.2%、0.3%和 0.2%，10 月环比持平；90-144 平方米户型和 144 平方米以上户型价格环比小幅波动。与上年末相比，二手住宅价格环比累计上涨 0.3%。其中，90 平方米及以下和 144 平方米以上户型环比累计上涨 0.5%；90-144 平方米户型环比累计下降 0.1%（见表 2）。

表 2　2012 年 1-10 月二手住宅分套型价格环比指数（%）

	1月	2月	3月	4月	5月	6月	7月	8月	9月	10月	累计
二手住宅	99.1	99.8	100.2	100.4	99.9	100.2	100.3	100.3	100.1	100.0	100.3
90 平方米以下	99.2	99.8	100.0	100.3	100.2	100.3	100.2	100.3	100.2	100.0	100.5
90-144 平方米	99.0	99.8	100.3	100.5	99.7	100.1	100.3	100.2	100.0	100.0	99.9
144 平方米以上	99.2	99.7	100.5	100.3	99.6	100.1	100.5	100.1	100.2	100.3	100.5

二、2012 年重点城市价格变化对比

（一）新建住宅

北京、上海、天津、重庆、广州和深圳六个重点城市中，与上年 12 月相比，2012 年 1-10 月北京市新建住宅价格环比累计上涨 0.3%，涨幅与天津、重庆持平。广州累计上涨 0.5%，涨幅居六城市之首。从各月环比价格变动情况看，下半年以来，除上海保持环比累计持平以外，各城市新建住宅价格环比累计均为上涨。10 月份，广州和深圳上涨 0.4%，北京和重庆上涨 0.2%，天津和上海环比持平。（见表 3）

（二）二手住宅

与上年 12 月相比，2012 年 1-10 月北京市二手住宅累计上涨 0.3%，

涨幅与深圳持平。6 个重点城市中，除上海与上年末持平，其余 5 城市环比累计均为上涨，其中广州上涨 1.6%，涨幅居六城市之首。从各月环比价格变动情况看，重庆二手住宅价格变动较为平稳，其余 5 个城市均出现不同程度的波动（见表 3）。10 月份，除天津环比下降 0.1%，北京环比持平，其余 4 城市环比均为上涨。

表 3　　2012 年 1–10 月重点城市新建住宅与二手住宅环比价格指数对比（%）

		1月	2月	3月	4月	5月	6月	7月	8月	9月	10月	1–10月累计
新建住宅	北京	99.9	99.9	99.6	99.9	100.0	100.3	100.3	100.1	100.1	100.2	100.3
	上海	99.9	99.8	99.8	99.8	99.9	100.2	100.0	100.0	100.0	100.0	99.4
	天津	99.8	100.0	100.0	99.8	100.2	100.0	100.2	100.3	100.0	100.0	100.3
	重庆	99.8	99.9	100.2	100.0	100.0	100.0	100.1	100.2	99.9	100.2	100.3
	广州	99.7	99.8	99.8	99.8	99.9	100.2	100.2	100.3	100.4	100.4	100.5
	深圳	99.8	99.8	99.7	99.6	99.7	99.9	100.0	100.1	100.1	100.4	99.1
二手住宅	北京	99.1	99.8	100.2	100.4	99.9	100.2	100.3	100.3	100.1	100.0	100.3
	上海	99.3	99.7	99.5	100.1	100.3	100.2	100.2	100.3	100.2	100.2	100.0
	天津	99.7	100.3	100.3	100.0	100.2	100.2	100.6	100.5	99.7	99.9	101.4
	重庆	99.8	100.1	99.9	100.1	100.0	100.0	100.0	100.0	100.1	100.1	100.1
	广州	99.6	99.6	99.8	99.6	99.9	100.5	100.7	100.9	100.6	100.4	101.6
	深圳	99.2	100.0	100.1	100.0	100.0	100.2	100.2	100.1	100.1	100.4	100.3

三、住宅租赁价格涨幅扩大

（一）住宅租赁价格涨幅扩大

2012 年以来，北京市住宅租赁市场受限购等调控政策影响，价格继续呈现稳中有升走势，1–3 季度，住宅租赁价格环比分别上涨 0.4%、3.4% 和 2.9%，其中商品住宅分别上涨 0.5%、3.5%和 2.9%。与上年同期相比，1–3 季度，住宅租赁价格分别上涨 5.3%、6.8%和 6.8%，其中商品住宅租赁价格分别上涨 5.3%、6.9%和 7.0%。

（二）租赁需求的大幅增加是导致租金上升的主要原因

第一，受“限购令”政策影响，部分外地来京人员几年内暂时买不到房屋，只能选择租房，但面临结婚生子等一系列的生活问题，只能放弃合租，选择正常房屋租住。第二，政府对合租及地下室出租的管理更为严格，部分租房人员必须重新选择租房，房源需求较大。第三，大量的应届毕业生离校，增大了租赁需求，也加剧了房租的上涨。因此，在大量需求的助推下，学区周边的租金价格也带动整体租赁市场价格的上涨。

四、未来房价走势判断

2012 年，北京房地产市场销量有所增长，销售价格环比稳中有升。从 10 月份的情况来看，成交量有所回升，主要是由于此前市场回暖，房地产企业资金回笼充足，造成部分开发商销售策略有所转变。而随着前期大量需求量被消化，销售将会趋于平稳，价格的上涨动力也将有所减弱。

2012年北京企业景气调查报告

◆◇高燕燕　张　超

企业景气调查结果显示，2012年三季度，北京企业家对经济走势和行业前景的预判更趋谨慎，信心指数继续延续回调态势，当季指数为116.1，环比回落5.4点，3年来首次跌至“相对景气”[1]区间。相对于信心指数，企业景气指数回落幅度相对趋缓，景气指数为125.9，较二季度小幅下调1.6点（见图1）。

图1　2007年以来分季度企业家信心指数和企业景气指数走势图

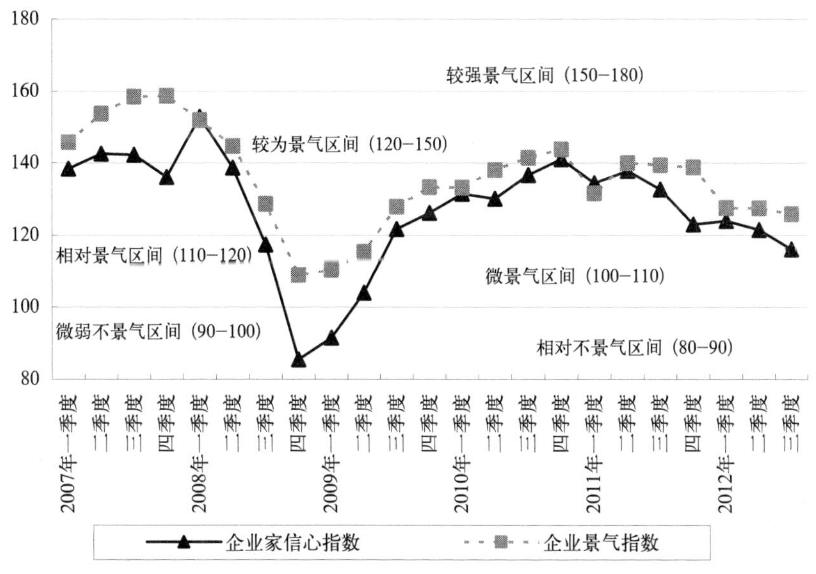

1 景气区间的划分标准为：180以上为“非常景气”区间，[180，150）为“较强景气”区间，[150，120）为“较为景气”区间，[120，110）为“相对景气”区间，[110，100）为“微景气”区间，100为景气临界点，（100，90]为“微弱不景气”区间，（90，80]为“相对不景气”区间，（80，50]为“较为不景气”区间，（50，20]为“较重不景气”区间，20以下为“严重不景气”区间。

一、市场需求持续不振 企业家信心指数继续回调

三季度以来，北京按照中央“稳中求进”的总基调，着力稳增长、调结构、促转型，宏观经济总体保持稳定。但从国内外发展背景看，当前面临的经济形势比2008年国际金融危机爆发时更加复杂，存在更多变数和不确定性，外部需求萎缩与内需增速放缓相互交织加大了经济下行压力。面对不甚明朗的市场走势和更加复杂多变的经营环境，我市企业家对经济发展和行业前景判断更加趋于谨慎，信心指数连续2个季度回落，三季度为116.1，较二季度和一季度分别回落5.4和7.9点。调查显示，对经济前景持乐观判断的企业家比重有所减少，不乐观的比重上升。其中，对宏观经济持“乐观”判断的企业家占31%，较上季下降2.9个百分点；判断“不乐观”的企业家比重为14.8%，上升2.3个百分点；54.2%的企业家判断经济平稳运行，比上季度上升0.6个百分点。

从指数走势看，金融危机爆发后，信心指数在2008年二季度开始走低，并在2008年四季度跌至历史最低点85.5。随着国家一系列宏观调控政策效应的逐步显现，企业家信心重拾升势，并于2010年四季度恢复到危机以来最高点。但自2011年以来，在全球经济复苏缓慢的背景下，指数再次呈现波动下行态势，自上年四季度以来连续3个季度运行在120－130区间，本季指数更是继续回落5.4点至116.1，3年来首次跌至“相对景气”区间，其与企业景气指数的差异由二季度的6点扩大到三季度的9.8点，表明企业家在经济走弱的情况下对行业形势的判断忧于对本企业的判断。

从企业规模看，小微型企业由于自身发展不稳定，抵御风险能力较弱，企业家对宏观形势的担忧情绪更欲彰显。今年来，小微型企业信心指数始终低于大中型企业。三季度，小微型企业的信心指数为101.7，已接近景气区间的下限，环比回落2.7点，且低于大中型企业近20个点。

从景气监测的8大行业看，除房地产业外，工业、批发零售业、社会服务业等7大行业企业家信心指数均在景气区间运行。其中，信息传输、软件和信息技术服务业景气度水平继续提升，信心指数高达160.9，处于高度景气状态，反映了信息化和产业结构升级对该产业的持续促进

作用。受内外市场需求不足的影响，我市商贸流通领域持续低位运行，批发零售业的信心指数连续下行，三季度指数为 102.3，环比大幅回落 17 点，比一季度低 23.5 点，尽管仍保持在景气区间，但已创连续 14 个季度的新低。此外，伴随着楼市整体成交量在经过几个月的上涨后市场有所降温，加之部分购房者再度陷入观望情绪，买卖双方重新进入博弈期，房价环比涨幅趋缓。受此影响，房地产的企业家信心指数呈企稳迹象，当季为 99.4，尽管温和回升 1.6 点，但上升幅度与前两季相比已明显减缓（见表 1）。

表 1　　2012 年三季度分行业企业家信心指数状况

	企业家信心指数	比上季度增减
工业	103.9	−5.4
建筑业	119.4	−4.4
交通运输、仓储和邮政业	101.2	−4.3
批发和零售业	102.3	−17
房地产业	99.4	1.6
社会服务业	127.4	−3.6
信息传输、软件和信息技术服务业	160.9	4.1
住宿和餐饮业	154.2	−7

二、企业运行基本平稳　稳增长压力依然较大

三季度，我市企业运行基本平稳，企业景气指数为 125.9，继续位居“较为景气”区间，说明从微观企业整体反映的综合生产经营状况仍处于景气状态。动态来看，企业景气指数自上年三季度起连续 5 个季度呈现下行态势，反映了一年以来企业生产经营增长速度逐季回落的过程，不过自二季度以来，回落速度明显趋缓，当季环比小幅回落 1.6 点，呈现温和筑底走势。调查显示，企业结构调整和产业升级压力继续加大，业务开展有所减缓。反映企业生产经营的生产总量、产品订货、固定资

产投资、货款拖欠等多项指标的景气指数较二季度呈现小幅回落态势，且低于去年同期水平，反映我市稳增长压力依然较大。

（一）企业产品订货增幅趋缓，生产总量指数又现回落

今年以来，市场需求乏力一直是困扰经济运行的主要因素。从外需看，国际市场表现继续低迷。IMF预测，2012 年全球贸易量将增长 4.0%，比 2011 年放缓 1.8 个百分点。9 月波罗的海干散货指数（BDI）[2]为 704 点，较 6 月的 936 点，回落幅度超过 20%。数据显示，全市海关出口累计增速连续 3 个月回落，其中 8 月当月同比下降 0.3%。从内需看，在国内经济持续回调中内部市场也在调整。全市批零企业购销增速处于历史低位、库存持续攀升；制造业PMI新订单指数波动下行；工业生产价格同比降幅进一步加深。景气调查显示，三季度，全市企业产品订货景气指数为 108.3，比上季和上年同期回落 4 和 9.9 点，表明企业产品订货增幅趋缓。从景气监测的 8 大行业看，批发零售业的景气指数环比回落幅度最大，较二季度大幅回调 19 点至 103.4，景气度水平由上季度的“较为景气”区间下探至“微景气”区间，其中，批发业的商品购进低位运行，产品订货指数更是回落至 97.4，2 个季度来首次进入不景气区间。此外，工业领域中，电气机械和器材制造、通用设备制造、化学原料及化学制品制造等重点行业的指数环比回落幅度也超过 10 个点。

外需不足，内需不旺，资金紧张，直接抑制了企业的生产动力。据统计，8 月全国全社会用电量同比增长 3.6%，增速分别比上月和上年同期回落 0.9 个和 5.5 个百分点。三季度制造业 PMI 生产指数均值尽管仍在 50%的荣枯线以上，但较上季回落 4.1 个百分点。景气调查显示，三季度我市生产总量景气指数在上季因季节因素影响大幅提升后，本季又现回落态势。当季的生产指数为 117，较二季度和上年同期分别回落 6.4 和 8.6 点。从行业情况看，生产指数和产品订货指数变化幅度呈高度的正相关性，订货指数波动剧烈的行业，其业务规模下降幅度比较明显。特别是反映流通和最终消费状况的批发零售业，受整体需求低迷的影响更加强烈，自 7 月起商品销售额累计增速连续下滑，受此影响，该行业的景气度水平降至 105.2 的历史低位水平，环比大幅跳水 26 点。从企业

2 该指数是目前世界上衡量国际海运情况的权威指数，是反映国际间贸易情况的领先指数，具有全球贸易和经济增长风向标作用。BDI 指数是当月交易日收盘价的均值。

规模看，小微型企业景气度水平明显偏低，三季度仅为 102.9，低于大中型企业 19.6 点，反映小微型企业面对复杂多变的经济环境，生产经营的活跃程度更弱。

（二）外需萎缩的影响程度加深，出口景气指数重回不景气状态

当前，国际金融危机的深层次影响还在继续显现，欧债危机持续发酵，世界经济复苏一波三折，外部需求不振加大了我市外向型企业的出口压力。据统计，今年第 111 届广交会累计出口成交额环比下降近 5%，成为继 2008 年金融危机后，又一次明显下降纪录。北京制造业 PMI 的出口订货指数，自 6 月起已连降 3 个月，9 月指数水平仅为 47.1%。三季度，我市工业企业国外订货景气指数为 99.1，低于上季 3.7 点，自上年一季度以来首次回落至不景气区间，反映我市工业企业出口下行压力较大。与此同时，批发业的出口形势也不容乐观。当季，有出口业务的批发业企业中，反映出口减少的占 17.5%，比上期和上年同期分别提高了 6.2 个和 4.9 个百分点，致使该行业的出口景气指数环比回落 6 点至 99，也降至临界值以下，反映出复杂严峻的国际形势对外贸企业的出口带来了不小的冲击。

（三）盈利指数持续低迷 企业遭遇“利润悬崖”

景气调查显示，三季度本市企业盈利（亏损）变化景气指数 86.7，尽管较二季度小幅提升 1.3 点，但不改今年以来连续 3 个季度持续不景气的局面。8 大行业的盈利（亏损）变化景气指数均处于不景气区间，其中批发零售业的指数水平最低，为 75.4，环比回落 7.7 点，滑落至 2009 年一季度以来的新低。从企业规模看，小微企业盈利更为困难。当季，判断盈利水平“低于正常水平”的小微企业的比重高达 30.2%，高于大中型企业 12.7 个百分点，致使小微企业景气度水平仅为 76.6，继续徘徊在“较为不景气”区间。企业盈利能力持续不足的主要原因体现在以下几个方面：一是买方市场挤压盈利空间。金融危机后，国家为振兴经济注入了 4 万亿投资。巨额资金在提振经济的同时，在一定程度上也造成了产能过剩。从市场销售看，买方市场格局的出现使得企业产品销售和货款回笼越来越难，大量资金被占用。从市场供应看，近几年劳动力、资金、原材料等各类成本要素价格均大幅上涨，而企业为保牢自己的市场份额，产品出厂价格难以提升甚至遭到打压，这就使得盈利变得越来越难。在企业反映的主要问题中，盈利能力偏弱认同感的比重排名首位。二是下游需求不振，订单不足，企业利润率有所下滑。部分调查企业反映，受到下游行业不景气的影响，今年以来企业的产品订单很不理想，开工率大幅受限，产能下降明显。三是输入型通胀预期压低企业盈利期盼。近期，美欧日纷纷采取大幅度量化宽松政策，在一定程度上加重了我国输入性通胀压力，生产要素价格也可能再现涨势，企业融资成本也会有所上升，出口型企业将受到人民币“被动”升值的考验，企业本就微薄的利润空间有可能再次遭受打压。

（四）就业形势基本稳定，小微型企业劳动力需求指数持续不景气

今年以来，在经济增速放缓、用工成本显著提升的背景下，我市就业形势基本稳定。三季度，劳动力需求景气指数小幅提升 0.7 点到 110.3，重新回到“相对景气”区间。当季，判断劳动力需求增加的企业比重为 21.6%，比上季增加了 3 个百分点，表明企业用工仍呈现温和增长的态势。

分企业规模来看，小微型企业和大型企业的用工状况呈现冰火两重天的局面。在总体需求趋缓、各类要素价格整体上扬的环境下，中小微企业面临的不确定性、不稳定性因素增多，抗风险能力偏弱，经营状况不佳，吸纳从业人员能力有所降低。当季，中小微型企业劳动力指数仅为 97.6，低于上季 1.1 点，连续两季徘徊在不景气区间。而大型企业景气度水平趋好，环比提升 3.5 点至 120.9，一跃进入“较为景气”区间。

三、下期经济有望企稳 预期景气指数和信心指数小幅回升

伴随着中央为提振实体经济 “稳增长”政策效果的不断显现，经济内生增长动力将会逐渐恢复，出口环境也会趋于稳定，经济增速在 4 季度有望筑底企稳，微观主体生产会缓速增长。景气调查短期预测显示，企业家对宏观经济预期谨慎乐观，四季度的企业景气指数和企业家信心指数会扭转回落态势，预期提升 1 个点左右，但受需求减弱、企业盈利能力减弱、产能过剩等因素的影响，预计两大指数并未能恢复到上年同期水平。

北京消费者信心指数稳中趋弱

◆◇沈向东

北京消费者信心指数[1]抽样调查结果显示，2012 年三季度北京消费者信心指数为 107.7 点，比上季度下降 1.1 点（见图 1）。其中，反映消费者对当前经济生活评价的满意指数为 109.3 点，比上季度下降 0.8 点；反映消费者对未来经济生活发展变化的预期指数为 106.7 点，比上季下降 1.2 点（见附表 1）。

一、指数走势与主要特点

（一）总体指数略呈降势，消费者信心稳中趋弱

从图 1 可见，北京消费者信心指数自 2009 年三季度达到高点（114.6 点）以来，总体呈现稳中趋降态势，并于 2011 年三季度降至低点（106.3 点），2012 年三季度虽比上年同期高 1.4 点，但仍为 2009 年三季度以来的第二低点。总体指数呈“M”状波动，表明消费者信心稳中趋弱的态势尚未根本改变。

（二）分类指数降多升少，家庭收入信心疲弱

从宏观经济、就业状况、家庭收入、家庭物质生活水平四个分类指数看，除就业状况信心指数（107.4 点）比上季度小幅上升 0.8 个点外，其余三个类指数均呈降势（见附表 1），其中家庭收入状况信心指数为 97.2 点，已连续三个季度降至 100 点以下的弱信心区间，与上季度相比，该类指数下降 1.9 点，在各类指数中降幅最大（见附表 1）。

1 北京消费者信心指数取值介于 0 和 200 之间，100 为指数强弱临界点，指数超过 100，表明消费者信心处于强信心区，数值由 100 趋近 200，表明消费者信心逐渐增强；反之，指数小于 100 时，表示消费者信心处于弱信心区，数值由 100 趋近 0，表明消费者信心逐渐减弱。

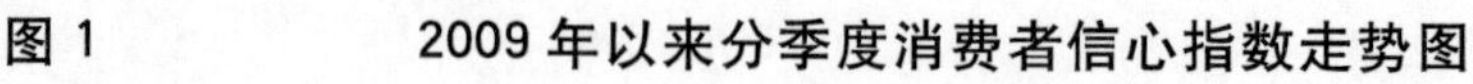

图 1　2009 年以来分季度消费者信心指数走势图

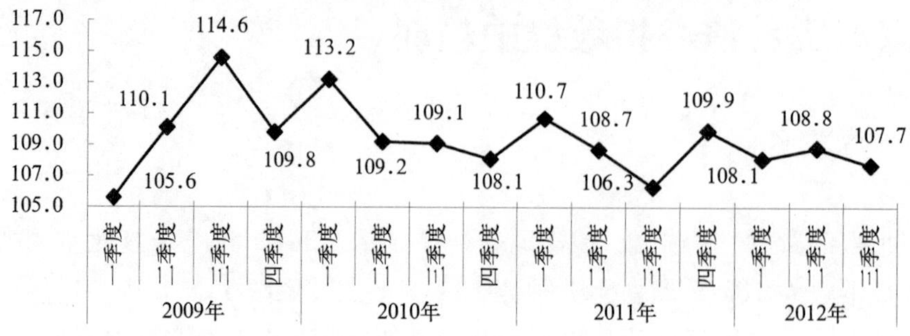

（三）就业指数稳定略增，当期经济评价积极

三季度，消费者就业状况信心指数为 107.4 点，较上季上升 0.8 点（见附表 1）。其中：满意指数连续两个季度保持上升，为 104.4 点，较上季度上升 1 点；预期指数为 109.4 点，较上季上升 0.7 点，表明消费者对就业形势保持总体乐观（见图 2）。

图 2　2010 年以来分季度就业状况满意指数、预期指数走势图

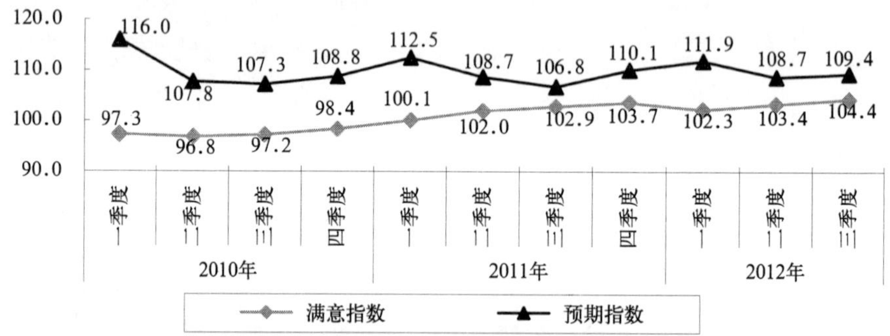

调查显示，三季度，消费者对北京宏观经济总体状况的满意指数为 116.6 点，比上季上升 0.2 点，比上年同期上升 5.3 点，处于强信心区域（见图 3）。表明消费者对当前经济形势感受较为乐观，在复杂严峻的国内外宏观经济形势下，前八个月，全市经济发展总体在"稳中求进"的主基调下，"以进促稳"取得一定成效，宏观政策的适度微调在部分领域有所显效，使得消费者对当前的宏观经济评价好于上季。

图 3　　2010 年以来分季度宏观经济满意指数、预期指数走势图

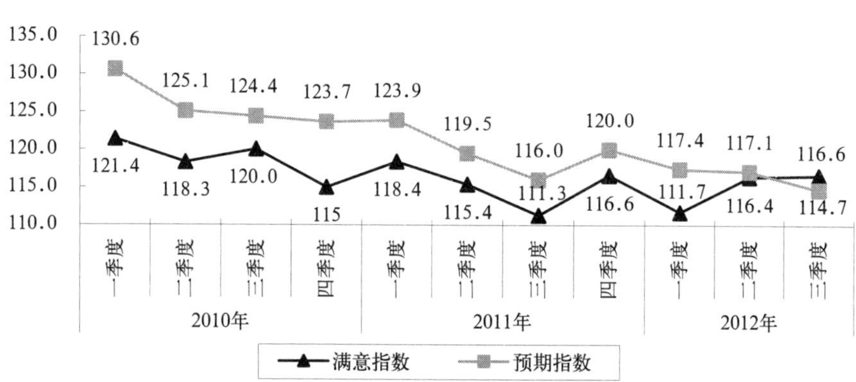

二、趋势判断与因素分析

从影响消费者信心的相关因素看，宏观经济形势的不确定性，家庭收入预期减弱，物价涨幅有所扩大，导致消费者预期指数走低，表明未来信心指数走强尚较困难。

（一）预期指数持续低于满意指数，消费者信心走强动力仍显不足

从消费者预期指数的走势看，2012 年一季度以来，预期指数连续三个季度低于满意指数，差距由一季度的 0.1 点扩大至三季度 2.6 点，表明未来消费者信心走强的动力仍显不足（见图 4）。

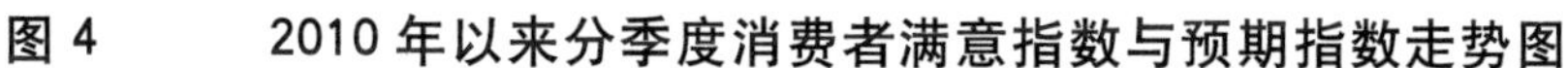
图 4　　2010 年以来分季度消费者满意指数与预期指数走势图

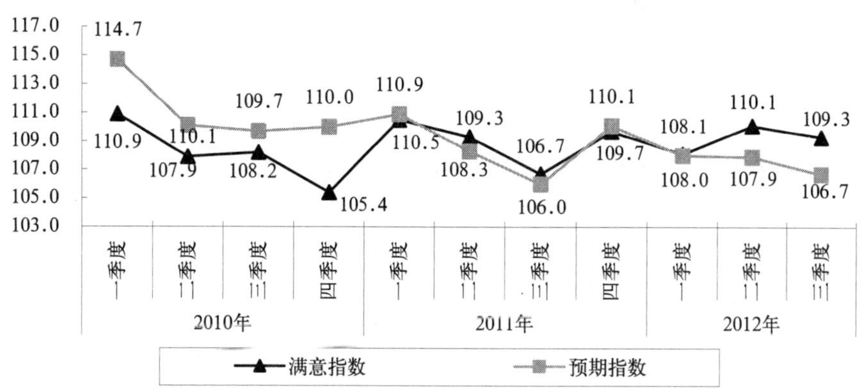

（二）宏观经济预期指数首次低于满意指数，经济下行预期明显增强

需要注意的是，宏观经济预期指数（114.7）比上季回落 2.4 点（图 3），自 2010 年以来首次低于满意指数，显示消费者对未来的经济运行态势，表现出某种程度的忧虑。因此，2012 年总体经济能否走出盘整有待继续关注，稳增长仍面临较大压力。

（三）家庭收入满意指数与预期指数双双下降，使消费者收入状况信心略减

三季度，消费者家庭收入状况信心指数、满意指数和预期指数均在强弱分界点（100 点）以下，分别为 97.2 点、95.7 点和 98.2 点，比上季分别回落 1.9 点、2.6 点和 1.5 点（见附表 1），表明消费者对家庭收入状况信心不足（见图 5）。

图 5　2010 年以来分季度家庭收入状况满意指数、预期指数走势图

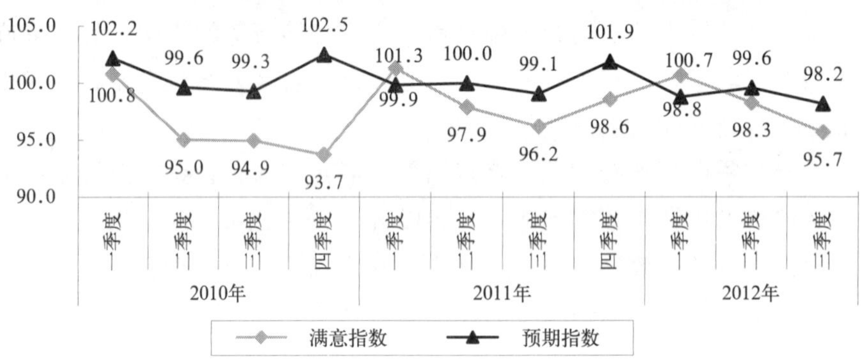

2012 年以来，北京市居民收入稳步提高。1—9 月份，全市城镇居民人均可支配收入为 27044 元，同比增长 11.9%；人均消费性支出 17698 元，增长 10.9%。从整体形势来看，北京市居民收入水平处于稳步上升阶段，但家庭收入信心的满意指数与预期指数呈现下降态势，主要有两方面原因：一是在接受调查的消费者中，中低收入家庭占一定比例。虽然北京市近年来采取多种措施努力提高中低收入家庭的收入水平，但由于食品、教育、医疗、社会保障等刚性支出同样增长较快，致使中低收入家庭的生活仍然比较困难，尤其是低收入家庭的问题更加突出。二是物价水平虽涨幅不大，但物价总水平并不低。因此提高居民收入，尤其

是中低收入家庭的收入水平，是提升消费者信心的重要方面。

（四）物价涨幅有所扩大使消费者对家庭物质生活水平信心下降

自 2010 年四季度以来，认为物价水平“高”和“较高”的消费者连续七个季度接近或超过九成，该比例上季度首度下降后，本季度再次攀升，87%的消费者认为目前物价水平“高”和“较高”，比上季度增加了 4 个百分点，其中，认为物价水平“高”的消费者为 46%，增加 4.4 个百分点。而认为物价水平“较低”和“低”的消费者占 0.5%，比上季减少了 0.1 个百分点。统计数据显示，9 月份，全市居民消费价格同比上涨 3.0%，涨幅比上月扩大 0.3 个百分点。其中，食品类价格同比上涨 4.7%，与百姓生活息息相关的鲜瓜果、鲜菜及油脂价格均为上涨，使消费者对物质生活水平信心略有下降，三季度消费者对家庭物质生活水平信心指数为 110.8 点，满意指数为 120.4 点，预期指数为 104.5 点，均比上季下降了 1.8 点（见附表 1、图 6）。

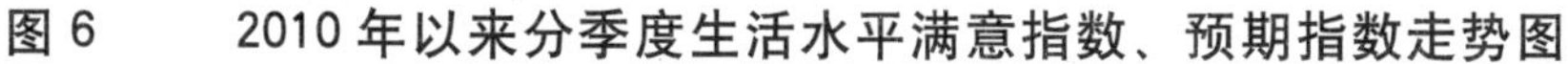
图 6　　2010 年以来分季度生活水平满意指数、预期指数走势图

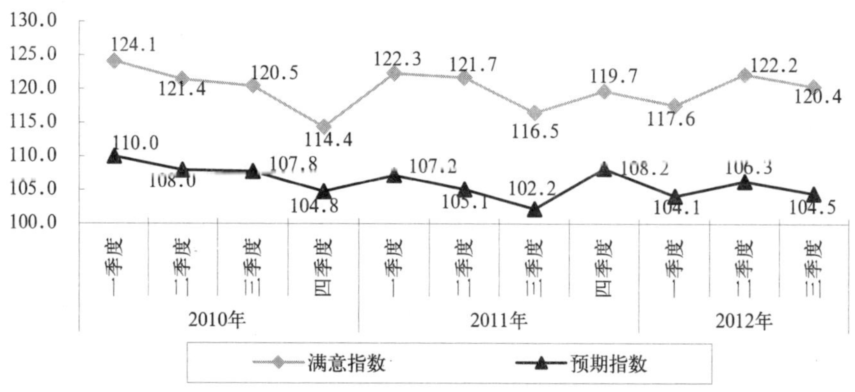

（五）消费者储蓄意愿有所下降，投资意愿持续走低，消费意愿较为强劲

调查显示，在当前物价、利率及收入水平下，从储蓄意向看，消费者表示最近三个月和未来三个月储蓄（存款）“增加较多”和“略有增加”的选择比例，分别为 8.9%和 10.3%，与上季相比，分别下降 2 个和 0.9 个百分点；从投资意向看，认为目前和未来三个月是买卖股票（基金）

好时机的消费者均不足一成，分别仅有5.8%和7.9%，且比上季减少0.6个和0.9个百分点，投资（股票、基金、债券等）意愿继续走低。2012年以来，新一轮降息通道已经打开，受此影响，居民对储蓄意愿随之下滑。另外由于A股指数不断下挫，居民对基金、股票的投资热情也同时减少。据金融机构数据表明，8月，沪深股市呈现冲高后快速回落走势，沪深指再创年内新低。月底，上证综指报收2047.52点，当月累计跌幅2.67%；深证成指报收8210.99点，当月累计跌幅9.36%。

居民多项消费意愿有所增强。从消费意向看，超过两成的消费者认为目前和未来半年是购车的“好”和“较好”时机，分别占21.2%和20.3%，比上季分别增加2.4个和0.6个百分点。超过三成的消费者认为目前和未来三个月是购买大件耐用商品的“好”和“较好”时机，分别占36.6%和33.9%，比上季分别增加9个和6.6个百分点。居民消费意愿主要受物价和利率水平两大因素影响，低利率水平也会刺激消费的增加，今后，随着扩大消费和增加收入政策的启动，消费增速有望得到提高。

（六）消费者购房意愿有所回落

三季度，9.1%的消费者认为目前是购房的“好”和“较好”时机，较上季下降2.6个百分点，认为目前购房时机“不太好”和“不好”的消费者比上季度增加了3.5个百分点，占58.4%。据相关部门数据显示，9月北京新房和二手房市场成交量双双下跌，同比8月下降了24%，也是最近四个月来的成交低点。对于未来半年购房意愿出现下降，认为是购房（建房）好时机的比例比上季度下降了3.1个百分点，为10.2%，由于房价上涨、房贷收紧、潜在供应增加等原因加剧了消费者的观望情绪，超过五成的消费者预测未来六个月不是购房的好时机，比上季度增加了6个百分点。

三、缩小收入差距，稳定物价水平，增强消费者信心

从指数走势和影响因素看，目前消费者信心稳中趋弱的状况仍将延续，而收入和物价问题则是制约消费者信心提升的重要因素。从不同收入组的调查资料看，家庭人均月收入10000元以上的消费者对当前家庭物质生活水平“满意”和“较满意”占比最高，为68.2%，而家庭人均

月收入 500 元以下的消费者比重最低，为 23.7%，低于最高收入组 44.5 个百分点；对未来家庭物质生活水平预期最好的是家庭人均月收入 1 万元以上的消费者，预测“好转”和“略有好转”的占 27.2%，预期最差的是家庭人均月收入 4001−5000 元的消费者，仅占 13.6%，其次是 500 元以下的消费者，占 15.3%。此外，持续的物价上涨也是影响消费者信心的重要因素，数据显示， 71.1%的消费者预测未来三个月本地物价将会上涨，比上季增加了 22.1 个百分点。因此，在高物价、高房价和股市低迷导致资产缩水的情况下，各级政府应着眼于加大国民收入分配调整力度，缩减收入差距，提高中低收入者的收入水平，以提高中等收入群体比重，控制物价总体水平为抓手，全面提升消费者信心。

附表 1　　2012 年三季度北京消费者信心指数

监测指标	三季度指数	比上季（±）
消费者信心指数	107.7	−1.1
宏观经济信心指数	115.4	−1.4
就业状况信心指数	107.4	0.8
家庭收入状况信心指数	97.2	−1.9
家庭物质生活水平信心指数	110.8	−1.8
消费者满意指数	109.3	−0.8
宏观经济满意指数	116.6	0.2
就业状况满意指数	104.4	1.0
家庭收入状况满意指数	95.7	−2.6
家庭物质生活水平满意指数	120.4	−1.8
消费者预期指数	106.7	−1.2
宏观经济预期指数	114.7	−2.4
就业状况预期指数	109.4	0.7
家庭收入状况预期指数	98.2	−1.5
家庭物质生活水平预期指数	104.5	−1.8

附表 2　　2012 年三季度消费者信心指数调查样本结构（%）

按年龄分：	比重	按家庭月平均收入水平分：	比重
①18−25 岁	5.6	①500 元以下	2.9
②26−35 岁	16.0	②501−1000 元	14.1
③36−45 岁	19.4	③1001−1500 元	14.8
④46−55 岁	22.8	④1501−2000 元	23.9
⑤56−65 岁	36.2	⑤2001−3000 元	20.6
合计	100.0	⑥3001−4000 元	12.0
按文化程度分：	比重	⑦4001−5000 元	4.7
①初中及以下	23.4	⑧5001−10000 元	5.9
②中专及高中	32.5	⑨10000 元以上	1.1
③大学本科、专科	40.6	合 计	100.0
④研究生	3.5	总样本	2325 个
合计	100.0		

2012 年北京市居民消费价格走势分析

◆◇赵超美　左　敏　王　倩

2012 年以来，美国次贷危机影响尚未消除，欧债危机持续发酵，多国经济持续低迷。全国经济受市场需求减弱等影响持续下行。北京处在“稳增长、调结构”的关键时期，经济增速趋缓。在这样的大背景下，北京市通胀压力明显比上年减轻，居民消费价格涨幅稳步回落，从 1 月份的 4.8%回落至 6 月份的 2.6%，下半年指数有所回升，但幅度较小。北京市与全国和主要城市价格走势基本一致，同时呈现出“消费品价格涨幅低，服务项目涨幅较高”的特点。

一、价格涨势明显放缓

2012 年以来，在国内外经济下行压力加大的背景下，北京市居民消费价格指数总体呈现平稳回落态势。1-11 月，居民消费价格总水平比上年同期上涨 3.2%。

（一）价格运行总体平稳

1-11 月，北京市居民消费价格总水平比上年同期上涨 3.2%。其中，消费品价格上涨 2.8%，服务项目价格上涨 3.9%。

从分类指数看，八大类指数“七升一降”。其中，食品、居住类价格分别上涨 6.9%和 3.5%，分别影响居民消费价格总水平上涨 1.8 个和 0.9 个百分点。家庭设备用品及维修服务、娱乐教育文化用品及服务、烟酒类价格分别上涨 2.9%、2.2%和 2.3%，医疗保健和个人用品、衣着类价格分别上涨 1.5%和 0.9%，以上几类共影响居民消费价格总水平上涨 0.6 个百分点。交通和通信类价格下降 0.9%，影响居民消费价格总水平下降 0.1 个百分点（见表 1）。

表 1　　1-11 月份居民消费价格分类指数情况

	累计（%）	涨跌构成（百分点）
居民消费价格指数	103.2	3.2
一、食品	106.9	1.8
二、烟酒	102.3	0.0
三、衣着	100.9	0.1
四、家庭设备用品及维修服务	102.9	0.1
五、医疗保健和个人用品	101.5	0.1
六、交通和通信	99.1	-0.1
七、娱乐教育文化用品及服务	102.2	0.3
八、居住	103.5	0.9

（二）指数低于上年且涨势放缓

1-11 月，北京市居民消费价格指数为 103.2%，比上年同期低 2.5 个百分点。从各月情况看，自 2 月份起，累计涨幅开始低于上年同期，并且差距逐步扩大。

2012 年以来，北京市居民消费价格指数延续 2011 年四季度的上升态势，高开低走。上半年居民消费价格指数稳步回落，下半年小幅回升，全年呈现 U 型走势。分月看，1 月份北京市居民消费价格指数同比上涨 4.8%。2 月份起，在食品价格涨幅回落和工业消费品价格下行带动下，居民消费价格持续回落，6 月份回落到 2.6%的低点。7 月份结束回落态势，涨幅与 6 月份持平。8、9 月份，菜果、汽油价格及房租攀升、学前教育收费上调致使总指数涨幅逐月扩大。10 月份，食品、衣着类涨幅回落带动总指数比 9 月份回落 0.1 个百分点，11 月份，在食品和居住类价格上行带动下，涨幅继续攀升至 3.2%。尽管下半年涨幅有所回升，但由于幅度较小，1-11 月累计指数比 1-9 月回落 0.1 个百分点，比 1-6 月回落 0.3 个百分点，比 1-3 月回落 0.8 个百分点。价格运行总体呈现回落态势（见图 1）。

图 1　　2011 年和 2012 年 1—11 月各月居民消费价格同比指数

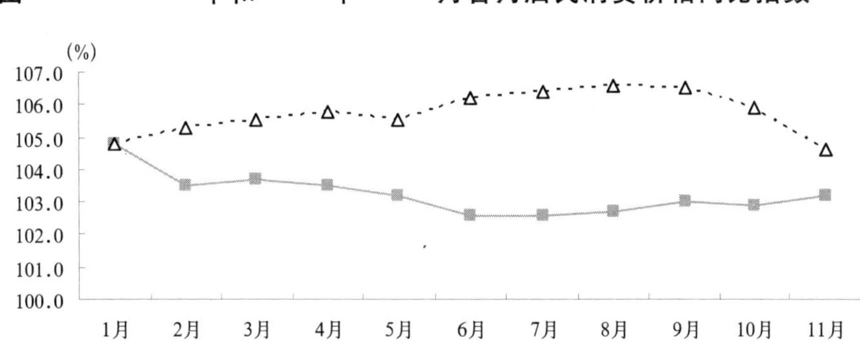

（三）食品类价格涨幅逐步回落

1—11 月，食品类价格比上年同期上涨 6.9%，影响居民消费价格总水平上涨 1.8 个百分点，涨幅比 1—6 月回落 1.8 个百分点。从各月情况看，2012 年以来除 3 月、8 月和 11 月略有回升外，其余各月食品类价格同比涨幅逐步回落（见图 2）。

图 2　　2012 年 1—11 月食品类同比指数

1. 猪肉价格下降

1—11 月猪肉价格比上年同期下降 1.8%，指数比 1—6 月回落 14.1 个百分点，是拉动食品类价格涨幅回落的主要因素。2012 年以来，猪肉价格涨幅逐月回落，6 月份同比涨幅由升转降，并连续 6 个月同比下降，

7月份降幅最高为18.7%。

2. 蛋类价格下行

蛋类价格比上年同期下降4%，影响居民消费价格总水平下降0.02个百分点。从各月指数看，前10个月，蛋类价格均呈现下行趋势，2月份降幅最高为10.3%。11月份，蛋类价格由降转升，涨幅为2.6%。

3. 水产品涨幅回落

水产品价格比上年同期上涨5%，涨幅比1–6月回落3.2个百分点。水产品价格同比持续上涨，但涨幅呈回落趋势。11月份水产品价格同比上涨2%，涨幅比1月份回落7.6个百分点。

（三）工业消费品价格仍下行

1–11月，轿车、移动电话机、电视机、照相机、电脑等工业消费品价格分别比上年同期下降3.2%、27.2%、14.9%、16%和6.7%，共影响居民消费价格总水平下降0.44个百分点。

二、价格上行动力仍然存在

（一）新涨价影响逐步增强

在1–11月上涨的3.2%中，新涨价影响为1.9个百分点，翘尾影响为1.3个百分点。2012年累计指数稳步回落主要由于翘尾影响减少所致，而新涨价影响呈现逐步增强的态势。1–6月、1–9月和1–11月新涨因素分别增加0.2个、0.2个和0.3个百分点（见表2）。

表2　　2012年各季度新涨和翘尾指数（%）

	1–3月	1–6月	1–9月	1–11月
累计指数	104.0	103.5	103.3	103.2
新涨指数	101.2	101.4	101.6	101.9
翘尾指数	102.8	102.1	101.7	101.3

（二）房租涨幅持续扩大

1–11月，居住类价格上涨3.5%，影响居民消费价格总水平上涨0.9

个百分点。其中，房租上涨4%，影响居民消费价格总水平上涨0.83个百分点，涨幅比1–9月扩大0.6个百分点，对总指数的影响程度增加0.11个百分点。2012年以来，住房租金涨幅持续扩大，1–6月、1–9月、1–11月分别扩大0.4个、0.7个和0.6个百分点。受其影响，居住类涨幅也呈逐步攀升的态势（见表3）。

表3　　2012年各季度居住和住房租金指数（%）

	1–3月	1–6月	1–9月	1–11月
居　住	102.4	102.5	103.0	103.5
其中：住房租金	102.3	102.7	103.4	104.0

（三）粮、油、牛肉、羊肉、在外用膳食品价格上涨

1–11月，粮、油价格分别上涨2.7%和4.7%，牛肉、羊肉价格分别上涨20.1%和20.4%，共影响居民消费价格总水平上涨0.25个百分点。其中，牛羊肉价格年内一直高位运行，月度涨幅均在10%以上。近年来人工成本大幅攀升，加之原材料价格上行，在外用膳食品价格持续上涨，1–11月累计涨幅为10.1%，仅此一项影响居民消费价格总水平上涨0.83个百分点。

（四）部分资源性产品及公共服务价格上涨

幼儿园收费标准上调导致学前教育比上年同期上涨24%，影响居民消费价格总水平上涨0.11个百分点。汽油、柴油价格累计分别上涨2.8%、2.9%，影响居民消费价格总水平上涨0.06个百分点。阶梯电价实施后电价累计上涨2.3%，影响居民消费价格总水平上涨0.04个百分点。

三、与全国及主要城市对比

（一）走势基本一致

北京市居民消费价格走势与全国基本相同，均呈现稳步回落态势，1–11月全国居民消费价格总水平比上年同期平均上涨2.7%，涨幅比1–9月低0.1个百分点，比1–6月低0.6个百分点（见图3）。

图 3　　2012 年 1–11 月北京和全国各月累计指数

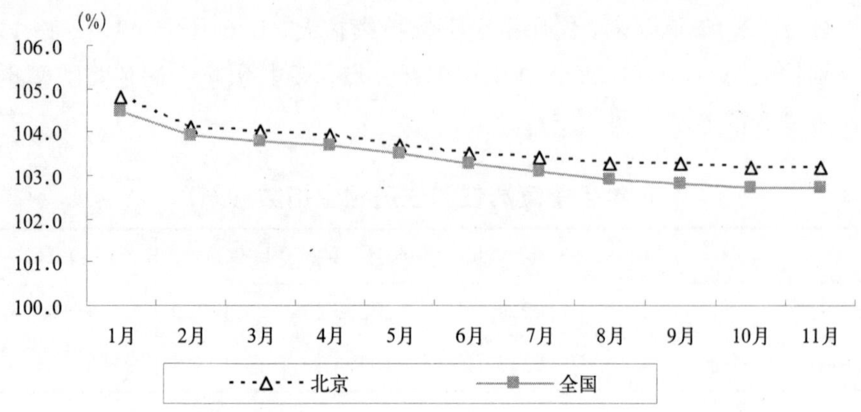

从主要城市数据看，京、津、沪、渝、穗五城市指数均比年初明显回落，1–11 月累计指数均在 4%以内。

（二）北京市居民消费价格指数位次上升

1. 与全国差距扩大

2012 年以来，北京市居民消费价格指数一直高于全国，上半年各月比全国高 0.1–0.4 个百分点。下半年差距明显增大，三季度各月分别比全国高 0.7–1.1 个百分点，10 月、11 月差距进一步增大，均比全国高 1.2 个百分点（见图 4)。

图 4　　2012 年 1–11 月北京和全国各月同比指数

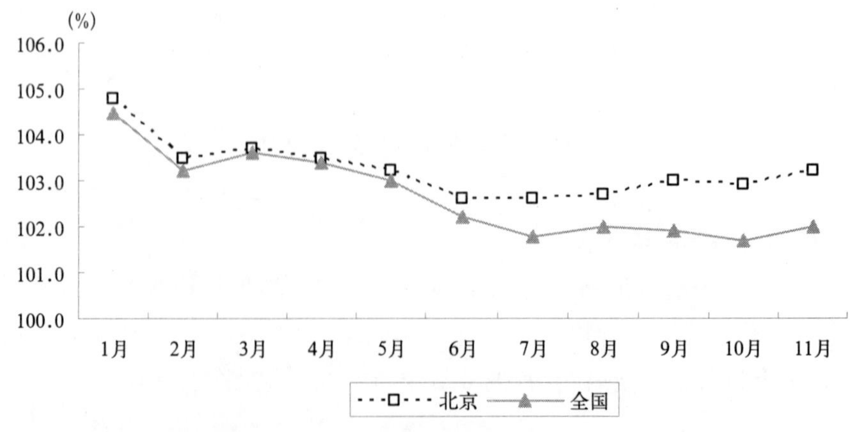

2. 在全国排位前移

1–11 月，北京市居民消费价格累计指数在五城市中居首位。从 6 月份开始，北京市同比指数在五城市中排名逐步上升至前两名；在 31 省市中，也由前 6 个月 10 位左右上升至 11 月份的第 3 位（见表 4）。

表 4　2012 年 11 月份京津沪渝穗五城市居民消费价格指数（%）

城　市	环　比	同　比	累　计
北　京	99.8	103.2	103.2
天　津	100.1	101.6	102.8
上　海	100.0	102.0	102.9
重　庆	99.9	101.6	102.6
广　州	99.7	103.7	102.9

（三）服务项目涨价幅度偏高是北京市居民消费价格指数高于全国的主要原因

从近几年历史数据看，北京市消费品和服务项目价格走势与全国一致，但涨幅有明显差别。其中，消费品同比涨幅低于全国平均水平，而服务项目涨幅明显高于全国平均水平。2012 年 1–11 月，北京市消费品

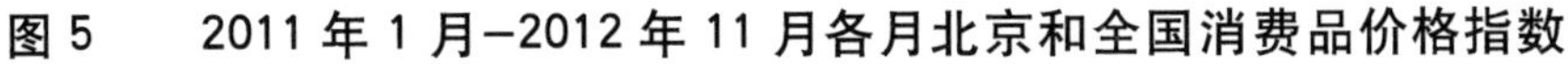
图 5　2011 年 1 月–2012 年 11 月各月北京和全国消费品价格指数

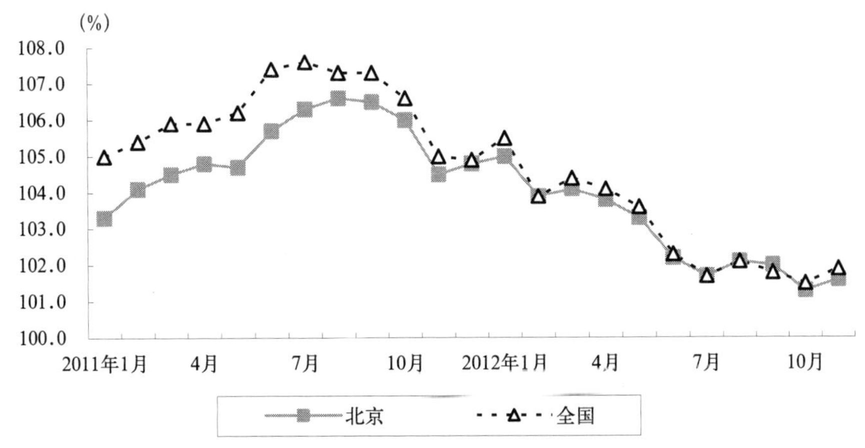

价格累计上涨2.8%，低于全国0.2个百分点；但服务项目价格累计上涨3.9%，高于全国2个百分点。另外，由于居民消费结构升级走在全国前列，服务消费占居民消费支出比重较高，北京市服务项目价格变动对CPI影响较大（见图5、图6）。

图6　2011年1月—2012年11月各月北京和全国服务项目价格指数

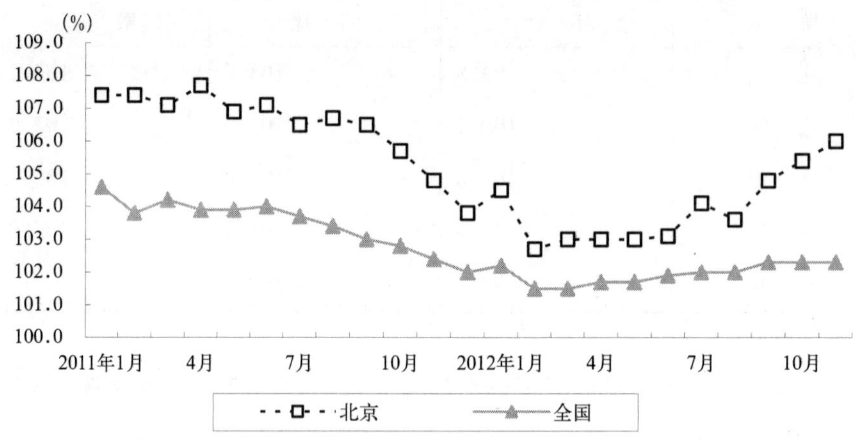

（四）娱乐教育文化用品及服务、居住类中服务项目价格涨幅最为突出

2012年1—11月，北京市娱乐教育文化用品及服务、居住类价格分别上涨2.2%和3.5%，涨幅高于全国1.7个和1.4个百分点。娱乐教育文化服务价格上涨主要受旅行社收费和学前教育带动，二者分别上涨5%和24%，共影响居民消费价格总水平上涨0.23个百分点。居住类价格涨幅较高主要受房租影响，房租上涨4%，影响居民消费价格总水平上涨0.83个百分点。

四、价格变动原因分析

（一）经济低迷影响

一般而言，经济增长与通货膨胀之间存在正相关关系。我们之前对北京市的经济增长率和通货膨胀率之间的关系进行了研究，证实了这种观点。金融危机以来全球经济持续低迷，2012 年受欧债危机、地缘冲突等因素影响，世界经济复苏缓慢曲折。欧美日经济增速减慢，各国内需增长动力不足使得我国外需减弱，出口受到较大影响，稳增长成为经济工作的重心。国内外经济低迷使得 CPI 上行动力不足。

（二）国际大宗商品价格变动影响

我们对国际大宗商品对北京市居民消费价格指数的影响进行了研究，结果表明，国际市场大宗商品分类中，谷物期货子指数变动对 CPI 的影响程度最大，总影响系数为 0.51，其次是能源期货子指数，总影响系数为 0.49，再次是家畜期货子指数，总影响系数为 0.09，其他分类对 CPI 的影响程度较小。2012 年以来，美国大旱使得国际市场大豆价格飙升，8 月份，芝加哥商品交易所大豆期货价格比年初上涨超过 40%，带动国内市场大豆及植物油等价格上涨。国际市场原油价格波动带动国内汽柴油价格多次调整。国际市场金价波动对国内首饰等价格也产生一定程度的影响。

（三）政策性调价影响

2012 年以来多个政策性调价项目连续出台。其中，成品油价格 8 次调整，其中 4 次上调、4 次下调，带动北京市汽柴油价格变动；9 月 1 日起，北京市公办幼儿园开始对新入园幼儿实行规范后的幼儿园收费标准，保育教育费、住宿费都有较大幅度的上调，使得北京市学前教育出现较大幅度的上涨；7 月份北京市实行阶梯电价，电价有所上调。政策性调价因素对总指数产生双向拉动作用。

五、2013 年居民消费价格走势展望

从国际看，全球经济增长明显放缓，无论是发达经济体，还是新兴与发展中经济体，经济增长总体均呈现放缓态势，发达经济体更是明显表现出复苏动力不足。为刺激经济增长，欧盟和美国启动了宽松的货币政策，近期美国第四轮量化宽松的货币政策正式出台，为全球市场注入较强的流动性。

从国内看，一方面经济增速有所放缓，全国工业生产者出厂价格呈下降趋势。另一方面，各级政府出台多项稳增长的措施，原材料、人工等推

动价格上涨的刚性动力依然存在，资源领域的价格矛盾需要继续疏解。

经济增速放缓可能会导致价格下行，上游生产领域价格下降一定程度上减轻了下游消费领域价格的上行压力，但货币流动性较强、成本上升及资源领域的价格改革等因素则导致价格上行。国内外多种因素交织在一起，明年影响价格变动的因素将非常复杂。

2012年北京市城镇居民收支情况分析

◆◇王宇琪 江 羽

“十二五”以来，北京市在积极推进经济稳步增长的同时，将改善民生摆在了更为突出的位置，城镇居民收支保持了较好的增长态势，收支增长的协调性增强，消费结构不断升级。2012年1-11月，主要受经济形势逐步趋稳、多数行业薪资待遇提高以及政府转移支付力度加大的推动，城镇居民四项收入均比上年同期提高，再加上税收政策利好效应延续的带动，北京市城镇居民人均可支配收入33328元，同比增长11.0%。1-11月北京市城镇居民人均消费支出21932元，同比增长10.3%，八大类消费全面增长，自发式增长与政策调控效应的叠加促使城镇居民家庭消费结构升级步伐加快。其中，受家电促销政策中断、房地产和汽车市场调控政策延续、医疗改革大步推进等因素的综合影响，住、行、医、用类消费实现一位数增长；衣着、文化娱乐服务、其他商品和服务快速增长，成为居民消费的领航者。

一、四项收入均有提高，工资和转移支撑作用依然明显

1-11月，北京市被调查的5000户城镇居民家庭人均总收入37535元，同比增长10.9%，其中，工资性收入、经营净收入、财产性收入和转移性收入均呈现增长态势。工资性收入和转移性收入分别拉动总收入增长6.8个和3.4个百分点，是支撑总收入增长的主要力量。在四项收入共同增长、税收利好政策效应延续的推动下，1-11月北京市城镇居民人均可支配收入达到33328元，同比增长11.0%（见表1）。

（一）多项增收因素推动工资性收入整体水平提升

2012年，北京市总体经济平稳，在各项促进就业的政策推动下，城镇居民家庭就业情况稳定；同时，行业薪资待遇提高和多项政策性增收因素的出台也对促进2012年城镇居民工资性收入整体水平的提高起到

有效作用。

表 1　　2012 年 1-11 月北京市城镇居民收入主要来源及增长情况

收入项目	金额（元）	同比增长（%）	拉动总收入增（减）（百分点）	构成（%）
家庭总收入	37535	10.9	–	100.0
其中：可支配收入	33328	11.0	–	–
1.工资性收入	25513	10.0	6.8	68.0
2.经营净收入	1293	19.9	0.6	3.4
3.财产性收入	665	0.3	0.0	1.8
4.转移性收入	10064	12.9	3.4	26.8

2012 年 1 月份开始，北京市职工最低工资标准由 1160 元提高到 1260 元，增幅为 8.6%，同时，非全日制从业人员小时最低工资标准、法定节假日最低工资标准都相应提高。去年以来，北京市服务业和高级技术人员用工紧缺，与此相关的多个行业工资明显提高。从 2012 年 1 月份开始，铁路职工岗位工资和运输生产一线职工岗位津贴再次提高；北京市按照人均 800 元左右的标准上调社区工作者工资，部分区县从 2011 年 1 月开始补发。此外，卫生、教育等多个行业薪资待遇也都较上年同期有明显提高。盈利企业向员工发放的效益工资、年终奖金、半年绩效奖金以及元旦、春节过节费等也高于上年同期水平。

受上述有利因素带动，1-11 月，北京市被调查的 5000 户城镇居民家庭人均工资性收入 25513 元，同比增长 10.0%，拉动家庭总收入增长 6.8 个百分点。其中，人均工资及补贴收入 24946 元，同比增长 10.2%。

（二）政府转移支付力度加大，人均转移性收入同比增长 12.9%

2012 年，北京市各级政府继续加大对社会弱势群体的转移支付力度，有力地带动了城镇居民转移性收入的较快增长。1-11 月，北京市被调查的 5000 户城镇居民家庭人均转移性收入 10064 元，同比增长 12.9%，拉动家庭总收入增长 3.4 个百分点。其中，人均养老金或离退休金收入 9242 元，同比增长 15.7%。

离退休人员养老金、最低生活保障等社会保障待遇的提高是推动转移性收入增长的主要因素。2012 年 1 月起，北京市企业退休人员基本养老金标准继续提高，并继续向退休时间早、养老金水平偏低和高龄退休人员倾斜。调整以后，企业退休人员平均基本养老金水平由每月 2280 元提高到 2510 元，增幅为 10.1%。同时，各级政府继续加大对困难群众的生活帮扶力度，尤其是元旦春节期间，中央财政支持在全国范围内为城乡困难群众发放一次性生活补贴，补贴标准比 2011 年提高一倍，北京市部分区县也增加了对低收入家庭的节日慰问金。此外，从 1 月份起，北京市兑现中央财政对基础和福利养老金的补贴，基础和福利养老金每月增补 27.5 元，增幅分别为 8.3%和 11.0%。北京市城市居民最低生活保障标准也从 1 月份起由每月 500 元提高到 520 元。

（三）财产性收入微幅增长，受政策因素影响内部增减不一

1－11 月，北京市被调查的 5000 户城镇居民家庭人均财产性收入 665 元，同比增长 0.3%。从历史上看，北京市城镇居民家庭财产性收入始终呈现较为明显的波动状态，2012 年以来居民家庭财产性收入增势表现不佳，内部构成有增有减，主要受以下几个正负面因素的综合影响：

1.随着城镇化的推进和村居改造的进行，许多居民家庭在获得拆迁补偿的同时，也获得了更多的财产增收渠道。主要受部分区县农村集体分红大幅增加的影响，1－11 月北京市城镇居民家庭人均股息与红利收入同比增长 62.2%，成为带动居民家庭财产性收入的重要因素。

2.楼市调控政策对居民财产性收入的增长是一柄双刃剑。一方面，住宅限购和税费提高促使住宅成交量明显下跌，居民家庭出售住房溢价收入减少，人均其他投资收入同比下降 51.3%，成为影响城镇居民财产性收入增长的主要负面因素。另一方面，楼市转冷助推了房屋租赁市场的升温，在一定程度上促进了房屋租金的上涨，主要受此影响，1－11 月北京市城镇居民家庭人均出租房屋收入同比增长 8.9%。

3.收入的提高和消费的谨慎使城镇居民家庭的储蓄意愿增强，住房和汽车限购客观上导致一部分居民家庭保留了一部分闲置资金，此外，股票市场不景气也使许多居民家庭对于理财投资更为保守。上述几个因素促使居民家庭更加倾向于储蓄、债券等低风险的理财行为，相关的利息收入明显增加。数据显示，1－11 月，北京市城镇居民人均利息收入同比增长 18.5%。

（四）个税减征的增收效应延续至前三季度

2011 年 9 月开始实施的个税起征点和税率调整政策在 2012 年前三季度继续对城镇居民收入增长起到积极作用。1–9 月，北京市被调查的 5000 户城镇居民家庭人均个人所得税支出 291 元，同比下降 44.8%。经测算，个税起征点和税率调整影响北京市城镇居民 1–9 月人均个人所得税支出降低约 300 元，拉动前三季度城镇居民人均可支配收入增加 1.2 个百分点。

2012 年 10 月份开始，工资薪金个人所得税起征点和税率已与上年同期相同，个税政策调整的红利收官，其对居民收入增长的翘尾影响迅速降低。10 月、11 月当月北京市城镇居民人均交纳个人所得税支出分别同比增长 9.7%、40.0%。1–11 月北京市城镇居民人均交纳个人所得税支出同比下降 38.4%，降幅较前三季度收窄了 6.4 个百分点（见图 1）。

图 1　2011–2012 年北京市城镇居民人均交纳个人所得税支出同比增速

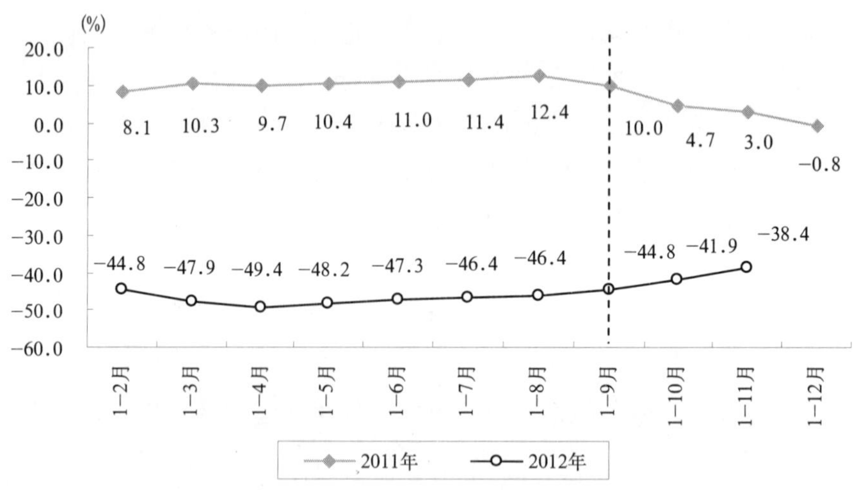

二、消费结构加快升级，衣着饰品和文娱消费引领增长

1–11 月，北京市被调查的 5000 户城镇居民家庭人均消费支出 21932 元，同比增长 10.3%。八大类消费中，其他商品和服务、衣着、教育文

化娱乐服务支出增幅较高，成为消费增长的领军；城镇居民家庭居住支出、家庭设备用品及服务支出、交通和通信支出、医疗保健支出同比增幅均未超过 10%，主要受家电促销政策中断、房地产和汽车市场调控政策延续、医疗改革大步推进等因素所影响。从消费结构上看，衣着、教育文化娱乐服务、其他商品和服务支出比重有不同程度上升，其余五大类支出比重均有不同程度的降低，城镇居民消费继续由基本生活消费向发展享受型消费过渡，结构升级趋势日益明显。从增长点看，食品、教育文化娱乐服务、衣着支出是带动消费增长的主要力量，分别拉动人均消费支出增长 3.0 个、1.9 个和 1.7 个百分点（见表 2）。

表 2　　2012 年 1—11 月北京市城镇居民消费支出情况

消费项目	金额（元）	同比增长（%）	拉动消费支出增（减）（百分点）	构成（%）
消费支出	21932	10.3	—	100.0
1.食品	6941	9.4	3.0	31.6
2.衣着	2362	16.2	1.7	10.8
3.居住	1678	6.0	0.5	7.7
4.家庭设备用品及服务	1498	3.5	0.2	6.8
5.医疗保健	1516	8.7	0.6	6.9
6.交通和通信	3418	9.7	1.5	15.6
7.教育文化娱乐服务	3453	12.2	1.9	15.7
8.其他商品和服务	1066	19.0	0.9	4.9

（一）食品支出比重继续下降，在外饮食重要性进一步提升

1—11 月，北京市被调查的 5000 户城镇居民家庭人均食品支出 6941 元，同比增长 9.4%，拉动消费支出增长 3.0 个百分点。生活水平的提高促使居民家庭消费重心逐步摆脱了温饱的局限，食品支出虽然仍是城镇居民家庭消费的最大开支，但是比重呈现逐步下降趋势。1—11 月，城镇居民人均食品支出占消费支出的比重（恩格尔系数）为 31.6%，比上年同期下降 0.3 个百分点。

居民家庭人均食品消费的增长主要受糖烟酒饮料、干鲜瓜果等消费和在外饮食支出的增长所带动。1-11月，北京市城镇居民家庭人均糖烟酒饮料类支出909元，同比增长17.9%；人均干鲜瓜果类支出716元，同比增长10.0%。近年来越来越多的居民选择在外就餐，越来越注重享受就餐环境和就餐服务，在外饮食支出明显增加，成为拉动食品支出增长的重要因素。数据显示，1-11月北京市城镇居民人均在外饮食支出1884元，同比增长11.0%，在外饮食支出占食品支出的比重达到27.1%，比上年同期提高0.3个百分点。

（二）衣着、饰品、美容等个人修饰消费快速增长

随着个人修饰的美学功能逐步增强以及在社会交往中的作用日益提升，城镇居民家庭衣着、饰品、美容美发、化妆品消费等支出迅速增加，在时尚消费日渐兴起的今天，个人修饰相关消费在城镇居民家庭消费中扮演了越来越重要的角色。

2012年以来，北京市城镇居民衣着消费一直延续快速增长的势头，1-11月被调查的5000户城镇居民家庭人均衣着支出2362元，同比增长16.2%，增幅在八大类消费中仅次于其他商品和服务支出。衣着支出占消费支出的比重明显提高。1-11月，城镇居民衣着支出占消费支出的比重从上年同期的10.2%提高到10.8%，是比重提高幅度最大的项目。

北京市城镇居民家庭人均金银珠宝饰品、化妆品等商品类支出和理发、美容等服务性支出呈现出蓬勃增长的态势。1-11月，北京市城镇居民人均金银珠宝饰品支出338元，同比增长22.0%。受海关调整进口化妆品税率等因素的影响，2012年二季度以来，人均化妆品支出保持了快速增长态势，1-11月人均支出达到298元，同比增长22.6%。此外，人均理发洗澡费、美容费支出同比增幅也分别达到19.6%和22.4%。受上述几项消费的快速增长所带动，1-11月，北京市被调查的5000户城镇居民家庭人均其他商品和服务支出1066元，同比增长19.0%，比上年同期提高5.4个百分点，位于八大类增幅首位（见图2）。

（三）医疗保障水平提升，医疗支出增幅下降

近年来，北京市在医疗公共服务领域陆续出台了多项新政策。2011年起，北京市地方属行政事业单位公费医疗改革启动，行政事业单位人员分批次纳入社会医疗保险体系。目前，北京市已经形成由职工基本医

疗保险、大额互助和补充保险、居民基本医疗保险、医疗救助组成的多层次医疗保障体系，医疗公共服务水平不断提高，越来越多的居民能够享受到医疗公共服务，在一定程度上缓解了居民看病就医的经济压力。数据显示，1-11 月，北京市城镇居民家庭人均医疗保健支出 1516 元，同比增长 8.7%，增幅比上年同期降低 6.9 个百分点；其中，人均医疗支出 1203 元，同比增长 5.3%，增幅比上年同期降低 14.9 个百分点。医疗支出包含药品费和医疗费两项，1-11 月，北京市城镇居民人均药品费支出同比增长 9.8%，人均医疗费支出同比下降 0.8%。

图 2　　2012 年 1-11 月北京市城镇居民人均衣着、金银珠宝饰品、化妆品支出同比增速

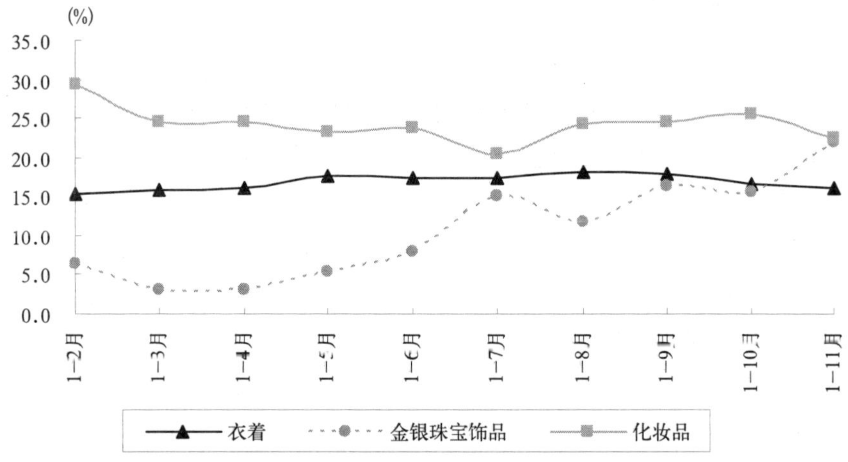

受年初市级机关事业单位取消公费医疗、并入职工医保的影响，上半年城镇居民医疗支出始终保持着 15%以上的较高增幅，自 7 月起增速迅速放缓。1-6 月，北京市被调查的 5000 户城镇居民家庭人均医疗支出同比增长 16.0%。1-9 月，人均医疗支出同比增长 11.7%，比上半年增幅降低 4.3 个百分点；1-10 月医疗支出增幅继续降至 9.6%，1-11 月进一步降至 5.3%（见图 3）。

图 3 2012 年 1–11 月北京市城镇居民人均医疗支出同比增速

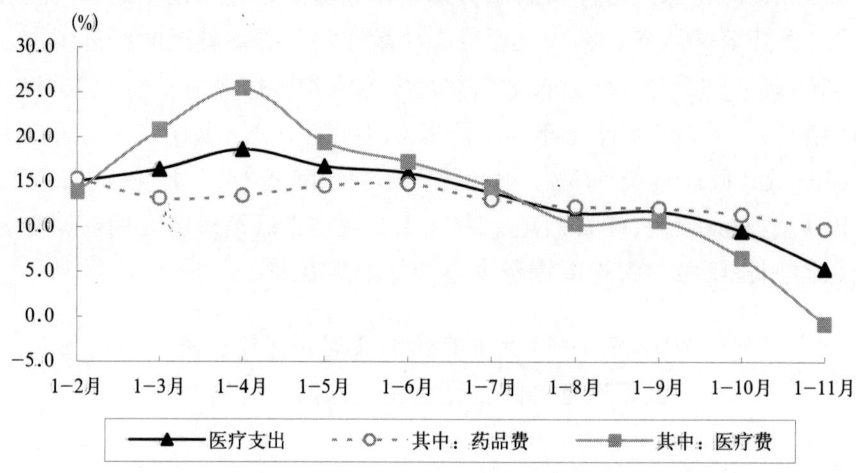

（四）旅游健身推动文化娱乐服务支出增幅提高、比重上升

随着休闲娱乐活动迅速融入百姓家庭的日常生活，北京市城镇居民参加旅游、健身、摄影、观影等活动明显增多。同时，政府积极推动旅游、文化等产业发展的政策也对培育新的文化娱乐热点发挥了积极的引导作用。受此影响，城镇居民家庭文化娱乐服务消费增幅持续提高，显示出居民消费的巨大潜力。

数据显示，1–11 月，北京市被调查的 5000 户城镇居民家庭人均文化娱乐服务支出 1560 元，同比增长 33.0%，增幅比上年同期提高 14.9 个百分点。其中，人均团体旅游支出 1017 元，同比增长 34.3%，增幅比上年同期提高 17.7 个百分点；人均健身支出 123 元，同比增长 68.5%，增幅比上年同期提高 50.8 个百分点；人均其他文娱活动支出 274 元，同比增长 31.7%，增幅比上年同期提高 3.3 个百分点。2012 年初以来，在旅游、健身和观影等其他文化娱乐活动快速增长的带动下，北京市城镇居民家庭文化娱乐服务支出进入上升通道，推动了居民家庭消费结构升级步伐加快。1–11 月，城镇居民人均文化娱乐服务支出在人均消费支出中所占比重达到 7.1%，比上年同期提高 1.2 个百分点（见图 4）。

图 4 2012 年 1-11 月北京市城镇居民人均文化娱乐服务支出同比增速

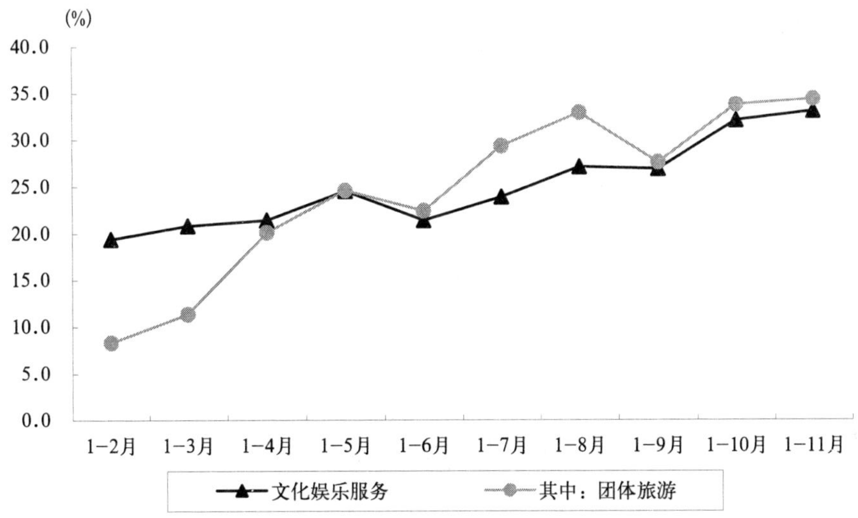

2012年京郊农民收支情况分析

杜明翠

2012年，北京继续加大对农村居民的帮扶力度，多项政策持续发力，带动农民收入快速增长。1-11月农民人均现金收入[1]达到17844元，同比增长12%；农村家庭生活消费支出稳定增加，人均消费10464元，比上年提高6.6%，农民生活质量稳步提高。

一、京郊农民收入持续增长

据3000户农民家庭抽样调查数据显示，2012年京郊农民现金收入持续较快增长，1-11月人均收入达到17844元，同比提高12%，扣除物价因素实际增长8.5%，比上年同期实际增速提高0.8个百分点。

（一）总体情况

图1　　2012年1-11月京郊农民收入

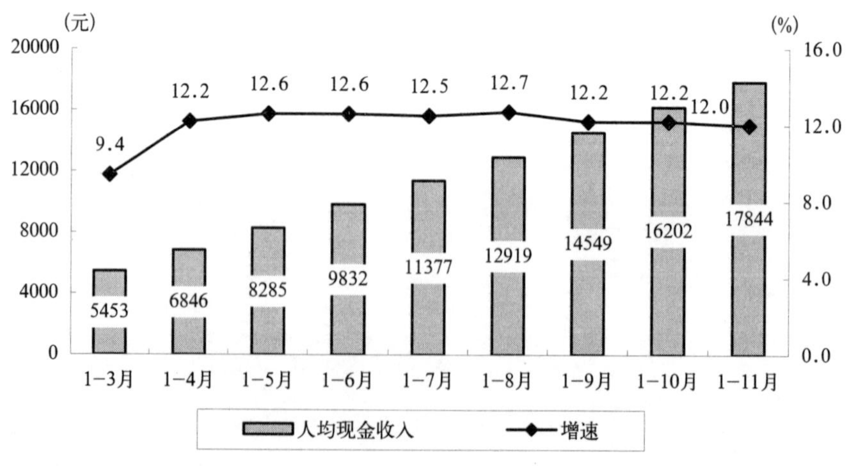

1 现金收入：指农村住户常住人口在调查期内得到以现金形态表现的收入。按来源分成工资性收入、家庭经营收入、财产性收入、转移性收入。

2012 年前 11 个月，京郊农民人均现金收入持续较快增长。自 4 月份起，同比累计增速始终保持在 12%及以上，增收形势持续稳定（见图 1）。

从四项主要收入来源的构成比重看，农民家庭收入以工资性收入为主，占 57.0%；家庭经营收入和转移性收入为辅，分别占 19.8%和 14.1%；财产性收入较少，占 9.1%（见图 2）。

图 2　　2012 年 1—11 月京郊农民收入构成

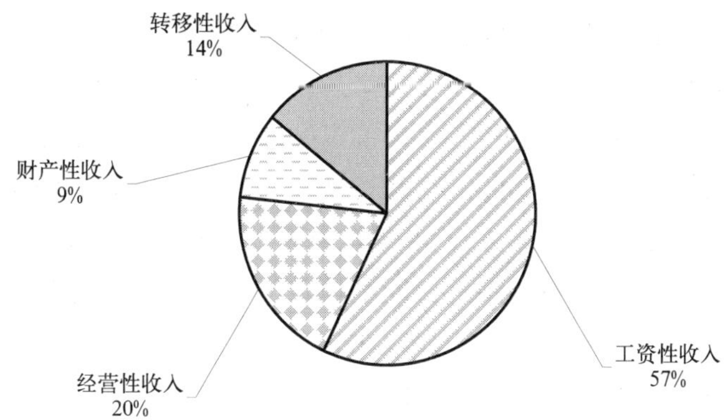

从分功能区情况来看，功能拓展区和生态涵养区农民收入增速高于全市平均水平，分别为 12.1%和 12.3%；发展新区农民收入增幅低于全市平均水平，增长 11.7%（见表 1）。

表 1　　2012 年 1—11 月北京分功能区农民收入

	人均现金收入		1.工资性收入		2.家庭经营收入		3.财产性收入		4.转移性收入	
	本年(元)	增长(%)	本年(元)	增长(%)	本年(元)	增长(%)	本年(元)	增长(%)	本年(元)	增长(%)
全市	17844	12.0	10163	14.4	3527	2.8	1631	14.4	2523	15.3
功能拓展区	20389	12.1	13008	10.5	571	8.6	2910	17.8	3900	14.3
发展新区	17590	11.7	9558	16.3	4117	1.4	1758	12.9	2157	13.0
生态涵养区	16481	12.3	9123	15.2	4665	4.3	563	8.5	2130	20.3

（二）各收入来源增长因素分析

1. 工资性收入[2]

前 11 个月，京郊农民人均工资性收入 10163 元，同比增加 1276 元，增长 14.4%，拉动农村家庭总体收入增长 8.0 个百分点。在全部工资性收入中，人均在本地劳动得到 5645 元，增长 11.0%；人均外出从业收入达到 3969 元，增长 19.9%；人均在非企业组织中劳动得到 549 元，增长 11.6%。

工资性收入稳定增长的主要原因：一是提低，最低工资标准继续提高，自 2012 年 1 月 1 日起，小时工资和月工资最低工资标准分别增长 7.5%和 8.6%；二是调速，人力社保局发布企业工资增长指导线，生产经营正常、经济效益增长的企业，可以结合自身实际，参照 11.5%的增速安排企业的工资增长水平；三是稳就业，政府出台政策鼓励企业招用本地劳动力，据 2012 年农民工调查数据显示，前三季度各季农村劳动力从业人员比重稳定在 80%以上；四是做培训，对农民工进行多种形式的技能教育，1-3 季度，从业农民工中 13%接受过农业技术培训，27%接受过非农职业技能培训，农民工技能素质及就业竞争力不断提高。

2. 家庭经营现金收入[3]

前 11 个月，农民人均家庭经营现金收入为 3527 元，同比增加 96 元，增长 2.8%，增收贡献率为 5.0%，拉动总体增收 0.6 个百分点。其中，人均第一产业收入为 1666 元，下降 1.1%；人均第二产业收入为 368 元，增长 2.2%；人均第三产业收入为 1493 元，增长 7.6%。

家庭经营收入增速有限，主要受一产业收入下滑所致，但究其深层次的原因，一是农村富余劳动力的转移，使得单位土地上的人力投入相对下降，一部分农业经营性收入转化为工资性收入；二是允许耕地、林地等以转包、出租、转让、入股、合作等形式灵活经营，一部分经营性收入转化为财产性收入。反映在数据上，一产业收入与本地务工和外出

---

2 工资性收入：指农村住户常住人口在调查期内受雇于单位或个人，靠出卖劳动而获得的收入。

3 家庭经营收入：指农村住户以家庭为生产经营单位进行生产筹划和管理而获得的收入。农村住户家庭经营活动按行业划分为农业、林业、牧业、渔业、工业、建筑业、交通运输业邮电业、批发和零贸易餐饮业、社会服务业、文教卫生业和其他家庭经营。

从业得到的工资性收入、与财产性收入中的股息、红利及转让土地所得收入在比重上存在一定程度的互相挤占。(见图 3、图 4)。

图 3　　第一产业经营收入与部分工资性收入比重

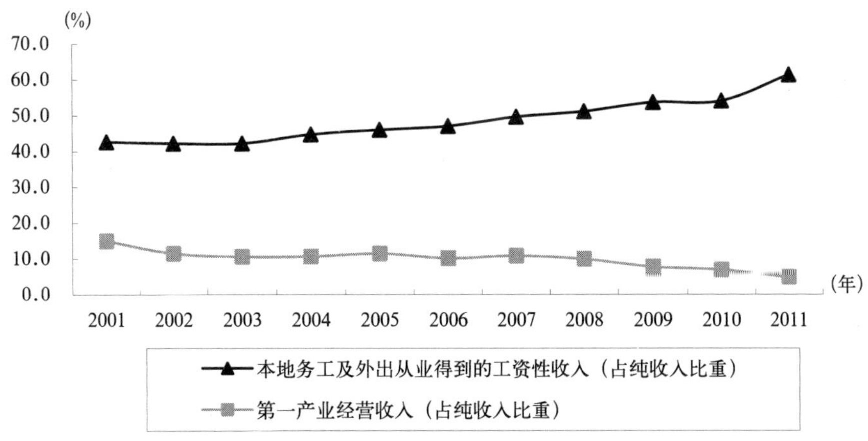

图 4　　第一产业经营收入与部分财产性收入比重

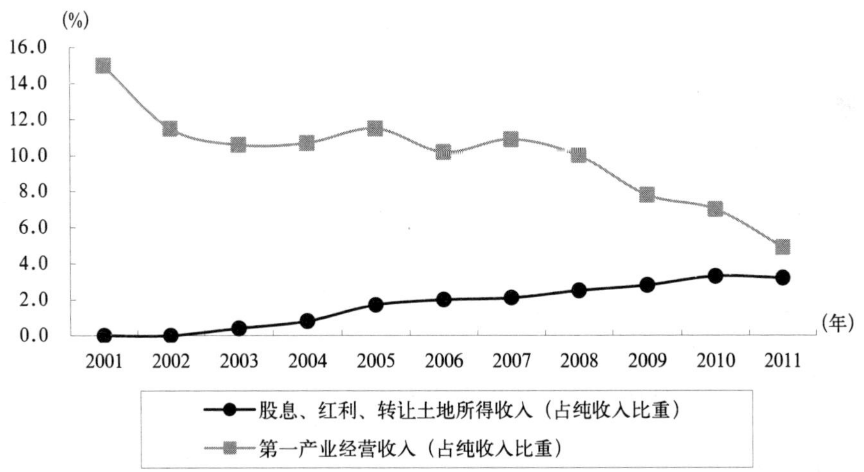

3. 财产性收入[4]

前 11 个月，农民家庭人均得到财产性收入 1631 元，同比增加 205

4 财产性收入：指金融资产或有形非生产性资产的所有者向其他机构单位提供资金或将有形非生产性资产供其支配，作为回报而从中获得的收入。

元，增长14.4%，增收贡献率为10.7%，拉动总体增收1.3个百分点。在全部财产性收入中，人均租金收入达到1066元，增长14.6%；集体分配的股息和红利365元，增长21.2%；转让承包土地经营权收入160元，增长10.9%。

农民的财产性收入稳步增长，得益于农村产权制度的不断改革，农村土地承包经营权流转市场的不断健全。2012年，北京农村土地流转规模继续扩大，农民专业合作组织快速发展，推动农民得到的股息、红利以及土地转让金有较大幅度的提升。另外，外来人口的租房需求旺盛，本地拆迁居民也需要租房，推动房屋租金价格一路上涨，多渠道增加了农民的财产性收入。

4. 转移性收入[5]

前11个月，农民家庭人均得到转移性收入2523元，同比增加335元，增长15.3%，增收贡献率为17.5%，拉动总体增收2.1个百分点。在全部转移性收入中，人均获得养老金、退休金收入1626元，同比增长17.2%；领取新型农村养老保险186元，增长43.3%。

表2　2012年1—11月京郊农民收入来源

	金额（元）	增速（%）	比重（%）	贡献率（%）	拉动（百分点）
人均现金收入合计	17844	12.0	100.0	100.0	12.0
1.工资性收入	10163	14.4	57.0	66.8	8.0
2.家庭经营收入	3527	2.8	19.8	5.0	0.6
3.财产性收入	1631	14.4	9.1	10.7	1.3
4.转移性收入	2523	15.3	14.1	17.5	2.1

农民人均转移性收入快速增长得益于今年以来出台的多项惠民政策措施。退休人员基本养老金标准由2280元调整为2510元，增长10.1%；新农保和城镇居民基础养老金由每人每月330元增加到357.5元，增长

5 转移性收入：指农村住户常住人口无须付出任何对应物而获得的货物、服务、资金或资产所有权等，不包括无偿提供的用于固定资本形成的资金。一般情况下，指农村住户在二次分配中的所有收入。包括亲友赠送、养老金等。

8.3%；福利养老金由每人每月 250 元增加到 277.5 元，增长 11%；农村低保最低标准由家庭月人均 340 元上调为 380 元，增长 11.8%；农民合同制职工一次性生活补贴标准由 618 元调整为 678 元，增长 9.7%（见表 2）。

（三）高低收入组收入特点

1. 低收入户工资收入偏低，未来仍有上涨空间

2012 年 1–3 季度北京农民五等分收入组的工资性收入分别为 4066、6855、8331、10379 和 13257 元。中低收入户与低收入户的工资收入差距较大，为 1.7 倍，其余各组组间差距不明显，在 1.2–1.3 倍之间。为缩小收入差距应着力提高低收入户的平均工资水平（见图 5）。

图 5　　2012 年 1–3 季度工资性收入

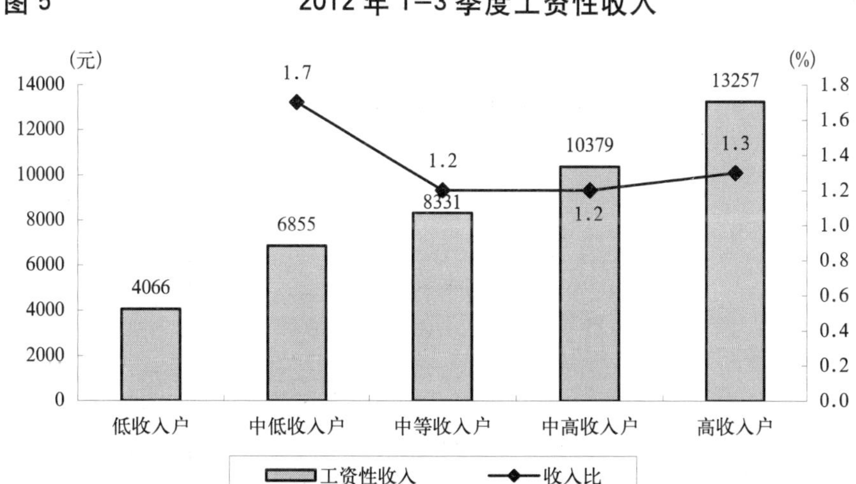

2. 高收入户家庭经营效益明显

2012 年 1–3 季度京郊农民五等分收入组的经营性收入分别为 680、928、1316、1880 和 9613 元。除高收入组外，其余组别经营性收入普遍不高。其中，高收入户的经营收入是中高收入户的 5.1 倍，二者相差 7733 元，即使扣除经营费用支出后，二者的差距仍为 3.2 倍。说明高收入户的家庭经营具有高投入、高产出的特点，生产经营效益明显（见图 6）。

图 6　　2012 年 1–3 季度经营性收入

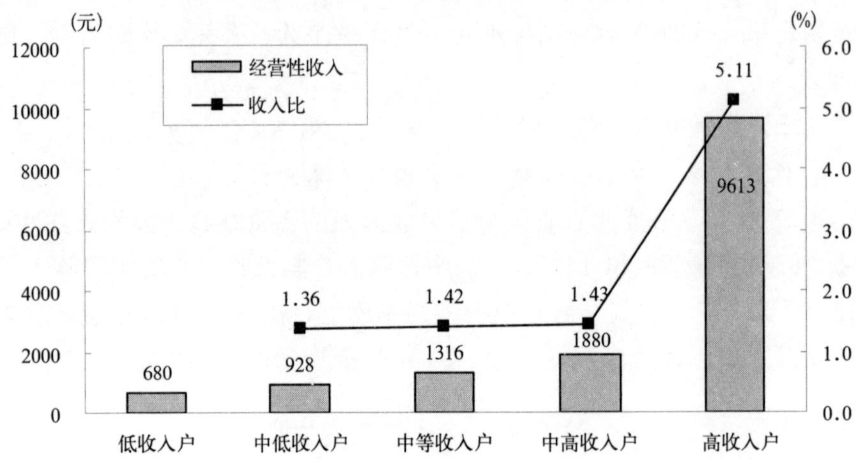

图 7　　2012 年 1–3 季度财产性收入

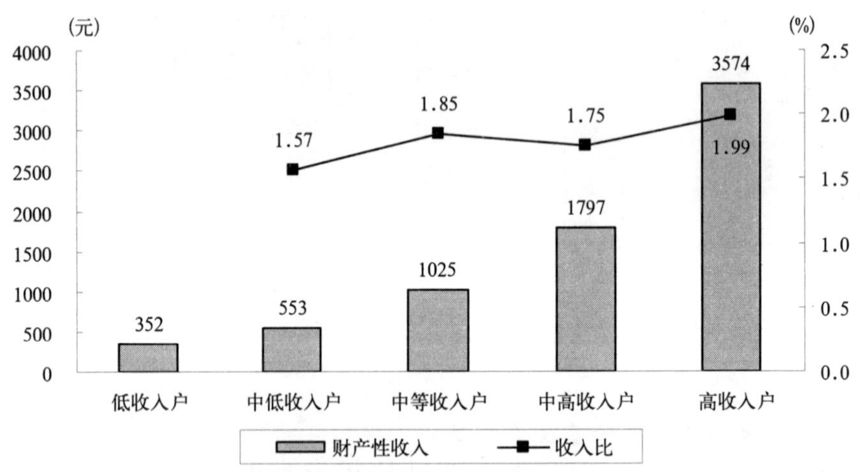

3. 财产性收入差距略呈马太效应

2012 年 1–3 季度五等分收入组的财产性收入由低到高分别为 352、553、1025、1797 和 3574 元，没有收入水平明显突增的组别，但组间差距从中低收入户与低收入户相比为 1.6 倍，逐渐上升到高收入户与中高收入户相比为 2 倍，组间差距随着收入水平的提高有拉大趋势，略呈马太效应。这也是由于财产性收入的性质所决定的，财产性收入的增加需要以收入提高为前提条件，收入有结余，剩余部分才会转化为财产，因此，财产性收入的增长过程是一种“有余钱、钱生钱”的循环过程（见图 7）。

4. 转移性收入兼顾公平

2012 年 1-3 季度五等分收入组的转移性收入分别为 1113、1595、2207、2594 和 3289 元。各组间平均收入差距较为均匀，而且差距值也较为适中，在 1.3 倍左右。需要说明的是，中高收入户与中等收入户、高收入户与中高收入户的转移性收入差距低于组间平均差距，表明政府在转移性收入分配方面努力兼顾公平（见图 8）。

图 8　　2012 年 1-3 季度转移性收入

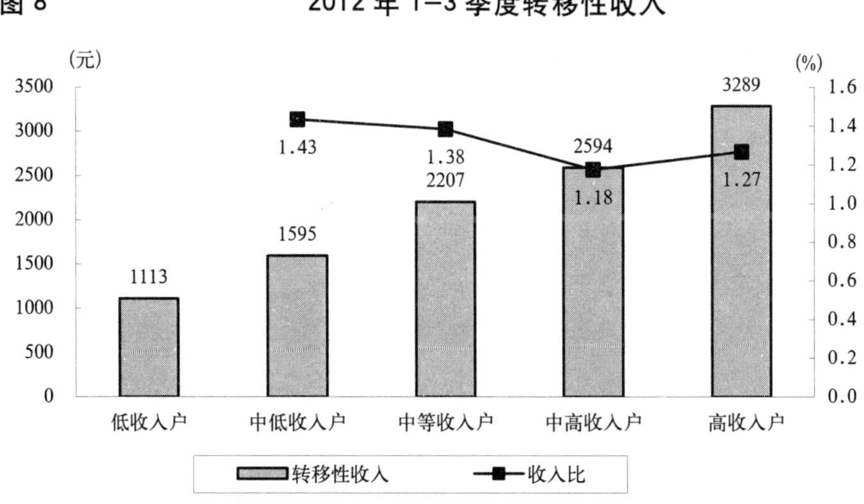

二、农村家庭生活质量稳步提高

（一）总体情况

2012 年，北京农民家庭人均消费支出平稳增长，前 11 个月，生活消费现金支出总额达 10464 元，同比增加 644 元，增长 6.6%，生活质量不断提高。

八大类支出中，食品支出所占比例最高，为 33.9%；居住支出和交通通讯支出的占比超过 10%，分别为 17.3%和 11.9%；医疗保健支出、文教娱乐用品及服务支出占比接近 10%，分别为 9.7%和 9.6%；衣着支出、家庭设备用品及服务支出、其他商品及服务分别占 8.0%、6.7%和 2.9%。

从分功能区来看，功能拓展区和生态涵养区农民生活消费支出增长较快，增速高于全市平均水平，分别为 10.2%和 7.0%，发展新区增长较慢，比上年提高 3.7%（见表 3）。

表 3　1–11 月人均生活消费支出

	2012 年（元）	2011 年（元）	增长（%）
全市	10464	9820	6.6
功能拓展区	15546	14104	10.2
发展新区	9409	9076	3.7
生态涵养区	8569	8012	7

（二）消费结构特点

1. 八大类支出七升一降

前 11 个月，京郊农民八大类生活消费中，除人均居住支出有所下降，其余七类具有不同幅度的提升，显示出京郊农民生活质量和谐改善。人均食品现金支出 3549 元，同比增长 10.5%；人均衣着支出 838 元，增长 10.7%；人均家庭设备用品及服务支出 702 元，增长 8.7%；人均交通和通讯支出 1240 元，增长 11.9%；人均文教娱乐用品及服务支出 1004 元，增长 20.8%；人均医疗保健支出 1016 元，增长 6.4%；人均购买其他商品及服务支出 306 元，增长 15.9%；人均居住支出 1809 元，下降 11.7%（见表 4）。

2. 食品支出增长快于非食品支出

前 11 个月，农民家庭人均购买食品消费支出 3549 元，增加 338 元，增长 10.5%；人均非食品消费支出 6915 元，增加 306 元，增长 4.6%。食品消费支出累计增速今年以来持续快于非食品消费，1–11 月二者增速相差 5.9 个百分点。

表 4　　2012 年 1–11 月京郊农民八大类消费支出

	消费额（元）	增速（%）	比重（%）	贡献率（%）	拉动（百分点）
人均生活消费支出	10464	6.6	100.0	100.0	6.6
1.食品支出	3549	10.5	33.9	52.5	3.4
2.衣着支出	838	10.7	8.0	12.6	0.8
3.居住支出	1809	−11.7	17.3	−37.1	−2.4
4.家庭设备用品及服务	702	8.7	6.7	8.7	0.6
5.交通和通讯支出	1240	11.9	11.9	20.5	1.4
6.文教娱乐用品及服务	1004	20.8	9.6	26.9	1.8
7.医疗保健支出	1016	6.4	9.7	9.5	0.6
8.其他商品及服务	306	15.9	2.9	6.4	0.4

3. 服务性消费支出增长快于商品性消费支出

前 11 个月，农民家庭人均服务性支出 3384 元，增加 288 元，增长 9.3%；人均购买商品性支出 7080 元，增加 356 元，增长 5.3%。服务性消费累计增速自 8 月份以来持续超过商品性消费，1–11 月服务性消费增幅高于商品性消费 4.0 个百分点。在农村居民对吃、穿、用等商品需求趋向刚性的情况下，服务性消费的快速增长有利于推动居民消费层次升级（见表 5）。

表 5　　2012 年 1–11 月京郊农民人均消费支出

	消费额（元）	增速（%）	比重（%）	贡献率（%）	拉动（百分点）
人均生活消费支出	10464	6.6	100.0	100.0	6.6
食品支出	3549	10.5	33.9	52.5	3.4
非食品支出	6915	4.6	66.1	47.5	3.2
服务性支出	3384	9.3	32.3	44.7	3.0
非服务性支出	7080	5.3	67.7	55.3	3.6

三、农民增收形势展望

党的十八大报告提出到2020年实现城乡居民人均收入比2010年翻一番，回顾已经走过的两年，北京坚持统筹城乡发展，各项强农、惠农、富农政策密集出台，农村居民收入不断迈上新台阶。2011年农民人均纯收入[6]实际增长7.6%，2012年1–11月京郊农民人均现金收入实际增长8.5%，为实现收入倍增计划打下良好开局。

当前，随着两个“同步”、两个“提高”[7]的不断贯彻深入，从国家到地方正进一步积极调整收入分配格局和城乡利益关系，在刚刚结束的中央农村经济工作会议中就指出，今后一段时间，农民收入至少与城镇居民收入同步增长并力争超过。因此，可以预见，未来一段时期，京郊农民收入增长必将迎来一个新的上升期。

6 纯收入：指农村住户常住人口当年从各个来源得到的总收入相应地扣除所发生的费用后的收入总和。反映的是一个地区农村居民的平均收入水平。

7 两个同步：居民收入增长和经济发展同步、劳动报酬增长和劳动生产率提高同步。两个提高：提高居民收入在国民收入分配中的比重、提高劳动报酬在初次分配中的比重。

北京市经济社会统计报告

Beijing Economic-Social Statistical Profile

重点领域监测

北京综合发展进度监测体系报告

◆◇王 敏 杜明翠

为引导和转变发展观念，全面把握科学发展观的深刻内涵和精神实质，提高发展质量，不断增强发展的全面性、协调性和可持续性，我们以科学发展观为指导，结合北京市“十二五”规划纲要中的重要指标，研究制定了“北京综合发展进度监测体系”[1]，对北京市综合发展情况进行监测评价。监测结果显示：2011 年，随着经济增长速度的调整趋稳，北京经济增长的质量和效益稳中有进，各项事业全面、协调、均衡发展。

一、趋势与特点

（一）经济增长速度调整趋稳

2005—2011 年，北京地区生产总值增速经历了一个从上升到平稳发展的过程。2008 年国际金融危机之前，地区生产总值增速保持在 12%以上；2008 年后，地区生产总值增速维持在 10%左右。2011 年，经济增长调整趋稳的态势更加明显，按季度累计增速分别为 8.6%、8%、8%和 8.1%，发展速度的适当放缓为经济结构调整和可持续发展创造了空间（见图 1）。

（二）经济增长的质量和效益稳中有进

2005—2011 年，综合经济、民生、社会、生态、科技五大领域、全面反映北京经济增长质量和效益的总指数不断提升，由 2005 年的 84.2

1 北京综合发展进度监测体系，以中国统计学会发布的综合发展指标体系为主体框架，针对北京市的特点，修改、补充部分指标，突出反映北京在复杂的形势背景下转方式、调结构的进展和成效、问题和不足。

北京综合发展进度监测体系，最大的特点是可以进行季度监测，提高了监测评价的时效性和动态性。目前利用可得数据对 2009—2011 年进行了季度监测，但指数的季度环比、同比分析还有待时间序列的进一步延续，从而进行必要的季节调整处理。因此，本报告中暂时仅对 2005—2011 年的年度监测结果做一比较分析。

上升至2011年的94.9，年均提高1.8个点。其中，“十一五”期间年均提高1.5个点，2011年增长较快，提高幅度达2.9个点（见图2）。

图1　2005-2011年北京地区生产总值增速

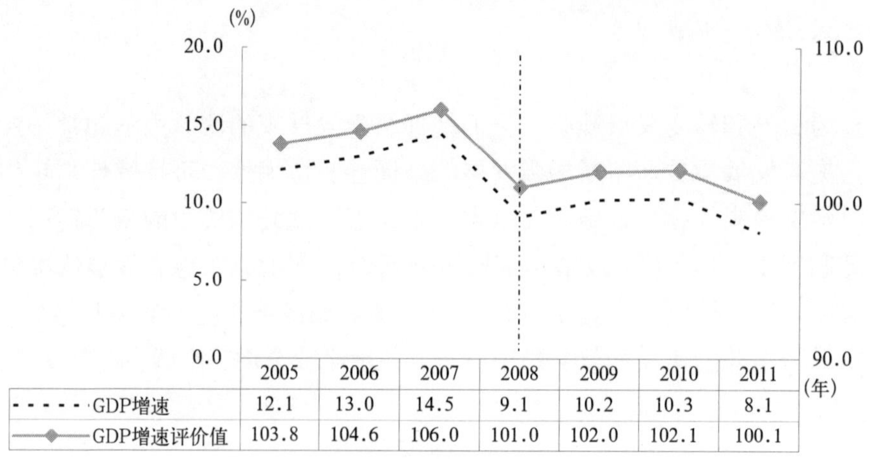

	2005	2006	2007	2008	2009	2010	2011
GDP增速	12.1	13.0	14.5	9.1	10.2	10.3	8.1
GDP增速评价值	103.8	104.6	106.0	101.0	102.0	102.1	100.1

图2　2005—2011年综合监测总指数

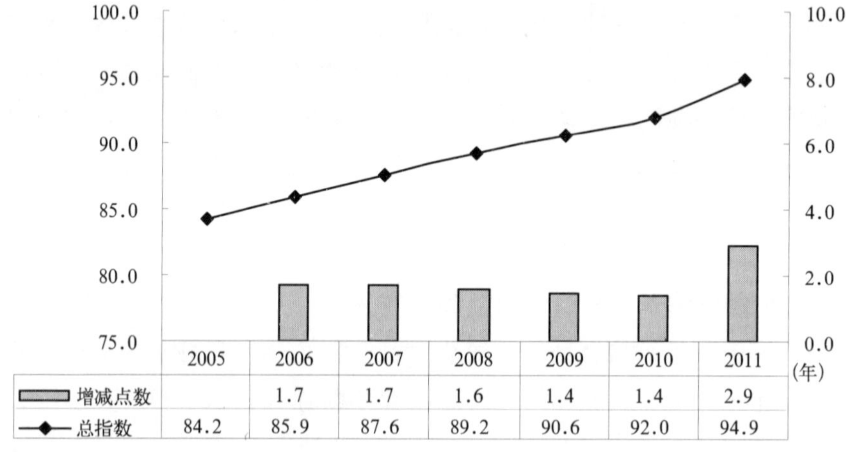

	2005	2006	2007	2008	2009	2010	2011
增减点数		1.7	1.7	1.6	1.4	1.4	2.9
总指数	84.2	85.9	87.6	89.2	90.6	92.0	94.9

（三）科学发展格局日趋协调

从经济发展、民生改善、社会进步、生态建设、科技创新五大领域看，2005年各领域指数均低于90；2006年民生改善、科技创新两个领域指数达到90以上；2007年经济发展、科技创新两个领域指数达到90

以上；2008 年增加为经济发展、社会进步、科技创新三个领域；2009 年、2010 年除上述三个领域外，民生改善领域指数值也达到了 90 以上；2011 年生态环境领域指数值大幅提升，五大领域发展指数全部超过 90。说明 2005–2011 年北京发展格局从早期的经济发达、科技实力雄厚，逐步过渡到社会和谐、生态宜居等各方面的均衡协调发展（见表 1）。

表 1　　2005–2011 年综合监测总指数及分指数

	2005 年	2006 年	2007 年	2008 年	2009 年	2010 年	2011 年
总指数	84.2	85.9	87.6	89.2	90.6	92.0	94.9
经济发展	87.4	87.9	90.2	91.7	90.0	93.5	95.1
民生改善	89.7	90.7	89.2	87.3	91.4	92.1	92.8
社会进步	81.3	85.0	87.5	93.8	94.4	95.3	98.0
生态建设	74.5	76.0	78.6	82.0	85.0	86.8	93.7
科技创新	88.4	90.3	92.6	91.1	92.2	92.3	94.7

二、各领域情况分析

2011 年，经济发展、民生改善、社会进步、生态建设、科技创新五大领域分指数比上年均有不同幅度的提升。改善较大的是生态建设分指数，提高 6.9 个点，拉动总指数上升 1.4 个点；其次是社会进步、科技创新和经济发展分指数，分别提高 2.7 个、2.3 个和 1.6 个点，拉动总指数上升 0.5 个、0.5 个和 0.3 个点；民生改善分指数提升幅度有限，为 0.7 个点，拉动总指数上升 0.1 个点（见图 3）。

（一）经济建设在调结构、转方式中平稳发展

2011 年经济发展领域分指数值为 95.1，比上年提升 1.6 个点。二级指标经济增长、结构优化、增长质量的实现程度分别为 94.8、95.8 和 94.5，变化幅度分别为–2.9 个、1.6 个、6.1 个点。其中，反映经济增长质量的财政收入占地区生产总值比重、反映结构优化的民间投资占全社会固定资产投资比重，成为拉动总指数提高的主要因素，分别拉动 0.3 个和 0.1 个点。

图 3　　综合监测总指数及分指数增长情况

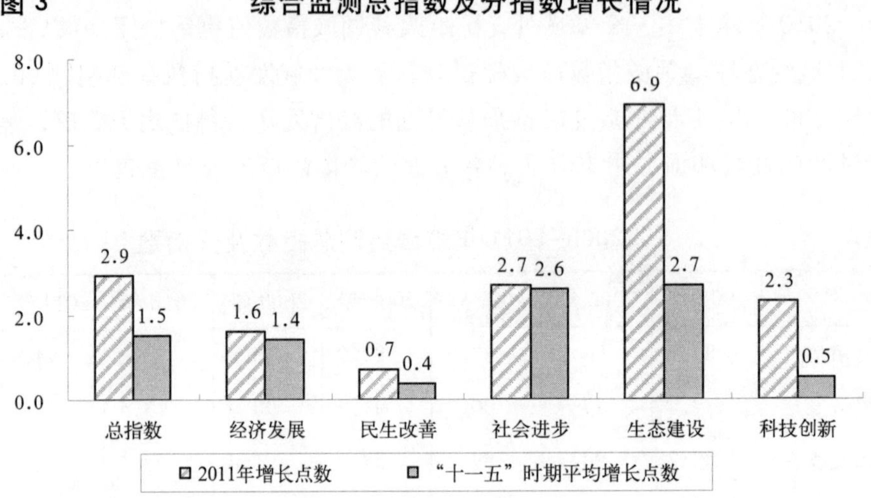

经济决定财政、财政反作用于经济，2010 年北京财政收入占地区生产总值比重达 16.7%，2011 年为 18.8%，财政规模适度增长有利地推动了政府对产业结构、社会分配、市场竞争等环节的宏观调控，提升了北京经济增长的质量和效益。

在二级指标结构优化方面，2005-2008 年北京民间投资比重基本保持在 50%左右，2009 年受经济危机的影响，下降至 43.2%，随后在政府带动投资，一揽子提振经济的政策措施出台后，北京民间资本迅速跟进，占全社会固定资产投资的比重也理性回升，2010 年达到 57.9%，2011 年进一步升至 59.5%。民间投资以市场为主导、以追求利润为目标，运作效率高，民间投资比重的理性回升对国民经济的长期健康发展有较好的促进作用。

（二）人民生活在促增收、保就业中持续改善

2011 年民生改善领域分指数值为 92.8，比上年提升 0.7 个点。二级指标收入分配、生活质量、劳动就业的实现程度分别为 83.7、94.5、103.9，变化幅度分别为 0.8 个、1.4 个、-0.6 个点。对总指数拉动作用较大的指标是反映收入分配的居民收入占地区生产总值比重、反映生活质量的城镇居民人均服务性消费支出占消费支出比重，均拉动 0.1 个点。

调整收入分配是加快转变经济发展方式的内在要求，2010 年北京居民收入占地区生产总值比重为37.3%，2011年达到38.4%，不断提高的居民收入比重增强了居民的消费能力和消费预期，加强和巩固了依靠内需拉动经济增长的格局。

在二级指标生活质量方面，城镇居民人均服务性消费支出占消费支出比重从2010年的28.1%上升至2011年的29%。服务性消费比重的提高标志着消费由单纯的数量扩张向更加注重消费内涵的转变。

（三）社会事业在兴文教、重保障中全面进步

2011年社会进步领域分指数值为98，比上年提升2.7个点。二级指标公共服务、文化教育、社会保障、社会安全的实现程度分别为105、80.3，97.8和102.8，变化幅度分别为2.4个、1.7个、1.1个和4.2个点。对拉动总指数起主要作用的指标是反映公共服务的轨道交通客运量和反映社会安全的社会安全指数，分别拉动0.4个和0.3个点。

在汽车主导的机动化时代，作为一个拥有千万人口的特大城市，以什么样的方式来保障城市居民的基本出行是一项体现政府公共服务水平的重要标志。2005—2007年，北京轨道交通客运量保持在7亿人次左右，自2008年起，连年递增，从12.2亿人次增长到2011年的21.9亿人次。轨道交通的发展不仅破解机动车和人口不断增长带来的城市交通拥堵困局，也改善了能耗、环境等诸多城市问题。

社会安全指数是一项合成指标，由刑事犯罪率、交通事故死亡率、火灾事故死亡率、工伤事故死亡率加权合成。2011年，该指数为109.7，比2010年提高14.4个点。北京在经济快速发展的事故易发期，加强了社会秩序综合治理，保障社会安全运行成效显著。

（四）生态环境在降能耗、促循环中更加宜居

2011年生态建设领域分指数值为93.7，比上年提升6.9个点。二级指标节能降耗、资源利用、环境质量的实现程度分别为108.2、87.2和89，变化幅度分别为22.1个、1个和0.5个点。对总指数拉动作用较大的指标是反映节能降耗的单位地区生产总值能耗和单位地区生产总值水耗，分别拉动0.7个和0.6个点。单位地区生产总值能耗从2010年的0.58吨标煤下降至2011年的0.46吨标煤，单位地区生产总值水耗从2010年的29.4立方米下降至2011年的23.6立方米。节能与发展相促进、开发与节约相协调、政府调控与市场机制相结合，一系列的重大举措为北京完成节能减排目标奠定了坚实基础。

（五）科技实力在高投入、多产出中不断增强

2011 年科技创新领域分指数值为 94.7，比上年提升 2.4 个点。二级指标创新投入、创新产出的实现程度分别为 91.4、98，变化幅度分别为 -3.4 个、8.1 个点。对总指数拉动作用较大的指标是反映创新产出的技术交易额和发明专利授权量占专利授权量比重，分别拉动 0.7 个和 0.4 个点。

2011 年，北京技术交易额达到 1268.3 亿元，比上年增加 201.6 亿元，延续了 2005-2011 年技术交易额的逐年递增趋势，为实现科技成果与企业的有效对接、加速科技成果产业化进程、全面提升地区创新能力发挥了不可替代的作用。

国际知识产权局《2010 年中国有效专利年度报告》指出，部分经济发达地区正将有效发明专利优势转化为经济发展优势，从而实现地区经济结构的转型升级。2010-2011 年，北京发明专利授权量占专利授权量比重从 33.4%上升至 38.8%，发明专利为北京经济发展方式转变提供了有力支撑。

三、2011 年“十二五”目标完成情况

北京综合发展进度监测体系中，13 项指标与市“十二五”规划目标一致，因此，对北京综合发展进度监测体系的测算也是对“十二五”目标完成情况的监测。2011 年北京综合发展进度监测体系测算结果显示[2]，13 项指标中，7 项指标顺利完成“十二五”规划目标要求，5 项指标完成程度在 90%以上，再生水利用率 1 项指标距离目标完成还有一定的差距（见表 2）。

2 我们根据实际情况，对 3 项指标的“十二五”目标做了微调，2 项指标实现标准略降，1 项指标实现标准提升。其中，城镇居民人均可支配收入实际增速“十二五”目标为 8%，考虑到居民收入增长有一个逐渐加快的过程，故“十二五”初年我们将其设定为 7%；同理，农村居民人均现金收入实际增速设定为 7%；城镇登记率“十二五”目标为 3.5%，考虑到北京多年的就业情况良好，我们将其设定为 1.5%。

表 2　　部分指标“十二五”目标完成情况

指标名称	目标值	2011 年	
		实际值	评价值
地区生产总值增速	8%	8.1%	100.1
服务业增加值占 GDP 比重	78%	75.7%	97.1
最终消费率	60%	57.0%	94.9
城镇居民人均可支配收入实际增速	7%（8%）	7.2%	100.2
农村居民人均现金（纯）收入实际增速	7%（8%）	7.6%	100.6
城镇登记失业率	1.5%(3.5%)	1.4%	107.9
城镇职工五项保险参保率	98%	95.8%	97.7
食品安全监测抽查合格率	98%	95.5%	97.4
药品抽验合格率	98%	99.3%	101.3
万元地区生产总值能耗	0.497 吨标煤	0.46 吨标煤	108.4
万元地区生产总值水耗	25.5 立方米	23.6 立方米	108
再生水利用率	75%	61.0%	79.7
城市空气质量二级和好于二级天数占全年比例	80%	78.4%	98

四、值得关注的问题

2005–2011 年，北京市经济、民生、社会、生态、科技五大领域的建设取得了长足的发展和进步，但仍存在一些问题和不足：一是部分指标的实际值有所波动，如财政科技支出占地区生产总值比重、高技术制造业产值占工业总产值比重等；二是部分指标距离“十二五”终期目标要求还有一定的差距，如城镇居民人均可支配收入实际增速、农村居民人均纯收入实际增速等；此外，有些指标虽然完成情况不错，增长趋势也比较稳定，但在市场培育、打造国际影响力方面还有待进一步加强，如文化创意产业增加值占地区生产总值比重等。上述这些问题，在北京加快转变经济发展方式、建设世界城市、向更高目标和更高水平迈进的过程中应当引起关注。

（一）财政科技支出总量小、比重下降

财政科技支出反映了一个地区科技资源的配置能力，是保证科技产业快速发展、产业结构升级换代和区域经济可持续发展的重要保障。2006-2011 年，全市财政科技支出，从 70.1 亿元上升至 183 亿元，总量仍偏小，占地区生产总值比重基本维持在 1%左右。2010 年财政科技支出占地区生产总值比重有所增加，达到 1.3%，2011 年又回落至 1.1%。未来应不断优化财政科技支出的结构，将财政科技支出与科技、产业、信贷和税收等相关政策相结合，为企业科技创新创造良好环境，明确投入重点、调整投入方向，逐步提高基础研究经费的投入比例。

（二）高技术制造业面临深度调整

高技术产业是推动我国产业结构升级、带动经济新一轮增长以及提升国家和地区整体创新水平的重要战略性产业。2005-2007 年，北京市高技术制造业产值占工业总产值比重不断提升，从 30.7%上升到 33%。2008 年金融危机后，该比重不断下降，到 2011 年仅为 19.8%，平均每年下降 2.9 个百分点。北京高技术制造业发展的放缓除了金融危机后市场需求低迷外，主要是产品创新不够，市场竞争力弱。应加大研发投入，从知识、技术、资本多方面合理规划产业发展，促进产业之间协调发展。

（三）居民收入增长落后于经济增长

2011 年北京市地区生产总值达 16000.4 亿元，比上年增长 8.1%；城镇居民人均可支配收入达到 32903 元，增长 13.2%，扣除价格因素后，实际增长 7.2%；农村居民人均纯收入 14736 元，增长 13.6%，扣除价格因素后，实际增长 7.6%。“十一五”期间，城镇居民人均可支配收入每年增长速度均低于经济增长，农村居民人均纯收入的增长速度也只有 2009 年高于经济增长，其余年份均低于经济增长。要实现“十二五”规划提出的城乡居民收入普遍较快增加、居民收入增长和经济发展同步的目标，需要拓宽城市居民收入渠道，提高非工资性收入比重，关注城镇居民低收入者人群的生活状况，继续实行积极的就业政策；稳定农林牧渔业生产发展，依靠科学技术加快农村产业结构调整，直接、有效地增加农民收入。

（四）文化创意产业示范带动效应有待进一步加强

文化创意产业与其他产业相比，产业牵动性较高，引发附加值的效果也相对较大。2005—2007 年北京市文化创意产业占地区生产总值的比重在 10%左右，2008 年有较大的提升，达到 12.1%，此后一直维持在 12%以上。北京作为一个有着 3000 年历史的文化古都，也是全国的科技、文化、教育中心，文化资源雄厚，但文化创意产业作为综合产业的示范带动效应尚未得到充分发挥。未来要把北京建设成为具有国际影响力的文化创新、运营、交易和体验中心，依赖于多元文化和国际化的运作，积极弘扬“爱国、创新、包容、厚德”的北京精神，增进各种文化的交流、互动与协作。

附表 1 北京综合发展进度监测体系

代码	一级指标	二级指标	指标	权重		目标值	单位
1	经济发展	经济增长	地区生产总值增速	20	2.9	8	%
2			北京 GDP 占全国比重		2.9	3.8	%
3		结构优化	服务业增加值占 GDP 比重		2.9	78	%
4			生产性服务业占第三产业比重		2.9	65	%
5			民间投资占全社会固定资产投资中比重		2.9	65	%
6		增长质量	财政收入占 GDP 比重		2.9	20	%
7			最终消费率		2.9	60	%
8	民生改善	收入分配	城乡收入比（农村=1）	20	2.5	1.5	—
9			居民收入占 GDP 比重		2.5	50	%
10			行业最高工资收入与最低工资收入之比		2.5	6	—
11		生活质量	城镇居民人均可支配收入增速（实际增长）		1.3	7	%
12			农村居民人均现金（纯）收入增速（实际增长）		1.3	7	%
13			城镇居民人均服务性消费支出占消费支出比重		2.5	33	%
14			城乡恩格尔系数		2.5	30	%
15		劳动就业	城镇登记失业率		2.5	1.5	%
16			三产法人单位从业人员增速		2.5	4	%
17	社会进步	公共服务	基本公共服务支出占财政总支出比例	20	2.2	60	%
18			基础设施投资占全社会固定资产投资比重		2.2	25	%
19			轨道交通客运量		2.2	20	亿人次
20		文化教育	文化创意产业增加值占 GDP 比重		2.2	15.5	%
21			教育经费支出占 GDP 比重		2.2	4	%
22		社会保障	城镇职工五项保险参保率		2.2	98	%
23		社会安全	社会安全指数		2.2	100	—
24			食品安全监测抽查合格率		2.2	98	%
25			药品抽验合格率		2.2	98	%
26	生态建设	节能降耗	万元地区生产总值能耗	20	2.9	0.497	吨标煤
27			万元地区生产总值水耗		2.9	25.5	立方米
28		资源利用	城市生活垃圾无害化处理率		2.9	100	%
29			污水处理率		2.9	98	%
30			再生水利用率		2.9	75	%
31		环境质量	城市绿化覆盖率		2.9	57	%
32			城市空气质量二级和好于二级天数占全年比例		2.9	80	%
33	科技创新	创新投入	R&D 经费支出占增加值比重	20	3.3	6	%
34			中关村科技活动人员比重		3.3	30.0	%
35			财政科技支出占 GDP 比重		3.3	1.3	%
36		创新产出	高技术制造业产值占工业产值比重		3.3	30	%
37			技术交易额（季节调整）		3.3	1000	亿元
38			发明专利授权量占专利授权量比重		3.3	40	%

北京市全面建设小康社会统计监测报告

◆◇谢　黎

2011年，是“十二五”规划的开局之年，也是贯彻落实科学发展观、加快转变首都经济发展方式的攻坚之年。面对复杂多变的内外部环境，北京坚决执行中央宏观调控政策，调结构转方式，全面实施人文北京、科技北京、绿色北京的发展战略，努力建设中国特色世界城市。为反映北京市全面建设小康社会的进展和成效，北京市统计局、国家统计局北京调查总队按照国家统计局制定的《全面建设小康社会统计监测方案》[1]，对2000–2011年北京市全面建设小康社会进展情况进行了测算和分析。监测结果显示，北京市全面建设小康社会总体水平稳步提升，领先发展势头良好；优势领域竞相发展，短板领域有所改观；多数指标进展稳健，个别指标有待加强；全面小康前景乐观，发展质量仍需改进。

一、全面小康建设进程及特点

2011年，北京市全面建设小康社会综合实现程度为94.8%，基本进入全面小康社会。从六大监测领域看，经济发展方面实现程度最高，100%达标；其次是文化教育、生活质量、社会和谐和民主法制四方面，实现程度分别为98.4%、97.3%、97.2%、91.6%；受耕地面积指数[2]较低的影响，资源环境方面实现程度稍低，为74.2%。

从23项监测指标看：15项指标实现程度已达到100%；4项指标实现程度在90%-100%之间，比上年增加3项；3项指标实现程度在

1 2008年6月18日国家统计局印发《全面建设小康社会统计监测方案》（国统字[2008]77号），方案从经济发展、社会和谐、生活质量、民主法制、文化教育以及资源环境六大方面，共设计23项指标对全面建设小康社会进展情况进行统计监测，借以定量反映各地区全面建设小康社会的实现程度。

2 耕地面积指数小康目标值为94%及以上，最小不允许值为90%，低于90%实现程度为0。2001–2011年北京耕地面积指数均低于90%，所以实现程度多年为0。

80%-90%之间；1项指标实现程度在80%以下。

总体来看，北京市全面建设小康社会呈现出以下特点：

（一）总体水平稳步提升，领先发展势头良好

2000-2011年北京市全面建设小康社会总体水平稳步提高，综合实现程度由2000年的73.4%上升至2011年的94.8%，提高21.4个百分点。自2006年首次突破90%以来，实现程度均超过90%，全面小康已经基本实现。从发展进程及特点看，"十五"时期北京市全面建设小康实现程度年均提高3.2个百分点，发展水平提升迅速；"十一五"时期年均提高1.0个百分点，发展趋于平稳；"十二五"时期首年（2011年）比上年提高0.8个百分点，超过上年0.2个百分点的增幅，发展势头良好。

横向比较（2010年[3]），北京在全面建设小康社会进程中一直走在全国前列，总体实现程度居于领先水平。2010年全国小康实现程度达到80.1%，其中东部地区[4]在四大区域中实现程度最高，为88.0%，而上海为94.1%（见图1）。上海全面建设小康社会起点较高，2000年实现程度为85.3%，2004年首次突破90%，其"十五"时期年均提高1.2个百分点，"十一五"时期年均提高0.6个百分点，发展速度低于北京。

图1　2000-2011年北京市及全国全面建设小康社会实现程度

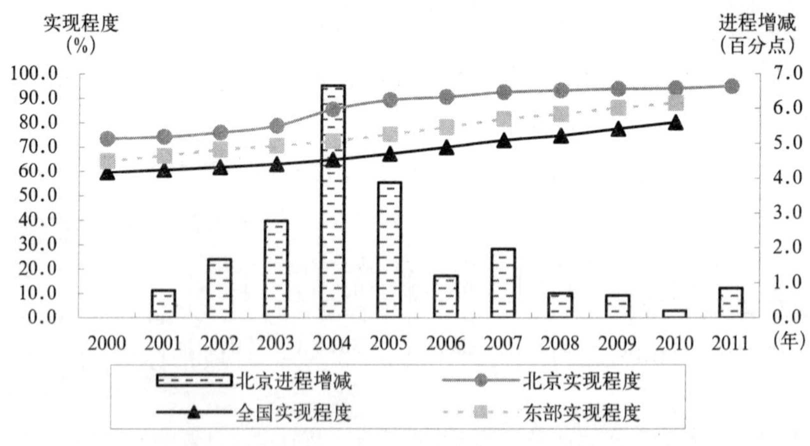

3 全国及各省市2011年数据还未公布，2010年数据来源于《中国全面建设小康社会监测报告（2011）》。

4 东部地区包括北京、天津、河北、上海、江苏、浙江、福建、山东、广东和海南10省（市）。

（二）优势领域竞相发展，短板领域有所改观

从经济发展、社会和谐、生活质量、民主法制、文化教育以及资源环境六大监测方面分析，经济发展方面小康实现程度从2004年起维持在100%的高水平上；文化教育和社会和谐方面是促进全面小康程度提高的主要动力，分别从2000年的54.1%和60.4%提升至2011年的98.4%和97.2%，提高44.3个百分点和36.8个百分点，其中社会和谐方面提升较快，2011年比上年提高4.0个百分点；生活质量和民主法制方面发展也较快，2011年实现程度分别为97.3%和91.6%，分别较上年提高0.2个和1.6个百分点；资源环境方面的实现程度较低，2011年为74.2%，比上年提升0.1个百分点，但该领域在“十一五”期间提升幅度较大，年均提升2.8个百分点（见表1）。这表明，北京全面小康社会向着水平更高、内容更丰富、发展更科学的目标稳步推进。与全国平均水平相比，2001–2010年民主法制和资源环境方面实现程度始终低于全国，但差距逐渐缩小，资源环境方面从2001年的12.4个百分点缩小为2010年的4.1个百分点，而民主法制方面从2000年的17.8个百分点缩小为2010年的3.6个百分点。

表1　2005–2011年北京市全面建设小康社会总体进程及六大方面实现程度（%）

年　份	2005	2006	2007	2008	2009	2010	2011
总体进程	89.2	90.4	92.4	93.1	93.8	94.0[5]	94.8
经济发展	100.0	100.0	100.0	100.0	100.0	100.0	100.0
社会和谐	85.6	87.6	90.4	91.1	92.5	93.2	97.2
生活质量	95.1	96.1	96.3	96.1	96.5	97.1	97.3
民主法制	73.5	75.8	84.5	88.6	90.1	90.0	91.6
文化教育	100.0	100.0	99.3	98.2	98.4	98.1	98.4
资源环境	60.2	64.1	69.5	72.5	73.9	74.1	74.2

5 2011年人口方面数据根据第六次人口普查数据进行调整，并对指标2000–2010年的实现程度进行了更新，因此北京市全面建设小康社会综合实现程度与上年公布结果略有不同。

（三）多数指标进展稳健，个别指标有待加强

从 23 项监测指标分析，人均 GDP、基尼系数等 15 项指标的实现程度达到 100%，并保持高水平发展态势；基本社会保险覆盖率、高中阶段毕业生性别差异系数、社会安全指数和公民自身民主权利满意度等 4 项指标实现程度在 90%–100%之间，其中前 3 项指标上升较快，均在 2011 年跨越 90%大关；人均住房使用面积、居民文教娱乐服务支出占家庭消费支出比重和环境质量指数等 3 项指标实现程度在 80%–90%之间，较 2010 年水平均有小幅上升；需要特别注意的是耕地面积指数，该指标改善不足，从 2001 年开始一直低于小康目标值的下限，实现程度亟待提高。

（四）全面小康前景乐观，发展质量仍需改进

党的十八大强调要确保到 2020 年实现全面建成小康社会的宏伟目标。从监测情况及发展趋势来看，北京如期实现全面小康前景比较乐观。初步测算，如果总体进程在今后保持 2000–2011 年年均 1.9 个百分点的增幅，到 2014 年可实现 100%的全面小康目标。从小康建设的阶段性特点看，2000–2005 年，全面小康实现程度年均提高 3.2 个百分点；而 2006–2011 年，全面小康实现程度年均提高 0.9 个百分点。如果按照 0.9 个百分点的年均增幅计算，北京到 2017 年可提前三年实现全面小康。

从全面小康发展结构与质量来看，北京还有需要改进的领域。作为首善之区，经济发展始终保持较高的水平；社会和谐、生活质量和文化教育实现程度逐步提高，到 2020 年能够实现全面小康，但内部个别指标不够均衡和发展缓慢的问题有待改进，如居民文教娱乐服务支出占家庭消费支出比重；民主法制和资源环境实现程度较低，提高难度较大，特别是耕地面积指数，需要重点突破，这部分领域的发展快慢将成为影响下一阶段全面建设小康的决定性因素。

二、全面小康建设发展与成效

结合历史数据，尤其是 2011 年的监测结果分析，北京市全面建设小康社会呈现出经济发展持续稳定、社会和谐均衡协调、生活质量不断改善、文化教育蓬勃发展的良好局面，同时民主法制建设，资源环境保护相对较为缓慢的发展局面得到改善，反映出北京市全面建设小康社会的

进展与成效。

（一）经济增长稳中求进，发展方式重转变

2011 年北京经济在面临较大压力的形势下，调结构、转方式，经济增长在调整中趋稳，体现出“稳中求进”的特点。反映经济发展的全部 5 项监测指标自 2004 年起实现程度均为 100%达标。2011 年北京人均 GDP 为 81658 元，按 2000 年不变价计算超过小康目标值 65.9%；R&D 经费支出占 GDP 比重为 5.76%，远高于小康 2.5%的目标值；着力于产业再升级，做大三产，第三产业增加值占 GDP 比重达到 76.1%，比上年提高 1 个百分点，比小康标准高 26.1 个百分点，成为拉动经济增长的主要力量；城市化进程迅速推进，城镇人口比重为 86.23%，超过小康目标值 26.23 个百分点；城镇登记失业率为 1.39%，低于该比率控制在 6%以下的全面小康建设要求。

（二）社会统筹均衡发展，保障体系趋和谐

2011 年北京继续建立健全社会保障体系，着力促进城乡共同发展，社会和谐有序的局面进一步巩固和加强。反映社会和谐的全部 5 项监测指标中代表贫富差距、收入差距、地区差异状况的 3 项指标自 2000 年起全部 100%达标。2011 年北京基尼系数为 0.315，低于小康目标上限值 0.4；城乡居民收入比控制在合理范围内，为 2.23；地区经济发展差异系数为 51.39，四大功能区良性互动、协调发展；基本社会保险覆盖率指标按常住人口计算实现程度进一步提升，达到 93.1%，比上年提高 4.1 个百分点；反映性别差异状况的高中阶段毕业生性别差异系数接近全面建设小康社会目标，实现程度为 99.7%。

（三）人民生活持续改善，质量水平有提升

2011 年北京积极实施各项惠民工程，努力解决直接关系群众生活的民生问题，城乡居民收入稳步增长，生活质量继续改善。反映生活质量的全部 5 项监测指标中 4 项实现程度为 100%达标。其中，2011 年北京居民人均可支配收入为 32903 元，按 2000 年不变价格计算比 2010 年增长 7.2%，为小康目标值的 1.68 倍；反映居民消费结构的恩格尔系数下降到 31.5，优于小康目标值 8.5 个百分点；5 岁以下儿童死亡率稳步下降，由 2000 年的 6.78‰减少到 2011 年的 3.41‰；居民的平均预期寿命有所增加，为 81.12 岁。另外，人均住房使用面积指标 2011 年扩大到

24.2 平方米，比上年多了 0.2 平方米，小康实现程度提升为 89.8%。

（四）民主进程逐步推进，法制建设新进展

2011 年北京民主法制建设不断加强，重视群众民主权利建设，不断扩大基层民主，完善政务公开，保证人民依法行使民主权利，努力营造社会安定、百姓安宁的良好局面。公民自身民主权利满意度实现程度为 92.0%，比“十五”末期提高 10.9 个百分点；社会安全指数实现程度达到 91.2%，比上年提高 2.2 个百分点，显示出北京加强城市运行安全保障，努力控制特大城市安全形势复杂局面的成效。

（五）教育事业蓬勃发展，推进文化生产力

2011 年北京以建设中国特色世界城市为目标，大力发展文化事业和文化产业，建设社会主义精神文明。反映文化教育的全部 3 项监测指标中 2 项实现程度为 100%达标。其中，2011 年北京文化产业增加值占 GDP 比重为 12.24%，远高于小康目标下限值 5%；平均受教育年限为 11.79 年，自“十五”中期以来，连续九年 100%达标；居民文教娱乐服务支出占家庭消费支出比重为 14.18%，高于上年的 13.91%，但近年来呈下降趋势，其原因一方面是由于免收义务教育阶段学生杂费、教科书费，城乡居民接受义务教育成本降低；另一方面是由于近年来部分食品价格上涨推高了食品支出在居民消费中的比重，从而间接影响居民文教娱乐服务支出占家庭消费支出的比重。

（六）资源整合成效显著，环境保护力度大

2011 年北京资源环境建设有了切实的改善，绿色生产体系初见成效，生态涵养建设迈出新步伐，为确保北京市全面建设小康社会向更高水平迈进注入了新动力。2011 年资源环境方面小康实现程度为 74.2%。其中，单位 GDP 能耗自 2008 年起实现程度 100%达标，2011 年进一步下降到 0.67 吨标准煤/万元，第三产业比重高、现代服务业发展较快等为北京能源利用效率的提升继续走在全国前列打下了坚实的结构性基础；由大气环境、水环境、绿化环境构成的环境质量指数逐年好转，尤其是 2009 年后，实现程度连续三年达到 80%以上；耕地面积从 2000 年的 498.2 万亩下降至 2008 年的 347.5 万亩[6]，耕地面积指数实现程度多

---

6 《中国国土资源年鉴》自 2009 年开始不再公布耕地面积数据，故 2009-2011 年参照 2008 年数据。

年为 0，对资源环境方面小康实现程度影响较大。

三、存在问题及原因分析

北京市全面建设小康社会取得了明显的进展和成效，但同时也存在着一些不容忽视的薄弱环节，如资源环境方面压力比较突出，耕地面积指数和环境质量指数指标的实现程度与目标值相比还存在一定的差距，提高任务还相当艰巨等。影响制约这些指标实现程度进一步提升的原因有过去发展中积累的遗留问题，也有大城市发展过程中暴露出的深层次矛盾。

（一）耕地资源约束相对突出

北京作为首善之区，始终高度重视农业发展，都市型现代农业发展态势良好，在内部结构不断优化，农产品生产价格上涨的双向拉动下，农林牧渔业总产值实现稳定增长。但是，农村城镇化进程不断加快，农业生产空间逐步缩小，耕地后备资源不足，农业发展的挑战更加严峻。以 2000 年为基数，按照全面建设小康社会监测标准中的 90%为限，北京耕地面积指数长期未能达标，且实现难度较大。反映未来北京在高度城市化的大背景下，耕地资源约束更加突出，成为北京市全面建设小康社会的首要制约因素。

（二）环境质量改善较为缓慢

北京建设绿色现代化世界城市要把城市发展与改善生态环境紧密结合起来，努力建设环境友好型城市，以实现可持续发展。随着经济的发展，环境保护的压力越来越大，从小康监测指标看，近几年北京环境质量指数的实现程度提升较为缓慢。2011 年森林覆盖率为 37.60%，从 2009 年起远高于 23%的目标值，但城市空气质量达标率仅为 78.4%，地表水达标率为 76.0%，距离小康目标值 100%均还有一定差距。如何在加快工业化、城镇化进程中加强生态建设和环境保护，是一个必须高度重视并要切实解决的重大任务。

四、对策与建议

“十二五”时期是全面建设小康社会的关键时期，北京继续以科学发展观统领经济社会发展全局，着力转变经济发展方式和构建社会主义和谐社会。未来进一步提升全面小康社会建设的水平，要针对发展过程中面临的问题，着力抓好以下几点工作：

（一）借助科技保护耕地

依靠农业科技创新、转变农业发展方式，将成为“十二五”期间农业发展的主题。以此为契机，保护耕地、实现土地集约利用应合理布局、优化用地结构，不断提高土地使用效率和经济效益，走内涵式发展道路。2008 年 10 月，中共十七届三中全会明确提出要坚持最严格的耕地保护制度，坚决守住 18 亿亩耕地红线。加强对土地“占补平衡”的管理，依靠农业科技创新的应用，全面提高土地产出率、资源利用率、劳动生产率和市场竞争力是北京发展都市型现代农业的必然出路。为此，应转变土地利用方式，促进土地集约高效利用和优化配置，加强土地流转调整，探索建立长效机制，提高土地综合生产能力。

（二）打造绿色宜居环境

与当前经济调结构、转方式相契合，在发展中加强生态环境建设，努力实现经济社会发展与人口、资源、环境承载力相适应的可持续发展道路。要着力加快推进工业转型升级，引导企业淘汰或转移过度依赖资源环境的生产环节，实现绿色产业发展。加强环境监管，确保污染源稳定达标排放，全面落实清洁空气计划。拓展城乡绿化空间，改善居住环境。加强水源地保护，提升水系服务功能，开展大规模城市河湖水系综合整治工程，加强城市绿色环境营造。

人文北京建设稳步推进
民生文化领域成效显著

◆◇王　滨　周　琮

2008 年 10 月，北京提出“人文北京、科技北京、绿色北京”发展战略，并于 2010 年 2 月发布《人文北京行动计划（2010—2012 年）》，明确了人文北京建设的阶段性目标和实践路径。市统计部门以行动计划为指导，围绕“人文北京”建设的核心要求，研究建立人文北京行动计划实施进程监测评价指标体系；同时结合世界城市建设目标，通过与国外主要城市的比较，分析“人文北京”行动计划实施情况及存在的问题，并提出对策建议。

一、“人文北京”行动计划实施进程分析

（一）“人文北京”行动计划实施进程监测评价指标体系

人文发展的核心是“以人为本”，追求人的全面自由发展。这里的人，不是指一部分人，而是全体公民；不仅指当代人，还包括后代人。随着经济社会的发展，人文发展理念逐渐成为国际社会普遍的发展政策和战略。北京处于加快转变经济发展方式的攻坚时期，人文发展作为城市凝聚力和创造力的重要源泉，对提升城市竞争力、推动经济社会协调发展具有重要意义。2010 年 2 月，《“人文北京”行动计划（2010—2012 年）》明确提出了新时期北京人文发展的整体框架：一个中心（以人为本）、四大支柱（改善民生、弘扬文明、繁荣文化、构建和谐）、十大工程[1]。其中，民生是基础，文明是标志，文化是载体，和谐是目的。四个领域相

1 十大工程为：民生保障与改善工程、社会主义核心价值体系建设工程、市民文明素质提升工程、城市文明建设工程、学习型城市建设推进工程、历史文化名城保护工程、公共文化服务体系建设工程、文化创意产业发展工程、法治环境建设工程、社会建设推进工程。

辅相成，共同体现以人为本的核心思想，成为当前人文北京建设的重点领域。

为促进人文北京行动计划顺利实施，市统计部门围绕行动计划，结合北京城市发展现状，参考城市发展相关理论，研究建立了“人文北京”行动计划实施进程监测评价指标体系，开展实证监测，总结取得的成绩，分析存在的问题。监测评价指标体系分为维度层和指标层两个层次，其中，维度层突出体现行动计划的目标要求，是人文北京建设的重要节点和关键领域，包括“民生保障、城市文明、文化繁荣、社会和谐”四个方面；指标层是对目标要求的细化，是评价体系的支撑和在基础工作层面的任务分解，在四个维度下选取具有前瞻性、代表性、可操作性的具体指标 22 项（见图 1）。

图 1　人文北京行动计划实施进程监测评价指标体系框架

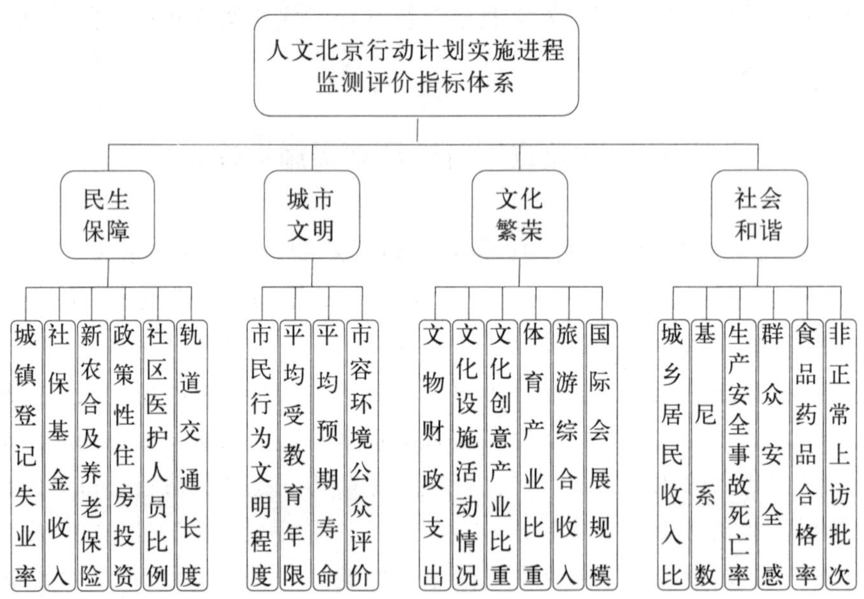

（二）“人文北京”行动计划实施进程分析

本报告以 2009 年为基期，采用定基指数法对 2010 年北京人文发展状况进行综合评价。评价结果显示：2010 年，北京以建设中国特色世界城市为目标，全面实施人文北京战略，不断加大民生保障力度，大力发展文化事业和产业，努力提升城市文明，构建社会和谐，统筹推进区域协调可持续发展。“人文北京”行动计划实施进程监测评价总指数为106.13，比2009年上升6.13。四个分项评价领域中，“民生保障”和“文化繁荣”指数分别为28.55和27.63，比上年提高3.55和2.63，对总指数的贡献率分别达到57.9%和42.9%；“城市文明”指数为25.18，比上年提高0.18；“社会和谐”指数为24.78，比上年下降0.22（见图2）。

图2　　2009年与2010年“人文北京”各领域评价指数

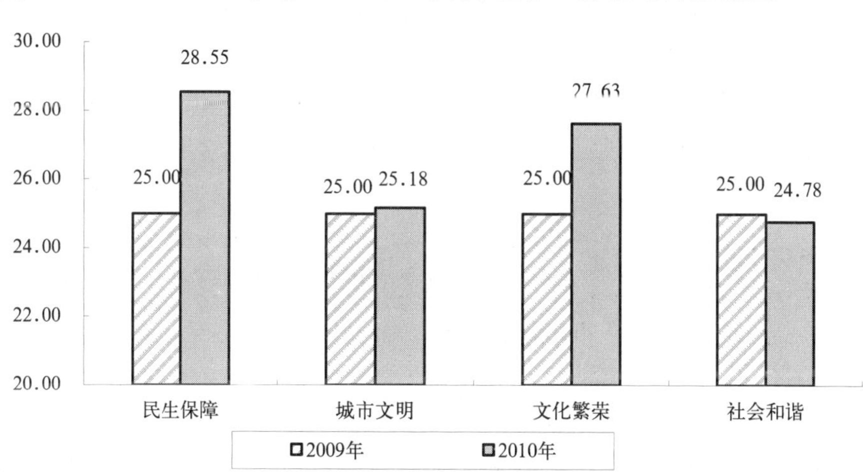

1. 民生保障各项工作全面推进，对总指数贡献最大

北京积极采取措施，解决直接关系群众生活的民生问题，就业水平、社保基金、农村社保、政策性住房、社区医疗、轨道交通6个分项指标均有不同程度的进步。其中社保基金和轨道交通发展较为突出。2010年，全市社会保险基金收入达到1011.2亿元，同比增长23.5%，增速扩大8.2个百分点；轨道交通累计达到336公里，同比增长47.4%，每万人拥有轨道交通长度为0.17公里，比上年增加0.04公里。此外，全市城镇登记失业率为1.37%，比上年下降0.07个百分点。农村社会保障工作稳步推进，新型农村合作医疗参合率为96.7%，农民养老保险参保率为92%，分别比上年提高1.1个和2个百分点。全年政策性住房投资达到412.7亿元，在上年83.2%的高增速基础上，又增长38.2%。基层医疗队伍进一步充实，每千人拥有社区全科医生、护士、预防保健人员0.65

人，比上年提高 0.06 人。

2. 城市文明建设取得进展，环境文明状况仍需改善

北京不断加强精神文明和城市品牌建设，提高居民各项素质，市民公共行为文明指数、居民平均受教育年限和平均预期寿命均稳步增长，城市文明水平不断提升。2010 年，北京“市民公共行为文明指数”[2]达到 83.02 分，比上年提高 0.11 分。2010 年第六次全国人口普查数据显示，全市居民“平均受教育年限”达到 11.5 年，比上年提高 0.4 年，是拉动“城市文明”综合指数上升的决定性因素；《北京市 2010 年度居民健康状况及卫生事业发展报告》显示，全市户籍人口平均预期寿命达到 80.8 岁，比上年提高 0.3 岁。但 2010 年北京城区和郊区的市容环境卫生公众评价满意度分别为 69.8%和 71.7%，比上年下降 1.5 个和 0.4 个百分点。

3. 文化发展持续繁荣，文物保护和文创产业地位仍需提高

北京文化活动开展、体育产业和旅游发展、国际会展等方面均取得较大进步。2010 年，全市旅游综合收入同比增长 23.6%，增幅比上年扩大 15.2 个百分点，是拉动“文化繁荣”指数上升的最主要因素，贡献率达 64.7%。北京博物馆、公共图书馆、档案馆接待人次逐年上升，群众艺术馆、文化馆文艺活动日趋频繁，专业艺术剧团、艺术表演场所观众不断增加，电影票款收入、文化娱乐机构营业收入稳步提高，报纸、期刊、图书总印数和有线电视入户率保持较高水平，文化设施服务能力持续增强，文化活动日益活跃。同期，体育产业增加值达到 112.8 亿元，同比增长 23.5%（现价），占全市地区生产总值的比重为 0.8%，比上年提高 0.05 个百分点；大型国际会议为 98 次，国际展览数量为 291 次，分别比上年增加 2 次和 39 次。

文物财政投入力度及文化创意产业发展仍需加强。2010 年，全市文物财政支出总额为 7.2 亿元，同比下降 18%，降幅比上年扩大 5.5 个百分点；实现文化创意产业增加值 1697.7 亿元，同比增长 13.9%，但占全市地区生产总值的比重为 12%，比上年下降 0.2 个百分点，与行动计划

2 指通过北京市民公共行为问卷调查，从公共卫生、公共秩序、公共交往、公共观赏、公共参与五个方面 17 项考察内容获取的对北京市民公共行为文明情况的综合评价。

中2012年比重达到13%以上的目标相比还有一定的差距。

4. 社会秩序保持和谐稳定，基层群体性矛盾化解力度仍需加强

北京高度重视安全稳定工作，生产安全、食品药品安全、群众安全感不断提高，城乡居民收入差距缩小。2010年，北京亿元地区生产总值生产安全事故死亡率为0.09人/亿元，比上年减少0.01人/亿元；群众安全感、食品安全监测抽查合格率均与上年持平；药品质量监督抽验合格率为99.0%，比上年提高0.2个百分点。同期，全市城乡居民基尼系数与上年持平；城乡居民人均收入比为2.19（农民人均纯收入为1），比上年下降0.04。但基层群体性矛盾化解力度仍需加强，2010年全市每万人到市以上机关集体上访和到重点地区非正常上访批次有所上升，相应指数下降0.94，是影响全市“社会和谐”指数下降的主要原因。

二、“人文北京”发展状况国际比较

在对“人文北京”行动计划实施进程分析的基础上，本报告结合世界城市建设目标，从人口状况、文化发展、公共服务等方面与世界主要城市进行对比，进一步分析北京人文发展的优势和不足，明确北京人文发展的方向。

（一）人口基数庞大、结构复杂，是北京人文发展的现实背景和难题

1. 北京人口规模庞大、分布不平衡的特点较为突出

受历史、制度、区域发展差异等复杂的现实因素影响，北京人口规模庞大，2010年常住人口达到1961.9万人，高于东京、纽约、伦敦、香港、新加坡、巴黎6个城市（见表1）；常住人口密度为1195人/平方公里，与上述城市相比偏小，但其人口相对集中于中心城区，区域分布不均衡。其中首都功能核心区和城市功能拓展区分别高达23407和7488人/平方公里，高于香港、东京、伦敦等城市水平；而城市发展新区和生态涵养发展区分别仅为958和213人/平方公里。

2. 人口流动性持续增加但国际化特征不明显

北京城镇化率逐年升高，2010年达到86.0%，处于世界中等水平；外来人口比重达到35.9%，比1980年提高33.8个百分点，人口流动性持续增加。北京吸引着各地人口集聚，人口结构逐渐多元化、复杂化。

但其外籍人口比重明显偏小，2010 年仅为 0.5%，与国际城市相比存在较大差距。这虽与东西方文化地理差异有关，但在一定程度上也反映其国际化程度仍然偏低。

表 1　　北京与主要世界城市人口规模和人口结构比较

		纽约	伦敦	巴黎	东京	新加坡	香港	上海	北京
总人口（万人）		1937.8 (2010)	756 (2007)	1159.9 (2008)	1305 (2010)	508 (2010)	710 (2010)	2301.9 (2010)	1961.9 (2010)
人口密度	面积（平方公里）	47214	1572	12012	2187.7	712.4	1104	6340.5	16410.5
	人口密度（人/平方公里）	412.8	4807	970	5965	7126	6427	3631	1195
人口结构	城镇化率（%）	82.0 (2009)	90.0 (2009)	78.0 (2009)	67.0 (2009)	100 (2010)	—	89.3 (2010)	86.0 (2010)
	外籍人口占常住人口比重（%）	28.4 (2008)	20.8 (2008)	20.0 (1991)	3.2 (2010)	24.7 (2008)	5.0 (2008)	0.6 (2010)	0.5 (2010)
年龄构成	0-14 岁（%）	12.4 (2009)	20 (2005)	—	11.9 (2010)	17.4 (2010)	12.1 (2010)	8.6 (2010)	8.6 (2010)
	15-64 岁（%）	74.4 (2009)	69 (2005)	—	67.6 (2010)	73.7 (2010)	75.0 (2010)	81.3 (2010)	82.7 (2010)
	65 岁及以上（%）	13.2 (2009)	11 (2005)	—	20.5 (2010)	9.0 (2010)	12.9 (2010)	10.1 (2010)	8.7 (2010)

数据来源：经合组织；世界银行；北京市政府研究室《北京离世界城市有多远》；左学金等，《大都市创新与人口发展的国际比较》；相关城市统计年鉴、港澳台办。

3. 人口红利较大但未来呈现减弱态势

现阶段北京仍具有较大的人口红利，少儿、老人抚养比例较低，2010 年北京 15-64 岁人员占 82.7%，稍高于其他城市，但 0-14 岁人口比重低于纽约、伦敦、东京、新加坡、香港 5 个城市。虽然近年来以劳动年龄为主的外来人口的快速流入在一定程度上缓解了北京老龄化进程，但从中长期来看，北京中青年人口比重将会有所下降，人口老龄化趋势仍然明显，人口红利将减少，这会成为影响未来北京城市竞争力的不利因素。

（二）文化底蕴深厚，现代文化实力和国际文化交往能力有待进一步提高

1. 历史文化底蕴深厚，为北京人文发展提供积淀

北京是一座有 3500 多年建城史、近千年建都史的历史名城，历经各

民族文化的撞击与融合，形成了博大深厚的文化景观。目前，北京拥有6个世界文化遗产，而伦敦和纽约分别为4个和1个，东京、新加坡、香港、上海则均为零[3]。

2. 现代文化实力和国际文化交往能力有所增强，但仍有较大提升空间

在现代文化方面，近年来北京发展形势良好，文化设施年接待人次不断提高，文化活动开展日益丰富。但与纽约和伦敦等城市相比，北京的文化创意产业起步较晚，产业规模仍然较小。在文化交流方面，北京会展和旅游稳步发展，但入境旅游人数和国际交流机构总部偏少。在大型国际会议方面，根据国际会议协会（ICCA）公布的全球城市排名，2006–2010年北京分别位居第13、8、14、10和12位，保持比较稳定的水平，但始终低于维也纳、巴黎和新加坡（见表2）。2010年北京旅游外汇收入是2001年的1.7倍，但与其他主要世界城市相比，入境旅游人数仍然偏小，不到伦敦的三分之一（见表3）。从国际交流机构总部来看，2008年，北京有4个联合国机构和国际组织总部，远低于同期的巴黎（63个）、纽约（62个）、伦敦（40个）和东京（13个），但高于新加坡（3个）、香港（1个）和上海（0个）。

表2　　北京与主要世界城市国际会议数量比较（ICCA）（个）

	维也纳	巴黎	新加坡	北京	伦敦	香港	东京
2010年	154（第1）	147（第3）	136（第5）	98（第12）	97（第14）	82（第20）	—
2009年	160（第1）	131（第3）	119（第5）	96（第10）	83（第16）	—	—
2008年	139（第1）	139（第1）	118（第4）	73（第14）	68（第19）	—	68（第19）
2007年	154（第1）	115（第4）	120（第3）	87（第8）	69（第17）	72（第12）	—
2006年	147（第1）	130（第2）	127（第3）	65（第13）	68（第11）	57（第16）	32（第35）

数据来源：国际会议协会（ICCA）网站 www.iccaworld.com。

3 数据来源：世界文化遗产网。

表 3　　北京与主要世界城市入境旅游人数比较（万人次）

	纽约	伦敦	巴黎	东京	新加坡	香港	上海	北京
入境旅游人数	860 (2009)	1410 (2009)	1444 (2008)	534 (2008)	1163.9 (2010)	701 (2009)	851.1 (2010)	490.1 (2010)

数据来源：相关城市《统计年鉴》，北京市政府研究室《北京离世界城市有多远》。

（三）基本公共服务能力有所提高，民生建设任务依然艰巨

教育、交通等公共服务与世界城市相比仍有差距。北京教育资源丰富，平均受教育年限由 2000 年的 10.0 年提高为 2010 年的 11.5 年。但北京教育投入低于纽约、东京、新加坡、香港等城市水平。2010 年，北京轨道交通长度同比增长 47.4%，但仍低于纽约、伦敦等城市（见表 4），且主要线路集中于中心城区，与东京等四通八达的轨道交通相比，仍有不小差距。

表 4　　北京与主要世界城市教育投入和轨道交通里程比较

	纽约	伦敦	巴黎	东京	新加坡	香港	上海	北京
教育支出占财政支出比重（%）	24 (2006)	—	—	13.3 (2008)	24.8 (2009)	19.1 (2010)	12.6 (2010)	11.1 (2010)
轨道交通里程数（公里）	337 (2010)	1307 (2008)	868 (2010)	291 (2009)	119 (2009)	84 (2008)	452.6 (2010)	336 (2010)

此外，北京在医疗、就业、社会保障、住房等领域的公共服务水平不断提高，但仍存在就业压力大，养老、就医难，房价高等问题，改善民生仍是政府工作的重中之重。

三、人文北京发展对策建议

（一）加大民生建设力度，提高公共服务均等化水平

北京民生建设稳步推进，但庞大的人口规模、多元复杂的人口结构、不均衡的人口布局等，给民生工作提出了挑战，如何实现基本公共服务均等化仍是难题。应进一步改善城乡和“户籍人口、外来人口”双重二元结构，优化城市空间和功能布局，逐步形成统一的就业、社会保障、

教育、医疗、政策性住房等公共服务体系。同时，重点关注养老、农村就业、社会保障对接转移、公共租赁住房、义务教育均衡发展、家庭医生服务、交通拥堵治理等，在扩大基本公共服务供给的基础上更注重提高质量和效率。

（二）推进文明建设进程，树立城市品牌形象

北京在世界城市建设中需要展示其开放包容、热情友好、富有活力的文明形象，应进一步加强市民文明素质教育培训，实施礼仪、环境、秩序、服务、网络等公共文明引导行动，提高广大市民的首都意识和首善意识，提升市民文明素质。同时，还应加强环境文明建设，重点推进对环境薄弱地段的整治，改善市容市貌，为市民提供良好的生活环境。

（三）加强历史文化名城保护，提升文化创意产业地位

在历史文化名城保护方面，应加大财政支持力度，着力优化、疏解中心城功能，促进旧城保护与发展，确保历史文化资源得到有效的保护、挖掘、传承和利用；在文化产业发展方面，应进一步制定相关产业政策，充分利用首都科技、教育、文化等资源优势，加快转变文化发展方式，积极推进文化与科技、资本及其他产业的融合发展，进一步强化文化创意产业的支柱地位，提升城市文化软实力，实现传统文化和现代文明的融合重构，塑造北京独特的文化特质和文化魅力，并积极搭建对外交流平台，提升北京在国内和国际的文化影响力。

（四）加大基层矛盾化解力度，提高社会管理精细化水平

随着改革的深化，北京经济社会进入加速转型的新阶段，促使社会结构和形态发生深刻变化，不同群体的多元利益诉求协调难度加大，社会管理工作亟待加强。应继续推广信访代理等成功经验，着力化解历史积案，增加群众利益诉求渠道，切实从源头上预防和化解矛盾纠纷。应更加重视社会管理方式创新，注重社会管理与公共政策的协调适应，全力推进精细化管理，让城市管理运行更加安全高效，促进不同群体利益的均衡与协调。

科研资源优势显著　自主创新能力增强

◆◇王　滨　任盼盼

2008 年 10 月，北京提出“人文北京、科技北京、绿色北京”发展战略，并于 2009–2010 年间相继发布科技、人文、绿色北京行动计划。其中，《科技北京行动计划（2009–2012 年）》于 2009 年 3 月发布，明确了科技北京建设的阶段性目标和实践路径。市统计部门以行动计划为指导，围绕“科技北京”建设的核心要求，研究建立了科技北京行动计划实施进程监测评价指标体系；同时结合世界城市建设目标，通过与国外主要城市和发达国家的比较，分析了“科技北京”行动计划实施情况及存在的问题，并提出对策建议。

一、“科技北京”行动计划实施进程分析

（一）“科技北京”行动计划实施进程监测评价指标体系

随着全球一体化深入发展，科技日益成为提升国家和地区竞争力的关键所在。北京处于调整经济结构、转变发展方式的重要时期，科技作为经济社会发展的重要引擎，对于推动城市高端化、国际化发展具有重要意义。《“科技北京”行动计划（2009–2012 年）——促进自主创新行动》明确提出了新时期科技北京建设的总体思路和工作重点，强调科技发展的资源投入，技术应用、创新能力和企业创新。四个领域贯穿了科技资源投入、科技成果转化、应用多个环节，覆盖了社会、政府、企业等科技活动主体，在反映科技发展全貌的同时突出工作重点。

为促进科技北京行动计划顺利实施，市统计部门围绕科技北京行动计划，研究建立了“科技北京”行动计划实施进程监测评价指标体系，定期开展实证监测。监测评价指标体系分为维度层和指标层两个层次，其中，维度层突出体现行动计划的目标要求，是科技北京建设的重要节点和关键领域；指标层是对目标要求的细化，是评价体系的支撑和在基

础工作层面的任务分解，选取具有代表性和可操作性 17 项具体指标（见附表 1）。

（二）“科技北京”行动计划实施进程分析

本报告以 2009 年为基期，对 2010 年北京的科技发展状况进行综合评价。2010 年，“科技北京”行动计划实施进程监测评价总指数为 110.43，比 2009 年上升 10.43。四个评价领域中，“科技资源”和“创新成果”指数分别为 30.55 和 30.51，比上年提高 5.55 和 5.51，对总指数上升的贡献率分别达到 53.2%和 52.8%；“产业结构”和“企业创新”指数分别为 24.76 和 24.61，比上年下降 0.24 和 0.39（见图 1）。

图 1　2009 年与 2010 年“科技北京”各领域评价指数

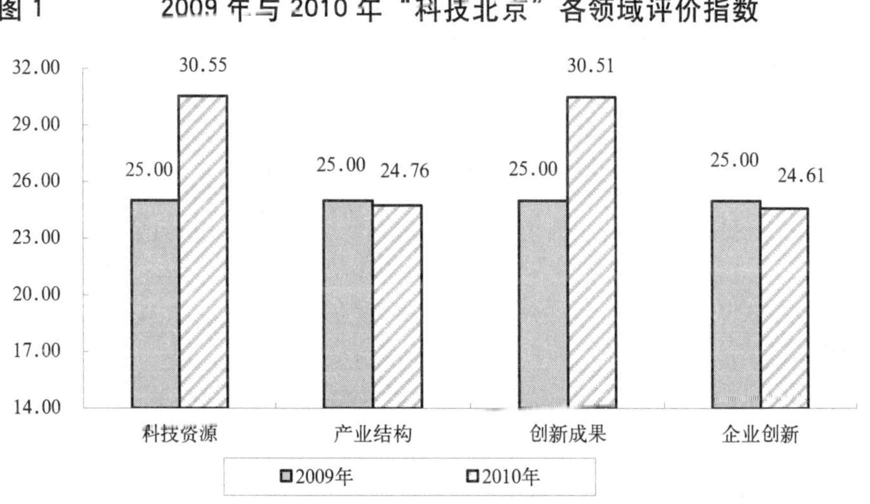

1. 科研资源规模不断提升，为科技发展提供有效保障

北京市利用高新技术企业、高等院校、科研院所等科技资源密集的独特优势，加强资源整合。2010 年，全市科学技术财政支出总额为 178.9 亿元，比上年增长 41.7%，是拉动“科技资源”指数上升的最主要因素。研究与试验发展（R&D）经费内部支出为 821.8 亿元，比上年增长 22.9%；占 GDP 比重为 5.82%，比上年提高 0.32 个百分点。同期，每万人口中研发人员折合全时当量为 104.2 人年；全市研究与试验发展人员折合全时当量为 19.4 万人年，比上年增加 0.2 万人年，科研人员仍保持一定规模。2010 年，城镇居民家庭每百户接入互联网的计算机数由 2009 年的

71 台增至 84 台，移动电话普及率由 2009 年的 104 部/百人增至 107.9 部/百人。

2. 科技产业发展规模有限，产业结构调整仍需加强

北京市以科技创新作为产业结构优化升级的动力，加快落实科技产业项目，建设高端产业基地，促进高端科技产业发展，但科技产业增加值占全市 GDP 的比重并不高，对经济增长的拉动作用不够突出。2010 年，全市现代制造业增加值占 GDP 比重为 7.7%，比上年上升 0.3 个百分点，所占比重较低且上升幅度并不明显。信息产业和高技术产业增加值占 GDP 比重分别为 14.1%和 6.3%，比上年降低 0.4 个和 0.1 个百分点。此外，2010 年，北京地区高新技术产品出口额 193.7 亿美元，虽比上年增加 18.5 亿美元，但高新技术产品出口占地区出口的比重为 34.9%，与上年相比比重降低 1.3 个百分点，是影响全市“产业结构”指数下降的主要因素。

3. 科技创新能力稳步提高，研发成果转化和辐射能力有所增强

北京致力于国家知识创新高地和技术创新源泉两个支点建设，通过高增值性的知识创新与技术创新成果转移和扩散，发挥对全国的辐射带动作用。2010 年，全市每万人专利授权量为 18.0 件，比上年增加 4.7 件，是拉动全市“创新成果”指数上升的主要因素。同期，全市技术合同交易额为 1579.5 亿元，比上年增长 27.8%；其中流向外省市的成交额为 654.8 亿元，占全市技术合同成交额的 41.5%，比上年提高 1.2 个百分点。

4. 中关村创新引领作用显现，企业创新活动主体地位仍需加强

中关村国家自主创新示范区作为高新技术企业发展的平台，创新引领作用有所显现。但从全市企业研发投入及产出看，企业在创新活动中的主体地位并未充分发挥。截至 2010 年底，中关村国家自主创新示范区累计认定 1632 家单位的 4566 项自主创新产品，园区增加值占 GDP 比重为 18.5%，虽比上年略有下降，但仍保持较高比重。从企业创新活动看，2010 年，全市 R&D 经费内部支出按执行部门划分，企业 R&D 经费支出占 36.4%，所占比重并不高，而且比上年下降 2.9 个百分点。同期，全市规模以上工业企业中，拥有科技机构的企业所占比重为 8.9%，比上年提高 0.9 个百分点；但开展 R&D 活动单位所占比重由上年的 21.4%

降至 19.8%。工业企业新产品销售收入占产品销售收入比重为 22.7%，比上年下降 1.0 个百分点。

二、“科技北京”发展状况国际比较

在对“科技北京”行动计划实施进程分析的基础上，本报告结合世界城市建设目标，从科技资源、科研成果、企业创新等方面与科技发展处于前列的国家或城市进行对比分析。

（一）科技资源规模优势较为明显，资源配置结构仍需优化

1. 研究与试验发展（R&D）经费投入水平持续较高，经费配置结构与科技发展前列国家存在差异

2010 年，北京市 R&D 经费内部支出为 821.8 亿元，按 2010 年平均汇率折合为 121.4 亿美元，分别为香港（2010）和新加坡（2009）的 7.1

表 1　　各城市 R&D 支出占 GDP 比重（%）

年份	香港	新加坡	北京	上海
2000	0.47	1.88	4.92	1.61
2001	0.55	2.11	4.62	1.69
2002	0.59	2.15	5.09	1.78
2003	0.69	2.11	5.12	1.93
2004	0.74	2.20	5.25	2.11
2005	0.79	2.27	5.45	2.31
2006	0.81	2.24	5.33	2.45
2007	0.77	2.45	5.35	2.46
2008	0.73	2.68	5.58	2.58
2009	0.79	2.35	5.50	2.81
2010	0.76	—	5.82	2.80

数据来源：香港特别行政区政府统计处、OECD《主要科学技术指标 2009-1》，OECD《主要科学技术指标 2011-1》、北京统计年鉴、上海统计年鉴。

倍和 2.9 倍[1]。从投入强度看，2002 年以来北京的R&D投入强度保持在5%以上，长期以来明显高于香港、新加坡、上海等地。OECD公布的 34 个成员国中，2009 年R&D投入强度居前三位的是以色列、芬兰和瑞典，分别为 4.28%、3.96%和 3.62%[2]，亦均低于北京（见表 1）。

研究与试验发展（R&D）活动中，基础研究不以专门或特定的应用为目的，研究具有长期性和不确定性，投入的效益难以短时间内显现，但其研究结果又具有普遍的适用性，因此基础研究经费的投入也是国际关注的重要指标。2010 年，北京市研究与试验发展（R&D）经费内部支出中，基础研究经费占 11.6%，与英国的水平较为接近，但低于瑞士、法国、新加坡 10 个百分点左右，同时也低于美国、韩国、以色列和日本（见图 2）。

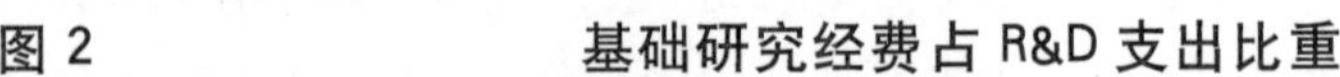
图 2　基础研究经费占 R&D 支出比重

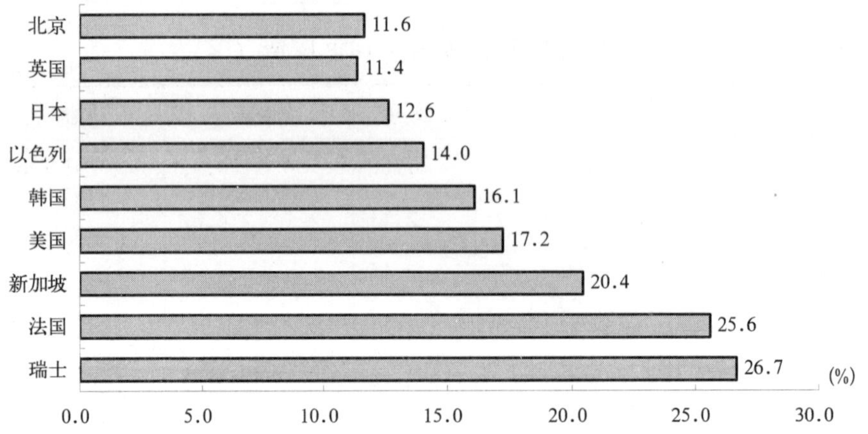

注：数据来源于北京统计年鉴、OECD《主要科学技术指标 2011-1》。瑞士、法国、美国、韩国为 2008 年数据，新加坡、以色列、日本、英国为 2009 年数据，北京为 2010 年数据。

2. 科研人员规模具有优势，高端科技人才相对缺乏

2010 年，北京市每万人口中研发（R&D）人员折合全时当量为 104.2 人年，与芬兰 105.0 人年的水平较为接近，高于上海、香港、英国、德

1 数据来源：香港政府统计处网站，新加坡统计局网站。

2 数据来源：经济合作与发展组织（OECD），《主要科学技术指标 2011-1》，(Main Science and Technology 2011-1)。

国、新加坡等。北京的科研人员在总人口中保持较高的比重，具有规模优势，但从人才资源现状看，高端国际化科技领军人才相对缺乏。具有国际视野的高技术人才的引进、人员流动机制和激励机制的完善能够使北京在拥有科技人才规模优势的基础上进一步优化人才配置结构（见图 3）。

图 3　　每万人口中研发（R&D）人员折合全时当量

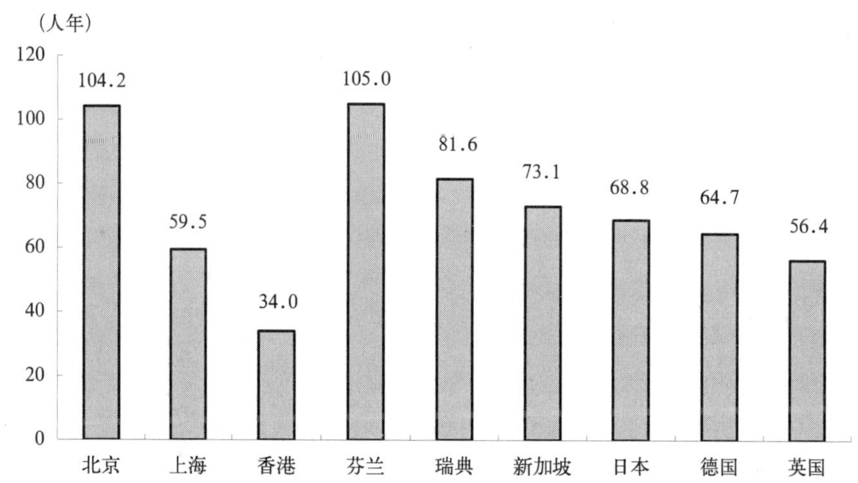

注：北京、上海、香港为 2010 年数据，其他城市和国家为 2009 年数据。数据来源于北京统计年鉴、上海统计年鉴、OECD《主要科学技术指标 2011-1》、各城市和国家统计网站。

（二）科研成果转化能力和影响力逐步提升，国际化进程仍需加快

1. 科研成果转化能力提升明显

技术市场是科技成果转化的重要渠道和推动力量，2010 年北京市技术合同交易额达到 1579.5 亿元，是上海市的 3.0 倍，在国内处于领先水平。2001-2010 年，北京市技术合同交易额的年均增速为 26.5%，高于上海市 7.0 个百分点，上升态势明显。按技术流向分类，2005-2010 年北京市技术出口从 84.0 亿元升至 584.6 亿元，年均增速达到 47.4%。北京市的技术合同交易规模和增长速度在国内具有较为明显的优势；技术出口增速明显，从一定程度反映北京科技影响力和辐射力的提升（见图 4）。

图 4 技术合同交易额

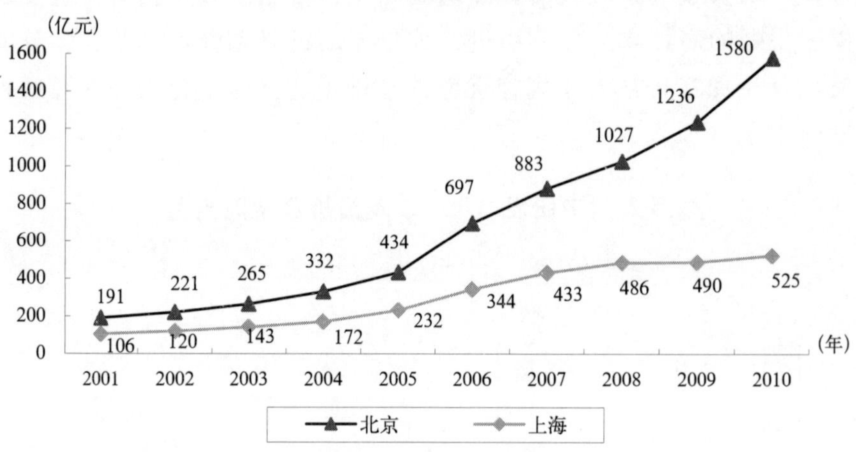

数据来源：《北京统计年鉴 2011》，《上海统计年鉴 2011》。

2. 科研成果国际化水平仍存差距

国际专利申请数量是衡量各个国家和地区科技发展水平的重要指标。2010 年，北京市PCT专利申请量达 1271 件[3]，是 2009 年的 1.8 倍。但每万人拥有国际专利申请数为 0.68 件，美国、法国、日本、韩国、新加坡等国家每万人拥有国际专利申请数均在 1.0 件以上，与这些国家相比，北京的科研成果国际化进程需要进一步推进。

（三）企业创新活力仍需提升，创新主体地位需要加强

1. 企业研发资源与科技发展前列国家存在差距

从R&D经费的执行部门看，多数国家和地区的企业所占比重均较高。2010 年，北京市企业R&D经费支出占全社会R&D经费支出的比重为 36.4%。2009 年，欧盟国家的企业R&D经费支出所占比重为 60.7%，高于北京 24.3 个百分点。OECD成员国企业R&D经费支出所占比重为 69.6%，其中日本、以色列、韩国均在 75%以上，美国、德国、法国和

3 PCT 专利申请量是指向专利合作条约（Patent Cooperation Treaty）受理局递交专利保护申请程序的个数。专利合作条约（Patent Cooperation Treaty，PCT）是专利领域的一项国际合作条约，向专利合作条约受理局递交专利保护申请程序是国际专利申请的重要途径，该专利数量也是国家或城市科技创新成果产出的集中体现。数据来源：国家知识产权局网站。

英国分别达到了72.6%、67.5%、61.9%和62.0%[4]。与这些国家相比，北京的企业R&D经费支出比重偏低。2010年，北京市研究与试验发展（R&D）人员折合全时当量为19.4万人年，按执行部门划分，企业为8.0万人年，占41.3%。在OECD的34个成员国中，有25个成员国的企业R&D人员所占比重超过了北京，并且有9个成员国该项比重达到了60%以上[5]。可见北京的企业R&D人员所占比重较低。

2. 企业自主创新能力仍需提升

新产品是企业提高竞争能力和经济效益的重要手段，而其开发和生产很大程度上依赖于企业研发和技术水平的提高，也在一定程度上反映了企业的科技水平和创新能力。2010年，北京市大中型工业企业新产品产值为2538.9亿元，占工业总产值的比重为24.2%；新产品销售收入为2495.5亿元，占主营业务收入的比重为21.9%；分别低于上海市0.7个和4.0个百分点[6]。

三、北京科技发展对策建议

（一）优化科技资源配置机制和结构

北京拥有较为充足的科技资源，在利用资源规模优势的同时，应进一步优化科技资源配置结构，提高资源利用效率。着眼科技发展长期规划，加强资金投入结构细化研究，合理配置不同领域的资金量，增加基础研究经费投入。加强高层次人才的培养和引进，鼓励高等院校与企业加强互动交流，联合培养科技人才，加强科研力量储备；以重大项目、跨国公司等为载体，采用多种方式引入国际一流的战略科学家、科技企业家和高层次科研团队。

（二）推进科技产业高端集聚发展

北京市高技术产业、信息产业、现代制造业等发展取得较好成效，

4 数据来源于经济合作与发展组织(OECD)，《主要科学技术指标2011−1》，(Main Science and Technology 2011−1)。OECD成员国均值为2008年数据，以色列、英国为2010年数据，日本、德国、法国为2009年数据，美国、韩国为2008年数据。

5 数据来源于经济合作与发展组织(OECD)，《主要科学技术指标2011−1》，(Main Science and Technology 2011−1)。

6 数据来源于北京统计年鉴、上海统计年鉴。

但高端化、集聚化发展水平仍有限。以关键技术突破为切入点，推动新一代信息技术研发和产业化，创新生物医药产业研发和生产，实现现代制造业关键装备自主化；加强现代服务业技术集成创新，推动科技成果高效转化，构建新型产业体系；推动农业先导技术与集成技术科技示范，促进农业产业链升级和产业融合；充分发挥科技发展对产业发展的内源驱动性作用，促进发展方式转变和产业结构优化升级。

（三）增强企业自主创新能力

北京的企业科技资源所占比重较低，科技创新活动不够活跃，自主创新能力有待进一步提高。可以通过资金倾斜、税收优惠、引进专业化的高端投资机构、拓宽融资渠道等为企业科技创新提供资金保障；支持企业激励机制改革，吸引优秀科研人员进入企业；发挥北京公共科技资源密集的优势，整合形成面向企业开放的技术创新服务平台，促进科技资源的开放共享，为企业科技创新提供支持；鼓励企业以需求和应用为导向，推动新产品研发和销售。

附表 1　“科技北京”行动计划实施进程监测评价指标指数值

序号	指　标	指数值		指数值增减
		2009 年	2010 年	
	总指数	100.00	110.43	10.43
一	科技资源	25.00	30.55	5.55
1	研究与试验发展（R&D）经费内部支出相当于地区生产总值比例	6.25	6.61	0.36
2	科学技术财政支出总额及增长率	6.25	11.14	4.89
3	每万人口中研发（R&D）人员折合全时当量	6.25	5.86	−0.39
4	信息化水平	6.25	6.94	0.69
	①城镇居民家庭每百户接入互联网的计算机数	3.13	3.70	0.57
	②移动电话普及率	3.13	3.24	0.12
二	产业结构	25.00	24.76	−0.24
1	高技术产业增加值占 GDP 比重	6.25	6.15	−0.10
2	信息产业增加值占 GDP 比重	6.25	6.08	−0.17
3	现代制造业增加值占 GDP 比重	6.25	6.50	0.25
4	高新技术产品出口占地区出口的比重	6.25	6.03	−0.22
三	创新成果	25.00	30.51	5.51
1	每万人专利授权量	8.33	11.28	2.94
2	技术合同交易额	8.33	10.65	2.31
3	流向外省市技术合同成交额占全部技术合同成交额比重	8.33	8.58	0.25
四	企业创新	25.00	24.61	−0.39
1	开展 R&D 活动单位所占比重（全社会口径）	4.17	3.86	−0.31
2	企业 R&D 经费支出占全社会 R&D 经费支出比重	4.17	3.86	−0.31
3	拥有科技机构的企业所占比重（规模以上工业企业）	4.17	4.64	0.47
4	享受政府创新资助企业所占比重（规模以上工业口径）	4.17	4.13	−0.04
5	工业企业新产品销售收入占产品销售收入比重	4.17	3.99	−0.18
6	中关村科技园区增加值占 GDP 比重	4.17	4.14	−0.02

着力解决突出问题　全面完善绿色机制

◆◇王　滨　吴　恒

2008 年 10 月，北京提出“人文北京、科技北京、绿色北京”发展战略，并于 2009–2010 年间相继发布科技、人文、绿色北京行动计划。其中，《绿色北京行动计划（2010–2012 年）》于 2010 年 3 月发布，明确了绿色北京建设的阶段性目标和实践路径。市统计部门以行动计划为指导，围绕“绿色北京”建设的核心要求，研究建立了绿色北京行动计划实施进程监测评价指标体系；同时结合世界城市建设目标，通过与国外主要城市的比较，分析了“绿色北京”行动计划实施情况及存在的问题，并提出对策建议。

一、“绿色北京”行动计划实施进程分析

（一）“绿色北京”行动计划实施进程监测评价指标体系

绿色发展，是人类社会经历了工业化阶段、经济社会发展到一定程度后提出的一种发展模式，它建立在生态环境容量和资源承载力的约束条件下，将环境保护作为实现可持续发展的重要支柱。《绿色北京行动计划》紧紧围绕提升首都可持续发展能力这个核心，紧扣绿色发展这个主题，综合考虑城市功能布局、设施建设管理、生产生活行为等因素，系统阐述了“绿色生产、绿色消费、生态环境”三大体系建设的目标、任务与措施，体现了北京建设绿色现代化世界城市的新理念和新标准。“绿色北京”建设，就是要把城市发展与改善生态环境紧密结合起来，努力培育生态文明，加快环境友好型和资源节约型城市建设。

为促进绿色北京行动计划顺利实施，市统计部门围绕行动计划，结合北京城市发展现状，参考城市发展相关理论，研究建立了“绿色北京”行动计划实施进程监测评价指标体系，定期开展实证监测。指标体系分为维度层和指标层两个层次，其中，维度层突出体现行动计划的目标要

求，是绿色北京建设的重要节点和关键领域，包括“绿色生产、绿色消费、生态环境”三个方面；指标层是对目标要求的细化，是评价体系的支撑和在基础工作层面的任务分解，在三个维度下选取具有前瞻性、代表性、可操作性的具体指标14项（见附表1）。

（二）“绿色北京”行动计划实施进程分析

本报告以2009年为基期，对2010年北京绿色发展状况进行综合评价。评价结果显示：2010年，“绿色北京”行动计划实施进程监测评价总指数达到115.47，比上年提高15.47。三个评价领域中，“生态环境”指数为45.50，比上年提高12.16，对总指数增长的拉动作用最明显，贡献率达到78.6%；“绿色生产”指数为35.67，“绿色消费”指数为34.30，分别比上年提高2.34和0.97（见图1）。

图1　2009年与2010年“绿色北京”各领域评价指数

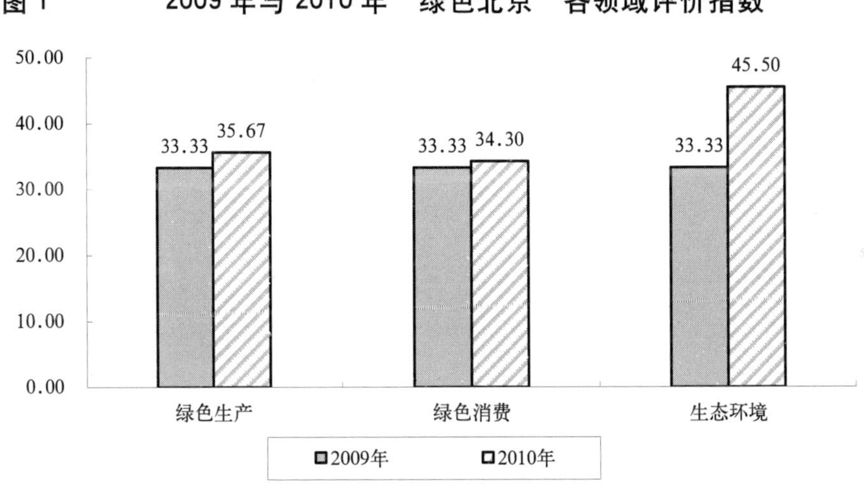

1. 资源能源利用效率大幅提高，绿色生产体系初见成效

2010年，北京通过加强资源循环利用技术的研发应用，积极推动清洁生产，全年单位GDP能耗为0.49吨标煤/万元，同比下降4.04%，顺利完成年度节能目标；单位GDP水耗由上年29.9立方米/万元降至24.9立方米/万元，优于行动计划中2012年32立方米/万元的目标值；终端能源消费6668.8万吨标煤，其中煤炭占比12.8%，比上年下降1.1个百分点。从评价结果看，2010年“单位GDP水耗及降低率”指数比

上年提高2.47，是拉动“绿色生产”指数上升的决定性因素。

2. 设施承载能力实现跨越提升，绿色消费体系基本形成

2010年，北京进一步加大力度改善全市交通运输状况，绿色交通运行能力大幅提高，实现轨道交通运营总里程336公里，中心城区公交出行比例40.1%，高于上年1.2个百分点，力争到2012、2015年达到42%和50%；广泛推广绿色建筑，进一步降低单位建筑能耗和资源消耗水平，改造完成农民住宅节能2万户、城镇建筑节能644万平方米，实现230个老旧小区管网供热，全市节能建筑比重逐年提高，2012、2015年目标值分别为56%和67%；加强污水和再生水管网建设，再生水年利用量达6.8亿立方米，占全年水资源利用量的19.0%，利用率为59.3%，到2012、2015年将分别达到70%和75%；加强培育绿色的生活方式和消费模式，持续完善生活垃圾分类管理工作，全市首次开展居住小区垃圾分类达标工作，但600个居住小区中达标率较低，与2012年50%、2015年70%的目标还有较大差距。从评价结果看，2010年“节能建筑占现有民用建筑比例”指数比上年提高0.71，对“绿色消费”指数上升的贡献率最高，达到73.4%。

3. 生态环境质量明显改善，绿色环境体系更加健全

2010年，北京根据宜居城市建设和区域功能定位要求，以提升自然生态承载能力、改善市民居住环境为核心，深入实施绿化美化各项工程，全市林木绿化率达到53%，同比上升0.4个百分点，仅低于2012年目标1个百分点，人均公园绿地面积15.0平方米，同比增加0.5平方米，与2012年目标相差0.5平方米；全面落实清洁空气计划，着力推进环境污染防治、污染减排和环境安全监管，空气质量二级和好于二级天数达到286天，占全年总天数的78.4%，高于2012年74.9%的目标；二氧化硫排放量削减至11.51万吨，超出国家下达任务指标，同比下降3.15%；优化全市水生态系统，化学需氧量和氨氮排放量分别为9.20和1.21万吨，同比均下降6.94%，集中式地表水饮用水源地水质符合国家标准，河流水质总体保持稳定，湖泊、水库水质略有改善。从评价结果看，2010年，“COD排放量下降率”指数比上年提高9.13，是拉动“生态环境”综合指数上升的主要因素。

从自身发展看，2010年绿色北京建设各项工作有序开展，监测评价

体系中大部分指标实际值已超过或者正逐步接近预期目标，北京在建设绿色现代化世界城市的进程中又向前迈进一步，总体发展态势良好。全市产业结构正向“轻型化”方向发展，节能降耗取得积极成效；一系列鼓励绿色消费措施，如机动车限行、公交降价、节能器具推广等效果明显，市民的生命意识、健康意识和环保意识正逐步形成；城市环境质量逐步改善，城乡生态系统趋于良性循环。

二、“绿色北京”发展状况国际比较

在对“绿色北京”行动计划实施进程分析的基础上，本报告结合世界城市建设目标，从资源利用、交通运行、环境质量等方面与世界主要城市进行对比分析，进一步分析北京绿色发展存在的问题和不足，明确北京绿色发展的方向。

（一）首都资源供需矛盾突出，资源利用效率有待继续提升

1. 能源利用效率和结构与世界城市存在差异

目前，北京能源消费的 90%以上需要依靠外部供应，而且与世界城市相比，利用效率相对较低。从消费速度看，除 1997 年外，1990—2010 年北京能源消费量逐年增长，2010 年达到 6954.1 万吨标煤，年均增速 4.8%。东京 1990—2005 年能耗总量的平均增速仅为 0.8%，2000—2005 年能耗总量年均下降 0.3%；纽约州 1995—2008 年间的能耗增速也普遍低于北京，且在 2000 年后数次呈现负增长。从利用效率看，北京单位 GDP 能耗 2001 年以来持续下降，2010 年为 0.49 吨标煤/万元，但仍远高于东京、伦敦、纽约等世界城市。从消费结构看，虽然近几年北京煤炭使用率逐步降低，但高碳能源比重仍较大，当前的能源结构是 32%的煤炭、30.9%的油品、23.5%的外调电力、12.8%的天然气及少量其他能源。目前，东京以电力消费为主，约占 40%，其次为石油和天然气，没有煤炭的消费；伦敦天然气消费大约占总量的 50%，其次是电力和油品，基本没有煤炭消费；纽约能源消费中，石油占 40%，天然气占 28%，煤炭只占 6%左右（见表 1）。

表1　北京与世界城市单位GDP能耗比较（吨标煤/万元）

城市	北京	东京	伦敦	纽约	香港	新加坡
单位GDP能耗	0.49（2010年）	0.04（2007年）	0.08（2007年）	0.26（2007年）	0.12（2007年）	0.39（2007年）

2. 用水效率与世界城市相比还有提升空间

2001–2010年，北京年均水资源总量仅22.6亿立方米，而用水需求年均35.3亿立方米，水资源供需矛盾非常突出。按照2010年年末常住人口1962万计算，人均水资源拥有量只有124.3立方米，仅为全国平均水平的1/18[1]。在世界120多个国家和地区的首都及主要城市中，北京人均水资源量居百位之后，远低于国际公认的人均1000立方米的下限。

许多国家和城市相对北京拥有更加充足的淡水资源，但依然注重对水资源的节约利用。英国无论是水资源拥有量还是使用率均明显高于北京；新加坡和瑞典污水处理率均达到100%；伦敦拥有长期治理泰晤士河的经验，并制定了严格的节水和污水处理政策；柏林通过提高再生水处理等级，不断增加可用水资源的总量（见表2）。

表2　北京及五个国家人均水资源及用水效率比较（立方米）

指　标	北京	美国	英国	法国	日本	韩国
人均淡水资源总量	124.3	9283	2377	2893	3365	—
人均生活用水量	85	216	35	107	137	141
万美元GDP用水量	169	491	66	252	186	363

资料来源：北京为2010年数据，GDP按当年汇率换算；各国人均淡水资源总量来源于2010国际统计年鉴；其他数据来源于马静、陈涛等著《水资源利用国内外比较与发展趋势》，2007年2月。

（二）市民对人居环境的改善需求持续提高，城市运行和管理水平仍有改善空间

1. 绿色交通运行与世界城市相比仍面临压力

近几年，北京机动车增长最快，机动车拥有量从2005年的246.1

1 2010年，我国人均水资源量2271立方米。

万辆增长到2010年的480.9万辆，交通管理压力急剧增大，同时交通运输能耗正以年均10%左右的速度快速增长，占全市能源终端消费量的比重已超过1/4。2010年，北京轨道交通运营线路14条，里程达到336公里，与世界城市交通设施的差距在逐步缩小，但公共交通出行比例仍偏低，同时私家车出行比例占30%左右，高于国际城市，全市交通道路90%以上处于饱和或超负荷状态。目前，纽约、巴黎、东京等城市的公共交通在日常出行中的比重都高于60%，高的达到90%以上，其中轨道交通出行占公共交通比例在60%以上。纽约地铁是世界上最大的快速交通系统，有468个运营站；东京轨道交通网覆盖面非常广，担当了全市客运量的86%；香港的公共交通系统十分发达，公交出行已占89%；巴西库里蒂巴75%的人出行乘坐公共汽车，日平均输送190万人次。

2. 垃圾处理及再利用率低于世界城市

北京垃圾资源化总体水平一直偏低。首先，垃圾分类简单，一般只分可回收与不可回收两类，这对于资源循环的后续环节和市民环保意识的提高很不利。在日本很多地方，垃圾分类细化种类已达到几十种。其次，垃圾处理能力存在缺口，全市垃圾处理设施23座，总设计日处理能力1.04万吨，但实际日处理量为1.74万吨，超负荷67.3%。第三，垃圾处理方式仍以卫生填埋为主，被焚烧或生化处理的比例非常小，2010年三者比例为8：1：1，垃圾中的热值和有机物资源没有得到充分利用。2008年，伦敦生活垃圾的回收利用及堆肥率为25.5%，巴黎垃圾再利用率为12%；许多地区垃圾焚烧比例正逐年上升，日本已达到90%，国内深圳也达到40%，上海为15%。

（三）城市环境质量的诉求不断延伸，生态保护亟待加强

1. 城市绿化仍未达到世界城市水平

2010年，北京园林绿地面积626.7平方公里，城市绿地覆盖率45.0%，林木绿化率53.0%，人均公园绿地面积15.0平方米。而按照联合国相关组织对生态城市提出的标准，绿地覆盖率需达到50%，人均绿地面积需达到90平方米[2]。伦敦、巴黎、莫斯科等城市的绿化带面积早已超过北京，均在800平方公里以上；日本森林覆盖率达到67%，位居

2 张帆，郝培尧：《浅析我国高密度城市的绿化构想》，山西建筑，2007.33（26）。

世界前列；从市区人均公园绿地面积看，伦敦约30平方米，巴黎约15平方米，纽约近20平方米，华盛顿超过40平方米[3]，也均超过北京。

2. *大气污染物含量远高于世界城市*

2010年，全市大气中二氧化硫与二氧化氮年均浓度值分别为每立方米32和57微克，略高于国际城市；可吸入颗粒物年均浓度值每立方米121微克，超过国家二级标准21%，且远高于其他国际城市（见表3）。

表3　世界城市大气环境主要指标对比（微克/立方米）

城 市	可吸入颗粒物年均浓度（2009年）	二氧化硫年均浓度（2006年）	二氧化氮年均浓度（2009年）
纽约	21	26	33
巴黎	29	14	40
柏林	21（2006年）	18	26（2006年）
伦敦	23	25	50
东京	23	18	43
新加坡	77	20	22
北京	121（2010年）	32（2010年）	57（2010年）
国家二级标准	100	60	80

资料来源：2010国际统计年鉴、2011北京市统计年鉴。

三、新时期“绿色北京”发展的关注要点及对策建议

通过绿色北京行动计划进程分析以及与国际城市的比较研究，北京在确立绿色发展模式和实现绿色转型上，具有一定的基础条件，但在资源禀赋和发展进程上都还存在差距，经济社会发展面临挑战。2012年是行动计划实施最后一年，如何着眼建设中国特色世界城市的标准，把握绿色北京在新一轮城市建设与经济社会发展需求下所面临的一些问题，更好地体现绿色理念，加强城市绿色环境营造，实现经济社会、资源环

3 洪如江：《土木工程与世界文明演进——城市工程》，台湾大学土木工程学报，2008年6月。

境协调、可持续发展，建议从以下几个方面入手。

（一）化解资源瓶颈，深入推广绿色生产模式

大力控制煤炭消费总量，压缩发电、供热、工业及民用燃煤量，加快可再生能源的开发利用，实现能源结构调整，形成多元、安全、低碳的能源供应体系；积极整合全市资源，加强节能环保、新能源、新能源汽车等绿色产业发展，突破产业化重大关键技术，提高产品附加值，推动科技创新驱动，提高资源产出效率；按照不同功能区的发展格局，优化疏解中心城区对首都“四个服务”的支撑功能，加快发展新区新城建设和产业布局融合发展，依托绿色产业发展提高生态涵养发展区的生态屏障功能，同时加强产业园区集聚化和生态化发展，提高土地利用效率，从源头降低城市系统消耗。

（二）引导绿色消费，加快绿色服务体系建设

提高市民绿色消费意识，倡导节约行为，在追求生活方便、舒适的同时，减少资源浪费和环境污染；完成城市轨道交通近期规划线网建设，优化地面公交线网，加快主要拥堵路段改建，提高城市交通运行效率，扩大绿色出行；加快推进垃圾无害化焚烧处理，全面推行餐厨、果蔬、园林垃圾资源化，完善废弃物综合利用体系，提高城市消纳能力；严格执行新建建筑节能设计标准，推广绿色建筑，打造宜居住所。

（三）优化生态环境，加大综合治理工作力度

全面落实清洁空气计划，以可吸入颗粒物、氮氧化物为监测重点，加强环境监管，确保污染源稳定达标排放；按照“两屏、一网、多点”的森林生态基本格局，加强区域生态协同建设，拓展城乡绿化空间，改善居住环境；继续加大地表饮用水源水质监管力度，科学规划地下水环境功能区，加强水源地保护，提升水系服务功能，打造城市水体景观。

附表 1 “绿色北京”行动计划实施进程监测评价指标指数值

序号	指　标	指数值		指数值增减
		2009 年	2010 年	
	总指数	100.00	115.47	15.47
一	绿色生产	33.33	35.67	2.34
1	煤炭占终端能源消费总量的比重	11.11	12.07	0.96
2	单位 GDP 能耗及降低率	11.11	10.02	−1.09
	①单位 GDP 能耗	5.56	6.12	0.57
	②单位 GDP 能耗降低率	5.56	3.90	−1.66
3	单位 GDP 水耗及降低率	11.11	13.59	2.47
	①单位 GDP 水耗	5.56	6.68	1.12
	②单位 GDP 水耗降低率	5.56	6.91	1.35
二	绿色消费	33.33	34.30	0.97
1	节能建筑占现有民用建筑比例	8.33	9.04	0.71
2	中心城区公共交通出行比例	8.33	8.59	0.26
3	生活垃圾分类达标率	8.33	8.33	0.00
4	再生水利用率	8.33	8.33	0.00
三	生态环境	33.33	45.50	12.16
1	空气质量二级和好于二级天数占全年比例	4.76	4.78	0.02
2	SO2 排放量下降率	4.76	4.18	−0.58
3	COD 排放量下降率	4.76	13.89	9.13
4	氨氮排放量下降率	4.76	8.12	3.36
5	林木绿化率	4.76	4.80	0.04
6	人均公园绿地面积	4.76	4.93	0.16
7	地表水质综合达标率	4.76	4.80	0.04
	①达标河流长度百分比	1.59	1.57	−0.02
	②达标水库库容百分比	1.59	1.58	−0.01
	③达标湖泊水面面积百分比	1.59	1.65	0.06

北京市城乡经济社会发展一体化监测报告

◆◇孟素洁　战冬娟

城乡一体化是经济、社会发展到一定历史阶段的必然趋势。我国城乡二元结构对整个经济社会发展存在的负面影响已日益受到全社会的强烈关注和高度重视。十六大以来，北京城乡一体化发展取得重大成就，但二元结构深层次矛盾依然存在，城乡经济社会发展协调性问题依然突出，城乡居民生活水平差距依然明显。为此，北京市统计局、国家统计局北京调查总队研究建立了北京城乡经济社会发展一体化监测指标体系，并对 2011 年北京城乡一体化进程进行了监测。

一、城乡一体化监测评价指标体系研究的政策背景和经济基础

2002 年，党的十六大提出了科学发展观，将统筹城乡发展作为科学发展观的重要内容。2004 年中央经济工作会议做出一个重要判断：我国现在总体上已进入了以工促农、以城带乡的发展阶段。十六届四中全会上，胡锦涛总书记提出“两个趋向”的论断。十六届五中全会提出了推进社会主义新农村建设的历史任务。十七大报告明确提出了统筹城乡经济社会发展。十七届三中全会提出了“把加快形成城乡经济社会发展一体化格局作为根本要求”。2012 年，党的十八大提出：城乡发展一体化是解决“三农”问题的根本途径。要加快完善城乡发展一体化体制机制，着力在城乡规划、基础设施、公共服务等方面推进一体化。目前，我国已经步入中等收入国家行列，初步具备了工业反哺农业，城市支持农村的经济实力。

2006 年，北京市委、市政府出台了《关于统筹城乡经济社会发展，推进社会主义新农村建设的意见》；2008 年出台了《关于率先形成城乡经济社会发展一体化新格局的意见》；2010 年，专门制定了《北京市“十

二五”时期城乡经济社会一体化发展规划》，提出了北京“十二五”时期和2020年发展目标。2012年，北京市第十一次党代会指出，今后五年，要使社会环境更加和谐，市民福祉明显改善。基本公共服务均等化程度明显提高，社会服务管理体系更加完善。 随着北京奥运会的成功举办，全市经济总量超过1万亿元、人均GDP超过1万美元，北京已经具备推进城乡一体化发展的雄厚物质基础。

二、城乡一体化的内涵和监测评价指标体系的建立

由于城乡一体化涉及经济、社会、文化、生态环境、空间规划等各个方面，因此，各个学科在理解上有不同的侧重。我们认为，要准确把握城乡一体化的科学内涵，应该全面把握以下六层含义：一是城乡一体化的前提条件是城市化已经达到比较高的水平；二是城乡一体化的政策抓手是通过城乡制度安排，打破城乡分割的二元结构；三是城乡一体化的核心问题是解决城乡居民的不同国民待遇问题，让农民同城市居民一样共同享有公平的国民待遇、完整的合法权益和平等的发展机会；四是城乡一体化的有效途径是要充分发挥城市对农村的带动作用和农村对城市的促进作用，促进农村劳动力充分就业；五是衡量城乡一体化水平的主要标准是城乡差别、工农差别、地区差别和贫富差别；六是推进城乡一体化的目的是实现城乡地位平等、互补互促、城乡融合、协调发展和共同繁荣，使城乡居民平等共享现代物质文明、政治文明和精神文明。

综合各界观点，我们认为城乡一体化的定义是：在高度城市化和生产力高度发达的条件下，城市与乡村实现融合，以城带乡，以乡促城，互为资源，互为市场，互为服务，达到城乡之间在经济、社会、文化、生态等各方面的协调发展的过程。围绕城乡一体化的基本内涵，根据科学性、全局性、前瞻性、通用性和可比性以及可操作性原则，北京市局、总队研究建立了由经济发展、社会发展、生活质量、公共服务、环境与设施、社会管理等6个方面30项指标构成的城乡一体化监测评价指标体系，并运用本研究成果对2011年北京市城乡一体化现状进行了初步分析评价。

三、北京市城乡一体化综合实现程度较高

根据监测结果，2011 年，北京城乡一体化进程综合实现程度较高，达到 85%。从该指标体系中涉及的 6 个方面 30 项指标来看，6 个指标实现程度达到 100%，8 个指标实现程度在 90%-100%之间，7 个指标实现程度在 80%－90%之间，6 个指标实现程度在 60%－80%之间，3 个指标实现程度在 60%以下。

实现程度达到 100%的指标为：都市型现代农业生态服务价值年值增速、农村居民家庭清洁能源普及率、财政用于医疗卫生人均支出城郊比、基础教育阶段生均占有预算内教育经费城郊比、郊区垃圾无害化处理率以及居民对社会安全的满意度。实现程度 60%以下的指标为：城乡居民人均养老金、退休金水平比、远郊区县万人拥有服务性网点和村务公开满意度(见表 1)。

表 1　　2011 年北京市城乡经济社会发展一体化监测评价情况

一级指标	二级指标	单位	权重	2015 年目标值	实际值	得分	实现程度(%)
合计			100			85.0	85.0
经济发展	小　计		14			12.05	86.0
	农民增收指数		4			3.85	96.1
	城乡居民人均收入比	倍	1	2	2.23	0.90	89.6
	农村居民人均纯收入实际增速	%	1	8	7.6	0.95	95.0
	农村居民人均纯收入名义增速	%	1	当年城镇水平	13.6	1.00	100.0
	20%低收入农民人均纯收入增速	%	1	当年农民平均水平	16.2	1.00	100.0
	第一产业比较劳动生产率	—	3	0.25	0.15	1.82	60.7
	农村与全社会人均固定资产投资比	%	4	65	54.9	3.38	84.5
	都市型现代农业生态服务价值年值增速	%	3	3	5.7	3.00	100.0

表1　2011年北京市城乡经济社会发展一体化监测评价情况　（续1）

一级指标	二级指标	单位	权重	2015年目标值	实际值	得分	实现程度(%)
社会发展	小　计		24			19.34	80.6
	郊区城镇人口占比重	%	3	80	67.1	2.52	83.9
	社会保障指数		2			1.98	98.9
	城乡居民养老保险农民参保率	%	1	95	93.0	0.98	97.9
	新型农村合作医疗参保率	%	1	97	97.7	1.00	100.0
	新型农村合作医疗报销水平指数		2		0.65	1.31	65.3
	政策范围内住院费报销比例城乡比	倍	1	1	—	—	—
	政策范围内门诊费报销比例城乡比	倍	1	1	—	—	—
	城乡居民人均养老金、退休金水平比	倍	3	3	6.1	1.46	48.8
	农村居民工资性收入占比重	%	3	70	65.0	2.79	92.9
	农村从业人员人均受教育年限	年	3	12	10.5	2.63	87.5
	远郊区县基础教育阶段教师素质指数	%	3			2.27	75.6
	普通高中专任教师研究生以上学历比重	%	1	12	10.5	0.87	87.2
	初中专任教师研究生以上学历比重	%	1	5	2.3	0.45	45.3
	小学专任教师本科以上学历比重	%	1	80	75.4	0.94	94.2
	有图书室、文化站的村占比重	%	2	100	95.6	1.91	95.6
	有幼儿园、托儿所的村占比重	%	3	30	24.8	2.48	82.7
生活质量	小　计		20			17.57	87.8
	农村居民人均教育、文化、娱乐支出占比重	%	4	10	9.07	3.63	90.6
	农村居民家庭清洁能源普及率	%	4	90	90.5	4.00	100.0
	农村居民家用电脑普及率	%	4	70	57.7	3.30	82.4
	农村卫生厕所普及率	%	4	85	74.2	3.49	87.3
	农村居民人均药品、医疗费支出占比重	%	4	7	8.9	3.15	78.8

表1　2011年北京市城乡经济社会发展一体化监测评价情况　（续2）

一级指标	二级指标	单位	权重	2015年目标值	实际值	得分	实现程度(%)
公共服务	小　计		16			14.50	90.6
	财政用于社会保障和就业人均支出城郊比	倍	4	1	1.06	3.78	94.5
	财政用于医疗卫生人均支出城郊比	倍	4	1	0.65	4.00	100.0
	城乡低保标准比	倍	4	1	1.47	2.72	68.0
	基础教育阶段生均占有预算内教育经费城郊比	倍	4			4.00	100.0
	普通高中生均占有预算内教育经费城郊比	倍	1	1	0.91	1	100.0
	初中生均占有预算内教育经费城郊比	倍	1	1	0.97	1	100.0
	小学生均占有预算内教育经费城郊比	倍	2	1	0.97	2	100.0
环境与设施	小　计		16			13.63	85.2
	远郊区县垃圾无害化处理率	%	3	92	94.6	3.00	100.0
	远郊区县污水处理率	%	3	75	55.5	2.22	74.1
	远郊区县万人拥有服务性网点	个	3	2	1.13	1.70	56.5
	远郊区县道路密度	km/km^2	3	1.5	1.46	2.93	97.5
	全市林木绿化率	%	4	57	54.00	3.79	94.7
社会管理	小　计		10			7.96	79.6
	居民对社会管理的满意度	%	4	80	66.7	3.34	83.4
	村务公开满意度	%	3	85	46.0	1.62	54.1
	居民对社会安全的满意度	%	3	85	92.3	3.00	100.0

说明：此表中的城区均指城六区；郊区均指远郊十个区县。

从六个子系统综合实现程度来看，实现程度最高的是公共服务，达到90.6%；实现程度最低的是社会管理，为79.6%；生活质量、经济发展、环境与设施和社会发展实现程度分别为87.8%、86%、85.2%和80.6%。

四、北京城乡一体化发展进程中值得关注的问题

（一）农业现代化水平有待提高

2011年，北京市第一产业比较劳动生产率为0.15，比上年略有提高。“十一五”期间，北京市第一产业比较劳动生产率水平从2006年的0.17下降到2010年的0.15，呈现较为明显的逐年下降趋势。对整个经济发展子系统实现程度影响较大。从发达国家情况来看，美国和澳大利亚第一产业比较劳动生产率处于较高水平，达到0.8；荷兰、法国、英国在0.6–0.7之间；日本、韩国、巴西为0.35左右。比较而言，北京市农业劳动生产率处于较低水平，农业现代化水平有待提高。“十二五”期间，北京市将着力转变发展方式，推进产业结构优化升级，加快农村富余劳动力转移，延长农业的产业链，提高一、二、三次产业的融合度，实现首都农业知识、技术、资本的高度密集，农业劳动生产率、土地产出率和资源利用率将大大提高。

（二）农村基础设施建设需要增加投入

2011年，北京市远郊区县污水处理率仅为55.5%，大大低于城市地区95.5%的污水处理水平，实现程度为74.1%；远郊区县万人拥有规模以上零售、餐饮、银行、邮政、居民服务业和其他服务业网点数1.1个，而城区为3.8个，城乡差距明显，郊区生活服务设施依然落后，不便捷。该指标实现程度仅为56.5%。“十一五”期间，北京市为推动新农村建设进程，各项政策向郊区倾斜，农村投资力度不断加大。五年期间农村固定资产投资总额达到1859.9亿元，年平均增长速度达到16.2%；占全社会固定资产投资总额的8.6%。2011年，北京市农村固定资产投资额仅为446.7亿元，比上年下降2.9%；占全社会固定资产投资额的比重为7.6%，绝对额和相对值均出现下降。十八大提出，推进城乡发展一体化要坚持把国家基础设施建设和社会事业发展重点放在农村，深入推进新农村建设，全面改善农村生产生活条件。为进一步推动城乡经济社会一体化发展进程，北京市仍需进一步加大农村基础设施建设投资力度。

（三）农民增收需要更多实惠

近几年，在多项支农惠农政策拉动下，北京市农村居民人均纯收入

不断提高，城乡收入比也呈下降趋势，但农民收入的增加并不代表生活水平和保障水平的相应提高。2011 年，城乡一体化监测体系中实现程度在 70%以下的有六项指标，其中三项均涉及农民生活保障水平。城乡居民人均收入中养老金、退休金比，新型农村合作医疗报销水平指数和城乡低保标准比三项指标实现程度分别仅为 48.8%、65.3%和 68%。2011 年，北京市城镇居民人均收入中养老金、退休金为 8988 元，农村居民仅为 1463 元，城乡差距非常明显；农村居民政策范围内住院费和门诊费报销比分别为 58.3%和 41.3%，远远低于城镇 76.2%的报销水平；农村低保标准从 2009 年的 170 元提高到目前的 340 元，但与城镇居民 500 元的标准相比还有一定距离。2012 年，党的十八大报告指出，要加大城乡统筹发展力度，逐步缩小城乡差距，整合城乡居民基本养老保险和基本医疗保险制度，完善社会救助体系，健全社会福利制度。北京市城乡经济社会发展一体化进程的推动，不仅依赖于农民收入的不断增加，更要让农民得到更多实惠，让广大农民平等参与现代化进程、共同分享现代化成果。

（四）社会管理水平有待进一步提高

2011 年监测结果表明，北京市城乡经济社会发展一体化六个子系统中实现程度最低的是社会管理，仅为 79.6%。涉及的三项指标中社会安全满意度实现程度达到 100%，村务公开满意度和居民对社会管理的满意度均处于较低水平。2011 年，北京市村务公开满意度实现程度仅为 54.1%。通过连续四年对 200 个行政村的基层民主建设问卷调查情况看，村民对民主选举、民主决策、民主管理、民主监督方面的满意度逐年提高，但是对村务公开非常满意或比较满意的比重在五成以下。据市局总队开展的社会管理满意度调查显示，2003 位被调查者中表示对社会管理总体情况非常满意或比较满意的只占 66.7%。

调查显示，非常了解或比较了解社会建设和社会管理基本内容的仅占 56.1%；在城乡差距方面的具体表现方面，64.9%的被调查者认为北京市城乡差距最主要的表现之一是居民收入和消费水平的差距，其中 39.6%的被调查者把它排在了第一位；46.7%的被调查者认为享受就业、教育、医疗、社会保障等基本公共服务方面存在差距，其中 14%的被调查者把它排在了第一位。从对社会管理的各个具体方面打分情况来看，被调查者对垃圾分类情况、就业安置指导或农村劳动力转移方面、引导人口合理流动、学前教育收费和教育质量等方面的打分较低；农村居民在医疗条件、医疗保障报销水平以及村（居）委会自治管理方面满意程度低于城镇居民。

随着北京市经济发展水平的提高，信息化发展和开放程度不断深入，农村居民的综合素质明显提高，对社会事件的关注程度越来越高，维权意识明显增强，参与社会管理的热情不断提升，这些都对北京市社会管理，特别是基层管理工作提出了新要求。北京市社会建设和社会管理水平有待进一步提高，以不断适应人们对社会服务需求的日益增长，也有利于北京市城乡经济社会发展一体化进程的推进。

北京新农村建设进程监测报告

◆◇孟素洁　何　侃　窦莉莉

党的十六届五中全会提出了推进社会主义新农村建设的历史任务。“十一五”期间，市委、市政府以科学发展观为指导，按照“生产发展、生活宽裕、乡风文明、村容整洁、管理民主”的要求，扎实起步、突破发展，推进社会主义新农村建设取得明显成效。2011 年是“十二五”的开局之年，北京正在已经形成的城乡一体化工作格局基础上，全面推进新农村建设和城乡一体化协调发展。

按照北京市统计局、国家统计局北京调查总队（以下简称市局、总队）研究建立的新农村建设进程监测评价指标体系，我们对 2011 年北京新农村建设进程及区域实现程度开展了监测。监测结果表明，北京市新农村建设综合实现程度为 82.32%，比上年提高 1.26 个百分点，从涉及的 26 项指标来看，有 13 项指标的实现程度超过 90%，20 项指标的实现程度比上年有不同程度提高，新农村建设持续推进。

一、北京新农村建设总体评价

（一）北京新农村建设综合实现程度稳步提升

2011 年，北京市以创新为动力，抓住突破城乡二元体制障碍的关键，统筹城乡和区域经济社会协调发展，农村经济持续发展，农民收入稳步增长，基础设施逐步完善，社会保障覆盖城乡，产业结构不断优化，农业功能全面拓展，新农村建设的各项规划目标顺利完成。2011 年，全市新农村建设综合实现程度为 82.32%，比上年提高 1.26 个百分点，总体进入基本实现阶段（见表 1）。

表 1　　2011 年北京新农村建设进程监测测算结果

指标名称	单位	目标值	权重	实际值	实现程度	得分
新农村建设综合实现程度			100		82.32	82.32
生产发展与就业			27		69.38	18.73
1.农业劳动生产率	元/人	100000	5	62553.73	62.55	3.13
2.第一产业万元增加值水耗	m^3/万元	1000	5	801.67	100.00	5.00
3.二、三产业从业人员占比重	%	95%	5	82.84	87.20	4.36
4.农产品质量安全认证率	%	60%	4	25.30	42.17	1.69
5.都市型现代农业总收入农林牧渔总产值比重	%	50%	4	25.91	51.83	2.07
6.参加农业专业合作组织的农户比重	%	60%	4	37.28	62.13	2.49
生活质量与保障			25	0.00	89.85	22.46
7.农村居民人均纯收入	元/人	20000	3	14736.00	73.68	2.21
8.工资性收入占比重	%	75%	2	65.00	86.67	1.73
9.城乡居民收入比	N/C	1/1.5	2	2.23	67.26	1.35
10.农村居民住房居住质量指数	%	90%	5	90.22	100.00	5.00
11.农民信息化程度	%	90%	5	81.82	90.91	4.55
12.农村养老保险参保率	%	100%	4	93.00	93.00	3.72
13.农村合作医疗参合率	%	100%	4	97.70	97.70	3.91
设施建设与环境			24	0.00	92.76	22.26
14.村内道路硬化率	%	100%	4	99.19	99.19	3.97
15.污水处理率	%	90%	5	70.77	78.64	3.93
16.安全饮水达标率	%	100%	5	91.14	91.14	4.56
17.生活垃圾无害化率	%	100%	5	96.13	96.13	4.81
18.绿色植被覆盖率	%	70%	5	70.91	100.00	5.00

表 1　　2011 年北京新农村建设进程监测测算结果　　（续）

指标名称	单位	目标值	权重	实际值	实现程度	得分
社会文明与民主			24	0.00	78.60	18.86
19.农民劳均受教育年限	年	12	4	10.53	87.75	3.51
20.农民文教娱乐支出所占比重	%	20%	2	9.06	45.32	0.91
21.体育健身场所普及率	%	100%	2	94.80	94.80	1.90
22.休闲公园普及率	%	80%	2	44.30	55.38	1.11
23.图书室、文化站普及率	%	100%	2	95.61	95.61	1.91
24.农村居民基尼系数	–	0.25–0.35	4	0.27	100.00	4.00
25.农民对村政务公开满意度	%	100%	4	46.02	46.02	1.84
26.农民社会安全满意度	%	100%	4	92.30	92.30	3.69

（二）子系统实现程度三升一降

新农村建设进程监测的四个子系统中，三项实现程度比上年均有所提高。其中设施建设与环境实现程度最高，达到了 92.76%，比上年提高 1.24 个百分点；生活质量与保障实现程度达到 89.85%，比上年提高 1.83 个百分点；生产发展与就业实现程度最低，达到 69.38%，比上年提高 2.6 个百分点；社会文明与民主实现程度为 78.6%，比上年降低 0.84 个百分点。从监测涉及的 26 个指标来看，有 13 项指标实现程度超过 90%，其中第一产业万元增加值水耗、绿色植被覆盖率、农村居民住房居住质量指数和农村居民基尼系数 4 项指标达到了目标值；3 项指标实现程度在 80%–90%间；7 项指标实现程度在 50%–79%间；2 项指标实现程度低于 50%。

（三）各区县新农村建设水平较为均衡

2011 年，13 个郊区县新农村建设综合实现程度全部达到 70%以上。其中，2 个区县实现程度达到 80%以上，分别是平谷区和密云县。分功能区看，生态涵养发展区的五个区县综合实现程度整体水平较高，其中密云县综合实现程度达到 81.01%，为 13 个郊区县中最高水平；城市发展新区的五个区县综合实现程度整体水平偏低，其中通州区实现程度最低，仅为71.38%。

二、北京新农村建设特点

（一）农民收入稳步增长，社会保障水平不断提高

2011年，生活质量与保障实现程度为89.85%，比上年提高1.83个百分点，拉动新农村建设综合实现程度上升0.46个百分点。2011年，北京市农村居民人均纯收入较上年有较大增长，达到14736元，增长13.6%，为近十一年来的最高速度。农村居民人均纯收入实现程度比上年提高7.37个百分点，达到73.68%，但离目标值仍有一定差距。农民人均纯收入四项构成三增一降，工资性收入、财产性收入、转移性收入增加，家庭经营收入下降。其中工资性收入增收贡献最大，人均工资性收入9579元，增长19.6%，对农民增收贡献率高达89%，拉动增速12.1个百分点。

2011年北京市农村合作医疗制度不断完善，补贴标准从2007年的220元，提高到2011年的520元；到2011年底，全市参合率从2005年的80.3%提高到97.7%，较上年提高1个百分点；社会养老保险水平继续提高，2007年北京市率先建立了城乡一体化的居民养老保险制度，到2011年底农民参加城乡居民养老保险的覆盖率达到93%，较上年提高1个百分点。

（二）农村经济持续发展，农民就业渠道显著拓宽

2011年，生产发展与就业实现程度为69.38%，比上年提高2.6个百分点，拉动新农村建设综合实现程度上升0.7个百分点。与上年相比，该子系统的大部分指标实现程度均有所上升，其中农业劳动生产率及参加农业专业合作组织的农户比重2项指标，分别上升了8个和2.92个百分点。

都市型现代农业加快发展，2011年，郊区农村农林牧渔业总产值363亿元，比2010年增加了35亿元，农产品向精品化、高端化方向发展，有效地提高了郊区农业的集约化水平。

郊区农民就业结构进一步优化，2011年，北京市郊区二、三产业从

业人员比重达到82.84%，二、三产业已成为郊区农村劳动力就业的主渠道。随着北京郊区城镇化进程的推进，公益性服务岗位需求大幅增加，政府通过购买服务，增加了农民的就业机会，特别是为解决“4050”人员就近就业提供了条件。

（三）生态环境进一步改善，基础设施建设成效显著

2011年，设施建设与环境实现程度为92.76%，比上年提高1.24个百分点，拉动新农村建设综合实现程度上升0.31个百分点，在四个子系统中实现程度最高。该子系统涉及的5项指标，其中农村地区供水设施的不断完善，促使安全饮水达标率迅速提升，实现程度较上年提高2.78个百分点；污水处理率、生活垃圾无害化率的实现程度比上年分别提高2.62个和0.57个百分点。

据有关部门提供，2011年北京市投入16亿元，建立了新农村建设工程的“长效保护机制”，继续实施农村“三起来”工程，农业基础设施建设全面提升。按照“干净、整洁、路畅、村绿、建制”的标准，2011年北京市继续进行村庄环境整治，取得显著成效，小流域治理力度不断加大，生态涵养区环境质量进一步提升。

（四）社会事业良好发展，民主法治建设稳步推进

2011年，全市社会文明与民主实现程度为78.6%。在该子系统涉及的8项指标中，有4项指标实现程度达90%以上，其中图书室和文化站普及率、农民社会安全满意度、体育健身场所普及率和农村居民基尼系数的实现程度分别达到95.61%、92.3%、94.8%和100%。

2011年，全市城乡教育一体化全面推进，农村中小学全部实现了义务教育阶段“三免两补”；文化体育服务体系更加完善，全市基本形成了市文化艺术活动中心、区县文化馆、街道（乡镇）文化服务中心和社区（村）文化室四级公共文化设施服务网络，基本实现了街道文化中心和行政村多媒体综合文化中心全覆盖的目标；农村科技和数字化建设步伐加快，“211信息平台”实现了跨部门涉农信息资源共建共享。

2011年，北京市民主法治建设稳步推进，民主决策水平不断提高，民主管理不断加强，民主监督不断完善，“五五”普法和法律服务取得显著效果。

三、北京新农村建设中值得关注的问题及建议

（一）城乡居民生活差距依然显著

北京市城乡居民收入比从 2000 年的 2.21 扩大到 2005 年的 2.25。“十一五”期间，在各项强农、惠农政策支持下，城乡居民收入比呈现了稳中趋降的态势，2011 年差距缩小为 2.23。虽然城乡居民收入比在缩小，但收入差距的绝对额始终呈扩大趋势，2000 年城乡居民收入差额为 5663 元，2005 年上升为 9793 元，2011 年已扩大到 18167 元。从新农村监测指标人均教育文化娱乐消费支出看，城镇居民为 3307 元，占人均生活消费支出的 15%，农村居民为 1004 元，占人均生活消费支出的 9.06%，两项支出额相差近 3 倍。

北京经济社会发展“十二五”规划中，将率先形成城乡经济社会发展一体化新格局作为“十二五”的重要目标之一。因此，北京市应以城乡一体化发展为契机，以保障农民利益为核心，把改善民生的重点放在农村，不断加强对农村各项社会服务的投入和政策支持，提高政府公共服务的投入水平，推进城乡教育、医疗、劳动就业、社会管理等方面的一体化发展，提高农民的社会保障水平，拓宽农民就业创业渠道，建立农民增收的稳定机制。

（二）农业产业化水平有待进一步提升

近年来，北京市都市型现代农业的发展虽然有了长足的发展，但是发展质量还有待提高。监测结果显示，在 4 个子系统中，生产发展和就业子系统实现程度最低。监测数据显示，北京市都市型现代农业的集约化、产业化、和现代化水平有待进一步提升。其中，都市型现代农业近年来增速放缓，收入占农林牧渔业总产值比重偏低，实现程度仅为 51.83%；受农业劳动生产率、参加农业专业合作组织的农户比重、农产品质量安全认证率偏低等因素影响，生产发展与就业子系统的实现程度仅为 67.9%。

北京市农村城镇化进程监测报告

◆◇孟素洁　杨小琮

“十一五”期间，是北京农村城镇化进程飞速发展的阶段，政府在农村实施了“5+3”[1]等基础设施建设工程，在全国率先实现城乡社会保障全覆盖，各项改革深入推进，农民生活质量不断提高，农村城镇化水平由中级阶段迈入高级阶段。2011 年是“十二五”开局之年，北京农村以城乡一体化发展为目标，农村经济、社会等各领域稳步发展，农村城镇化进程稳步推进。根据北京市统计局、国家统计局北京调查总队自身研究建立的农村城镇化进程监测评价指标体系，对 2011 年北京农村城镇化进程进行了监测。

一、2011 年北京农村城镇化进程总体评价

北京市农村城镇化进程监测结果表明，2011 年北京农村城镇化综合实现程度为 83.7%，处于城镇化高级阶段。监测评价指标体系涉及的 5 个子系统 17 项指标中，二、三产业增加值占比重、农民人均可支配收入、使用清洁能源普及率 3 项指标实现程度达到 100%；5 项指标实现程度在 90%−100%之间；小城镇人口密度、每千人拥有医生数和有生活污水收集管网的村占比重 3 项指标实现程度在 60%及以下（见表 1）。

从涉及的五个子系统来看，人民生活子系统实现程度最高，达到 92.4%；人口素质子系统实现程度 87.8%，朝阳、丰台、海淀三个区县实现程度均已超过 90%；社会发展和基础设施稳步发展，实现程度分别为 81.5%和 80.9%，分别比上年提高 0.8 个和 0.2 个百分点；受城乡收入差距的影响，经济发展实现程度为 78.1%，在五个子系统中实现程度

1 新农村“5+3”基础设施建设工程：指以街坊路硬化、安全饮水、户厕改造、垃圾处理、污水处理为主要内容的农村五项基础设施建设工程，和“让农村亮起来，让农民暖起来，让农业资源循环起来”工程。

最低。

表 1　　2011 年北京市农村城镇化综合评价情况[2]

指标	单位	目标值	权重	实际值	得分	实现程度
合　计					83.7	83.7
一、经济发展			15		11.7	78.1
1.二三产业增加值占比重	%	95	5	99.2	5.0	100.0
2.城乡收入比例	N/C	1.5	10	2.2	6.7	67.2
二、社会发展			35		28.5	81.5
3.小城镇人口密度	人/平方公里	1000	8	600	4.8	60.0
4.城镇人口占比重	%	60	8	53.1	7.1	88.5
5.非农产业从业人员占比重	%	85	8	82.8	7.8	97.5
6.每千人拥有医生数	人	5	3	2.0	1.2	40.2
7.养老保险覆盖率	%	100	4	93.0	3.7	93.0
8.新型合作医疗覆盖率	%	100	4	97.7	3.9	97.7
三、人口素质			10		8.8	87.8
9.农民劳均受教育年限	年	12	10	10.5	8.8	87.8
四、人民生活			20		18.5	92.4
10.农民人均可支配收入	元	12000	6	13820.7	6.0	100.0
11.恩格尔系数	%	30	4	32.4	3.7	92.6
12.文化、娱乐支出比重	%	10	4	7.5	3.0	75.0
13.家用电脑普及率	%	60	6	57.7	5.8	96.2
五、基础设施			20		16.2	80.9
14.使用清洁能源普及率	%	85	5	90.5	5.0	100.0
15.卫生厕所覆盖率	%	85	5	74.2	4.4	87.3
16.公路密度	公里/平方公里	1.5	6	1.2	4.7	78.7
17.有生活污水收集管网的村的比重	%	70	4	36.7	2.1	52.5

2 城乡收入比例、农民劳均受教育年限、农民人均可支配收入、恩格尔系数、文化娱乐支出比重、家用电脑普及率、使用清洁能源普及率、卫生厕所覆盖率 8 项指标数据均来源于农村住户抽样调查数据， 2011 年农村住户样本进行了轮换，同时农民人均纯收入按国家统计局口径进行了调整。

二、2011年北京市农村区域城镇化发展特点

（一）各区县城镇化综合实现程度呈明显的阶段性分布

根据农村城镇化评价指标体系研究中的划分，将农村城镇化综合实现程度划分为三个阶段：农村城镇化综合实现程度 40 分以下为初级阶段，40—80 分为中级阶段，80 分以上为高级阶段。2011 年，处于城镇化高级阶段的有 7 个区县，其中近郊朝阳、丰台、海淀实现程度在 90%以上，分别达到 95.8%、94%、93.9%；通州、顺义、昌平、大兴实现程度均在 80%–90%间，分别为 86%、80.3%、82.8%、81.2%；远郊的门头沟、房山、怀柔、平谷、密云、延庆 6 个山区（含半山区）区县城镇化综合实现程度均在 80%以下，分别是 75.6%、74.5%、69.9%、77.2%、70.4%、67.1%，均处于城镇化发展的中级阶段。

（二）各子系统发展水平仍有差距，但区域差距有缩小趋势

从城镇化评价指标体系涉及的 5 个子系统看，经济发展和人口素质子系统各区县间发展相对较平衡，社会发展、人民生活和基础设施 3 个子系统差距依然较为明显。经济发展子系统实现程度除朝阳区为 91.6%，密云县和延庆县分别为 79.7%和 79.6%外，其余 10 个区县实现程度全部在 80%–90%之间，实现程度最高的朝阳和实现程度最低的延庆相差 12 个百分点，差距比去年缩小 1.7 个百分点；人口素质子系统中朝阳、丰台、海淀、门头沟均在 90%以上，其余 9 个区县也全部在 80%以上，实现程度最高的丰台和实现程度最低的怀柔相差 17 个百分点，差距比去年略有缩小；社会发展子系统中，朝阳、海淀、丰台的实现程度均在 90%以上，其他 10 个远郊区县除通州外实现程度均在 80%以下，怀柔和密云的实现程度不到 60%，实现程度最高的朝阳和实现程度最低的密云相差 40 个百分点，但差距比去年缩小了 2.5 个百分点；基础设施建设子系统中，近郊区县实现程度均在 90%以上，远郊区县中 4 个平原区县实现程度均在 80%–90%间，6 个山区（半山区）区县实现程度均在 80%以下，实现程度最高的朝阳和实现程度最低的延庆相差了 40.4 个百分点，差距比去年缩小 1.2 个百分点；人民生活子系统中，实现程度最高的朝阳和实现程度最低的延庆也相差了 30.4 个百分点。

监测结果表明，区域城镇化进程不平衡情况仍然比较突出，但近年来，郊区县农村基础设施建设力度不断加大，以城乡一体化发展为目标的城乡社会保障体系的建立，使得郊区城镇化发展相对较快，区域城镇化发展差异有所缩小。

三、北京市农村城镇化进程中值得关注的问题

（一）农民增收内生动力不足，城乡居民差距仍然明显

2011年，北京市农村居民人均纯收入达到14736元，比上年增长13.6%，增速高于城镇居民人均可支配收入0.4个百分点，城乡居民收入比从2010年的2.24[3]下降到2011年的2.23，但受价格因素影响以及长期以来形成的城乡居民收入基数差距较大的影响，城乡居民收入绝对差额由上年的15811元扩大到2011年的18167元，城乡居民收入差距仍然明显。

从增收结构看，“十一五”期间，农民收入的增长与各项惠农政策的全面贯彻落实密切相关，生产性收入平均增速仅为7.9%，非生产性收入平均增速高达到24.7%。“十二五”期间乃至今后一段时间，惠农政策是否仍能保持和加大力度，农村居民收入是否仍能像“十一五”期间一样，保持快速增长有待关注。另外，随着城镇化进程的加快，农村高收入群体将转为居民，农民收入的平均基数预计将降低，因此，探索农民增收途径，提升农民增收的内生动力，增强农民就业增收的稳定性，抑制城乡收入差距扩大的任务仍然艰巨。

（二）小城镇聚集效应仍需加强

北京郊区承担着集聚农村人口和承接中心城市人口转移的腹地功能。然而，郊区新城和小城镇人口集聚功能发挥尚待加强。2011年，北京市郊区城镇人口比重为53.1%，分别比非农产业从业人员占比重的82.8%和二、三产业增加值占比重的99.2%低29.7个和46.1个百分点，远郊区县除通州外，其他区县城镇人口比重均未达到40%，这说明人口城镇化明显滞后于经济非农化水平，城镇化滞后于经济发展问题仍较突出。同时，在农村地区，小城镇是实现人口聚集的主要载体和空间，2011

3 根据国家统计局新的农民人均纯收入口径测算，2010年城乡居民收入比由原口径的2.19调整为2.24。

年，北京市中心城区人口密度高达 1.6 万人/平方公里，近郊人口密度达 7501 人/平方公里，远郊区县人口密度 525 人/平方公里。而北京市 166 个小城镇[4]人口密度仅 600 人/平方公里，远郊区县 135 个小城镇人口密度只有416人/平方公里,42个重点镇人口密度仅370人/平方公里。由此可见，小城镇在吸纳中心区人口，聚集农村产业和农村人口功能的发挥方面还需加强。

4 包含近郊朝阳、丰台、海淀的全部乡镇以及 10 个远郊区县的所有建制镇。

北京和上海经济发展特点及走势分析

◆◇仲长远　周　冲

作为中国经济生活中最受关注的两个城市，北京和上海同处于后工业化和城市化的高级阶段，近年来经济社会发展先后进入人均GDP过万美元，第三产业发挥主导作用的新时期。2008年全球金融危机爆发以来，世界经济复苏进程缓慢而曲折，中国经济进入深度调整期。在国际国内经济环境复杂严峻的大背景下，两市经济从快速增长向中速增长过渡，面临的调结构、转方式的任务十分艰巨。

一、北京和上海基本情况对比

北京和上海在全国版图上同属东部地区。北京62%的面积是山区，平原面积在6200平方公里左右；上海全部是坦荡低平的冲积平原，面积在6300平方公里左右。两个城市都是特大型城市，上海人口总量和外来人口比重均高于北京。2011年北京常住人口突破了2000万，达到2018.6万人，其中常住外来人口742.2万人，占36.8%；上海在2007年末常住人口就超过了2000万，2011年更是达到2347.5万人，其中常住外来人口在900万左右，约占39%。按平原面积计算的人口密度，北京每平方公里约为3256人，比上海少470余人。

从主要经济指标情况看：

（一）经济总量上海更大，但相对差距逐年缩小

历史上，上海的经济总量一直大于北京，但两市相对差距呈逐年缩小趋势。2011年上海地区生产总值达到19195.7亿元，占全国生产总值的4.1%；北京为16251.9亿元，占全国的3.4%[1]。北京地区生产总值少于上海2943.8亿元，两市相对差距为15.3%，即北京比上海少15.3%。

1 北京、上海地区生产总值数据为初步核实数，全国国内生产总值为初步核算数。

与 2010 年相比，相对差距缩小 2.5 个百分点，与 1978 年相比（当年北京GDP为上海的 39.9%），更是缩小了 44.8 个百分点。按常住人口计算的人均地区生产总值，北京为 12643 美元，上海为 12784 美元，北京低于上海 141 美元（见图 1）。

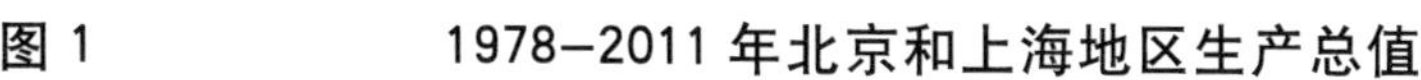

图 1　　1978—2011 年北京和上海地区生产总值

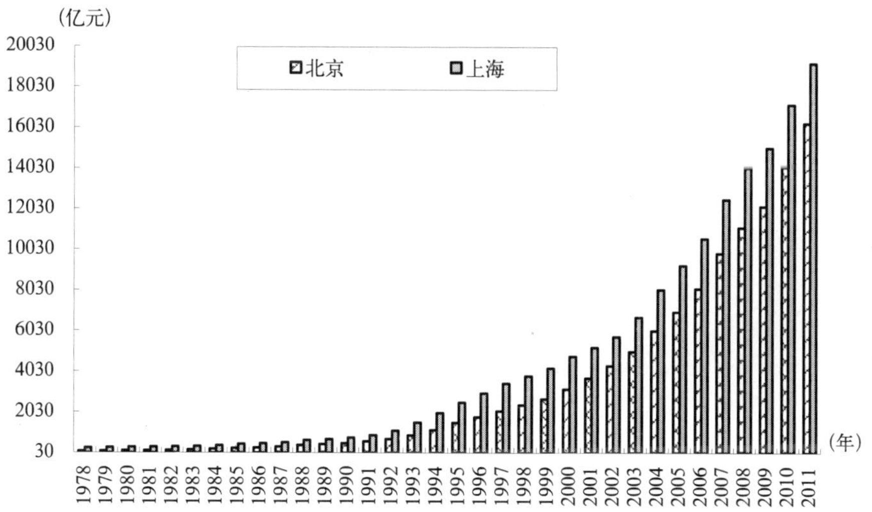

（二）经济增长走势两市基本一致，近年均呈放缓趋势

改革开放以来，北京和上海经济增长趋势总体一致。1978 年以来，北京经济年均增长 10.5%，上海年均增长 10.2%。20 世纪 90 年代到 21 世纪初，两市经济都经历了高速增长期—亚洲金融危机调整期—平稳增长期。2003—2007 年，两市经济增速加快，年平均增速均超过 12%。2008 年全球金融危机后，经济增长逐步从高速向两位数以下的中速增长过渡。2010 年以来北京和上海经济增速基本呈逐季减缓态势，2011 年地区生产总值分别增长 8.1%和 8.2%，列全国倒数第一和倒数第二。进入 2012 年，两市经济继续下行，一季度和上半年均分别增长 7%和 7.2%，在全国 31 个省市中并列倒数第一（见图 2、图 3）。

图 2　　1992—2011 年北京和上海地区生产总值增速

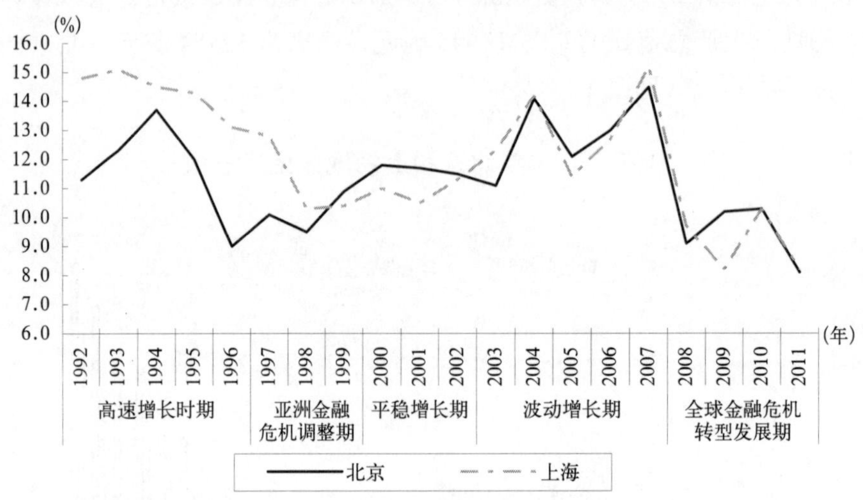

图 3　　2010 年以来北京和上海地区生产总值季度累计增速

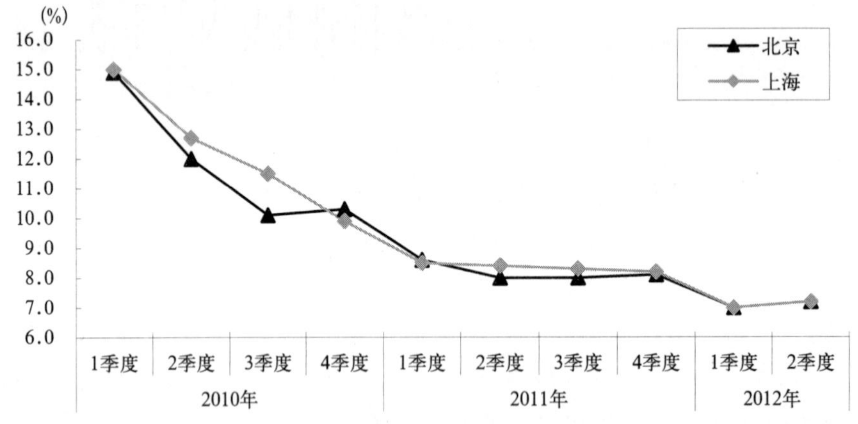

（三）产业结构均为“三二一”结构，北京三产优势明显，上海二三产较为接近

北京和上海都有过浓重的工业城市和商贸城市的痕迹，在经历了不尽相同的发展轨迹后，两个城市的产业结构变化既有相同趋向、也有特征差异。在三产均占据主导地位的同时，北京服务型经济特征更典型，上海则呈二三产业共同发展格局。具体看，北京 1994 年第三产业比重超

过第二产业，此后三产以年均增长 12.6%的速度快速发展，二产年均增长 9.8%，三产增速明显快于二产。上海三产比重超过二产的时间是 1999 年，此后三产年均增长 11.7%，二产年均增长 11%，增势较为接近。2011 年北京三次产业比为 0.8∶23.1∶76.1，上海为 0.7∶41.3∶58(见图 4)。

图 4　　1978—2011 年北京和上海第二产业和第三产业比重对比

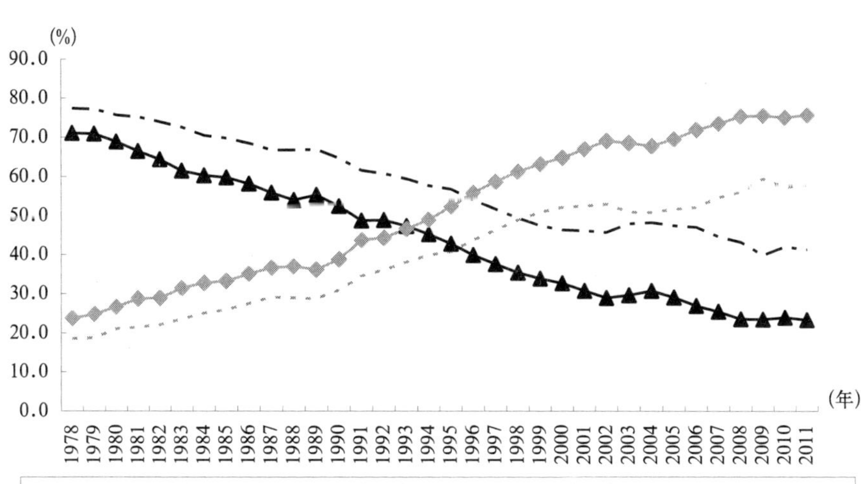

制造业内部主体结构比较接近。上海长期将电子、汽车、石化、精品钢材、设备制造、生物医药六个行业作为重点发展行业，2011 年六个行业总产值占全部工业总产值的 66.7%。北京以电子、汽车、装备、石化、医药为重要支撑，上述相关行业总产值占全部工业总产值的 56.4%。

服务业内部主体结构有异有同。根据 2011 年初步核算数据，上海排在第三产业前五位的行业是批发零售业、金融业、房地产业、交通运输仓储邮电业、租赁商务服务业，五个行业增加值占第三产业增加值的比重超过七成。北京排在前五位的是批发零售业、金融业、信息传输计算机服务软件业、租赁商务服务业、科学研究技术服务地质勘查业，五个行业增加值占第三产业增加值的比重为 65.9%。

（四）需求结构均以消费为主导，但投资消费内部结构不同

2006 年，北京消费率超过投资率，上海这一变化发生在 2000 年。2010 年，按支出法计算的地区生产总值中，最终消费、资本形成、净出口三

者的比例，北京为 56∶43.2∶0.8，上海为 54.9∶43.2∶1.9。可以看出，目前消费均已经成为拉动这两个城市经济增长的重要动力（见图 5）。

图 5　2000－2010 年北京和上海最终消费率和资本形成率

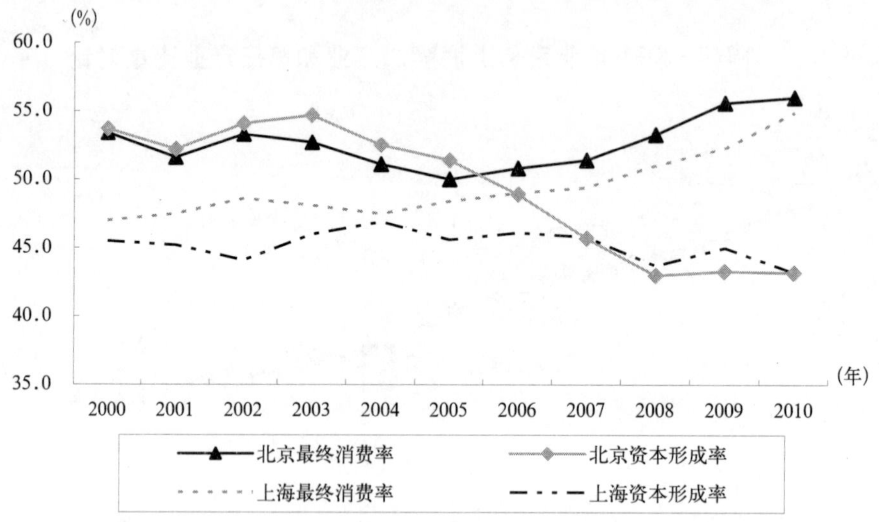

表 1　2011 年北京、上海城乡居民消费八大类支出比重[2]（%）

类别	城镇居民		农村居民	
	北京	上海	北京	上海
食品	31.4①	35.5①	32.4①	40.1①
衣着	10.3④	8.2⑤	7.8⑥	5.7⑦
居住	8.8⑤	8.9④	21.2②	16.0②
家庭设备用品及服务	7.1⑥	7.3⑥	6.5⑦	5.8⑥
医疗保健	6.9⑦	4.5⑧	9.3⑤	8.1⑤
交通和通信	16.0②	15.2②	11.1③	11.6③
教育文化娱乐服务	15.0③	14.9③	9.1④	10.1④
其他商品和服务	4.4⑧	5.6⑦	2.6⑧	2.7⑧

2 表中①－⑧ 代表各类消费支出占比的位次。

从消费结构看，上海居民消费比重及水平远高于北京。2010 年，最终消费中居民消费所占比重，上海达到 77.3%，北京为 58.8%，上海高于北京 18.5 个百分点。政府消费比重上海为 22.7%，北京为 41.2%。上海居民消费为 7281.9 亿元，相当于北京的 1.6 倍。从具体消费结构看，2011 年，在城镇居民消费中，北京的食品消费比重低于上海，衣着、医疗消费比重高于上海，居住、家庭设备、交通、教育文化消费两市大体相当。在农民消费中，北京的食品和文教娱乐消费比重低于上海，居住、衣着和医疗保健消费比重高于上海，交通和家庭设备消费比重大体相当（见表 1）。

从投资结构看，均侧重在三产，北京房地产开发投资比重更高。2011 年，北京完成全社会固定资产投资 5910.6 亿元，比上年增长 13.3%；上海为 5067.1 亿元，增长 0.3%。北京和上海第二产业投资的比重分别为 12.9%和 25.6%，北京低于上海 12.7 个百分点；第三产业投资的比重分别为 86.3%和 74.1%，北京高于上海 7.8 个百分点。第三产业中，北京房地产开发投资比重更大，达到 51.4%，上海为 42.8%，北京高于上海 8.6 个百分点（见表 2）。

表 2　　2011 年北京和上海投资结构对比

	绝对量（亿元）		比　重（%）	
	北京	上海	北京	上海
全社会固定资产投资总额	5910.6	5067.1	100.0	100.0
第一产业	47.2	18.6	0.8	0.3
第二产业	762.2	1295.8	12.9	25.6
工业	751.9	1282.9	12.7	25.3
第三产业	5101.3	3752.6	86.3	74.1
房地产业	3036.3	2273.9	51.4	42.8

（五）财力上海较强，增速北京更快

北京和上海地方财政一般预算收入均在 2011 年跨过 3000 亿元。北京为 3006.3 亿元，增长 27.7%；上海为 3429.8 亿元，增长 19.4%。2000

年以来，北京财政收入年均增长 22.6%，上海年均增长 17.7%。在快速增长的带动下，北京财政收入与上海的相对差距逐步缩小，2000 年北京相当于上海的 69.3%，2011 年该比例已经提升至 87.7%。分税种看，两市营业税规模大体相当，均略超 1000 亿元；在企业所得税、增值税和个人所得税上，上海规模大于北京（见图 6）。

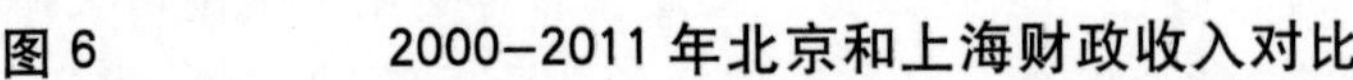

图 6　　2000–2011 年北京和上海财政收入对比

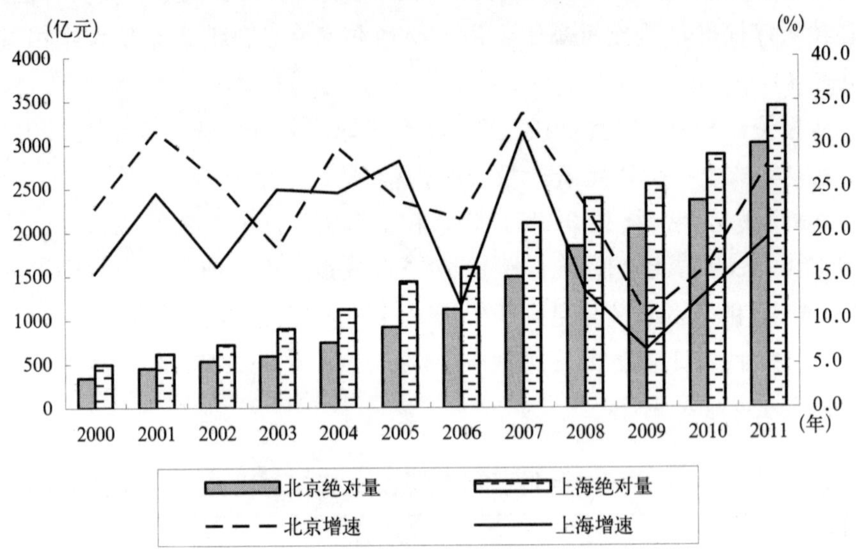

（六）居民收入上海更高，近两年增速快于北京

2011 年，北京城镇居民人均可支配收入为 32903 元，低于上海 3327 元（该指标上海口径为城市居民人均可支配收入，若均为城镇口径，上海居民收入会较当前数据有所减少，但仍高于北京）。北京农村居民人均纯收入为 14736 元，上海农村居民人均可支配收入 15644 元，高于北京 908 元（若同为可支配收入口径，北京将低于当前数据，与上海差距更大）。从近十年居民收入增速看，北京城镇居民收入实际增速有 7 年快于上海，农村居民收入有 3 年快于上海。但近两年，上海城乡居民收入实际增速均快于北京（见图 7）。

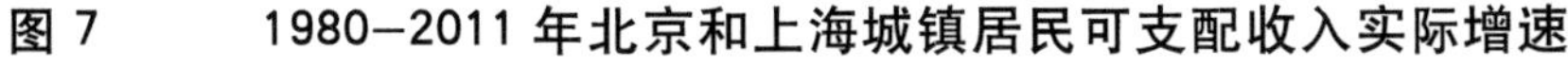
图 7　　1980-2011 年北京和上海城镇居民可支配收入实际增速

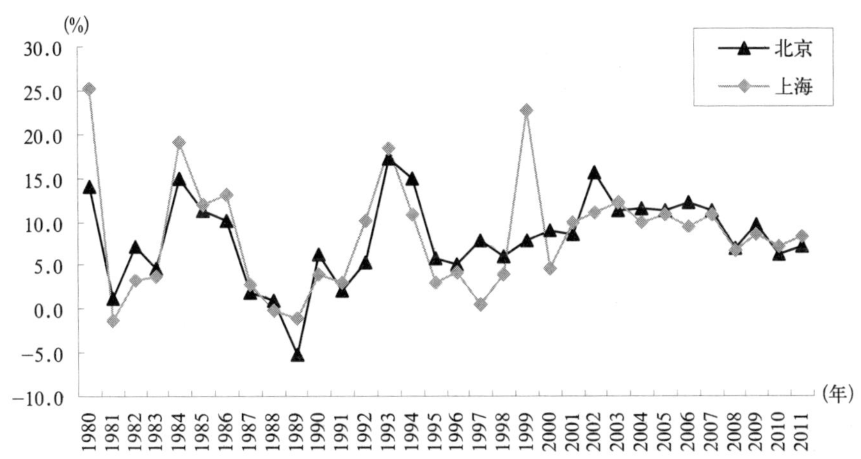

二、北京和上海未来发展趋势的影响因素分析

目前，北京和上海基本处于同一发展阶段，即后工业化向发达经济迈进的关键期和城市化的高级阶段；同时，也都处于转方式的关键时期，经济面临下行压力、调结构转方式任务艰巨。未来一段时间，影响两个城市经济发展趋势的因素主要有以下几方面：

（一）城市功能定位和发展目标上，北京突出政治文化中心作用，上海彰显经济中心功能

城市的基本定位和发展目标是一种战略性选择，对城市发展路径和发展方向会产生很大影响。《北京城市总体规划（2004-2020）》将北京定位在国家首都、国际城市、文化名城、宜居城市；2011 年《中共北京市委关于发挥文化中心作用加快建设中国特色社会主义先进文化制度的意见》提出了“将北京打造成为中国特色社会主义先进文化之都，具有世界影响力的文化中心城市”的发展目标。上海一直在积极推进从工商业城市向经济中心城市的转变，《上海市城市总体规划（1999－2020 年）》提出，2020 年前把上海建设成为国际经济中心、国际金融中心、国际贸易中心、国际航运中心“四个中心”。在北京的定位和目标中，政治和文化氛围浓厚，始终要满足国家首都的要求，体现首都特色，同时

发挥出文化方面优势，并未刻意强调经济功能。而上海的定位和发展目标，更加彰显经济中心功能，始终围绕经济中心地位，强化金融和贸易等功能。

（二）区域发展格局支撑上，长三角优于京津冀

区域整体经济社会发展水平对城市的发展有重要影响。上海和北京分处长三角经济带和京津冀都市圈核心地位。但目前，京津冀无论在总体水平、发展基础、市场化和国际化程度上，还是在空间组织和一体化程度上，都与长三角有较大差距，区域内各城市经济、社会发展极不平衡，互补共荣态势没有形成。此外，北京地处内陆，上海临江临海，水网密布，港口资源丰富，发展潜力更大。

（三）新增长点的培育和成长均需时日

产业需调整转型。北京经济对房地产、汽车依赖较强，房地产也是上海经济的重要支撑，面对楼市调控、交通拥堵，以往的支柱发展受到限制。在制造业、服务业发展中，两个城市也同时面对需加快调整以及产业层次不高的问题。未来如何发展、发展什么亟待解决。上海的六个重点工业行业中，电子信息产品制造业属于加工型劳动密集产业，正在被加速外移；精品钢材和石化属于高耗能行业，也在调整转型之列；战略性新兴产业尚在起步培育阶段，今年以来呈现降势，1–5 月总产值同比下降 4.7%；生产性服务业占第三产业的比重超过三成（北京超过五成），尚有较大提升空间，研发服务、信息服务、商务服务等新兴服务业规模尚小，支撑作用较弱。北京的电子、汽车制造业增加值率均低于工业平均水平，租赁商务服务、科研技术服务行业增加值率也低于三产平均水平，调整转型压力很大。目前，两市在产业转型升级过程中，面临的任务更多的是尽快培育新生力量填补调整缺口，提高产业核心竞争力，发挥高端引领作用，而这是一个艰难的过程。

消费需进一步启动。目前，北京和上海都面临着消费启而难动的局面。居民消费倾向下降。北京城镇居民平均消费倾向从 2002 年的 82.5%逐年下降到 2011 年的 66.8%，上海从 79%下降到 69.3%。消费动力不足。对启动消费影响最大的因素是收入的稳步增长。在经济调整期，财政收入增长放缓，企业效益不容乐观，北京和上海居民增收动力明显不足，加大了启动消费的不确定性。上海 2012 年初开展的抽样调查显示，67.4%

的被调查家庭预期今年收入基本保持不变；在北京二季度消费者信心调查中，家庭收入状况信心指数为99.1点，较上季度回落0.5点。消费新热点依然缺乏。北京和上海两市居民消费结构已经升级到以住房和汽车消费为主的阶段，同时，作为人口特大型城市，刚性需求和改善型需求都客观存在。但受资源、环境和调控政策的约束，目前房和车均限购，与其相关的消费也相应减少。此外，北京政府消费一直占较大比重，随着对三公消费和其他公务消费的限制和管理逐步加强，未来政府消费拉动力将受影响。对于两市而言，亟须挖掘和培育新的消费热点以适应扩大消费的新需求。

创新驱动力需提升。北京在“十二五”规划中提出，“在全国率先实现创新驱动”。上海提出“要把率先提高自主创新能力作为全面落实、自觉实践科学发展观的战略举措”。目前看，在加快推动创新上，北京拥有得天独厚的科技和人才优势，2011年R&D经费支出相当于地区生产总值的5.8%，连续十年居全国第一。上海独特的商业文化氛围和高度的开放性特点，为培育创新积淀了肥沃的土壤。“十一五”期间涌现出高端硅基SOI材料、手机基带芯片、高温超导材料等一批自主创新成果，高技术产业自主知识产权拥有率接近30%。但也应看到，两市与形成“创新驱动”的发展目标相比，仍有较大差距。以高技术制造业为例，2000年以来，北京、上海的高技术制造业新产品销售收入平均增速分别低于全国7.2个和6.7个百分点；产值利润率也呈降势，2010年分别低于全国平均水平0.4个和2.9个百分点。

综上，北京和上海作为中国经济中备受关注的两个城市，在经济发展过程中，既呈现出相近的趋势和特点，也存在诸多差异。特别是在双双进入深度转型期之时，都面临经济增速回调和转方式任务艰巨的新形势。两个城市在定位、发展目标和区域格局上不尽相同，如何把握机遇、应对挑战，确定好发展战略，平稳度过调整期，实现经济可持续发展是需要共同深入思考的问题。

北京投资特点及转型特征

◆◇王　敏　杜明翠

投资是影响经济增长的基本要素之一，对保持经济持续、稳定、协调发展起着重要的推动作用。从长期看，投资形成新的生产能力和供给能力，带来社会财富的持续增加，但如果没有足够的消费需求来消化产能，供给能力持续地快于需求，将造成产能过剩、利润下降和通货紧缩，因此投资应与消费保持合理的比例结构。从短期看，投资表现为当期需求，直接推动经济增长，投资需求的波动起伏将直接影响经济的平稳增长，因此投资应保持一定的稳定性和连续性。本文从北京市投资特点和转型特征出发，对北京市投资需求进行深入分析。

常用的反映投资的指标有资本形成总额和全社会固定资产投资额。资本形成总额从支出法核算的角度反映投资在国民经济增长中的贡献，是经济学中通常所说的拉动经济增长的“三驾马车”之一。全社会固定资产投资额是指一定时期内以货币形式表现的全社会建造和购置固定资产的工作量和与此有关的费用总和，是反映固定资产投资结构和发展速度的综合性指标，也是观察工程进度和考核投资效果的重要依据。由于资本形成总额是年度指标，全社会固定资产投资额为进度指标，所以本文用资本形成总额来评价投资的总体作用和总量水平，用全社会固定资产投资额来评价投资的进度发展趋势和结构，这也是统计分析监测中的常用做法。

一、从长期看，北京投资阶段性演进特征明显

1982 年以来，北京投资对经济增长的贡献率[1]呈现出波动中逐渐下行的趋势，根据投资贡献率的平均水平以及波动幅度的大小，我们将

1 贡献率用于分析经济增长中各因素作用的大小程度。计算方法：贡献率=增量或增长程度/总增长量或总增长程度×100%。

1982—2011 年，30 年间北京经济发展格局分为四个阶段。分别为：投资消费交错占优阶段、投资总体占优阶段、投资消费双轮驱动阶段和经济增长主要靠消费拉动阶段。与四个阶段相对应的人均GDP水平也具有一定界线意义，分别为人均GDP不足 1000 美元、1000—2000 美元、2000—5000 美元以及 5000 美元以上（见图 1）。

图 1　1982—2011 年北京投资和消费贡献率

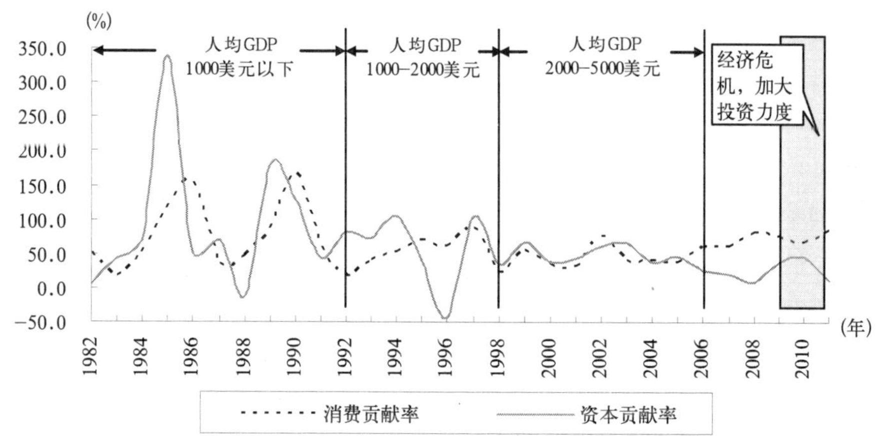

1. 投资消费交错占优阶段

1982—1991 年，北京投资、消费对经济增长的贡献率表现得大起大落，但总体水平较高。其中，投资贡献率最高为 337.5%，最低为-10.8%，平均值达 91.9%，波动标准差[2]为 102.6 个百分点。与此相对应，消费对经济增长的贡献率最高为 165%，最低为 18.3%，平均值达 78.8%，波动标准差为 50.5 个百分点。

伴随着投资、消费的上下震荡，经济发展的主要推动因素也在投资与消费之间交错徘徊。10 年间，有 5 个年份投资对经济增长的拉动作用超过消费，投资贡献率平均超过消费贡献率 78.6 个百分点；5 个年份投资对经济增长的拉动作用不及消费，消费贡献率平均超过投资贡献率

2 标准差反映数据波动大小，表示各数据与算数平均数的平均差距。计算公式：

$$标准差=\sqrt{\frac{\sum(数值-均值)^2}{n}}$$

52.5个百分点。

2. 投资总体占优阶段

1992–1997年，北京经济发展仍然表现出高投资、高消费的阶段性特征，投资和消费的平均贡献率分别为59.9%和54.8%，这说明投资、消费对经济增长的拉动作用虽然比上一时期有所减弱，但仍然强劲。

从经济驱动因素分析，此阶段北京经济发展主要靠投资拉动。6年中有4个年份投资对经济增长的拉动作用超过消费，投资贡献率平均超过消费贡献率41.2个百分点。

3. 投资消费双轮驱动阶段

1998–2005年，北京投资、消费对经济增长的贡献率继续回调，分别为49.1%和42.7%，同时二者的波动范围比较稳定，波动标准差比上一时期下降明显，分别为13.7%和16.6%，说明这一时期北京投资、消费对经济增长的拉动作用大体相当，趋势发展也比较平稳，是典型的投资消费双轮驱动经济增长阶段。

4. 消费拉动阶段

2006年以后，投资对经济增长的拉动作用下降，消费对经济增长的拉动作用上升，除2009、2010年为应对国际经济危机，政府加大了投资力度提振经济，使得北京投资贡献率当年攀升以外，其余年份消费贡献率远远超过投资贡献率，且差距拉大，2006–2011年，北京投资、消费对经济增长的贡献率分别为25.7%和71.4%，消费对经济增长的贡献率平均高出投资贡献率45.7个百分点。北京经济增长由投资、消费双轮驱动迈入了主要依靠消费拉动（见表1）。

表1　分阶段北京投资、消费平均贡献率

时间段（年）	投资贡献率（%）	标准差（百分点）	消费贡献率（%）	标准差（百分点）	投资贡献率–消费贡献率（百分点）	标准差（百分点）
1982–1991	91.9	102.6	78.8	50.5	13.1	92.2
1992–1997	59.9	56.7	54.8	24.2	5.1	63.4
1998–2005	49.1	13.7	42.7	16.6	6.5	12.0
2006–2011	25.7	15.1	71.4	10.4	–45.7	21.6

二、从短期看，北京投资与经济增长走势大体一致

分析 2003-2012 年北京市固定资产投资季度增速可以发现，投资与经济增长走势大体一致，投资的前置性特征明显。由于投资效益显现具有一定的滞后性，为了考虑投资与GDP增长的协调性和一致性，我们将每一期的投资增速向后推迟半年，得到新指标“滞后半年的固定资产投资增速”，并将其与GDP增速进行对比分析，结果显示：从 2003 年一季度至 2012 年一季度，滞后半年的固定资产投资增速与GDP增速3走势总体较为吻合，伴随着投资增速的冲高，GDP增速也呈现出上扬趋势，对应于投资增速的下降，GDP增速也出现放缓迹象。

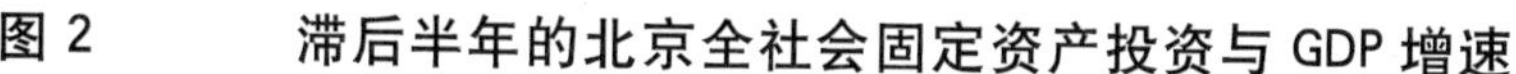
图 2　　滞后半年的北京全社会固定资产投资与 GDP 增速

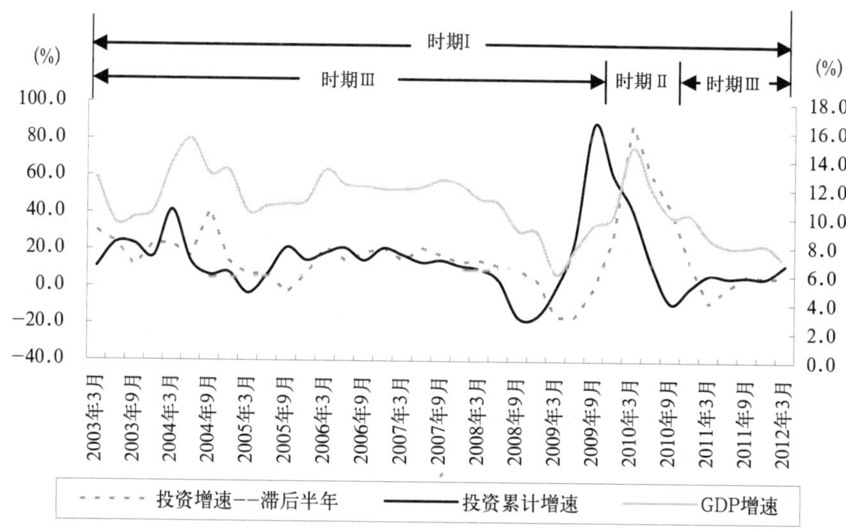

需要说明的是，2009 年四季度至 2010 年四季度，投资对 GDP 的弹性系数与其他时期明显不同。时期Ⅰ（2003 年一季度至 2012 年一季度）的平均投资弹性系数为 0.73，时期Ⅱ（2009 年四季度至 2010 年四季度）的平均投资弹性系数为 0.25，时期Ⅲ（时期Ⅰ中减去时期Ⅱ的这一段时

3 固定资产投资增速与 GDP 增速均为剔出了价格因素影响的可比累计增速。

期称为时期Ⅲ）的平均投资弹性系数为0.78。这表明，在时期Ⅲ，投资每增长1个百分点，平均能带动经济增长0.78个百分点；而在时期Ⅱ，投资每增长1个百分点，平均能带动经济增长0.25个百分点；时期Ⅱ的投资效益明显低于时期Ⅲ。造成这一现象的原因，一方面这一时期的投资主要是为了应对经济危机带来的冲击，投资集中释放，结构不均衡，投资与经济增长的协调性出现差异。另一方面，是消费增长不足，投资间接拉动的乘数效应减弱，部分抵消了投资对经济增长的拉动作用（见图2）。

1. 经济危机时期投资存在结构性差异

将2009年四季度至2010年四季度回溯半年，得到实际的投资期为2009年二季度至2010年二季度。这一时期，北京市积极应对国际经济危机的影响，贯彻落实“扩内需、保增长、促发展”各项政策措施，全社会固定资产投资快速增长，但政府主导作用明显，投资增长协调性不足，出现了一些结构性反差。

表2　　时期Ⅱ北京市固定资产投资增速（%）

年份	全社会固定资产投资	建安投资	拆迁补偿等费用	中央投资	地方投资	国有投资
2009年1–2季度	19.3	−8.1	72.4	−7.5	24.4	65.7
2009年1–3季度	54.4	21.0	120.0	−5.8	66.5	128.5
2009年1–4季度	26.2	10.2	65.6	−26	37.8	66.8
2010年1季度	34.3	20.6	47.1	40.0	33.3	−16.3

一是拆迁补偿等费用高速增长，建安投资速度偏低，如2009年北京建安投资增长10.2%，拆迁补偿等费用增长65.6%；二是地方投资高速增长，中央投资下降，2009年地方单位在京投资增长37.8%，中央单位在京投资下降26%；三是主要依靠国有投资带动，2009年国有投资增长66.8%，高于同期全社会固定资产投资40.6个百分点。另外，这一时期北京投资的一个特征就是加大了政府土地储备开发力度，对土地一级开发形成的投资主要体现在成本费用方面，对GDP的转化率相对较低。

2009 年和 2010 年，全社会固定资产投资中约 50%能够形成 GDP，而正常年份的转化率接近 60%，这也导致这一时期北京投资与经济增长的协调性比以前年度低（见表 2）。

2. 消费不足部分抵消了投资的拉动作用

观察消费增长与GDP增速的关系，从 2003 年一季度至 2012 年一季度，社会消费品零售额增速与GDP增速[4]的走势大体吻合，但在时期Ⅱ出现了升降趋势的背离，说明这一时期，消费增长明显不足，投资的乘数效应较低，在一定程度上抵消了投资对经济增长的拉动作用（见图 3）。

图 3　北京市消费品零售额增速与 GDP 增速对比

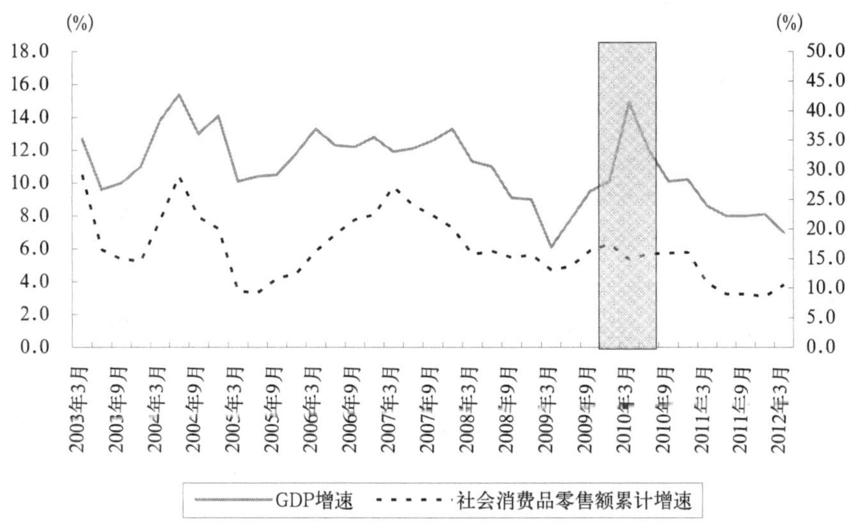

三、与全国相比，北京投资领先进入转型阶段

分析全国投资情况，根据投资贡献率的平均水平以及波动幅度的大小，1978—2010 年，全国经济发展格局分为三个阶段。分别是消费总体占优阶段、投资拉动阶段和投资消费双轮拉动阶段，与这三个阶段相对应的人均 GDP 水平分别为人均 GDP 不足 1000 美元、1000—2000 美元和 2000—5000 美元（见图 4）。

4 社会消费品零售额增速与 GDP 增速均为剔除价格因素影响的可比累计增速。

图 4　　1978—2010 年全国投资贡献率

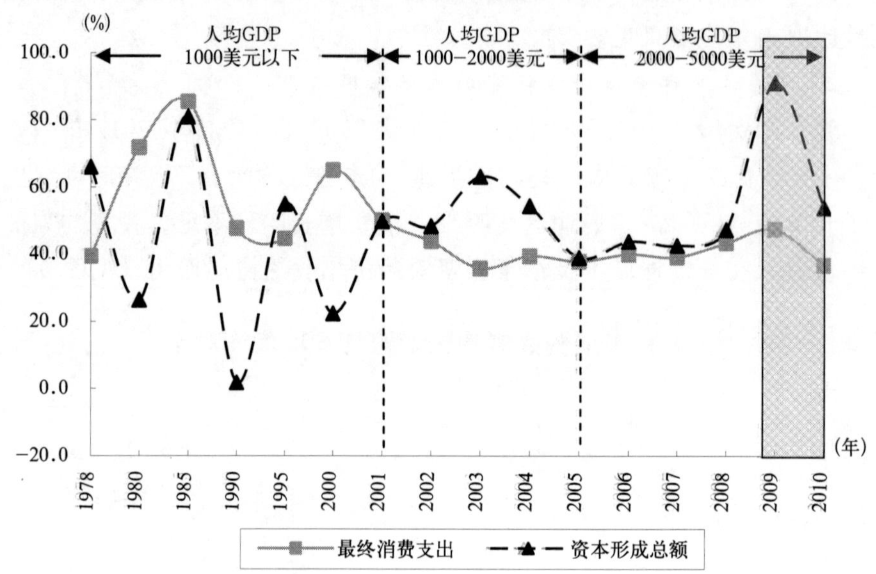

1. *消费总体占优阶段*

1978—2001 年，全国投资、消费对经济增长的贡献率表现得大起大落，但总体水平比较高。其中，投资对经济增长的贡献率最高为 80.9%，最低为 1.8%，平均值达 43.2%，波动标准差为 27.6 个百分点。与此相对应，消费贡献率最高为 85.5%，最低为 39.4%，平均值达 57.8%，波动标准差为 16.8 个百分点。伴随着投资、消费的上下震荡，消费对经济增长的拉动作用超过投资，贡献率平均高出 14.6 个百分点，经济发展更多依赖消费。

2. *投资拉动阶段*

2002—2005 年，全国投资、消费对经济增长的贡献率总体表现稳定，且维持在中高水平上。消费贡献率尤其稳定，最高为 43.9%，最低为 35.8%，平均值达 39.3%，波动标准差 3.4 个百分点。投资对经济增长的贡献率略有波动，最高为 63.2%，最低为 39%，平均值达 51.3%，波动标准差 10.2 个百分点。投资平均高出消费贡献率 12 个百分点，经济发展主要靠投资拉动。

3. 投资消费双轮拉动阶段

2006–2010 年，除 2009 年中央 4 万亿投资带来投资贡献率的大幅提升以外，其余年份全国投资消费对经济增长的拉动作用基本保持稳定，且不相上下。除 2009 年外这一时期投资贡献率为 47%，消费贡献率 39.9%，投资平均高出消费贡献率 7.2 个百分点，全国经济增长呈现出投资消费双轮拉动趋势（见表 3）。

表 3　　分阶段全国投资、消费贡献率

时间段（年）	投资贡献率（%）	标准差（百分点）	消费贡献率（%）	标准差（百分点）	投资贡献率–消费贡献率（百分点）	标准差（百分点）
1978–2001	43.2	27.6	57.8	16.8	–14.6	29.9
2002–2005	51.3	10.2	39.3	3.4	12.0	11.8
2006–2010（2009 年除外）	47.0	5.1	39.9	2.8	7.2	6.7

综合北京及全国的长期投资趋势及特点可以发现，人均 GDP 不足 1000 美元时，投资消费对经济增长的贡献剧烈波动，经济增长并没有表现出固定的驱动模式；人均 GDP 介于 1000–2000 美元时，经济增长模式处于过渡阶段，投资、消费对经济增长的拉动作用比上一阶段呈现趋稳态势；人均 GDP 介于 2000–5000 美元时，投资消费对经济的拉动作用大体相当，成为经济健康发展、稳健积累的关键时期。相比于全国平均水平，北京领先全国提前进入下一个增长模式阶段，即消费稳定拉动阶段，此阶段是发展转型的关键时期（见表 3）。

四、转型期的北京投资特点

发展转型时期，投资的重点在于质而不在于量，因为在这一时期，投资对经济生产的波及能力不及消费，但从产业平衡的角度考虑，投资仍需保持适当的规模；另外，行业间的投资边际效益差异使得行业投资重点逐渐向高技术化、高端化转变。

从对增加值的拉动效果看，以 2007 年为例[5]，投资、消费对增加值的诱发系数[6]分别为 0.53 和 0.64，即每增加 1 个单位的投资需求时，诱发各生产部门的GDP增加 0.53，每增加 1 个单位的消费需求时，诱发各生产部门的GDP增加 0.64，说明消费对经济生产的波及能力高于投资。

从对产业的拉动效果看，2007 年投资对第二产业、第三产业的拉动作用分别为 46.6%和 52.9%，而消费对第二产业、第三产业的拉动作用分别为 22.8%和 73.9%，说明投资的拉动力表现得较为均衡，对二、三产没有明显差别，消费的拉动力较为集中，对第三产业影响较大。

从投资的行业流向看，理论上讲，因为要追求资本报酬率和投资边际效益的不断提升，因此投资的结构调整以及投资的增长一般更倾向于相对产出迅速扩张的行业，即产品需求弹性大、技术进步速度快的高增长行业。

2007−2011 年，北京第二产业固定资本形成总额年均增长 13.4%[7]，其中制造业年均增长 16.5%，超过平均增速 3.1 个百分点；电力、燃气及水的生产和供应业，采掘业投资增长稍慢，增速分别为 5.8%和 2.9%。第三产业固定资本形成总额年均增长 10.3%，其中信息传输、计算机服务和软件业以及金融业投资增长较快，分别增长 34.1%和 11.4%，超过第三产业平均增速 23.8 个和 1.1 个百分点。批发与零售业、房地产业增长较慢，分别增长 3.3%和 6.6%（见表 4）。

这说明，这一时期北京投资的重点逐渐转向了高端化、高技术化的信息传输、计算机服务和软件业、制造业和金融业。在保证了传统的劳动密集型行业和资本密集型行业投资规模适度增加的同时，部分新兴产业得以迅速发展，促进了产业结构的协调化和高度化（见表 5）。

5 由于反映最终需求（投资、消费）对经济生产的波及程度需要利用投入产出调查相关资料计算得到，因此本报告仅以 2007 年投入产出相关数据为例，定量说明投资对总体经济以及各产业的波及效果。

6 增加值诱发系数，反映投资、消费对各生产部门增加值的拉动效果，即每增加 1 个单位的最终需求时，诱发各生产部门的增加值大小。诱发系数越大，最终需求对生产的波及效果越显著。

7 固定资本形成总额现价增速，下同。

表 4　　2007—2011 年北京固定资本形成总额年均增速（%）

产业/行业	年均增速
第二产业	13.4
制造业	16.5
建筑业	12.4
电力、燃气及水的生产和供应业	5.8
采掘业	2.9
第三产业	10.3
信息传输、计算机服务和软件业	34.1
金融业	11.4
交通运输、仓储和邮政业	9.7
住宿和餐饮业	6.7
房地产业	6.6
其他行业	5.2
批发与零售业	3.3

表 5　　2007—2011 年北京行业投资增长类型

投资增长类型	行业
技术进步较快、投资增长迅速	信息传输、计算机服务和软件业，制造业，金融业
成熟行业、投资增长较快	交通运输、仓储和邮政业，住宿和餐饮业，建筑业，房地产业
产品需求稳定、投资增长缓慢	电力、燃气及水的生产和供应业，采掘业，批发与零售业

北京固定资产投资意向调查报告

◆◇余高潮 于丽君

2012年是北京市实施"十二五"规划承上启下的重要一年。为全面了解投资者对当前及今后一段时间经济运行状况及各行业发展现状的认识，及时掌握投资者投资意向，更好地为市委、市政府准确判断北京市投资形势提供依据，市统计局、国家统计局北京调查总队采用抽样调查的方法，对北京市涉及19个行业的2000家单位进行了《2012年固定资产投资意向调查》。

一、调查的基本情况

本次调查对象为北京市全行业法人样本单位（无论目前是否有固定资产投资项目均纳入调查对象）。以2011年末全市法人单位库为抽样调查样本框，参照2011年全社会固定资产投资完成情况，以行业、主营业务收入等为分层指标，共抽取样本2000个。截至2012年6月30日，共计回收有效问卷1885份，涉及19个行业，基本符合调查样本量的要求。

本次调查的固定资产投资是指北京市行政区域内各类企、事业和行政单位进行的计划总投资500万元及以上的固定资产投资活动及所有的房地产开发投资活动。调查对象主要呈现"三高"。

一是样本单位自主决策投资比例高。从被调查单位自身投资意愿和投资决策权角度看，1885家单位中，近六成调查单位的固定资产投资由本单位自主决策或在政策引导下自主投资，直接由政府安排进行固定资产投资的调查单位仅占13.4%。

二是样本单位发生投资活动比例高。被调查单位中，2012年上半年正在进行固定资产投资活动的单位为1324家，预计下半年将发生固定资产投资活动的单位为80家，两者合计为1404家，占有效调查问卷1885家的74.5%。

三是样本单位重点投资行业比例高。被调查单位中工业（339家）、房地产业（313家）、交通运输仓储邮政业（212家）、水利环境公共设施管理业（136家）和公共管理、社会保障和社会组织（197家）五个行业共1197家，占总样本量的63.5%，与当前北京市固定资产投资主要分布行业情况基本一致。

二、调查主要成果

调查结果显示，2012年北京市投资形势不容乐观，六成行业预期投资下降，房地产企业资金紧张；多数单位对明年投资环境抱有信心，未来投资预计将保持平稳增长；“调结构、控通胀、促转型、惠民生”的宏观调控政策获认可，房地产调控政策影响明显，行业、土地及税收政策影响较大。

（一）2012年预计——投资形势不容乐观，六成行业预期投资下降，房地产企业资金紧张

1. 2012年投资形势不容乐观

调查结果显示，上半年，有投资活动的1404家单位完成投资2028.6亿元，仅占全年预计投资的35.7%；其中完成投资进度已超过全年计划50%以上的企业仅有450家，占32.1%。18.5%的单位认为当前实际建设进度滞后于预定计划，而认为当前进度超前于预定计划的单位仅占2.2%。

数据显示，53.2%的单位2012年完成投资将低于2011年。被调查单位2012年全年预计完成投资与2011年相比，仅增长3%。其中，房地产开发投资2012年全年预计下降17.3%，非房地产开发投资预计增长11.5%。

2. 六成行业预期投资下降

调查结果显示，11个行业预期2012年固定资产投资低于2011年。其中，制造业预计全年投资下降13%，房地产开发投资预计下降17.3%，交通运输仓储邮政业降幅最大，预计下降23%。

3. 房地产企业资金紧张

调查结果显示，2012年有投资项目的房地产企业共计293家，其中，

21.2%的单位表示资金到位额度小于本年投资额，表示资金到位额度大于本年投资额的单位仅占 3.4%；46.8%的单位认为本年度融资难度明显或略有提高，认为融资难度降低的单位仅占 12.6%。

（二）2013 年展望——多数单位对明年投资环境抱有信心，未来投资将保持平稳增长

1. 超过七成单位预计 2013 年投资将维持或高于 2012 年水平

在预计明年投资时，73.4%的被调查单位预期本单位投资将维持或高于 2012 年水平，其中 38.8%的单位预计明年投资与 2012 年基本持平，26.9%的单位预计略有增加，7.7%的被调查单位预计明显增加；预计比 2012 年明显减少的单位仅占 12.7%（见图 1）。

图 1　　预计 2013 年投资比 2012 年增幅变动单位构成情况

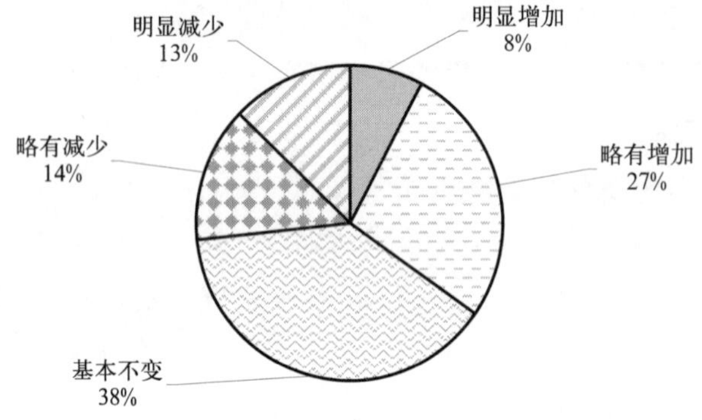

2. 超过六成单位对北京市明年投资环境抱有信心

在回答如何判断 2013 年北京市固定资产投资环境时，33.2%的被调查单位认为将维持 2012 年水平不变；29.2%认为将比 2012 年好；32.4%认为难以做出判断，仅有 5.2%的单位分析不如 2012 年。总体看，认为“向好”的单位比认为“变差”的单位高出 24 个百分点。

3. 六成单位 2013 年投资意向明确

在预计本单位明年是否继续在本行业进行固定资产投资时，53.6%的被调查单位回答肯定，38.9%的单位还难以判断；7.5%的单位明确表示肯定不会（见图 2）。

图 2　预计 2013 年是否会继续在本行业进行投资的单位构成情况

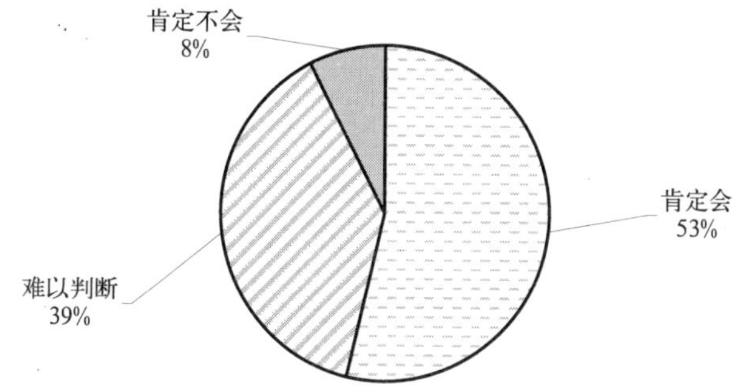

4. 近半单位愿意继续投资本行业，首要原因是为增强行业竞争力，其次是政府相关政策的引导

在愿意在本行业继续进行投资的 1011 家单位中，首要考虑的因素主要包括三个方面：一是增强单位在行业内竞争力，二是政府相关政策的引导，三是看好本行业前景（见表 1）。

表 1　单位在本行业继续进行固定资产投资的原因

原因	第一选择	比重(%)
增强单位在行业内竞争力	479	47.4
看好本行业前景	141	13.9
有较好的期望投资收益	67	6.6
政府相关政策的引导	199	19.7
市场需求旺盛	48	4.7
社会综合效应好	52	5.2
其他	25	2.5
合计	1011	100

（三）政策影响——“调结构、控通胀、促转型、惠民生”的宏观调控政策获认可，房地产调控政策影响明显，行业、土地及税收政策影响较大

1. 政策因素有一定影响——三成单位将“相关政策出台情况”作为影响投资的首要因素

在对影响投资的三个因素（单位自身情况、市场情况、相关政策出台情况）按重要程度进行排序的调查中，45.7%的单位将“单位自身情况”排在第一位，29.8%的单位将“相关政策出台情况”排在第一位，重要程度仅次于“单位自身情况”；还有27.3%的单位将“相关政策出台情况”排在第二位——表明大多数单位在投资决策过程中除考虑单位自身情况外，也很重视对政策因素的考量。

2. 调控措施获得认可——近七成单位认为调控促使北京投资增长

在1885家单位中，被问及2010年以来国家“调结构、控通胀、促转型、惠民生”的宏观政策调控对单位自身投资的影响时，63.9%的单位认为政策对自身投资基本没影响，19.8%的单位认为调控政策使自身投资增加；当被问及上述政策对全市固定资产投资产生的影响时，60.4%的单位认为调控使全市投资保持了稳定增长，8.4%的单位认为政策促进了全市投资较快增长，仅3.6%的单位认为调控导致了投资增幅波动较大；宏观调控政策获得认可。

3. 房地产调控政策影响明显——超过六成房地产企业投资活动受影响

在313家房地产企业调查中，认为2011年以来房地产限购的调控政策对本单位投资有一定影响的有94家，占30%；感到影响很大的有110家，占35.1%——超过六成房地产企业认为房地产调控政策对其投资活动产生影响。

4. 行业、土地及税收政策影响较大——近六成单位将行业政策和税收政策排在影响投资决策首位

为了解哪些政策对投资者的影响较大，本次调查要求被调查单位就各类政策影响投资决策程度的大小做出判断。结果表明，行业政策影响最为明显，44.2%的被调查单位将其重要程度排在第一位；其次是土地供应和税收，21.8%的被调查单位认为土地供应影响最大，14%的被调查

单位认为税收影响最大，24.1%的被调查单位将税收影响放在了第二重要的位置上（见表 2）。

表 2　　政策对单位固定资产投资决策影响程度情况

相关政策＼序位	第一选择		第二选择	
	单位数	比重(%)	单位数	比重(%)
合　计	1885	100	1885	100
人民币汇率和利率的调整	118	6.3	51	2.7
土地供应	410	21.8	263	14.0
税收	263	14.0	455	24.1
行业政策	834	44.2	536	28.5
银行贷款	124	6.6	334	17.7
特定投资主体的优惠待遇	103	5.4	242	12.8
其他	33	1.7	4	0.2

三、值得关注的两个问题

（一）跨行业投资意向领域过度集中于房地产业

在 1885 家调查单位中，明确表示愿意跨行业进行固定资产投资的单位仅 43 家，占被调查单位的 2.3%，而明确表示肯定不会跨行业投资的单位有 980 家，占 52%。不愿意跨行业投资排在前三位的原因依次是：发展定位局限、政府相关政策的限制以及缺少资金，融资困难。而在表示肯定会跨行业投资的 43 家调查单位中，投资行业则过度集中，主要集中在房地产业，占 23.3%。在选择房地产业作为单位本行业外投资对象的 10 家单位中，4 家的主要理由是与自身行业相关性高，还有 4 家是因为投资项目前景看好，其余两家则认为房地产业投资回报率高（见图 3）。

（二）未来京外投资意愿增强

1. 1/6 投资流向京外地区，未来京外投资意愿增强

被调查单位中，自 2009 年以来在北京以外地区有过固定资产投资的

单位比重为 10.1%，2011 年在京外地区累计完成投资 1024.7 亿元，占被调查单位 2011 年全部投资的 1/6 左右。当被问及未来 2013 至 2015 年是否打算在北京以外地区进行投资时，17.9%的单位表示出投资意愿。京外投资意愿比重提高了 7.8 个百分点，表明企业在京外投资的趋势在扩大，未来北京市总部经济特征会更加明显。

图 3　　意向在本行业以外进行投资的行业分布情况

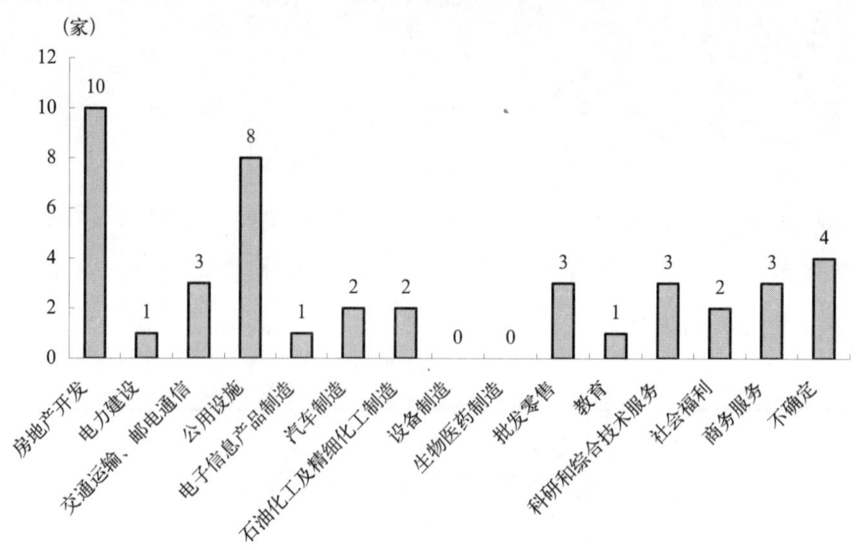

图 4　　意向在北京以外进行投资的地区分布情况

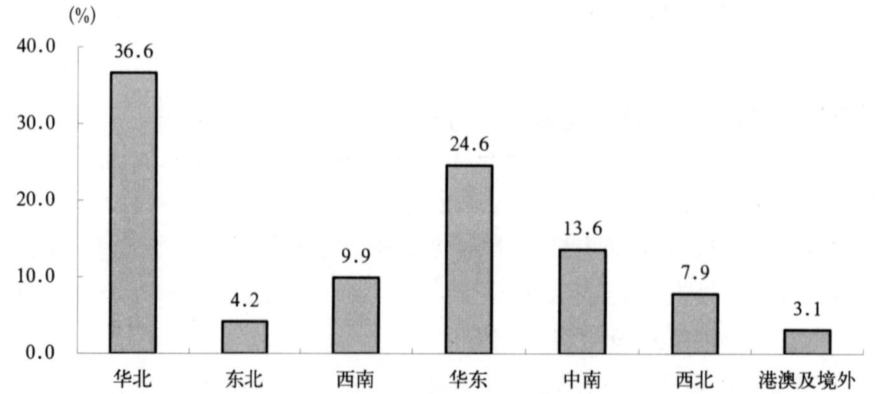

2. 投资主要辐射华北和华东地区

2009 年以来，在京外地区投资的单位中，36.6%选择华北地区作为投资地点，其次是华东地区，比例为 24.6%；二者比例合计超过六成（见图 4）。

3. 运输、石油、煤炭和天然气等行业投资明显流向京外

被调查单位中，2011 年在京没有投资而在京外地区有投资的企业共 29 家，主要集中在运输、石油、煤炭和天然气等行业，这与北京的区域定位及资源禀赋相符。

四、被调查单位对北京市投资管理工作的建议

在本次调查中，被调查单位就政府部门如何更好地为投资者服务提出了看法和建议，主要体现在“五个方面”：

（一）进一步精简项目审批手续

被调查单位希望能进一步精简审批手续，完善一站式投资审批服务体系；进一步推动“绿通”渠道常态化，加快投资项目落地，降低项目建设机会成本。

（二）进一步落实投资鼓励政策

被调查单位希望政府部门能够强化各类投资鼓励政策的落实，特别是实实在在的放开民间资本进入公共领域建设。同时，将各类鼓励政策落实到税收、土地、金融等优惠政策上来，切实发挥鼓励政策的作用。

（三）进一步减轻中小企业税负

被调查单位希望政府部门加大对中小企业投资的扶持，在投资项目建设期内降低税收；特别是对于部分新兴产业，有针对性的出台税收优惠及返还政策，放水养鱼，以减轻中小企业投资负担，为投资活动创造良好的效益支撑环境，从而推动中小企业发展壮大。

（四）进一步拓宽资金融资渠道

被调查单位希望政府部门进一步加强与金融机构的沟通和协调，为企业提供更加完善的信用担保体系，推动金融行业创新投资项目贷款产品，降低投资项目贷款门槛，提高投资项目授信额度，为投资的稳定增长和投资结构的改善提供必要的资金支持。

（五）进一步创新投资引导方式

被调查单位希望政府部门能够创新投资引导方式，采用服务购买、补助贴息、基金扶持、资本金注入等方式加快重点产业、重点区域等一批涉及民生的重大项目建设，提高政府投资的引导放大作用，培育投资单位的信心和动力。

北京市可再生能源利用情况分析

◆◇张启龙

能源是经济社会发展的基本支撑，发展新能源和可再生能源（统称可再生能源）是推动经济绿色发展、清洁发展和可持续发展的必由之路和世界各国的共同选择，也是建设绿色北京、低碳城市和有中国特色的世界城市的重要内容。近年来北京市可再生能源发展取得突破，利用类型多样，发展较快，初步体现了高端示范的发展理念。但利用总量仍然较低，尚未形成市场化发展机制，未来在与城镇建筑相结合方面、绿色电力等方面发展潜力巨大。

一、北京市可再生能源利用情况

（一）发展速度较快，利用量持续保持两位数增长

2011 年全市各类型可再生能源利用总量达到 257.1 万吨标煤，同比 2010 年增长 10.6%，比当年全市能源消费增速（0.6%）要高出 10 个百分点，主要品种太阳能、生物质能、地热能增速分别达 8.6%、6.3%和 37.9%。近几年北京市可再生能源利用取得突破，增长速度持续保持在两位数以上，远高于同期全市能源消费总量的增速水平，整体发展速度较快（见图 1）。

（二）品种类型多，太阳能利用总量最大

北京市太阳能、地热能等可再生能源资源较为丰富，大量产生的城市垃圾也成为可再利用的生物质资源，依托资源禀赋北京市可再生能源已经发展为太阳能、生物质能、地热能、风能和水能五大品种，涵盖光热利用、光伏利用，生物质能气态利用、固态利用，地热水直接利用，地源热泵，风机发电和水电等八大利用方式，品种类型较为齐全。其中太阳能利用量最大，2011 年达 158.4 万吨标煤，占全部可再生能源利用量的 61.6%；生物质能利用量 45.7 万吨标煤，占 17.8%；地热能利用量

30.9 万吨标煤，占 12%；风能和水能利用量分别为 8.8 万吨和 13.3 万吨标煤，分别占 3.4%和 5.2%（见表 1）。

图 1　　2008—2011 年全市可再生能源消费增速情况[1]

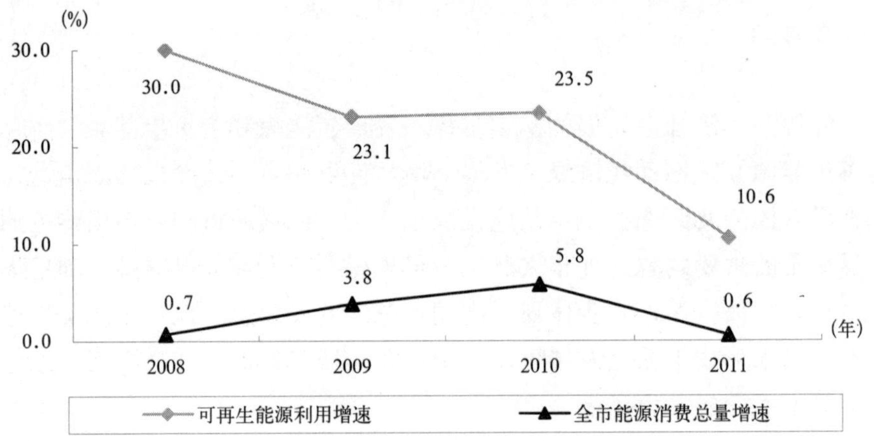

表 1　　可再生能源分品种利用情况

品　种	2010 年		2011 年		增速 (%)
	能源利用量（万吨标煤）	比重 (%)	能源利用量（万吨标煤）	比重 (%)	
太阳能	145.8	62.7	158.4	61.6	8.6
生物质能	43.0	18.5	45.7	17.8	6.3
地热能	22.4	9.6	30.9	12.0	37.9
风能	8.3	3.6	8.8	3.4	6.5
水能（小水电）	13.1	5.6	13.3	5.2	1.9
合　计	232.6	100.0	257.1	100.0	10.6

（三）终端以用热为主，光热占比高

按照国际上惯用的以终端用能类型分组，即按照发电、用热和用作终端燃料来划分，2011 年北京市用于发电的可再生能源量为 45.8 万吨

1 2010 年以前未开展全市调查，数据为相关部门提供的资料数据。

标煤，占全部利用量的 17.8%，同比增长 9%，而直接用热和用作终端燃料的可再生能源量分别为 188.8 万吨和 22.5 万吨标煤，分别占全部利用量的 73.4%和 8.8%，增速分别为 11.6%和 5.1%。综合总量和增速两方面来看，目前北京市可再生能源终端是以用热为主，用热又包含光热和地热两种形式，太阳能光热（包括太阳能热水和阳光温室）所占比重较大，占全部可再生能源利用量的 61.4%，而地热利用的增长速度最快，达到 37.9%（见表 2）。

表 2　　按终端用能类型划分

终端用途	2011 年利用量（万吨标煤）	比重（%）	增速（%）
用于发电投入	45.8	17.8	9.0
用热量	188.8	73.4	11.6
太阳能光热	157.9	61.4	8.4
地热	30.9	12.0	30.9
直接做终端燃料	22.5	8.8	5.1
合　计	257.1	100	10.6

（四）郊区利用规模大，城区发展速度快

分区域发展看，城区（城 6 区加开发区）2011 年可再生能源利用总量为 52.2 万吨标煤，仅占全市利用总量的 20%，10 个郊区县利用总量为 204.9 万吨标煤，占比达 80%。可见目前北京市可再生能源利用更多集中在郊区和农村地区，但城区的发展速度明显更快，2011 增速达到 30%以上，西城（51.6%）、石景山（84.8%）和海淀（110.4%）的增长速度都远高于郊区县 6.4%的平均增速水平（见表 3）。

（五）绿电应用取得突破，高端示范作用凸显

绿色电力是可再生能源的高端利用形式，“十二五”以来北京市绿电项目迅速发展壮大，2011 年全市各类可再生能源发电项目（包括太阳能灯）共生产绿电 10.2 亿千瓦时，同比增长 5.4%，直接减少二氧化碳排放约 90 万吨。除原有小水电外，“十一五”末建成的风电、垃圾发电项

表 3　　可再生能源分区县利用情况

区县	2010 年利用量（万吨标煤）	2011 年利用量（万吨标煤）	增速（%）	比重（%）
城　区	40.1	52.2	30.2	20.3
东城	1.16	1.22	4.8	0.5
西城	1.14	1.72	51.6	0.7
朝阳	24.86	27.43	10.3	10.7
丰台	5.51	5.87	6.5	2.3
石景山	0.62	1.14	84.8	0.4
海淀	6.75	14.20	110.4	5.5
开发区	0.09	0.68	613.0	0.3
郊　区	192.5	204.9	6.4	79.7
门头沟	2.17	1.40	−35.3	0.5
房山	17.07	18.46	8.1	7.2
通州	30.07	31.70	5.4	12.3
顺义	28.32	29.67	4.8	11.5
昌平	29.59	31.21	5.5	12.1
大兴	34.44	36.54	6.1	14.2
怀柔	5.41	5.50	1.7	2.1
平谷	14.41	16.14	12.0	6.3
密云	16.44	17.74	7.9	6.9
延庆	14.58	16.51	13.2	6.4
全市合计	232.6	257.1	10.5	100

目发电量稳定增长，2011 年分别给北京市带来约 3 亿和 2.2 亿度绿色电力；特别在国家金太阳工程等的大力支持下，北京市光伏发电项目发展十分迅速，截至 2011 年底投入运行的并网光伏发电项目达到 28 个，装机总量 0.9 万千瓦，年发电 271.4 万度，装机容量和发电量均较 2010

年增长一倍多。目前还有20余个大型光伏发电项目正处于建设调试中，未来投入运行后北京市光伏装机总量将达到2.5万千瓦。此外国内首个兆瓦级太阳能光热发电项目落户北京市，前期建设已基本完成，将于近期投入试运行，北京市绿电发展方兴未艾，体现了北京市“高端示范”的发展理念（见表4）。

表4　　2010、2011年绿色电力生产利用情况

项　目	2010年（万千瓦时）	2011年（万千瓦时）	增速（%）
发电量合计	96684.0	101904.0	5.4
风电	28048.0	29794.0	6.2
水电	44080.0	45002.4	2.1
沼气发电	3728.0	3623.0	-2.8
垃圾焚烧发电	19841.0	22109.0	11.4
光伏发电并网	127.2	271.4	113.3
太阳能灯离网电量	832.8	1104.3	32.6

二、北京市可再生能源发展存在的主要问题

（一）总体利用规模小，规划目标完成压力大

虽然北京市可再生能源发展较快，但总体利用规模仍然偏小，2011年可再生能源利用量只相当于全市能源消费总量的3.7%，比例低于全国水平（约10%）以及OECD国家平均水平（6.5%）。按照目前的增速，完成“十二五”末达到6%的规划目标压力较大，未来仍需加速发展，拓宽思路寻找新的增长点。

（二）后期运维问题显现，可持续利用受影响

目前多数可再生能源项目为一次性投资建设，投入使用后的运营管理和后期维护则多数由用户方承担，部分用户因管理不善、技术缺失、成本偏高等原因出现停用甚至废弃，造成项目使用效率降低。城区有40余个可再生能源项目建成后未能正常使用，农村地区因设备维护不善或

成本原因导致停用的阳光浴室和两气工程数量分别占到了 16%和 17%，前几年安装太阳能灯更是因组件得不到更新维护，正常工作的灯数量呈现逐年下降趋势，可持续利用受到影响，未能完全发挥出可再生能源节能低碳便民的优势。

（三）非商品能源主导，市场化发展机制未形成

北京市可再生能源发展依赖于政府政策和资金扶持，市场化的发展机制尚未形成，因此在可再生能源需求培养、成本降低和市场推广方面存在一系列问题，在绿色能源的消纳和接收方面渠道不畅。一方面企业或个人往往因未能获得更多的效益而自主发展的意愿不强，另一方面也导致了目前北京市可再生能源利用仍以大量的非商品能源为主（农村光热利用、吊炕、太阳能灯等），绿色电力、地源热泵等较为高端的利用形式占比还较低，与发达国家电、热并举，实现可再生能源商品化和市场化的发展模式还有较大差距。

三、北京可再生能源发展建议

（一）因地制宜规模利用，拓宽发展方向

因地制宜规模化利用，积极拓宽发展方向是扩大可再生能源利用规模的主要途径。城区空间资源紧缺，但建筑体量巨大，与建筑结合的太阳能热水集中供应、光伏发电和热泵供暖（冷）系统都可以在不占用更多空间的情况下有效利用可再生能源，欧盟国家早已立法对新建建筑安装太阳能光热或光伏装置进行强制规定，否则不予验收，可再生能源与建筑相结合有着巨大的发展空间。农村地区则可以充分利用闲置土地或农业三剩地发展规模化光伏发电系统，通过上网销售绿电使农民增收，拓宽发展方向。建议北京市有关部门加强政策力度乃至立法，强制规定新建和改造住宅安装太阳能集热装置，对于有条件的公共建筑、厂房等加装光伏发电及热泵供暖系统，规定电力部门对于绿色电力应积极予以并网和采购，提高可再生能源在城市居民住宅和公共建筑中的利用率，探索农村光伏发电并网模式。

（二）加强用户侧运行管理，提高使用效率

可再生能源有关部门应加强协调和联动，重视各自领域已建可再生

能源项目的运行维护和配件更新问题，增加对其运行状态的监测评估，可将原来一次性投资和补贴根据运行情况进行分批分次落实，对于运营状态好的项目还可提供融资优惠或科研经费，鼓励其继续发展新的项目，提高可再生能源用户侧的运行管理水平。

（三）完善市场引导机制，提升自主发展动力

形成商品化、市场化发展机制是未来可再生能源持续健康发展的保证。首先，应建立绿色能源价格体系，推进光伏发电等可再生能源商品化进程，为引入可再生能源市场交易奠定基础；其次，应培育扩大需求市场，从研究可再生能源的供求关系入手，将激励重心放在可再生能源需求方，使企业或个人通过利用可再生能源实现自身效益的增加或成本的下降，提高社会自主发展的热情和动力；第三，应着力解决市场化过程中的瓶颈问题，如风电、光电实现并网上网的线路架设和接纳障碍、地热能利用计量设施的完善以及提高全社会对可再生能源的认知度等等。最终形成政府支持引导、市场化运作、全民积极参与的成熟的可再生能源发展模式和先进经验。

公共机构能耗现状分析

◆◇薛　婷

公共机构节能是我市加快建设资源节约型、环境友好型社会的重要举措，也是全市各级公共机构在全社会节能减排大局中率先垂范、加强自身建设和树立良好社会形象的必然要求。随着近年来全社会节能减排措施的落实和《公共机构节能条例》的实施，“十二五”开局之年，全市公共机构的能耗总量增速低位运行，公共机构节能工作有序推进。

2011 年，全市公共机构[1]能源消费总量 163.9 万吨标煤，同比增长 1.9%，约占全市能源消费总量的 3%。从能源利用效率看，公共机构单位建筑面积能耗为 30.3 千克标准煤/平方米，人均能耗 486.2 千克标准煤。从能源品种看，以热力和电力为主。从机构类型看，教育事业单位能耗总量最大，国家机关单耗水平较高，是公共机构节能应关注的重点领域。

一、公共机构基本情况

公共机构是指全部或部分使用财政性资金的国家机关、事业单位和团体组织。按照单位类型，可分为国家机关、事业单位和团体组织三大类，其中事业单位又包括教育、科技、文化、卫生、体育和其他事业单位。

从单位数量看，事业单位、国家机关约占各半。2011 年，全市纳入能源资源消耗统计的各级公共机构共 8114 家，其中国家机关 3704 家，占 45.6%；事业单位 4243 家，占 52.3%；团体组织 167 家，占 2.1%（见图 1）。

1 公共机构包括北京市、区（县）及以下级别的公共机构，不含中央在京公共机构单位。

图 1　　2011 年全市公共机构组成情况

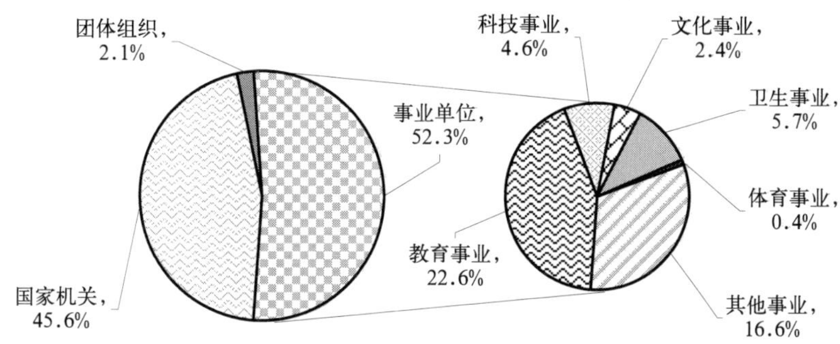

从建筑面积看，全市公共机构建筑面积共 5410.1 万平方米，其中国家机关建筑面积为 1182 万平方米，占 21.8%；事业单位建筑面积为 4209.3 万平方米，占 77.8%，其中教育事业单位的建筑面积最大，占全部公共机构的一半。

表 1　　公共机构基本情况及构成

	单位数量		建筑面积		用能人数		车辆数量	
	数量（个）	比重（%）	面积（万平方米）	比重（%）	人数（万人）	比重（%）	数量（辆）	比重（%）
合计	8114	100.0	5410.1	100.0	337.2	100.0	68397	100.0
国家机关	3704	45.6	1182.0	21.8	24.7	7.3	42226	61.7
事业单位	4243	52.3	4209.3	77.8	307.2	91.1	25752	37.7
教育	1832	22.6	2706.4	50.0	191.8	56.9	6007	8.8
科技	373	4.6	132.1	2.4	2.1	0.6	2449	3.6
文化	197	2.4	164.8	3.0	16.0	4.7	1509	2.2
卫生	461	5.7	544.5	10.1	64.6	19.2	3300	4.8
体育	34	0.4	49.8	0.9	7.0	2.1	190	0.3
其他	1346	16.6	611.7	11.4	25.7	7.6	12297	18.0
团体组织	167	2.1	18.8	0.4	5.3	1.6	419	0.6

从用能人数[2]看，2011 年全市公共机构用能人数共 337.2 万人，其中事业单位用能人数 307.2 万人，占 91.1%；国家机关用能人数 24.7 万人，占 7.3%。

从车辆数量看，2011 年全市公共机构车辆数量为 6.8 万辆，其中国家机关 4.2 万辆，事业单位 2.6 万辆，团体组织 0.04 万辆，分别占 61.7%、37.7%和 0.6%。车辆保有量最大的主体为国家机关（见表 1）。

二、公共机构能源消耗情况

（一）能耗总量小幅增长，增速高于第三产业限额以上单位平均水平

2011 年，全市公共机构能源消费总量 163.9 万吨标煤，同比增长 1.9%，增速高于全市第三产业限额以上单位平均水平 0.3 个百分点。公共机构能耗约占全市能源消费总量的 3%，占第三产业限额以上单位能耗的 9%。

（二）单位面积能耗接近全市同类单位，不同类型公共机构人均能耗差异较大

2011 年，全市公共机构单位建筑面积能耗为 30.3 千克标准煤/平方米，人均能耗 486.2 千克标准煤。

总体上看，公共机构单位面积能耗略低于全市第三产业（不含交通）限额以上单位的平均水平。不同类型公共机构单位建筑面积能耗与全市同类行业单位的水平总体上较为接近，国家机关、团体组织、卫生、科技等机构比全市同类行业平均水平偏高，教育、文体类机构偏低（见表 2）。

全市公共机构人均能耗 486.2 千克标准煤，国家机关、科技机构、其他事业单位（事业单位中除了教育、科技、文化、卫生、体育以外的机构，如民政、园林、环卫机构等）人均能耗分别为 1662.5、2473.8、1028.3 千克标准煤，分别比全市公共机构平均水平高 2.4、4.1、1.1 倍。事业单位人均能耗整体上较低，而科技机构和其他机构人均能耗偏高，主要由于这两类机构日常办公能耗所占比重较低，而其管理业务具有特殊性，能耗所占比重较高。如科技机构中部分单位从事水利调度管理等

2 用能人数指本单位统计周期内的平均人数，包括单位在岗在编人员、编外工作人员、工勤人员及对外接待人员。

业务，电耗较高；其他事业单位中，从事供暖业务的单位煤炭消耗量较高，从事园林绿化等业务的单位车辆用油较大（见表3）。

表2　　2011年全市公共机构单位面积能耗情况

机构类型	单位建筑面积能耗（千克标准煤/平方米）	国民经济行业分类（2002）	单位建筑面积能耗（千克标准煤/平方米）
合计	30.3	第三产业（不含交通）	31.3
国家机关	34.7	国家机关	33.8
事业单位	29.1	–	–
教育	22.4	教育	23.4
科技	39.2	科技	38.8
文化	31.4	文化	27.6
卫生	43.0	卫生	41.5
体育	29.7	体育	32.6
团体组织	26.5	团体组织	23.5

表3　　2011年全市公共机构人均能耗情况

机构类型	人均能耗（千克标准煤/人）
合计	486.2
国家机关	1662.5
事业单位	398.5
教育	316.2
科技	2473.8
文化	324.1
卫生	362.9
体育	211.3
其他	1028.3
团体组织	93.8

（三）能耗用途集中于建筑物用能，品种以热力、电力为主

公共机构能耗可分为建筑物用能和车辆用能两大部分。其中，建筑物用能包括公共机构用于供暖、制冷、照明、动力等方面的能耗，占公共机构全部能耗的 90%。事业单位能耗主要集中于建筑物用能，比重达 94.2%，特别是教育、卫生及体育机构高达 96%以上。

车辆用能是公共机构在运输工具方面的能耗，占公共机构全部能耗的 10%。国家机关和团体组织因公务、接待活动相对较多，车辆用能所占比重较高，均超过 20%（见表 4）。

表 4　　公共机构能耗基本情况

	公共机构能耗（万吨标煤）	建筑物用能		车辆用能	
		能耗（万吨标煤）	比重（%）	能耗（万吨标煤）	比重（%）
合计	163.9	147.6	90.0	16.4	10.0
国家机关	41.0	31.9	77.8	9.1	22.2
事业单位	122.4	115.3	94.2	7.2	5.8
教育	60.6	59.3	97.8	1.3	2.2
科技	5.2	4.6	89.6	0.5	10.4
文化	5.2	4.8	93.7	0.3	6.3
卫生	23.4	22.7	96.8	0.7	3.2
体育	1.5	1.4	97.4	0.0	2.6
其他	26.5	22.4	84.3	4.2	15.7
团体组织	0.5	0.4	79.8	0.1	20.2

注：本表中部分数据及比重由于计量单位取舍不同而产生的计算误差，均未作机械调整。

从能源品种看，建筑物用能品种以热力、电力为主，与建筑面积及建筑物内用能设备情况密切相关，热力、电力、煤炭和天然气比重分别为 37.2%、24.3%、21.3%和 14.8%；车辆用能品种为汽油和柴油，并以汽油为主，比重达 83.1%（见图 2）。

图 2　　2011 年公共机构建筑物用能情况（按能源品种分）

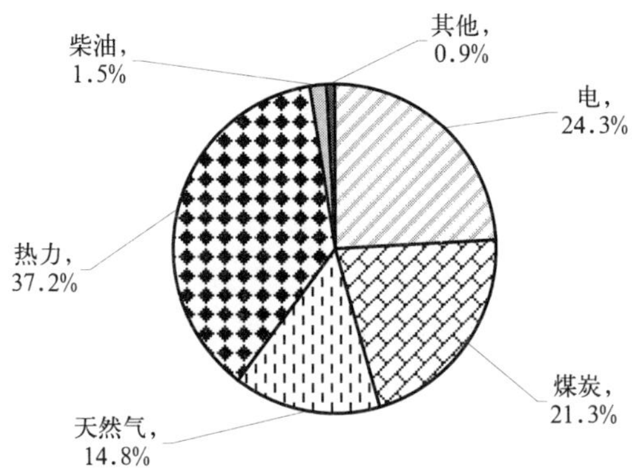

（四）事业单位能耗约占 3/4

从公共机构单位类型看，国家机关、事业单位和团体组织的能源消费量分别占全部公共机构的 25.0%、74.7%和 0.3%。与 2010 年相比，国家机关能耗比重下降 1.7 个百分点，事业单位上升 1.7 个百分点，团体组织持平。

事业单位中，能耗占比最大的是教育机构，耗能大户主要为大专院校；其次为其他事业单位，其构成较为复杂，主要为供暖中心、会议住宿、公园及环卫单位；再次为卫生机构，主要为大型综合性医院（见图 3）。

图 3　　2011 年全市公共机构能源消费情况（按机构类型分）

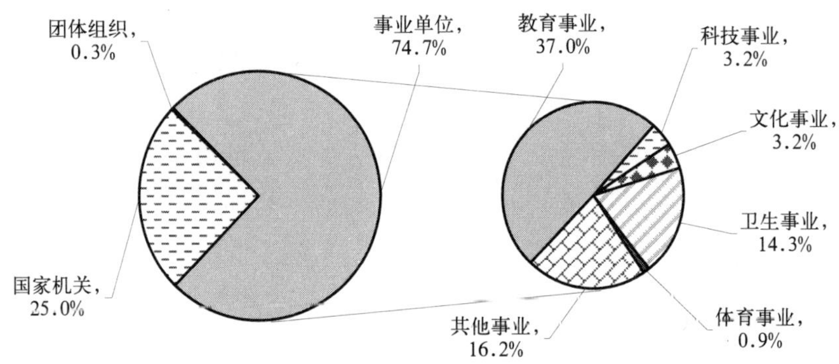

三、值得关注的问题

（一）国家机关电耗比重大、人均能耗高

2011 年，国家机关人均能耗为 1662.5 千克标准煤，比全市公共机构平均水平高 2.4 倍；人均建筑物能耗 1292 千克标准煤，比全市公共机构平均水平高 1.9 倍。从用电量比重看，国家机关电力占建筑物能耗的比重明显偏高，为 29.5%，比全部公共机构平均水平高 5.2 个百分点（见表 5）。

表 5　　2011 年公共机构人均能耗及电力比重情况

机构类型	电力占建筑物能耗比重（%）	人均能耗（千克标准煤/人）	人均建筑物能耗（千克标准煤/人）
合　计	24.3	486	438
国家机关	29.5	1663	1292
事业单位	22.9	399	375
团体组织	30.5	94	75

1. 信息机房电耗大

国家机关重点耗能设备多，其中以信息中心机房能耗较为突出。信息中心机房具有运行时间长、强度大的特点，对设备性能、安全性及稳定性要求高，同时需配备恒温恒湿空调机组，电耗水平高。根据 2011 年 8 月北京市发改委、清华大学《北京市主要领域数据信息中心节能项目规划研究》对北京市级、区县级 5701 家公共机构的调研结果，全市约 30%的公共机构配备了信息机房，年耗电约占公共机构全部用电量的 16%；其中，国家机关中约 35%配备了信息机房，机房年耗电约占其全部用电量的 28%。信息机房已成为公共机构特别是国家机关的重要用电领域，并且随着政府信息化的不断推进，信息机房的规模和数量将呈增长趋势，节能压力将日益增大。

2. 人均建筑面积高

根据下式，公共机构人均建筑物能耗可以分解为单位面积建筑物能

耗和人均建筑面积两大影响因素。

$$人均建筑物能耗=\frac{建筑物能耗}{用能人数}=\frac{建筑物能耗}{建筑面积}\times\frac{建筑面积}{用能人数}$$

$$=单位面积建筑物能耗\times人均建筑面积$$

与全部公共机构平均水平相比，国家机关的单位建筑物能耗基本持平，而其人均建筑面积为 48 平方米，是全部公共机构平均水平的 3 倍，是人均能耗偏高的主要影响因素。

3. 人均车辆数量多

公共机构人均车辆能耗可以分解为车均能耗和人均车辆数量两大影响因素。

$$人均车辆能耗=\frac{车辆能耗}{用能人数}=\frac{车辆能耗}{车辆数量}\times\frac{车辆数量}{用能人数}$$

$$=车均能耗\times人均车辆数量$$

与全部公共机构平均水平相比，国家机关的车均能耗略低，因此其人均车辆能耗偏高主要受人均车辆数量因素的影响——国家机关每百人保有车辆为 17.1 辆，远高于全部公共机构每百人 2 辆车的平均水平（见表 6）。

表 6　　2011 年公共机构车辆用能情况

机构类型	人均车辆能耗（千克标准煤/人）	车均能耗（千克标准煤/辆）	人均车辆数量（辆/百人）
合计	48.5	2391.0	2.0
国家机关	369.0	2155.6	17.1
事业单位	23.3	2776.8	0.8
团体组织	19.0	2402.9	0.8

综合以上分析，国家机关表现为人均能耗高、车辆保有量大的特点，是公共机构节能降耗的重点领域。

（二）教育机构能耗总量大

2011 年，教育机构能源消费量 60.6 万吨标煤，建筑面积 2706.4 万平方米，用能人数 191.8 万人，分别占全部公共机构的 37%、50%和 56.9%，在各类公共机构中均占据最大比重，是公共机构节能的重点部门。

中、高等教育是教育机构的耗能主力，二者能耗占全部教育机构的比重超过 70%。从能源品种所占比重看，由于高等教育机构一般为学生提供了规模较大、较为完善的宿舍、食堂等生活设施，电力和天然气比重明显高于其他学校。从单耗水平看，不同级别教育机构的人均能耗存在较大差异，高等教育机构的学生在校时间长，学习生活用能多，因此人均能耗显著高于中等、初等教育机构，而不同级别教育机构的单位建筑面积能耗较为接近（见表 7）。

表 7　　2011 年教育机构能耗水平

机构类型	能耗比重(%)	主要能源品种比重(%)				人均能耗(千克标煤/人)	单位面积能耗(千克标煤/平方米)
		电力	煤炭	天然气	热力		
教育机构	100.0	17.6	15.2	14.5	48.5	316.2	22.4
学前教育	2.9	14.2	11.3	12.5	52.5	204.2	22.4
初等教育	19.9	13.1	28.2	4.4	48.8	203.9	21.5
中等教育	41.9	16.0	17.1	8.8	54.1	353.1	21.7
高等教育	28.7	22.1	4.4	29.9	41.2	450.9	23.7
其他教育	6.6	22.2	12.7	15.2	42.6	296.7	25.1

综合以上分析，教育事业单位能耗总量大、建筑面积广、用能人数多，是公共机构用能总量控制的重点部门。其中高等教育机构规模大、用能结构多样，是教育机构节能的重点方面。

（三）可再生能源利用比重低

2011 年，全市公共机构中应用太阳能光热、光电利用系统及浅层地热能利用系统的仅有 311 家，占全部公共机构的 3.8%；使用非汽柴油燃料的车辆为 77 辆，仅占全部车辆的 0.1%。全市公共机构可再生能源利用尚处于起步阶段，可再生能源新技术、新产品的开发利用尚有较大空间。

四、政策建议

（一）加大考核管理力度，加强重点领域能源管理

推进公共机构节能降耗工作，应加大考核管理力度，推进能耗审计，针对重点领域的能耗特点，在保证各机构的合理用能需求的前提下，对既有用能设备加强管理，对新建和改扩建项目严格审批，专业化、系统化的推进节能改造工作。

国家机关单耗水平高，应加快信息机房及空调系统的升级改造，合理配置办公面积，加强公务车用油管理；教育机构能耗总量高，用能差异大，应针对不同级别的学校制定节能方案。

（二）优化能源品种结构，推进可再生能源利用

目前，公共机构用能以热力、电力和汽油等传统能源为主，能源品种结构调整和可再生能源开发利用尚有较大空间。公共机构应率先垂范，积极进行用能结构调整，减少高污染、低能效设备的使用，并结合机构自身特点，推进太阳能、浅层地热等可再生能源示范应用项目的建设。

（三）继续完善基础工作，实现用能精细化计量

对能耗进行科学、准确的计量是公共机构能源管理的基础。目前全市公共机构用能单位实现了各个能源品种的计量，但由于公共机构往往存在合署办公、多个办公区、上下级隶属关系、下辖企事业单位等多种复杂情况，在机构内部的次级用能单位和用能设备能耗计量仍需进一步细化，建筑面积、人员和车辆等基本信息也应不断完善，以便更准确反映公共机构用能结构、强度等特点。

北京市常住人口变动特点及增长因素分析

◆◇庞江倩　陈　缇

人口问题是关系经济、社会、环境全面协调发展的重大问题，适度的人口规模、合理的人口分布、科学有效的人口管理机制对于城市的可持续发展至关重要。据 2011 年人口抽样调查推算，2011 年末北京市常住人口达到 2018.6 万人，在人口规模、分布及结构方面呈现出新的特征。本文利用 2011 年人口抽样调查资料对北京市的常住人口规模、分布及年龄、婚姻、家庭、健康状况等结构特征进行了分析，并从自然增长、户籍人口迁移增长、外来人口迁移增长三个方面探讨了 2011 年常住人口增长的主要因素。

一、常住人口规模及分布

（一）常住人口总量持续增长，增速明显下降

据 2011 年人口抽样调查推算，2011 年末北京市常住人口为 2018.6 万人，比 2010 年末增加 56.7 万人，增长 2.9%。增速比前十年的年均增速下降 0.9 个百分点，比“十一五”期间人口年均增速下降 2.1 个百分点。

常住人口中，外来人口为 742.2 万人，比 2010 年末增加 37.5 万人，增长 5.3%，增速比 2001-2010 年的年均增速下降 6.3 个百分点。外来人口在常住人口中的比重由 2010 年末的 35.9%提高到 2011 年末的 36.8%，上升 0.9 个百分点。外来人口增长仍然是北京市人口增长的主要因素，但增速已有明显下降。

在四个直辖市中，重庆市常住人口最多，为 2919 万人；其次是上海市，为 2347.5 万人；北京市排在第三；天津市最少，为 1354.6 万人。从常住外来人口看，上海市最多，为 935.4 万人，占常住人口的 39%；其次是北京市；天津市和重庆市分别为 344.8 万人和 121 万人，在常住人口中的比重分别为 25.5%和 4.1%。

（二）常住人口继续向郊区扩散，人口密度分布格局未变

从常住人口的地区分布看，城市功能拓展区的常住人口最多，为986.4万人，占全市常住人口的48.9%；城市发展新区次之，为629.9万人，占31.2%。这两个功能区集中了全市80.1%的常住人口。首都功

表1　　2011年北京市各区县常住人口及人口密度

地　区	常住人口（万人）	常住外来人口（万人）	常住人口密度（人/平方公里）
全　市	2018.6	742.2	1230
首都功能核心区	215	53.4	23271
东城区	91	21.4	21739
西城区	124	32	24540
城市功能拓展区	986.4	400	7731
朝阳区	365.8	160.9	8038
丰台区	217	84.3	7096
石景山区	63.4	21.3	7519
海淀区	340.2	133.5	7898
城市发展新区	629.9	257.7	1001
房山区	96.7	21.4	486
通州区	125	47.7	1379
顺义区	91.5	31.3	897
昌平区	173.8	89.6	1294
大兴区	142.9	67.7	1379
生态涵养发展区	187.3	31.1	214
门头沟区	29.4	4.8	203
怀柔区	37.1	10.2	175
平谷区	41.8	5.1	440
密云县	47.1	7	211
延庆县	31.9	4	160

能核心区和生态涵养发展区常住人口较少，分别为215万人和187.3万人，所占比重分别为10.6%和9.3%。与2010年相比，首都功能核心区人口减少1.3万人，下降0.6%；城市功能拓展区和城市发展新区人口分别增加30.7万人和26.4万人，增速分别为3.2%和4.4%；生态涵养发展区人口变化较小，增加0.9万人，增长0.5%。由此可见，常住人口继续由核心区向城市功能拓展区和城市发展新区扩散。

从常住人口密度看，梯度分布的格局并未改变。全市常住人口密度为1230人/平方公里，比2010年增加35人/平方公里。首都功能核心区人口密度最高，为23271人/平方公里；是城市功能拓展区的3倍，城市发展新区的23.2倍，生态涵养发展区的108.7倍。（见表1）

（三）城镇化水平稳步提升

全市常住人口中，居住在城镇地区的人口1740.7万人，占86.2%；居住在乡村地区的人口277.9万人，占13.8%。与2010年相比，城镇人口在常住人口的比重上升了0.2个百分点，表明北京市城镇化水平稳步提升。

在四个直辖市中，上海市城镇人口在常住人口的比重最高，为89.3%；天津市和重庆市分别为80.5%和55.0%。

二、常住人口结构特征

（一）平均年龄增加，总抚养比上升

常住人口中，男性1040.7万人，占51.6%；女性977.9万人，占48.4%；性别比（以女性为100，男性对女性的比例）为106.4，比2010年的106.8略有下降。

常住人口中，0–14岁人口183.7万人，占9.1%；15–64岁人口1653.2万人，占81.9%；65岁及以上人口181.7万人，占9%。与2010年相比，0–14岁少儿人口和65岁及以上老年人口比重分别上升0.5个和0.3个百分点；15–64岁成年人口比重下降0.8个百分点。常住人口平均年龄为37.5岁，其中，常住户籍人口平均年龄40.4岁，常住外来人口平均年龄31.8岁。与2010年相比，常住人口平均年龄增加0.5岁。

常住人口总抚养比为22.1%，其中，少儿抚养比为11.1%，老年抚

养比为 11%。与 2010 年相比，总抚养比上升 1.2 个百分点，少儿抚养比和老年抚养比分别上升 0.7 个和 0.5 个百分点。总抚养比的上升表明全市每百名劳动年龄人口抚养的非劳动年龄人口数量增加，一老一小问题值得关注。

（二）婚姻关系稳定，存在性别差异

15 岁及以上人口中，未婚人口占 24.3%，有配偶人口占 70.8%，离婚人口占 1.3%，丧偶人口占 3.6%。与 2010 年相比，有配偶人口比重上升 2.7 个百分点，未婚人口、离婚人口、丧偶人口比重分别下降 1.9 个、0.5 个和 0.3 个百分点，婚姻关系稳定程度进一步提高。

婚姻状况存在一定的性别差异。男性未婚人口和有配偶人口的比重要高于女性，而离婚人口和丧偶人口的比重要低于女性，其中，丧偶人口比重的差异较大，男性只有 1.8%，女性为 5.3%，二者相差 3.5 个百分点（见表 2）。

表 2　　2011 年北京市常住人口婚姻构成（%）

项目	合计	未婚	有配偶	离婚	丧偶
15 岁及以上人口	100	24.3	70.8	1.3	3.6
男性	100	24.8	72.2	1.2	1.8
女性	100	23.8	69.4	1.5	5.3

（三）小型化家庭占主流，单身老人户比重上升

据 2011 年人口抽样调查推算，2011 年末，全市共有常住人口家庭户 686 万户，集体户 71.4 万户。家庭户以二人户和三人户为主，二者占家庭户总量的 60.6%，其中，二人户占 30.8%，三人户占 29.8%。另外，一人户比例也较高，为 22.3%。一人户中，60 岁及以上的单身老人户占 17.4%，与 2010 年相比，比重上升 2.6 个百分点。单身老人在生活上存在饮食、出行、就医等多方面问题，需要给予更多的关注。

从家庭户的代际关系看，近一半为一代户家庭，占 48.7%；二代户家庭占 39.9%；三代户家庭仅占 11.2%。说明随着人们生活方式的改善和生活水平的提高，“小型化”成为家庭户组成的主流，并且家庭成员间

关系也更为密切。

（四）老年人口健康状况良好，男性优于女性

随着收入和生活水平的提高、医疗卫生条件的逐步改善、社会保障制度的不断完善以及居民自我保健意识的不断增强，北京市 60 岁及以上老年人的身体健康状况总体良好。

全市 60 岁及以上老年人口中，自我评价“身体健康”的占 49.2%，“基本健康”的占 39.6%，“不健康、但生活能自理”的占 8.2%，“生活不能自理”的占 3.1%。

由于生理特点不同，男性与女性在身体健康状况方面也存在一定差异。60 岁及以上的男性人口自我评价“身体健康”的占 52.8%，比女性高 6.8 个百分点；“基本健康”、“不健康、但生活能自理”、“生活不能自理”的比例都低于女性。分年龄看，各年龄男性“身体健康”的比例都高于女性，并且随着年龄的增长差距逐步加大。

三、常住人口增长因素分析

常住人口的增长由自然增长和机械增长构成，其中，机械增长分为户籍人口的迁移增长和外来人口的迁移增长。2011 年全市增加的 56.7 万常住人口中，自然增加 8 万人，其中外来人口自然增加 1.7 万人；户籍人口迁移增加 12.9 万人；外来人口迁移增加 35.8 万人，具体增长因素分析如下：

（一）自然增长明显上升

2007 年以来，北京市常住人口出生每年基本在 13 万–14 万人之间，死亡在 8 万人左右，每年自然增加 5 万–6 万人。2011 年，出生人口增长较快，全年常住人口出生达到 16.5 万人，出生率 8.29‰，比 2010 年增加 2.6 万人，出生率上升 0.81 个千分点。出生人口的增加主要有两个方面的原因，一是处于生育峰值年龄（28–32 岁）的妇女不断增加，女性人口中生育峰值年龄人口的比重逐年上升，由 2007 年的 8.4%提高到 2010 年的 9.9%，2011 年又升至 10.4%。二是独生子女逐步进入婚育年龄，“双独”子女（即夫妻二人均为独生子女）组成的家庭日益增多，按照计划生育政策，“双独”子女组成的家庭可生育二胎。

北京市死亡人口变化较为平稳，2011 年全市死亡人口 8.5 万人，死亡率 4.27‰。与 2010 年相比，死亡人口增加 0.3 万人，死亡率下降 0.14 个千分点。

在出生人口和死亡人口的共同作用下，2011 年全市自然增加人口 8 万人，比 2010 年增加 2.3 万人；自然增长率 4.02‰，比 2010 年上升 0.95 个千分点。北京市人口自然增长的变化主要是由于出生人口增加造成的。

（二）户籍人口迁移增长变化较大

户籍人口的迁移增长是户籍迁入人口总量扣除户籍迁出人口总量的净增量。据市公安部门统计，2011 年全市户籍迁入人口 21.1 万人，比 2010 年增加 2.6 万人；迁出人口 8.2 万人，比 2010 年增加 0.6 万人，户籍迁移增加人口 12.9 万人，比 2010 年增加 2 万人。从近 5 年户籍人口迁移变动情况看，2007－2010 年全市户籍人口迁移增长较为稳定，每年基本保持在 11 万人左右，而 2011 年有所上升，达到近 5 年的最高水平。

2011 年户籍人口迁移增长较快，主要原因是户籍迁入人口增加，而户籍迁入人口的增加主要是由于录取学生大量增加造成的。从迁入北京市的人口来看，录取学生、投靠亲友以及大中专毕业分配是排在前三位的原因。2011 年因这三类原因迁入北京市的人员为 17.5 万人，占迁入人口总量的 82.9%，其中：录取学生 12.9 万人，占 61.1%；投靠亲友 2.7 万人，占 12.8%；大中专毕业分配 1.9 万人，占 9%。与 2010 年迁入人口相比，录取学生增加 2.3 万人，大中专毕业分配增加 0.26 万人，投靠亲友减少 0.16 万人。可见，录取学生增加是 2011 年户籍迁入人口增加的主要原因。

（三）常住外来人口增速明显减缓

如前所述，2011 年北京市常住外来人口总量继续增长，但是增速明显减缓，主要原因有两点：

一是 2011 年经济增速放缓。一般来讲，经济增长与就业存在着一定的关系，从理论上说，在其他条件不变的情况下，经济增长率越高，劳动力需求就越大，我们通常用就业弹性系数来反映经济增长与就业增长之间的关系。“十一五”时期，全市就业人口的年均增长率为 3.3%，GDP 的年均增长率为 11.4%，就业弹性系数为 0.29，这表明“十一五”时期，经济每增长 1 个百分点，就业增长 0.29 个百分点。2011 年，全市经济增速放缓，初步核算，全年实现地区生产总值16000.4亿元，按可比价格计算，比上年增长8.1%，低于“十一五”时期的平均水平。经济增速的放缓必然对外来劳动力的需求有所减弱。

二是各级政府加大了对流动人口聚居地区的管理工作。一方面，部分地区在流动人口聚居区采取社区化管理模式，遏制闲散人员在村庄的聚居和滞留。另一方面，继续开展流动人口重点村排查整治工作，通过排查整治和整村搬迁改造，进一步改善城乡结合部社会秩序，引导流动人口有序流动。管理工作的加强在一定程度上控制了外来人口的增加。

北京市人口流动特征及规律研究

◆◇顾宪州　庞江倩　杨　舸　安　慧　李增永

人口流动是经济社会发展到一定阶段的必然现象。大规模的人口流动既推动了经济的快速发展,也引发了深刻的社会变迁。本课题将流动人口的空间范围界定在乡镇街道，即对两部分流动人口进行研究，一是本市的人户分离人口（居住地与户口登记地不在同一乡镇街道的本市户籍人口）；二是常住外来人口（外省市来京人员）。我们利用 2010 年北京市第六次全国人口普查数据，深入分析这两类人口的特征，总结人口的流动规律，为政府完善现有户籍制度，加强对流动人口的服务和管理，完善人口调控政策提供依据。

一、人口流动特征分析

（一）市内人户分离人口流动特征分析

1. 市内人户分离人口大量增加

2010 年人口普查资料表明，全市常住户籍人口中，人户分离人口为 345.4 万人，占常住户籍人口的 27.5%。其中，区县内的人户分离人口 162.6 万人，占 47.1%，跨区县的人户分离人口 182.8 万人，占 52.9%。与 2000 年人口普查相比，人户分离人口增加了 127.9 万人，其中，区县内的人户分离人口减少 40.9 万人，跨区县的人户分离人口增加 168.8 万人。人户分离人口在常住户籍人口中的比重上升了 7.7 个百分点。可见，十年间，北京市人户分离人口大量增加，人户分离人口在内部结构上发生了较大变化，由 2000 年的区县内人户分离人口为主发展成区县内和跨区县人户分离人口并存的局面。

2. 人户分离类型存在地区差异

由于各个区县的地理位置、产业布局及各种社会资源不同，人户分离的类型有所差异。根据区县内和跨区县人户分离人口的比例不同，可将全市 16 个区县人户分离人口分为以下四种类型：

(1) 以跨区县的人户分离为主，主要包括丰台区、石景山区、昌平区和大兴区。

(2) 本区县内的人户分离和跨区县的人户分离人口各占一半，主要包括东城区、西城区、朝阳区和通州区。

(3)跨区县人户分离人口的比例在三分之一左右,主要包括海淀区、门头沟区、房山区和顺义区。

(4) 以本区县内的人户分离为主，主要包括怀柔区、平谷区、密云县和延庆县。

3. 人户分离原因以拆迁搬家、随迁家属和务工经商为主

形成人户分离的主要原因是拆迁搬家、随迁家属和务工经商，所占比例分别为 30.2%、13.9%和 12%，这三大原因共占 56.1%。工作调动、学习培训、投亲靠友和婚姻嫁娶的比例基本接近，都在 6%—9%之间变化。

（二）常住外来人口流动特征分析

1. 常住外来人口持续增长

全市常住人口中，外省市来京人员为 704.5 万人，占常住人口的 35.9%。与 2000 年人口普查相比，外来人口增加 447.7 万人，平均每年增加 44.8 万人，年均增长率为 10.6%，远远高于常住人口 3.8%的年均增速。十年增加的常住人口中，外来人口占 74.1%。外来人口在常住人口中的比重也由 2000 年的 18.9%提高到 2010 年的 35.9%，也就是说，2000 年每 5 个常住中有 1 个外来人口，到 2010 年每 3 个常住人口中就有 1 个外来人口。由此可见，北京市常住人口的增长主要是由于外来人口的大量增加造成的。

2. 整体受教育水平显著提高

十年来，常住外来人口的文化素质显著提高，大专及以上文化程度的比例为 24.4%，高中的比例为 19.5。与 2000 年相比，分别提高 14.5 个和 2.7 个百分点；初中以下文化程度的比例明显下降，初中、小学、未上过学的比例分别下降 7.3 个、7.7 个和 2.2 个百分点。外来人口的

平均受教育年限[1]为10.9年，比2000年提高1.5年。

3. 务工经商是主要迁移原因

常住外来人口中，务工经商的人口比例为73.9%，随迁家属比例为8.0%，学习培训的比例为4.7%。与2000年相比，有两个明显的变化，一是务工经商比例大幅提高，由2000年的68.3%上升为2010年的73.9%；二是学习培训的比例明显降低，由2000年的10.3%下降为2010年的4.7%。

二、人口流动规律研究

（一）人户分离人口流动规律研究

旧城改造和新区建设的大规模展开、住房条件的不断改善为城市人户分离创造了条件，寻找优质的公共资源是人户分离的根本动因。

1. 人户分离人口在功能区内部的流动

数据显示，在各个功能区内部流动的人户分离人口为202.3万人，占全部人户分离人口的58.6%，可见，人户分离人口的主体仍是各功能区内部流动的人口。拆迁搬家、随迁家属及务工经商是功能区内部人户分离人口流动的主要原因。城市发展新区拆迁搬家比重较高，也在一定程度上反映了发展新区快速建设及旧城改造的影响。

2. 人户分离人口在功能区之间的流动

为分析方便，我们按照地理位置的差异将在功能区之间流动的人户分离人口划分为外流人口和内流人口，外流人口是指从靠近核心区的功能区向离核心区较远的功能区流动的人户分离人口，反之则为内流人口。在功能区之间流动的人户分离人口共143.1万人，其中外流人口111.9万人，占78.2%；内流人口为31.2万人，占21.8%。

近三分之二的外流人口是从首都功能核心区流出的，而由于人口流动的“惰性”，首都功能核心区流出的人口大部分进入了与它毗邻的城市功能拓展区。而从城市功能拓展区流出的人口占到了三分之一，这部分人口绝大部分进入了城市发展新区（见图1）。

1 人口平均受教育年限计算公式为：（小学人数×6+初中人数×9+高中人数×12+大专及以上人数×16）/6岁及以上人口数

图 1　　外流人口在功能区的分布

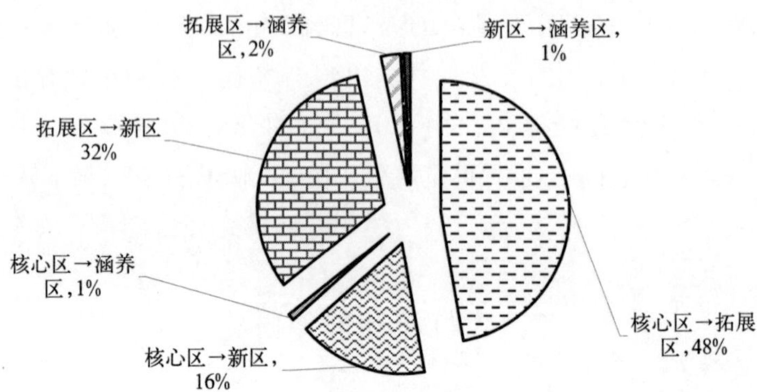

拆迁搬家和随迁家属是人口外流的主要原因，尤其是首都功能核心区和城市功能拓展区的外流人口，这也表明城市功能拓展区和城市发展新区相对于首都功能核心区具有空间优势。

北京市内流人口共有31.2万人，近三分之一是由城市功能拓展区流入首都功能核心区，近一半由城市发展新区和生态涵养区流入城市功能拓展区。影响人口内流的主要原因是务工经商和学习培训（占42.1%），这表明了首都功能核心区和城市功能拓展区的经济和教育资源优势（见图2）。

图 2　　内流人口在功能区的分布

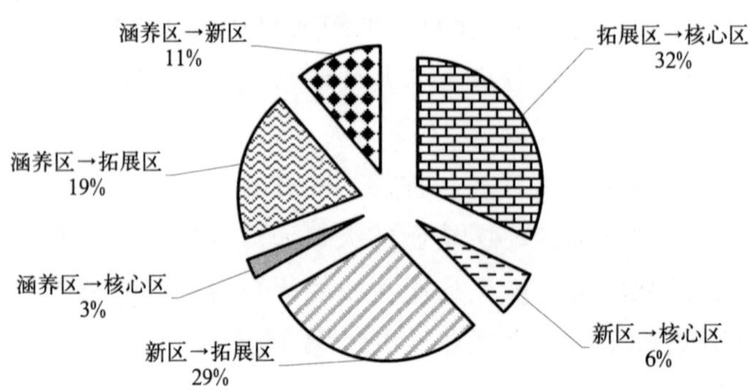

通过上面的分析可知，由于人口流动的“惰性”及社会经济政策的影响，人户分离人口的流动仍以区域内流动为主，但区域间的流动有不断扩大的趋势。虽然城近郊区区经济发展水平较高，公共资源较为优化，对人口有较强的吸附力，但由于空间范围的限制，必然会使更多的人因为居住成本的提高而流向远郊区县。从目前的趋势来看，由于拆迁影响以及核心区的空间限制，已经有大量的人口从首都功能核心区流向了城市功能拓展区，随着城市功能拓展区人口的不断增长，将会有更多的人口从该区流向城市发展新区。

（二）常住外来人口流动规律研究

从前面的分析中可以看到，外来人口来京的原因以务工经商为主，反映出外来人口的发展变化与一个地方的经济社会发展相互依存，相互影响。一方面，外来人口的大量流入，为城市发展注入了活力；另一方面，经济的发展也对外来人口具有强大的吸引作用。本部分通过建立回归分析模型，量化经济发展与人口流动之间的关系，探讨常住外来人口流动的规律。

1. 迁入地收入和城镇化水平与外来人口之间的关系

收入代表一个地区经济发展水平，根据国家统计局2010年城镇非私营单位在岗职工年平均工资数据显示，北京市的城镇非私营单位在岗职工平均工资为65683元，是全国平均水平的1.8倍，是最低工资水平的2.3倍。从在全国的排位看，仅低于上海（71874元），工资水平居全国第二位。

城镇化率是指城镇人口在常住人口中的比例，是反映一个城市发展进程的重要指标。2010年，北京市城镇人口达到1685.9万人，城镇人口比重达到86%，与2000年相比，上升了8.5个百分点。城镇人口比重的提高，反映了城市各种配套设施的完善和成熟，现代化程度的加深。

以北京市在岗职工平均工资和城镇人口比例为自变量，以外来人口总量为因变量，对1978—2009年的数据进行线性回归分析，利用spss软件，建立回归方程：

$$y = 0.007x_1 + .0031x_2 - 156.059 \qquad (1)$$

其中，y为外来人口总量，x_1为在岗职工平均工资，x_2为城镇人口比例。

通过上述模型，可得如下结论：外来人口总量与北京市收入水平和城镇化水平均存在正相关关系。具体量化关系为：在岗职工平均工资每增加 1 元，外来人口总量增加 70 人；城镇人口比例每增加 1 个百分点，外来人口总量增加 3.031 万人。

2. 地域差异对外来人口的影响

外来人口总量除与迁入地收入及城镇化水平有直接关系外，也与来源地各省常住人口总量、收入水平及距京距离存在密切关系。

以各省常住人口数、距京距离及各省城镇单位就业人员平均工资为自变量，以各省来京人口总量为因变量对相关数据[2]进行回归分析，可得以下回归方程：

$$y = 2.801x_1/x_2 - 8.549x_3 + 317462.4 \tag{2}$$

其中，y 为某省外来人口总量，x_1 为某省常住人口数，x_2 为某省距京距离，x_3 为某省城镇单位就业人员平均工资

在构造回归模型时，是以 x_1/x_2 和 x_3 为自变量进行的二元线性回归。

对于方程（2）中的复合变量 x_1/x_2，可将 x_1/x_2 命名为“相对常住人口”，所谓“相对常住人口”是指相对于距京距离的常住人口，随着距京距离的增大，“相对常住人口”会下降。

上述回归方程能解释某地区来京人口总量与其人口规模、距京距离及收入水平之间存在的关系。众所周知，某一地区的常住人口数与其来京人口总量存在某种正相关的关系，如果这一地区常住人口基数小，其来京人数必然会少，反之亦然。其次，迁移成本、迁入地区的文化、生活等因素对人口迁移具有较大影响。通过对第六次人口普查数据可得，距离近的省份来京人口总量大（即使常住人口基数小），距离远的省份来京人口总量小（即使常住人口基数大），并从来京人口数与距京距离变化的趋势看出，两者并非简单的负线性关系，而是有一定程度的反比例关系。最后，由于人口迁移一般是从收入水平高的地区迁移到收入水平较低的地区，故某地区的收入水平应该与来京人口总量有一定的负线性相

2 相关数据包含 2009 年各省城镇就业人员平均工资、2010 年各省来京人口总量和各省距京距离。其中，2009 年各省城镇就业人员平均工资数据来自 2010 年中国人口和就业统计年鉴，2010 年各省来京人口总量来自第六次全国人口普查，各省距京距离数据来自超图公司估计数据。

关关系。

另外，对于不同的省份，其来京人口总量与其距京距离的倒数是线性正相关的（假定其常住人口数相同），即同距京距离存在一定的反比例关系。例如，对于两个常住人口总量相同的省份，且假定其收入水平也相近，那么其来京人口总量几乎完全取决于其距京的距离，且与距京距离成反比例关系（不考虑常数项）。

通过上述分析，可得如下结论：某省的来京人口数同其常住人口数有线性正相关的关系，同其收入水平有线性负相关的关系。具体量化关系为：常住人口数每增加 1 人，来京人数会增加2.801/d人（d为该省距京距离），城镇就业人员平均工资每增加 1 元，来京人数会减少 8.549 人。

三、思考与建议

居住地的改变是本质，户籍改变与否则是形式。人们只要其长期的居住地发生改变，不论其户籍所在地是否变更，客观上已经对人口流出地和流入地的社会经济生活发生了实质性的影响。结合北京市人口流动的特征及规律，对加强人户分离人口和常住外来人口的管理与服务提出如下建议：

（一）推动科学城市规划，引导人口合理布局

北京市人口规模不断增长，引发了一系列的大城市问题，应该通过合理的人口布局，增加城市的人口容量。改变“摊大饼”式的城市发展模式，加快城市多中心的形成。特别是加强新城建设，使之成为中心城人口和职能转移及新产业集聚的承载地。完善新城基础设施建设，积极引导中心城优质教育、医疗和文化资源等向新城扩展和转移，缩小城乡社会事业发展差距。

（二）合理布局公共资源，促进“分离”回归

人口居住地的布局伴随着公共服务资源的布局。市内人户分离是北京公共服务资源不均衡的体现，北京在城市拆迁和规划过程中，应协调好“迁移”与就业、公共资源配置之间的关系，同时面对人户分离人口大量增加的现实，合理分配公共服务资源。将优质教育资源、大型医疗机构等公共服务设施向搬入地区倾斜。同时在这些城市功能拓展区和正

在建设的新区增加就业机会，减轻北京人户分离压力的同时也能缓解人户分离后产生的交通压力等社会问题。

（三）积极探索人口管理新体制,完善人口服务与管理

一方面,要转变对人户分离人口的管理模式，充分发挥各方力量，形成良好的人口管理网络 ,逐步实现以个人身份的管理替代家庭户口管理，以实际居住地管理替代户籍地管理,以人口的动态管理替代人口静态管理的新型人口管理模式。另一方面，要推进流动人口服务管理机制创新，逐步实现流动人口基本公共服务均等化，探索户籍人口和流动人口居住管理一体化模式，解决好外来人口的社会保障、就医、就学等问题。

北京市工业产品价格变动情况及对经济调控的几点启示

◆◇郭翰超

党的十六大以来，我国经济快速增长，人民生活明显改善，经济社会发展取得举世瞩目的辉煌成就。北京市成功申办并圆满完成举办北京奥运会、残奥会和新中国成立60周年庆祝活动等历史性重大任务，综合经济实力显著提升。近年来，北京市紧紧抓住举办奥运会和应对国际金融危机等重大机遇，主动调结构、转方式，保证首都经济稳步发展，价格涨幅总体可控，产业结构优化升级。

一、北京PPI总体运行情况

十六大以来，北京工业品价格变化经历了两轮起伏周期，目前处于第三轮周期下行过程中。2003–2012 年[1]，全市工业生产者出厂价格[2]年均上涨 0.6%（见图 1）。

图 1　十六大以来北京 PPI 年度走势

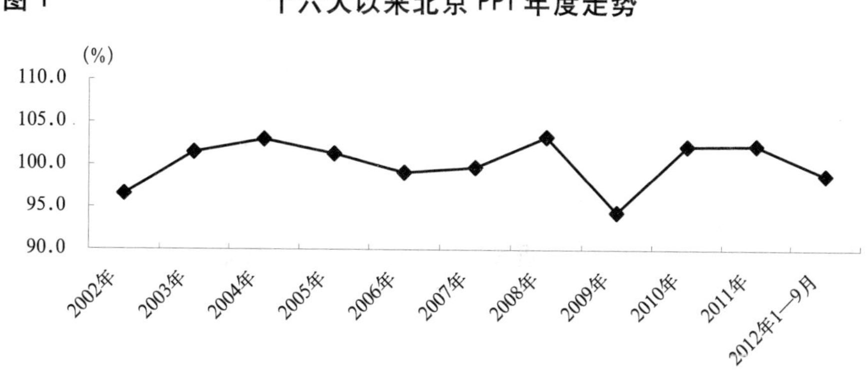

1 2012 年数据为 1–9 月累计。本文中若无特殊说明，2012 年数据均为 1–9 月累计。
2 2011 年国家统计局进行改革，以前的工业品出厂价格改称工业生产者出厂价格。

第一轮周期（2002–2006 年）

受加入世贸组织(WTO)的影响，国内经济快速增长，2003 年北京工业生产者出厂价格指数(以下简称 PPI)稳步上行，2004 年达到峰值。由于经济出现过热迹象，国家加强了宏观调控，2005 年、2006 年 PPI 下行并降至谷底。

第二轮周期(2006–2009 年)

经过短暂调整，在奥运因素带动下，经济增速快速提升，2006 年开始，价格上行，PPI 于 2008 年达到峰值。国际金融危机爆发后，国内外经济受到严重影响，2008 年 8 月份开始，PPI 快速下降，2009 年降至谷底。

第三轮周期（2009 年至今）

在国家实施积极的财政政策和适度宽松的货币政策的有力带动下，2010 年经济逐步复苏。由于欧美国家实行宽松的货币政策以及美元贬值等共同作用，国际市场大宗商品价格反弹，北京 PPI 实现 V 型反转并达到新的峰值。2011 年受欧债危机影响，世界经济复苏乏力，我国及北京主动调整经济结构，经济增速回落，价格再次下行，目前，PPI 仍在下行区间运行。

二、北京 PPI 运行特点

（一）年均涨幅低，运行较平稳

十六大以来，北京工业生产者出厂价格年均上涨 0.6%，明显低于上个 10 年 3.5%的年均涨幅。10 年中，北京 PPI 年度高低差为 8.9 个百分点，显著低于上个 10 年高低相差 26.7 个百分点的落差水平。数据显示，近 10 年北京工业产品价格总体运行较为平稳（见表 1）。

表 1　最近两个 10 年北京 PPI 对比

时期(年)	年度(%)				月度(%)		
	年均涨幅	高点	低点	高低差百分点	高点	低点	高低差百分点
1993–2002	3.5	121.8	95.1	26.7	140.6	92.3	48.3
2003–2012	0.6	103.3	94.4	8.9	105.1	92.1	13.0

(二)生产资料主导 PPI 走势，生活资料价格波动较小

10 年来，生产资料价格波动明显，高低年份相差 10.5 个百分点，而生活资料价格相对平稳，波动较小，出厂价格高低年份仅相差 2.5 个百分点。由于 PPI 中生产资料权重占比 8 成左右，因此生产资料价格主导 PPI 走势。10 年来，北京市生产资料出厂价格与 PPI 走势基本一致(见图 2)。其主要原因：生产资料受国际市场大宗商品价格影响较大，需求弹性大，同时易受国内工业生产以及投资变化影响，波动性较大。生活资料主要是消费品，消费具有刚性，其需求相对投资而言更稳定，因而价格运行更为平稳。

图 2　　2003—2012 年北京生产资料与生活资料出厂价格指数走势

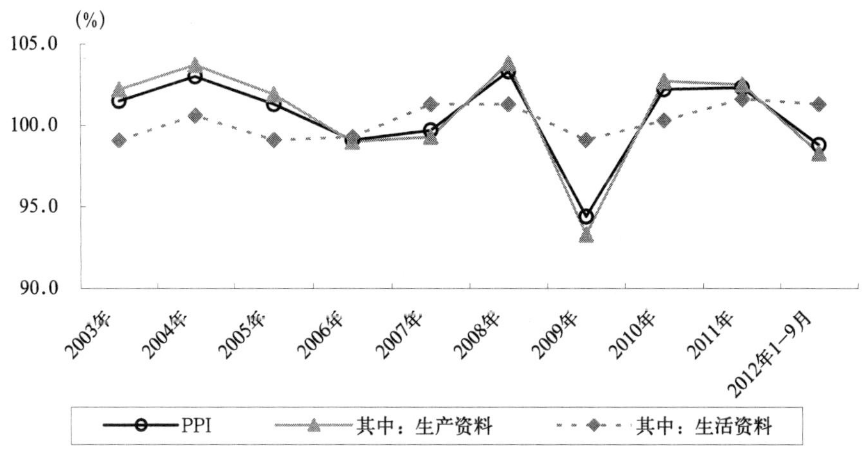

(三) PPI 的外部输入型特征逐渐显现

上个 10 年(2002 年以前),北京 PPI 几次上涨主要与国内经济过热(或投资膨胀)、农业减产、货币信贷增长过快、价格体制改革等因素密切相关，国际市场对北京地区价格的影响不明显。2002 年我国加入 WTO 融入世界经济,北京地区石油、粮食、铁矿石等大宗商品对外依存度不断上升,国内外市场联系更加密切，国际市场价格通过金融市场、进出口贸易、市场预期等途径传导到国内，并对国内市场价格上涨产生了较大的影响。例如,2007- 2008 年北京 PPI 上涨，除了与部分农产品供应短缺、

外贸顺差持续扩大、货币信贷增长偏快等国内因素有关外，还与美元贬值、国际市场初级产品价格大幅上涨、全球流动性过剩等国际因素紧密相关，外部输入型特征较为明显。2009 年受全球金融危机影响，国际市场大宗商品价格大幅回落，北京 PPI 应势而落。2010 年以来，国际市场大宗商品价格的起落均在滞后几个月即影响北京 PPI（见图 3）。

图 3　　北京 PPI 与国际市场大宗商品价格走势对比图

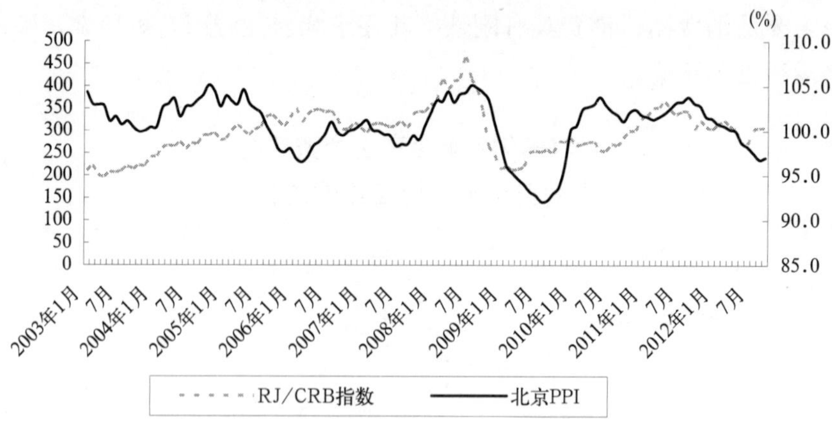

（四）农副产品价格仍未摆脱周期性反复波动

农业具有天然周期性，表现在产品价格上也呈现出周期性波动的特征。从最近 10 年来看，农副产品出厂价格基本呈现上涨两年后，下降一到两年，之后再次上涨的特征（见图 4）。

图 4　　北京市工业企业中农副食品加工业产品出厂价格指数走势

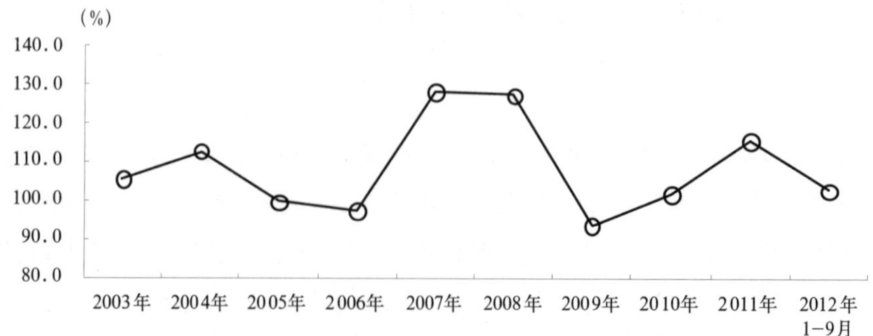

农副产品中猪肉价格波动周期最为明显。由于生猪养殖比较散、小，规模化程度较低，当猪肉价格大幅上涨时，刺激猪农养猪，经过一段时期，生猪出栏量增加，猪肉价格下降，猪农减少养殖，生猪减少导致市场供不应求，猪肉价格上涨，如此周期性反复。

（五）公共性资源型产品价格稳步上涨

10 年来，随着结构调整步伐加快，节能减排力度加大，资源性产品价格改革不断推进，北京市电力、燃气、水等公共性资源型产品出厂价格基本呈现稳步上涨态势。其中，电力、热力产品出厂价格 10 年年均上涨 2.6%；2012 年受远郊区县通气影响，全市燃气出厂价格平均下降 2.6%，其余 9 年均为上涨，10 年年均上涨 2.7%；为促进节约用水，2004 年 8 月 1 日北京市水价进行了大幅调整，综合水价由上年的 4.01 元提高到 5.04 元，2005—2008 年水价保持稳定，其他年份平稳上涨，10 年年均上涨 6%（见图 5）。

图 5　2003—2012 年北京市电力、燃气、水等出厂价格走势

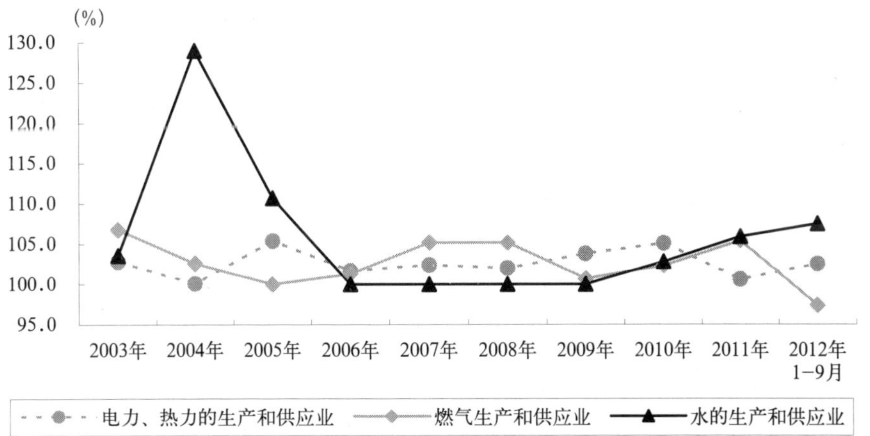

（六）汽车及电子等耐用消费品价格多年持续下降

10 年来，北京市主要耐用消费品中，汽车及电子产品出厂价格基本呈现持续下降走势。其中，交通运输设备制造业产品出厂价格年均下降 1.6%，通信设备、计算机及其他电子设备制造业产品出厂价格年均下降

8.1%（见图6）。

主要耐用消费品价格的持续下降，对促进城乡居民消费，提高生活质量起到了重要作用。

图6　2003—2012年北京市主要耐用消费品出厂价格走势

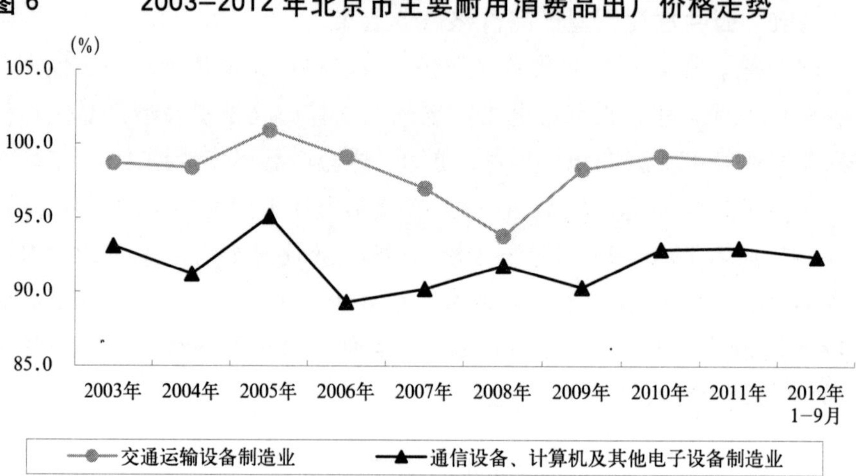

三、工业品价格变化对工业经济及居民生活的影响

10年来，北京市工业产品价格的变动对全市经济特别是工业经济和人民生活产生不同影响。

（一）北京在上游产品价格上涨中受益较小

10年来，采矿业价格上涨较快，煤炭行业甚至出现“黄金10年”，资源性省份及地区在上游产品价格上涨中受益较多。北京属于资源缺乏城市，采矿业在工业中占比低，受益较小。

以资源输出大省新疆与北京工业企业发展情况为例，由于上游生产资料价格上涨有利于资源输出地区提高经济发展水平和财税收入，10年来，在资源产品价格上涨的大背景下，新疆地区工业企业缴纳的增值税年均增速高于北京4.8个百分点，且增速绝大多数年份高于北京（见图7）。

图 7　　新疆与北京工业企业增值税增速对比

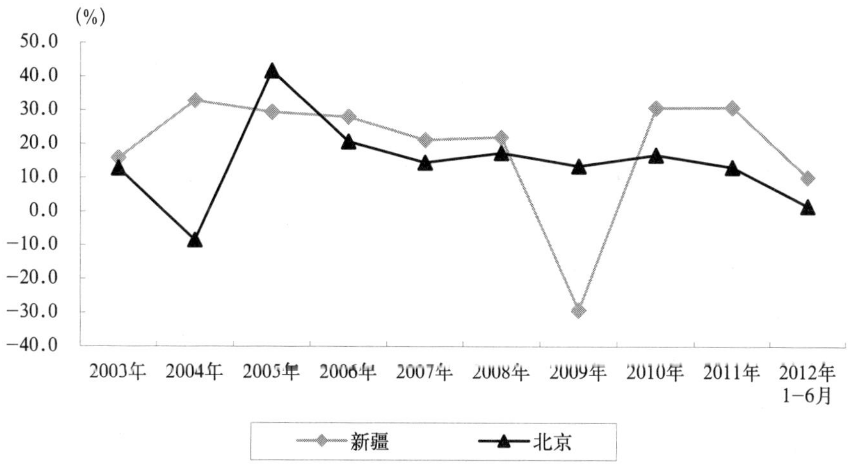

注：2012 年新疆为 1-5 月数。

（二）工业企业成本压力较大

北京属于资源缺乏型城市，上游原料价格上涨增加了工业企业经营成本。10 年来，北京规模以上工业企业主营业务成本增幅多数年份高于主营业务收入增幅，企业面临的成本压力较大，影响了盈利能力与盈利水平。

（三）主要耐用消费品价格下降提升了居民生活水平

随着经济发展和部分制造业产品价格不断下降，一些昔日的奢侈品已经成为日常生活必需品，最具代表性的如手机、电脑和汽车。

2011 年，北京市城镇居民人均消费性支出为 2002 年的 2.1 倍。家电拥有量不断提高，产品更新换代加快。2011 年年底，每百户家庭拥有手机 215 部、空调器 171 台、淋浴热水器 97 台、家用电脑 104 台，分别比 2002 年增加 121 部、64 台、13 台和 48 台。汽车需求快速提升。2002-2011 年，北京城镇居民家庭每百户家用汽车拥有量从 4 辆增加到 38 辆，10 年间增长了 8.5 倍。

四、相关政策建议

针对10年来北京工业产品价格运行情况及特点，结合今后一段时期经济与价格运行趋势，提出如下几点建议。

（一）有选择地发展都市特色型轻工产业

与重工业产品比较，北京市轻工业产品价格运行相对平稳。今后一段时期，应重视北京市轻工业“规模小、比重低、发展缓”等问题，有选择地发展都市特色型轻工产业。北京地区庞大的常住居民、旅游消费群体和较高的消费水平为轻工业的发展提供了广阔的空间。目前北京市轻工业产品市场竞争力弱，在全国市场上不占优势。面对消费市场广阔、需求多样的北京特色轻工产品市场，北京市完全可以生产以市场为导向的富有创意特色的产品，抢占潜力巨大的北京市场。北京将实现“72小时过境免签”，这一政策将吸引外籍游客进京。今后在轻工产品方面应重点发展符合首都特点的时装、食品、包装印刷等都市特色工业和旅游产品，落实市委、市政府关于发展“健康产业”和“时尚之都”的规划，这样既赢得了市场，也减缓了价格上升压力。

（二）大力发展高端产业，推进劣势企业退出

北京工业具有得天独厚的科技、人才、资金优势，应该加快发展高新技术产业，发挥高技术产业具有高产出低消耗特点，可以避免加剧北京水资源、土地资源、能源等供需矛盾，降低原材料、燃料、动力价格上涨的推动力。需要指出的是，下决心压缩过剩产能，推进劣势企业退出，不能仅靠企业自觉，少数企业主动压缩产能，更多企业反而会觉得是好机会，增加产能。因此，压缩淘汰落后和多余产能，必须靠政府下决心，停止审批产能过剩的建设项目；银行不支持产能扩张，而在刺激终端需求，适度增加有利于化解产能过剩问题行业和企业的贷款量；资本市场管理部门对有可能继续加剧产能过剩的建设项目一律不支持，暂停 IPO(首次公开募股)；财税部门对主动压缩淘汰落后产能的企业，适度减免相关税收。

（三）加强对国际市场价格变化监测，适时做好预警

过去10年，我国以及北京经济深度融入世界，今后一段时期还会进

一步加大开放力度，外部市场价格变化与国内市场价格变化的同步性越来越强，影响越来越大，需密切跟踪监测国际市场价格变化并适时做好预警。

（四）有效破解农产品价格的周期性起伏波动，并作为当前乃至今后一段时期价格调控的着力点

多年以来，治理农产品价格波动一直是价格调控的重点、难点。但是，过去10年，农产品价格的起伏波动仍然没有得到有效解决，需要多方入手，从农产品价格信息提供、联网，改变生猪养殖小散乱，整治流通领域不合理收费等方面组合推进，最大程度熨平农产品价格反复波动。

北京消费水平的判断和思考

◆◇王　敏　郑艳丽

消费是推动经济增长的“三驾马车”之一，全球金融危机后，中央始终强调要“把扩大内需作为保增长的根本途径”，并将扩大居民消费作为主要着力点。在当前“十二五”规划实施的重要时期，世界经济仍面临诸多不确定因素，国内通胀压力较大，在此背景下加强消费研究，对于加快转变发展方式，确保经济可持续稳定增长具有重要意义。

一、最终消费的概念

GDP 按支出构成分为最终消费、资本形成总额、净出口三部分，通称为推动经济增长的“三驾马车”。

由于缺乏国内跨地区的商品、服务流向资料，在地区层面很难进行完整的支出法 GDP 核算。按照国家统计局要求，北京 GDP 总量以生产法计算为准，支出法主要测算消费、投资部分，净出口作为平衡项。

最终消费是居民、政府部门用于直接满足个人需要或社会成员公共需要（无需在生产过程中进一步加工）的商品或服务的支出总额。可分为居民消费和政府消费两部分，既包括商品消费支出，也包括服务消费支出。

二、对北京消费水平的总体判断

（一）经济增长进入消费驱动时代

改革开放以来，随着全市经济的快速发展，消费水平有了巨大提高，实现了年均两位数增长。1978—2011 年，GDP 总量由 108.8 亿元增加到 16251.9 亿元，增长 148.4 倍，年均不变价增长 10.5%；同期最终消费由 53 亿元增加到 9488.2 亿元，增长 178 倍，年均不变价增长 12.5%

（见表 1）。

表 1　　1978—2011 年北京消费变动情况

年　份	GDP	最终消费		
			居民消费	政府消费
1978（亿元）	108.8	53	28.6	24.4
2011（亿元）	16251.9	9488.2	5525.2	3963
2011/1978（倍）	148.4	178	192.2	161.4
年均不变价增长（%）	10.5	12.5	12.6	12.3

发达国家经验表明，人均 GDP4000 美元之后，消费快速扩张，逐渐成为三大需求中的主动力。北京人均 GDP 突破 5000 美元以后，经济发展进入重要转折期，增长模式由投资、消费双轮驱动型向消费拉动型转变。

以 2006 年为分水岭，北京最终消费增速持续快于 GDP 增速。2006—2011 年，全市 GDP 年均增长 10.8%，同期最终消费年均增长 14.2%，资本形成总额年均增长 6.3%，最终消费增速快于 GDP 增幅 3.4 个百分点，快于资本形成总额增幅 7.9 个百分点。

从世界平均水平看，1960—2009 年的 49 年间，最终消费对全球经济增长的贡献率保持在 71%—75%之间，且总体上呈微幅上升趋势。从北京情况看，1981—2011 年的 31 年间，消费对经济增长的贡献率有 19 个年份高于 50%，有 14 个年份高于 60%，且总体呈上升趋势。从 2006 年起，消费对经济增长的贡献呈加速上升态势，由 60%上升至 2011 年的 83.4%，与发达国家 80%左右的贡献率接近，消费成为北京经济增长的第一动力（见图 1）。

（二）消费率接近 60%，仍存在上升空间

消费率的高低与一个国家或地区的经济发展水平、发展阶段和发展模式有着密切关系。2006 年，北京消费率首度并连续超过投资率。2011 年，人均 GDP 达到 12643 美元，消费率达到 58.4%，高出投资率 17.3

个百分点。

图 1　　1978—2011 年北京 GDP 和最终消费增速

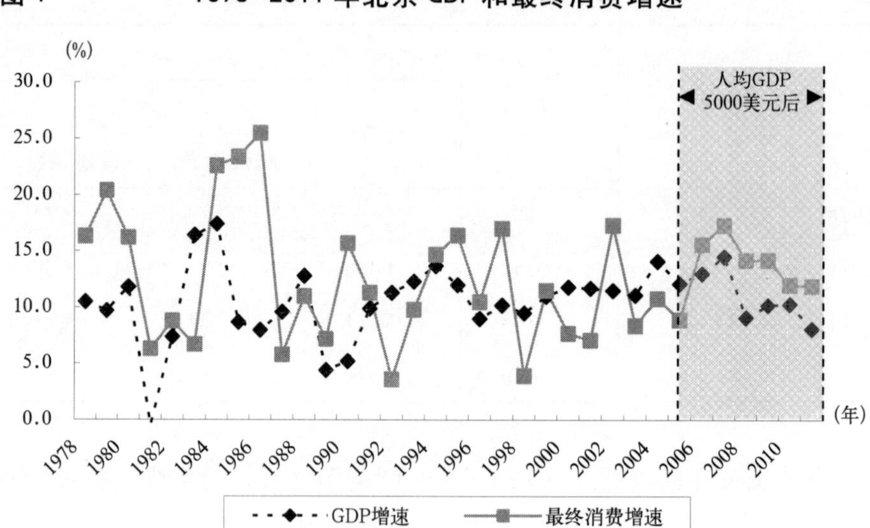

从发达国家的经验来看，消费率一般在 75%—85%左右。从金砖国家看，2011 年，俄罗斯、巴西的人均 GDP 均突破 12000 美元，消费率分别达到 66.5%和 81%，与之相比，北京消费增长空间依然很大（见图 2）。

图 2　　1978—2011 年北京消费率和投资率

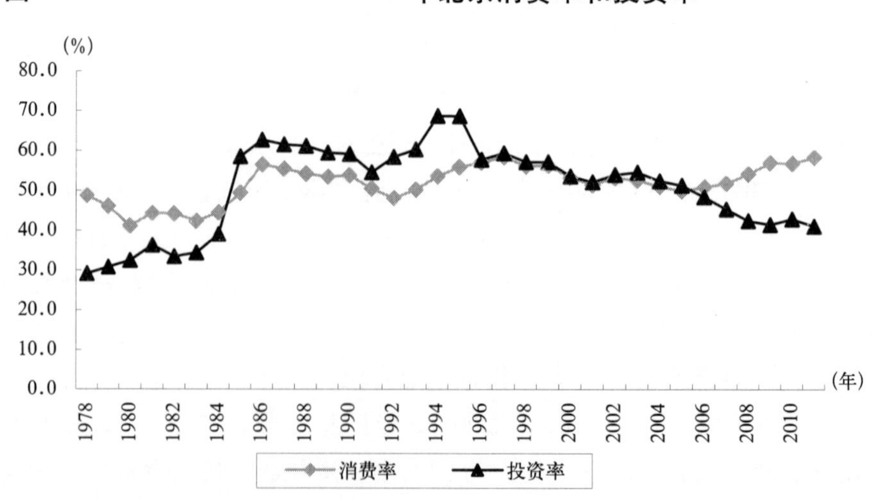

（三）消费规模与经济规模所处位置基本吻合

从国内看，目前只有上海、北京等少数城市经济以消费驱动主导。根据 2010 年全国人口普查数据，北京人口占全国总人口比重为 1.5%，同期经济总量占全国比重为 3.6%，最终消费总量比重为 4.3%，北京的消费规模高于其经济规模和人口规模。2011 年，北京居民消费水平达到 4298 美元，约为全国平均水平的 2.5 倍，2009 年世界平均水平为 3625 美元。

三、北京消费结构特点

（一）居民消费占最终消费的主导地位

最终消费由居民消费和政府消费构成，居民消费是最终消费的主体。改革开放以来，居民消费占最终消费的比重总体呈上升态势，波动范围在 53%−83%之间。2011 年，居民消费占最终消费比重为 58.2%，比 1978 年提高了 4.3 个百分点。从增长速度看，居民消费支出增速总体快于政府消费。1978−2011 年，居民消费支出年均增长 12.6%，比政府消费年均增速高 0.3 个百分点。

（二）政府消费在促进北京经济向消费主导型转变中起主导作用

1978 年，政府消费占最终消费比重为 46.1%，此后波动下行，1994 年降至最低点 17.9%。分税制改革后，政府消费增长加快，1995−2011 年，有 13 年政府消费增速快于居民消费。

从 2006 年起，北京经济增长方式向消费主导型转变，政府消费在促进经济转型中发挥了重要作用。2006−2011 年，政府消费年均增长 16.6%，高于居民消费增速 3.9 个百分点。在此期间，政府消费占最终消费比重由 37.5%上升至 41.8%。

政府消费快速增长原因主要有：一是分税制改革后，政府财力增强，消费规模不断扩大。另外北京是中央政府机关聚集地，中央单位已占到北京政府消费的一半左右。按常住单位统计原则，这部分政府消费纳入全市的最终消费统计中。2011 年，政府消费占最终消费的比重超过 40%，若扣除中央单位影响，该比重约为 25%。从世界范围看，政府消费占最终消费比重一般在 12%−28%之间。我国这一比重在 28%左右。二是随着对民生领域投入的不断加大，政府对居民个人实物转移支出价值也越来越多。政府向居民个人提供的义务教育、交通补贴、娱乐设施等服务，这部分支出使居民个人获益，但所发生的成本记录在政府的最终消费支出中。从北京的情况看，初步测算，政府承担着居民所获得的消费支出20%以上的费用。而美国这一比例在10%左右，北欧国家在40−50%左右。

（三）商品性消费与服务性消费比例为6：4

居民消费支出包括商品性消费支出和服务性消费支出。根据居民住户调查资料，2011年北京居民服务性消费支出占居民消费的比重在30%左右。按照国际上通用的核算原则（SNA国民经济核算体系），除购买的消费型商品和服务外，居民消费支出还包括非市场的虚拟服务支出。如金融保险服务[1]的虚拟支出，自有住房服务[2]虚拟支出等。而住户调查中没有包括这部分虚拟消费支出，若依据SNA原则核算，2011年北京服务消费占居民消费比重达到42.6%。

（四）消费结构日趋合理

从纵向看，北京居民消费结构不断改善，城镇居民家庭恩格尔系数（即食品消费支出占总消费支出比重）从1978年的58.7%下降至2011年的31.4%，农村居民家庭从63.2%下降到32.4%。居民消费结构从以生存为主的温饱型转向发展享受型的消费模式。如旅游消费支出快速增长，2011年城镇居民人均团体旅游支出增长19.8%。

从横向看，部分享受型消费支出与发达国家接近。2011年，北京居民休闲与文化支出比重为9.5%，而主要发达国家该比重在9.1%−11.5%之间；交通支出比重为11.1%，主要发达国家在9.1%−14.5%之间。教育、医疗卫生等发展性和保障性消费支出与发达国家接近。2011年北京医疗保健支出比重为7.2%，主要发达国家一般在1.7%−20.2%之间；教育支出比重为5.3%，主要发达国家在0.9%−7.4%之间（见表2）。

1 对居民承担的、由金融机构提供但未直接收取费用的服务支出，应虚拟计算其价值。

2 对所居住的房屋拥有所有权，视同为拥有一家非法人企业，该企业提供了住房服务并被其所属住户的居民所消费。提供的住房服务价值等于在市场上租用同样大小、质量和类型的房屋所要支付的租金。住房服务的虚拟价值记作房主的最终消费支出。

表 2　　主要国家居民消费支出构成（%）

支出项目	美国	英国	法国	德国	日本	澳大利亚	韩国	北京
	2009年	2009年	2009年	2009年	2008年	2008年	2009年	2011年
食品、非酒精饮料	6.8	9.7	13.5	11.2	14.6	10.7	13.2	29.4
酒精饮料、烟草和麻醉品	2.1	3.6	2.9	3.2	2.9	3.6	2.5	2.4
服装和鞋类	3.5	5.5	4.3	5.2	3.5	3.2	5.1	10.2
住房、水、电、天然气和其他燃料	19.5	22.5	25.6	24.5	24.8	20.5	16.7	8.9
家庭设备用品及服务	4.3	5.1	5.9	6.6	3.6	5.2	3.3	7.1
医疗保健	20.2	1.7	3.8	5.0	4.3	5.4	6.5	7.2
交通	9.1	14.5	14.2	14.3	11.4	10.9	11.3	11.1
通信	2.4	2.2	2.7	2.8	3.3	2.7	4.4	4.7
休闲与文化	9.3	11.5	9.1	9.3	10.4	11.1	7.9	9.5
教育	2.3	1.5	0.9	0.9	2.2	3.4	7.4	5.3
饭店和旅馆	6.2	10.3	6.1	5.7	7.9	6.9	8.3	0.2
其他支出	14.3	12.1	11.3	11.2	11.0	16.3	13.4	4.0

注：取自国际统计年鉴（2010），北京数据根据城乡住户调查资料整理。

四、北京消费存在几大反差

（一）生存性消费偏高，享受性消费不足

吃、穿比重相对较高。2011 年北京食品和非酒精饮料支出占居民消费比重达到 29.4%，而主要发达国家这一比例在 6.8%–14.6%之间；服装和鞋类支出比重达到 10.2%，而发达国家这一比例在 3.2%–5.5%之间。

家庭设备、通信等的“小康型”支出偏高。2011 年北京家庭设备用品及服务支出占居民消费比重达到 7.1%，而主要发达国家这一比例在 3.3%–6.6%之间；通信支出比重达到 4.7%，而发达国家这一比例在 2.2%–4.4%之间。

享受性消费支出比重有所提升，但部分支出仍然偏低。2011 年，北京饭店和旅馆消费支出占居民消费比重仅为 0.2%，主要发达国家这一比重均在 5%以上；其他消费支出（主要包括金银珠宝、美容美发消费等）比重为 4%，而主要发达国家在 11%以上。

（二）商品性消费偏高，服务性消费偏低

从世界经济发展历史看，随着经济发展水平的不断提高，居民服务性消费比重不断提高。2011 年，北京服务性消费比重达到 42.6%，而发达国家服务性消费比重均超过商品性消费，如美国居民服务性消费比重在 66%左右（2008 年）。提升服务性消费比重是促进北京居民消费潜力的一个重要方面。

（三）消费性服务业发展慢，生产性服务发展快

随着居民消费水平的逐步提高以及消费环境和消费模式趋于稳定，消费供给对促进居民消费增长将发挥着极其重要的作用。2007–2011 年，北京消费性服务业增加值年均现价增长 10.6%，但同期生产性服务业年均现价增长 19%，消费性服务业占经济比重由 2006 年的 20%下降至 2011 年的 16.5%。今后应注重通过消费供给带动消费需求，促进居民消费快速增长。

（四）城镇居民消费倾向下降，农村居民消费倾向上升

居民消费倾向指居民消费支出与收入之比，反映居民当期获得的收入用于当期消费的比例。2006 年，北京进入消费驱动时代后，城镇居民消费倾向逐步下降，但农村居民消费倾向有所回升。2011 年，城镇居民消费倾向为 66.8%，比 2006 年下降 7.4 个百分点；2011 年农村居民消费倾向为 75.2%，比 2006 年提升 4.9 个百分点。随着农村居民收入水平和消费倾向的提高，城乡居民消费差距呈现加速缩小态势。2006 年，城乡居民消费差距为 2.45∶1，2011 年下降至 1.98∶1。

（五）物价水平高，实际消费能力弱

商品价格对居民消费需求是一把双刃剑。正常合理的价格上涨有利于消费的增长，但当通胀水平较高时，会导致居民实际消费能力减弱。

近年来，物价上涨降低了居民的实际消费能力。从 2006 年北京经济转为消费驱动以后，CPI 与居民实际消费支出增速呈反向变化，即当 CPI 涨幅扩大时，居民实际消费支出增速放缓。如 2011 年 CPI 涨幅由 2010

年的 2.4%攀升到 5.6%，同期城乡居民消费性支出实际增速为 4.5%和 6.1%，分别比 2010 年减慢了 4.3 个百分点和 1.9 个百分点；与之相反，2009 年，CPI 下降 1.5%，同期城乡居民消费性支出实际增速为 10.3%和 21.4%，分别比 2008 年加快了 8.1 个百分点和 15.2 个百分点。

从国际比较看，据瑞银 2011 年发布的《物价与收入全球购买力比较》报告显示：虽然北京的居民消费水平位居全国第二位（仅次于上海），但在全球 73 个国际都市中，北京由于收入水平较低，其购买力居第 63 位，而物价水平的排名居第 58 位。表明北京的收入水平相对较低，而物价水平相对较高。

五、未来北京消费潜力

（一）从消费潜力看：储蓄已开始向消费转化

2011 年末，北京居民储蓄存款余额已达到 1.89 万亿，人均储蓄存款达 9.5 万元。近年来，随着消费率的提高，人均储蓄存款增速持续放缓，2008–2011 年，增速分别为 23.8%、16.5%、10.1%和 7.7%。相应的，居民储蓄存款增加额占 GDP 比重也持续下降，2008–2011 年，比重分别为 24.8%、22.2%、16.4%和 12.6%。储蓄代表未来消费潜力，与发达国家相比，北京居民消费潜力远未得到充分发挥。2011 年，北京居民个人信贷消费额约占全部信贷消费额的 13%左右，而这一比例在国外一般达到 60%–70%。因此，创造良好消费环境，转变消费观念，促进储蓄向消费转化，对北京扩大内需有重要意义。

（二）从消费主体看：80 后、90 后与“银发族”将成为消费主力军

人口年龄结构对消费总量和结构有着重要影响。目前，北京处于“人口红利”的黄金时期，2011 年，20–39 岁人口占总人口比重的 41.8%。这部分人群购买力强，消费潜力大。同时，北京人口结构已经步入老龄化。根据生命周期理论，人口年龄结构与储蓄率的关系一般呈“倒 U 型”。即年轻人和老年人储蓄率较低，而中年人储蓄率较高。目前，应顺应人口结构变化的趋势，研究这两部分消费群体的消费心理与消费特征，大力引导生产和营销企业生产和开发分别适合这两部分群体的消费产品和市场。

（三）从消费方向看：发展和享受型成为消费升级转型的重点方向

根据国际经验，恩格尔系数降到 35%以下时“买车购房”就会形成规模。近年来，围绕住房和汽车的消费支出快速增长，但同时也带来了房价居高不下、城市堵车严重等急待解决的新问题。随着限房、限车等调控政策的实施，北京居民消费升级亟须找到新的增长点。

2011 年，北京城镇居民家庭的恩格尔系数为 31.4%，农村居民家庭的恩格尔系数为 32.4%。与发达国家相比，尚有 10 个以上百分点的差距。随着居民生活水平的提高，北京居民生存性消费比重将进一步降低，而发展和享受型消费比重将继续提高。目前，北京居民消费正在向追求生活质量的享受和舒适转变。2011 年，我市城镇居民人均文化娱乐服务支出增长 21.3%，其中，旅游、健身消费分别增长 19.8%和 16.9%。2011 年，人均金银珠宝饰品支出增长 42.7%，人均养车费用支出增长 19.8%。

北京城镇居民收入变动总体进程及分配特征分析

◆◇王 军 江 羽

改革开放30多年来，北京市经济实现多年的持续高速发展，城镇居民收入也保持了较快增长。2011年，北京市城镇居民人均可支配收入达到32903元，比1978年增长了89.1倍，年均增速达到14.6%，扣除价格因素，年均实际增速为8.0%。另一方面，居民收入增长滞后于经济增长的弊端日渐突出，收入分配格局的调整亟待针对性政策的出台和落实。

一、北京市城镇居民收入变动的总体进程

（一）居民收入增长与经济发展从不同步走向同步

1978年以来，北京市经济发展很大程度上惠及城镇居民，但是多数年份，居民人均可支配收入增速都低于经济增速。从居民收入增长与经济发展的同步性看，大致经历了以下几个阶段：

第一阶段，1978—1983年，居民收入与经济发展速度有一定差距，但居民收入与经济发展的变动趋势基本一致。改革开放初期，北京市经济发展经历了较为明显的起伏，1978—1983年北京市GDP按可比价计算年均增长9.1%，人均可支配收入年均实际增速为7.2%，比GDP年均增速低1.9个百分点。

第二阶段，1984—1991年，是新旧体制摩擦相对激烈的阶段，1984年党的十二届三中全会标志着经济体制改革由农村走向城市和整个经济领域，经济继续呈现波动式增长，并且出现了企业增效、经济增长与居民收入逆向变动的状况。这个阶段，北京市GDP可比价年均增长9.4%，增幅比第一阶段提高0.3个百分点；城镇居民人均可支配收入年均实际增长5.1%，比第一阶段降低2.1个百分点。人均可支配收入增幅比GDP增幅低4.3个百分点，增幅差比第一阶段扩大了2.4个百分点。

第三阶段，1992—2001年，以1992年邓小平同志南巡讲话为序幕，

北京市经济发展迎来了快速增长的黄金十年，GDP 可比价年均增速达到 11.2%，比第二阶段提高了 1.8 个百分点；城镇居民人均可支配收入年均增长 8.6%，比第二阶段提高 3.5 个百分点。这一时期，随着国有企业开始减员增效分流人员，城镇居民收入增长受到一定的影响，但是增速较前一阶段仍有较大幅度的提高，人均可支配收入与 GDP 的增幅差比第二阶段缩小 1.7 个百分点，二者的同步性明显提高。

第四阶段，2002 年至今，经济增速继续提高，居民收入再上新台阶，经济发展与居民收入增长的一致性和协调性进一步提高。2002−2011 年，城镇居民人均可支配收入年均增幅达到 10.3%，比第三阶段提高 1.7 个百分点；居民收入与 GDP 之间的年均增幅差缩小到 1.1 个百分点（见图 1 和表 1）。

图 1　北京市城镇居民人均可支配收入和地区生产总值增长情况

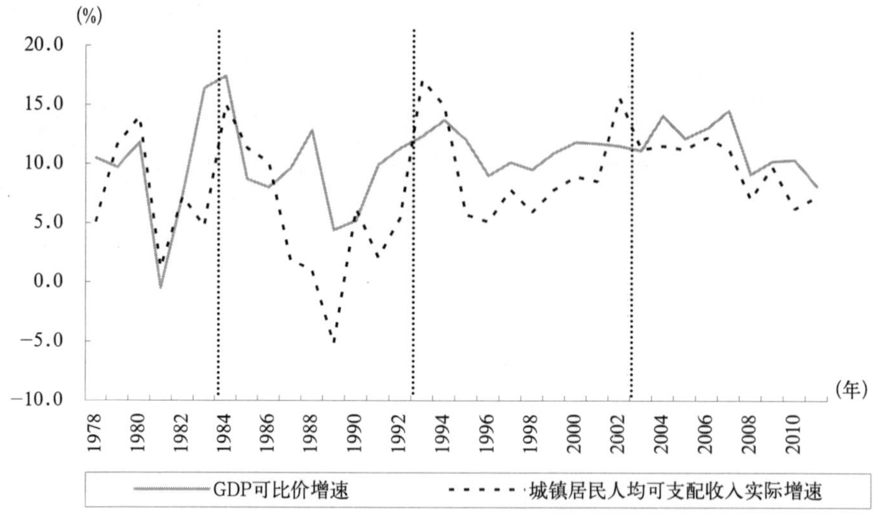

实现居民收入与经济同步增长是大势所趋，增幅差的逐步缩小反映出北京市城镇居民收入与经济增长的协调性正逐步增强，这是一个积极的趋向。

表 1　　城镇居民人均可支配收入与 GDP 年均增速对比情况

年份	GDP 可比价年均增速（%）	城镇居民人均可支配收入实际年均增速（%）	人均可支配收入与 GDP 年均增速差（百分点）
1978–2011 年	10.5	8.0	−2.5
第一阶段：1978–1983 年	9.1	7.2	−1.9
第二阶段：1984–1991 年	9.4	5.1	−4.3
第三阶段：1992–2001 年	11.2	8.6	−2.6
第四阶段：2002–2011 年	11.4	10.3	−1.1

（二）居民收入占 GDP 的比重先升后降，近年来有所回升

居民收入在国民收入分配中所占比重的高低体现了居民在经济发展过程中的受惠程度。1978 年以来，北京市居民、企业、政府三部门收入在国民收入中的比重发生了较大变化。

从初次分配情况看，1978–2011 年，劳动者报酬在地区生产总值中所占比重逐步提升。1978–1989 年劳动者报酬占比低于 40%，1990 年开始劳动者报酬占比超过 40%，2008 年达到 50.5%的新高，此后基本维持在 50%左右。经过多次分配后，居民所得份额较初次分配又发生变化。居民收入与 GDP 的比例关系大致经历了三个阶段。第一阶段为 1978–1996 年，北京市城镇居民人均可支配收入占人均 GDP 比重呈阶梯状上升态势，从 1978 年的 29.1%提高到 1996 年的 48.3%；第二阶段为 1997–2007 年，城镇居民人均可支配收入占人均 GDP 比重逐步下降，到 2007 年仅为 36.6%，比 1996 年降低了 11.7 个百分点；2008 年至今为第三阶段，城镇居民人均可支配收入占人均 GDP 比重逐步回升，2011 年，城镇居民人均可支配收入是人均 GDP 的 40.3%，比 2010 年提高了 0.9 个百分点，比 2007 年提高了 3.7 个百分点（见图 2）。

在劳动者报酬比重逐步提高的情况下，1996 年以来居民收入在地区生产总值中所占比重呈现下降趋势，反映了再分配过程中国民收入分配向政府和企业倾斜的状况；2008 年至今，由于初次分配和再分配政策逐步向居民部门倾斜，居民收入在地区生产总值中所占比重呈现出上升态

势。尽管如此，当前北京市居民收入在 GDP 中所占份额依然偏低，与发达国家相比仍有较大差距。主要发达国家再分配过程中居民收入比重大幅提高是其居民收入的最终分配比例远高于北京的主要原因。

图 2　1978-2011 年北京市居民收入与地区生产总值的比例关系

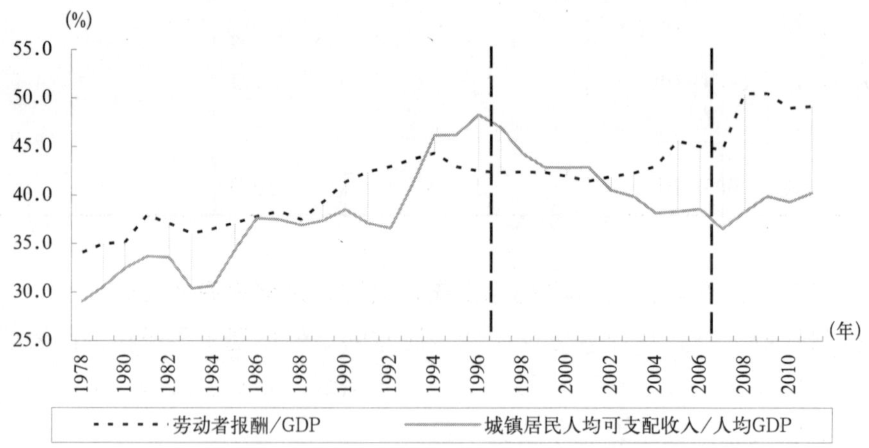

（三）居民收入与财政收入增长趋势的扭转以税改为分界点

1978-1994 年北京市城镇居民人均可支配收入（名义）年均增速达到 17.4%，而地方财政收入年均增速仅为 3.9%；以 1994 年税制改革为分界点，1995 年以来税收收入和财政收入增速持续高于城镇居民人均可支配收入。1995-2011 年，北京市地方财政收入年均增长 25.6%，税收收入年均增长 20.5%；城镇居民人均可支配收入年均增长 12.1%，增速分别比财政收入和税收收入低 13.5 个和 8.4 个百分点（见图 3）。

税收具有收入功能和调节功能，各税种中，个人所得税对收入的调节最为直接。我国个人所得税的开征始于 1980 年，当时工资薪金税目费用扣除标准是 800 元，2006 年调高到 1600 元，2008 年调高到 2000 元，2011 年 9 月开始再次调高到 3000 元，个人所得税扣除标准提高直接导致就业人员个人所得税支出下降，可支配收入相应增加。经测算，2011 年 9 月 1 日起实行的新《个人所得税法》影响北京市城镇居民人均每月交纳个人所得税减少 33.07 元。按照人口普查资料推算，每月全市城镇居民交纳个人所得税约减少 6 亿元。

图 3　　北京市城镇居民人均可支配收入和财税收入的年增长情况

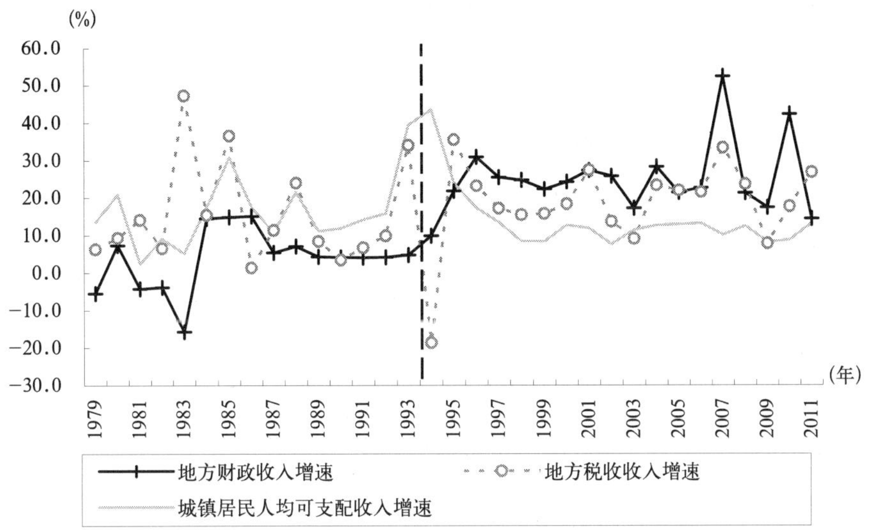

税收对收入分配调节作用的发挥在很大程度上取决于税制结构。近年来我国的个人所得税比重基本在 6%−7%之间，北京市个税比重稍高于全国水平，但也不到 10%。受税制结构的影响，个税调整对调节收入分配的作用还比较有限，针对流转税的减税政策发挥空间更大。

二、北京市城镇居民收入内部分配特征

（一）收入的要素分配特征

工资性收入、经营净收入、财产性收入和转移性收入是城镇居民收入的四大来源，其中以工资性收入和转移性收入为主。1978−2011 年，二者之和在家庭总收入中的比重始终在 90%以上。工资性收入经历了比重下降和相对稳定两个阶段；转移性收入比重先是迅速提高，1997 年以来保持相对稳定；2002 年以前经营净收入和财产性收入的合计比重一直不到 2%，此后有较为明显的提高，尤其是 2009 年以来，二者的合计比重已经超过 5%（见表 2）。

表 2　北京市城镇居民家庭收入构成变化（%）

年份	工资性收入	经营净收入	财产性收入	转移性收入
1978	94.5	0.0	0.0	5.5
1985	83.3	0.4	0.0	16.3
1992	80.8	0.1	1.1	17.9
1997	73.1	0.4	1.3	25.1
2000	70.8	0.6	1.1	27.5
2001	71.6	0.5	0.9	27.0
2002	67.9	2.6	0.6	28.9
2003	67.9	2.1	1.2	28.9
2004	67.7	1.0	0.9	30.4
2005	70.0	1.1	1.0	28.0
2006	72.6	1.1	1.2	25.1
2007	70.5	1.2	2.2	26.2
2008	67.7	2.8	1.6	27.8
2009	68.8	3.6	1.9	25.7
2010	69.2	3.5	2.0	25.3
2011	67.8	3.2	1.9	27.1

以工资性收入和转移性收入增长为主要推动力的增长方式贯穿了北京市城镇居民收入增长路径。一直以来，工资性收入和转移性收入对家庭总收入的合计贡献率都在 80%以上，并且多数年份贡献率超过 90%。长期以来，由于个体和私营经济不够活跃，家庭经营收入对总收入的带动作用不强，近几年第三产业的快速发展促进了居民从事商贸、旅游、餐饮、住宿等经营活动的增多和收入的提高，家庭经营收入对总收入的拉动作用有所增强。财产性收入基数小并且始终处于上下波动状态，没有对居民家庭总收入形成有力拉动（见图 4）。

图 4　　北京市城镇居民家庭四项收入增长对总收入年增长的贡献率

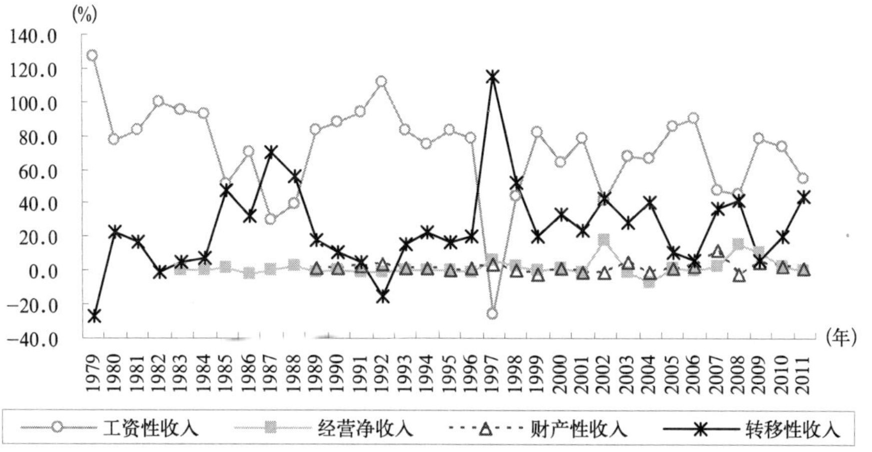

（二）收入的群体分配特征及影响因素

30 年来，城镇居民家庭中，高收入户的收入增长较快，低收入户的收入增长相对较慢，城镇居民内部收入差距呈现扩大趋势。城镇住户调查五分组数据显示，2011 年 20%高收入户的人均可支配收入为 63293 元，是 1986 年的 40.2 倍；20%低收入户的人均可支配收入 15034 元，是 1986 年的 20.6 倍。高低收入户的收入比由 1986 年的 2.2 : 1 扩大到 2011 年的 4.2 : 1。2011 年城镇居民家庭人均可支配收入是 1986 年的 30.8 倍，其中高收入户收入增长的贡献率达到 36.2%，中高收入户收入增长的贡献率为 22.3%，而低收入户收入增长贡献率仅为 9.1%。可见，近年来城镇居民收入增长主要由高收入户收入的增长所带动（见图 5）。

在各项收入中，劳动收入（包括工资性收入和经营净收入）的分配在城镇居民内部收入分配中最具有支配意义。在按劳分配方式为主体、其他分配方式为补充的情况下，劳动者适度的收入差别有利于促进效率的提高，但是由于性别歧视、同工不同酬等原因造成的劳动收入差别则容易导致公平缺失。以下利用 2011 年北京市城镇住户调查 5000 户调查户中就业人员的截面数据，采用分位数回归模型对影响劳动收入差异的因素进行实证分析。

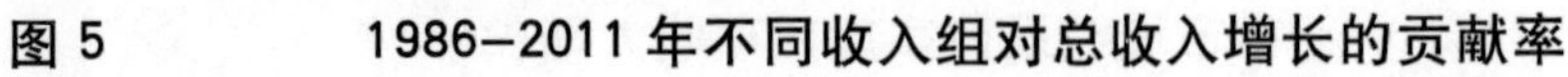

图 5　1986–2011 年不同收入组对总收入增长的贡献率

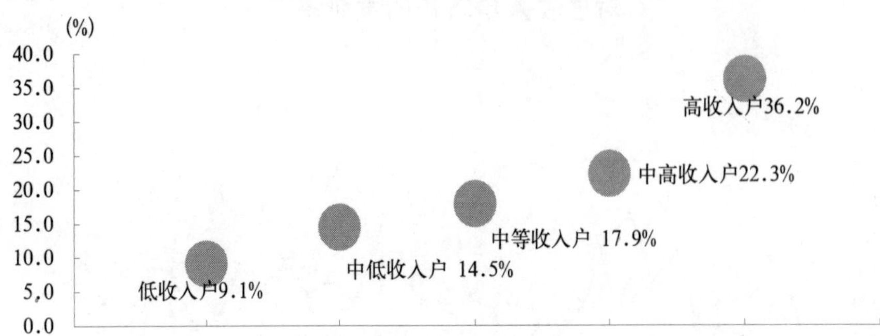

1. 变量指标选取及数据准备

模型中的因变量为个人可支配收入，自变量为受教育年限、工龄、性别、就业情况、职业。其中性别、就业情况、职业为虚拟变量。变量的处理，首先将文化程度转化为受教育年限：初中 9 年，高中 12 年，中专 14 年，大学专科 15 年，大学本科 16 年，研究生 19 年。性别变量的设置以男性为基准；就业情况变量的设置以国有和城镇经济单位职工为基准；职业变量的设置以国家机关党群组织、企事业单位负责人为基准。

2. 模型的建立

选取 10%、50%、90%这三个分位点，即 $\tau=0.1,0.5,0.9$，建立分位数回归模型如下：

$$DPI=\beta_0(\tau)+\beta_1(\tau)EY+\beta_2(\tau)WY+\beta_3(\tau)GD+\beta_4(\tau)ES+\beta_5(\tau)PF$$

其中，DPI 为可支配收入，EY 为受教育年限、WY 为工龄、GD 为性别、ES 为就业情况、PF 为职业，τ 为分位点，$\beta_0-\beta_5$ 为估计参数。

应用 R 软件对上述模型进行估计，结果显示，受教育年限、工龄、性别、就业情况、职业等个体特征对个人可支配收入的影响都较为显著，并且不同个体特征对可支配收入的影响随着分位数的不同而差别明显。以低收入户为例，从下表可以看出，$\tau=0.1$ 时，受教育年限每增加 1 年，个人月均可支配收入增加 193.78 元；工龄每增加 1 年，个人月均可支配收入增加 13.35 元；男性比女性月均的可支配收入高 314.03 元；国有经济单位职工和城镇集体经济单位职工比其他单位职工月均可支配收入高

117.62元；国家机关党群组织、企事业单位负责人比从事其他职业的人员月均可支配收入高692.12元（见表3）。

表3　分位数回归系数估计结果（括号中为相应的P值，$\alpha=0.05$）

变量名称	分位数τ		
	0.1	0.5	0.9
截距项	−1296.26（0.00）	−2524.85（0.00）	−3862.52（0.00）
EY（受教育年限）	193.78（0.00）	372.62（0.00）	662.48（0.00）
WY（工龄）	13.35（0.00）	25.57（0.00）	51.29（0.00）
GD（性别）	314.03（0.00）	673.62（0.00）	1309.13（0.00）
ES（就业情况）	117.62（0.00）	267.82（0.00）	−482.44（0.00）
PF（职业）	692.12（0.00）	1193.08（0.00）	2805.84（0.00）

注：$\tau=0.1$指10%分位点，代表低收入户；$\tau=0.5$指50%分位点（即中位数），代表中等收入户；$\tau=0.9$指90%分位点，代表高收入户。

3. 模型的结论

（1）职业因素对个人收入的影响程度最大。表明在各经济实体内部，就业人员的岗位差异是个人收入差别最为关键的因素。

（2）受教育年限对个人收入有显著影响。从不同收入群体来看，教育的边际收益率差距很大，随着收入的增加，教育的边际收益率翻倍提高。

（3）性别特征仍是收入差异的重要因素。在低、中、高各收入群体中，男性收入均明显高于女性，影响数值仅次于职业因素。并且，随着收入水平的提升，男性收入优于女性收入的程度提高。

（4）就业单位的经济类型对个人收入的影响较为复杂。对于低收入和中等收入群体来说，国有和城镇集体所有单位就业人员平均收入均高于其他类型经济单位；但是高收入群体中，国有和城镇集体所有制单位就业人员的平均收入却低于其他类型经济单位。可以看出，在国有和城镇集体经济单位中，就业人员的收入分布相对集中一些，而在其他经济类型的单位中，就业人员的收入差别更为明显。

（5）相比其他几项因素，工龄因素对于各个群体的收入所产生的影响都相对较小，并且，不同收入群体受工龄影响的差异程度也较小。

由于劳动力市场特征复杂，从激励和效率的方面看，某些不平等因素是合理的，某些因素则是不合理的。经济转轨以前，资历与企业的所有制类型是工资差异的主要原因，就业单位的经济类型和工龄因素对个人收入差异起主导作用；随着改革的推进，个人的素质、努力程度等逐渐成为工资差异的重要因素，而就业单位的经济类型和工龄因素的作用有所淡化，这在一定程度上体现了劳动力市场趋向均衡的变化特征，是一种良性的变化趋向。另一方面，劳动力市场歧视性的存在则是引起收入差距的非效率因素，需要引起特别关注。

三、政策建议

综上，当前北京市收入分配中居民部门所得比重依然偏低，内部分配差距呈现扩大趋势，这其中有合理的因素，也存在一些不合理因素。因此，收入分配政策的调整需要有针对性。

从国民收入的宏观分配上看，加大初次分配中劳动者报酬的比重固然重要，但调整再分配政策，使政策由向政府和企业倾斜转变为向居民部门倾斜，将对居民收入所得份额的提升起到更为直接和有效的作用。从历史上看，财税政策的调整对居民收入增长影响显著，税收的征收规模与居民收入之间存在一定的替代关系，这一点可以从 1994 年税制改革前后居民收入与财税收入增幅的走势上看出。此外，税制结构在很大程度上决定着税收调节作用的发挥。从目前情况看，以流转税为主体的税收结构中，个税调整对调节收入分配的作用还比较有限。随着结构性减税的向前推进，针对流转税的改革应是关注的重点。

从居民收入的要素分配情况看，工资性收入和转移性收入的稳定增长对居民收入增长起主导作用，针对工资性收入和转移性收入的各项政策是近年来促进居民收入增长的着力点，今后需要在保持政策的连续性和发挥政策的逆周期调节作用上寻求更好的平衡点，避免工资性收入和转移性收入的大幅波动。从居民收入的群体分配情况看，适当的收入差距有利于提高效率，但是应当尽量减少非效率因素，市场扭曲、劳动力歧视等不合理因素应是政策出击的重点对象。

鲜菜价格起起落落　追根溯源标本兼治

◆◇冯　艳

鲜菜是保证居民正常生活的必需品，鲜菜价格的变化直接影响到百姓生活和社会稳定，稳定鲜菜价格是各级政府的重点工作。2012 年春节过后，鲜菜价格反季节高涨，再次将人们关注的焦点集中到了起起落落的菜价。北京是一个对外依存度高的鲜菜消费城市，研究北京鲜菜价格变化的特点、判断其对物价水平的影响程度并分析其变动原因，对于进一步做好稳定鲜菜价格、保障民生工作有着重要意义。

一、鲜菜价格变动特点

从时间上看，鲜菜价格的变化包括一年内呈现的波动规律，称为短期变化；也包括连续几年的变化特点，称为长期变化。从内容上看，包括批发价格和零售价格。

（一）鲜菜价格短期波动特点

鲜菜自身的生长周期和生长环境是决定其价格变化周期的基本原因。由于鲜菜生长周期短，价格在短期内呈现波动大、季节性强的特点。

1. 年内价格变化频繁，幅度较大

以一年为周期，受气候影响鲜菜价格在年内变化频繁。由于鲜菜价值量较低，因此价格变化幅度相对较大。从北京市看，在 2006 年 1 月 −2012 年 5 月期间，月环比价格最高曾上涨 35.9%，最大降幅在 2010 年 6 月达到 23.6%。2006−2011 年年内月环比指数差异平均为 43.1 个百分点（见图 1）。

2. 价格波动季节性规律明显，年内呈“V”型特征

鲜菜价格变动具有明显的季节性特征。秋冬季天气寒冷，北方露地鲜菜生产基本停止，而南方鲜菜成本较高，鲜菜价格维持较高水平，价格呈上涨趋势。天气转暖，北方鲜菜生产进入旺季，供应量增加，成本

下降，价格呈下降态势，回归到低位运行。具体来说，年初、年末价格较高，5、6月份较低，年内鲜菜价格呈“V”型走势。

图 1　　2006 年 1 月–2012 年 5 月北京市鲜菜价格月环比指数

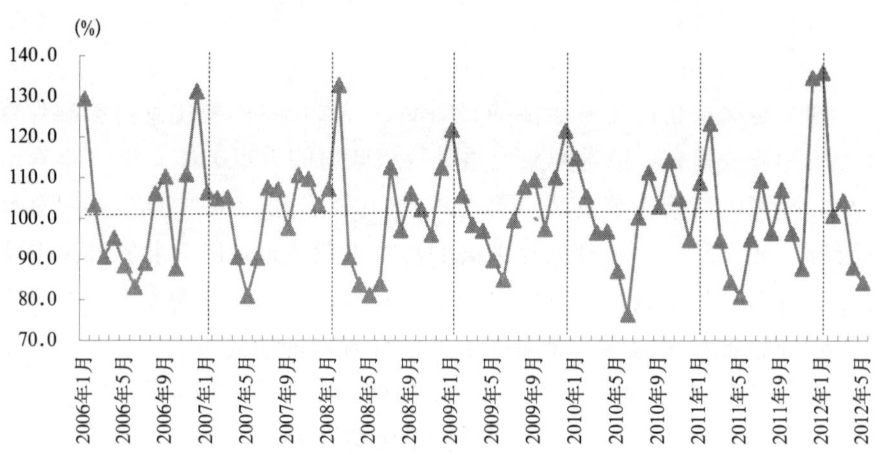

（二）鲜菜价格长期变动趋势

1. 年度价格变化交替波动

从北京市情况看，鲜菜年度价格波动存在一定的规律，同比涨幅一般以两年为一周期，第一年如果表现为涨幅逐步回落，第二年则为涨幅

图 2　　2006 年 1 月–2012 年 5 月鲜菜价格同比指数

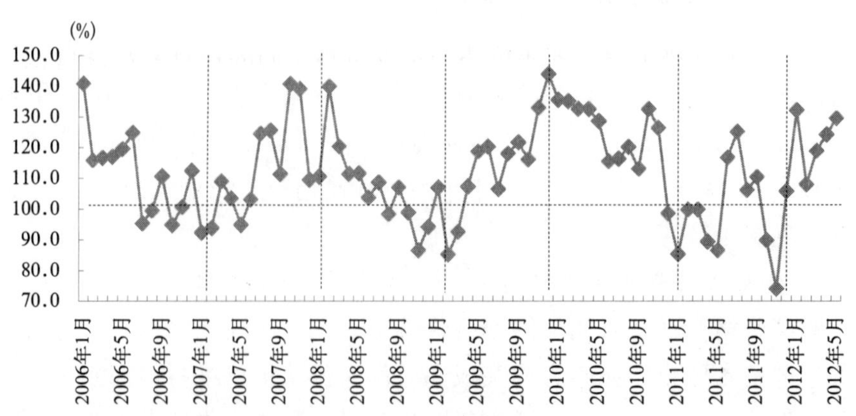

逐步攀升，且周期内回落的深度或攀升的幅度大体相当。例如：如果以2006年1月为一个周期的开始，当月鲜菜同比涨幅为41%，2006年涨幅在波动中逐渐回落，2007年则波动上行。到2007年10月和11月本轮周期结束时，鲜菜涨幅又分别攀升至40.7%和39.2%，幅度与2006年1月基本相同（见图2）。

2. 价格总体呈长期上涨趋势

鲜菜价格在波动中呈现逐年上涨态势。2001年1月至2012年5月各月鲜菜加权平均价格与时间的回归分析结果表明：2001年以来鲜菜综合价格随着时间的推移每月平均上涨0.03元/公斤，年度综合平均上涨0.36元/公斤。同时，鲜菜定基指数也反映了这一上涨态势，以2000年年度平均价格为100，截至2012年5月鲜菜价格上涨了2.6倍。

（三）鲜菜零售价格与批发价格的关系

批发市场与零售市场处于农产品价格传导链条上的末端，是同一地域的两个具有上下游关系的市场。从批发与零售市场价格的关系看，批发市场价格处于价格传导的上游，而零售市场处于下游，更接近于消费者。北京鲜菜零售价格与批发价格关系紧密，而且零售与批发之间的批零差率[1]常年高于其他农产品。

1. 鲜菜零售价与批发价关系紧密

从新发地批发市场近几年鲜菜批发加权平均价格看，鲜菜的零售价格与批发价格走势具有较高的一致性。测算二者的相关系数达到0.9，可见鲜菜的零售价格与批发价格具有较强的紧密性和相关性。

2. 鲜菜批零差率较大，且基本稳定

批零差率反映了商品零售价格与批发价格之间的相对差距。据测算，鲜菜的批零差率基本稳定在60%–65%之间[2]，而食用油、鸡蛋的批零差率只有10%左右，猪肉的批零差在30%左右[3]。这意味着鲜菜零售价是批发价2.5倍左右，两者之间的差价较大。

---

1 批零差率的计算可以采用倒扣法，也可以采用顺加法，本文使用的是倒扣法，计算公式为批零差率=（零售价格−批发价格）/零售价格

2 批发价采用新发地批发市场的加权平均价格，零售价采用局队调查数据，测算出蔬菜批零差。

3 食用油、鸡蛋、猪肉的批零差数据来源于北京市价格监测中心编印的《价格风向标》一书中《北京市十年蔬菜价格运行规律及工作启示》。

二、鲜菜价格变动的影响

（一）对居民消费价格指数的影响

1. 鲜菜季节波动对环比总指数影响明显

环比价格指数反映了当月与上月比较的价格变动。通常价格变化季节性较强的商品或服务，对环比指数影响明显。鲜菜在居民消费价格指数中所占权重虽然有限，但在一年各月价格变化频繁，涨跌幅度较大，因此对居民消费价格环比总指数影响较为明显（见图3)。据测算，鲜菜价格环比指数与居民消费价格环比指数的相关系数为0.64。可见，月度鲜菜价格波动对居民消费价格总水平环比变化的影响不容忽视。

图3　2006年1月—2012年5月环比价格涨幅及鲜菜价格影响程度

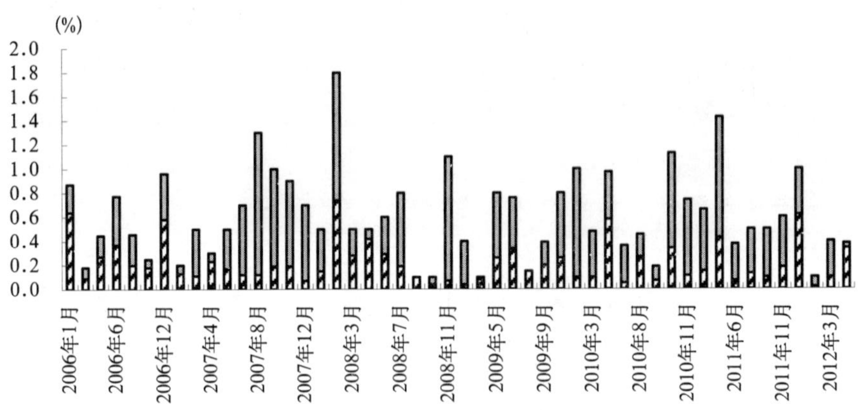

注：1.图中仅列出价格总水平及鲜菜价格环比同向变化的月份。

2.全部柱状为价格总水平当月环比涨幅；其中底部斜纹部分为当月鲜菜价格影响环比总指数百分点。

2. 鲜菜价格变化对同比总指数影响有限

同比价格指数反映了居民家庭在当期购买的商品及服务项目价格与上年同期相比较的变动程度。2006年以来的历史数据显示鲜菜价格变化对北京市居民消费价格总水平的同比变化影响有限。

一是蔬菜价格与全市居民消费价格变动并不同步，例如 2009 年 4

月-12月，鲜菜价格同比上涨，但居民消费价格同比却为下降；而2011年1月、4月、5月、10月、11月鲜菜价格同比下降，但居民消费价格同比为上涨。2006年1月-2012年5月共77个月中，有51个月鲜菜价格的变化与居民消费价格总水平的变化是同向的。二是当鲜菜价格与居民消费价格呈同向变化时，鲜菜的影响程度也较小（见图4）。经测算，鲜菜价格同比指数与居民消费价格同比指数的相关系数仅为-0.07，相关性很低。

图4　2006年1月-2012年5月同比价格涨幅及鲜菜价格影响程度

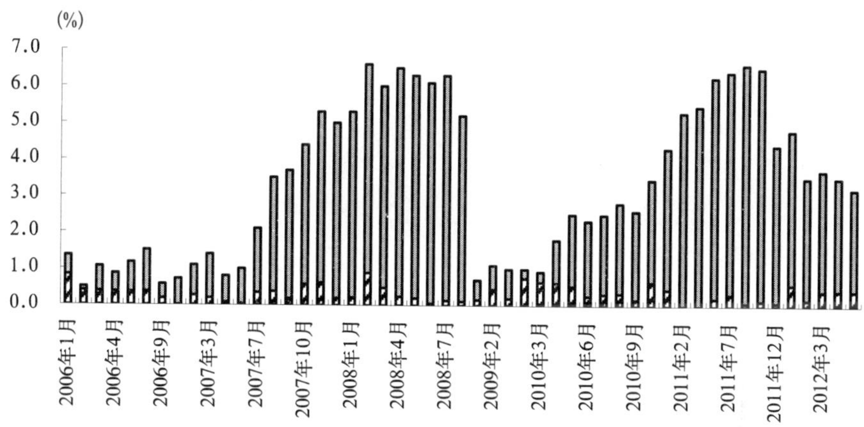

注：1.图中仅列出价格总水平及鲜菜价格同比均为上涨的月份。

2.全部柱状为价格总水平当月同比涨幅；其中底部斜纹部分为当月鲜菜价格影响同比总指数百分点。

（二）对居民生活的影响

增加低收入人群的生活成本，加大通胀预期。虽然一般鲜菜的零售价格较低，但由于它是居民的生活必需品，日常消费量比较大，且购买频繁，因此，鲜菜价格上涨会增加低收入人群的生活成本，加大通胀预期，不利于刺激消费、扩大内需。2012年1-5月，鲜菜价格累计上涨21.6%，导致北京市城镇低收入居民人均多支出33.32元，增长近10%。居民对鲜菜等生活必需品的价格变动感觉比较敏感，加之其他民生领域价格都出现上涨苗头，百姓对未来价格形势并不乐观。国家统计局北京调查总队、北京市统计局每季度开展的消费者信心指数调查显示：一季度认为目前物价水平“高”和“较高”的消费者比例再创新高，达到93.5%，比上季度增加了4个百分点，自2010年四季度以来已连续六个季度认为物价水平“高”和“较高”的消费者比例接近和超过九成。从消费者对未来三个月本市物价走势的预期来看，54.6%的消费者预测物价将会“较大上涨”和“略有上涨”，社会对未来价格继续上涨的预期不断增强。

三、鲜菜价格变动原因分析

从价格形成和运行呈现的特征看：商品的价值决定价格形成的基点，供求关系决定价格波动的幅度。从推动因素看，2012年以来菜价上涨有明显的成本推动特征。本文从供需和成本两个角度对鲜菜价格的变动原因进行分析。

（一）供需矛盾引发价格波动

价格的变化反映了供给和需求之间的关系。据2011年人口抽样调查推算，2011年末北京市常住人口为2018.6万人，比2010年末增加了56.7万人。由于人们对粮、油、肉、蛋、菜等生活必需品保持一定的刚性需求，北京人口规模的不断扩大，形成了对鲜菜等农产品持久的、刚性的、日益增长的需求。鲜菜价格的不稳定主要来自于相对紧张且易于波动的供给方面。

1. 种植面积减少导致供给不足

一方面北京本地种植面积减少，自给率较低导致自身供给不足；另一方面，由于市场信息不充分，主产地农民受上年鲜菜销售价格偏低的影响，减少种植面积，造成供应偏紧，推升价格。

从北京本地鲜菜种植情况看，与2000年相比，2010年鲜菜的播种面积和产量均减少了35%（见图5）。

从山东、河北等主要产地看，由于目前鲜菜市场存在的信息不充分，使生产经营者无法科学决策，从而出现农业生产的“大小年”现象。即：头一年某种鲜菜价格偏低，影响农民种植的积极性，从而减少种植面积，第二年该种鲜菜供应偏紧，自然就会导致价格高涨。像2012年出现的大葱、白菜、芹菜的价格上涨都是出自此原因。“大小年”现象也成为我国目前农产品生产中的一个规律。

图 5　　2000—2010 年北京市鲜菜产量和种植面积

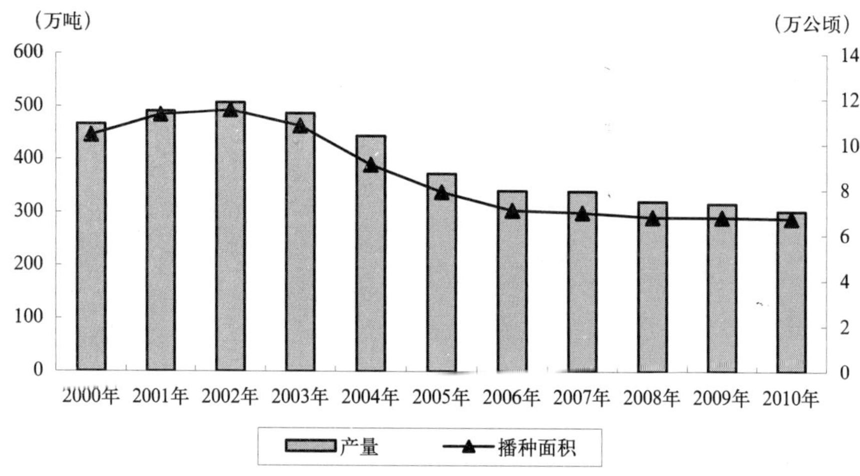

2. 极端天气造成供给短缺

鲜菜生产受气候影响较大，产地气候直接影响鲜菜供应。每年冬季，北京的大部分鲜菜来自南方，近年来，极端天气频繁出现，如果南方遭遇阴雨天气，又逢初春北方气温偏低，供应没有及时跟上，就会出现供应“青黄不接”的现象，推高鲜菜的收购价格。

（二）要素价格上涨推升终端消费价格

土地、原材料、燃料、人工等要素价格上涨，推升鲜菜价格各环节成本，从而使最终消费价格呈现长期上涨态势。

1. 生产成本连年攀升

受种子、化肥等农资产品价格逐年上涨的影响，鲜菜等农产品的生产成本不断增加。国家统计局数据显示：2012 年一季度，全国农产品生产价格上涨 9.2%。其中，鲜菜的生产价格上涨 10.9%，涨幅比上年同期扩大 5 个百分点，已是连续五年不断攀升。农业生产价格指数更多反映了处在生产过程当中的农产品价格变动趋势，当这些农产品投放市场后将会推动食品价格的上涨。

2. 流通领域刚性成本不断增加

流通领域成本在批发和零售这两个环节有不同的重点。从批发环节看，流通成本主要包括运输环节费用以及本市批发市场费用。运输费用在流通环节中所占比例较大，主要包括车辆购置费、折旧费、维修保养费、司机装卸的人工费、过路费、燃油费等。这其中，燃油费占运费的50%左右[4]。从零售环节看，鲜菜的批零差率较大，这表明鲜菜流通效率低，流通成本大，零售环节议价能力较强。零售价格中的流通成本主要是经营费用（批发市场出场费、市内交通运输费、摊位费、税费、损耗等）、生活成本（房租水电、衣食支出、交通通讯、子女教育等）。综合来看，燃料价格上涨、人工费攀升、在京生活成本支出不断增加等因素，推升各环节流通成本，从而导致鲜菜价格呈现长期上涨趋势。

四、政策建议

北京作为特大型消费城市，鲜菜的对外依存度高、人口资源环境矛盾突出、要素等刚性成本不断上涨，这些都给稳定鲜菜价格带来了一定的难度。北京需结合自身特点，加强区域合作，“保供应、降成本、建机制”，多措并举，切实做好“菜篮子”工程，维护市场稳定，保障人民生活。

（一）内外兼顾保供应

1. 从精细化管理，规模化经营的角度提高自给率

要提高城市自给率，仅靠扩大菜田规模是远远不够的，最重要的是要提高鲜菜产量。针对北京有限的土地资源，必须有效利用，实行精细化管理、规模化经营，利用北京技术和人才优势，通过有限且宝贵的资源获得最大的产出，实现鲜菜自给率的稳步提高。

2. 从加强合作、自建基地入手加强控制率

着力巩固与外埠合作伙伴的关系，降低合作区域货源供应的流动性和随意性，减少北京市鲜菜供应的不确定性，充分调动大型龙头企业、大型批发市场的积极性，在资源和渠道上发挥作用，变被动为主动，加强对首都“菜篮子”的控制率。

4 资料源自北京市价格监测中心编印的《价格风向标》一书中《关于北京市蔬菜流通成本费用情况的报告》

（二）多管齐下降成本

1.“减环节”——继续扩大多种直销模式的覆盖范围

2011年提出的“抓中间环节控物价”的思路，取得了一定的效果，应继续坚持推进。着力减少鲜菜流通环节，降低流通费用。继续发展直营、直销模式，扩大已有模式的覆盖范围，以点带面，降低鲜菜的零售价格。

2.“整资源”——合理配置社会资源降低要素成本

通过科学、合理的配置、使用资源，提高资源利用率，有效降低要素成本上涨对最终消费价格的影响。以政府为主导，开办社区平价菜店，通过提供场地、优惠租金、提供人员等方式有效整合社会资源，消化要素成本上涨对价格的影响，最终使消费者受益。

（三）疏控结合建机制

1. 实行信息发布机制，合理引导社会预期

社会对价格信息的缺失容易造成不稳定预期。因此，建议实行价格信息发布机制，定期发布价格信息，传递政策信号，疏导社会不良预期，稳定市场、稳定民心。

2. 建立鲜菜价格预警机制，及时掌握市场变化

在总结北京市鲜菜价格波动特征的基础上，建立鲜菜价格预警机制，确定价格的正常变化区间，对市场价格是否出现异常进行判断，并对未来一段时间内的市场价格变化展开预测，及时掌握市场情况，提前捕捉价格异动，及早采取调控措施，为科学决策提供依据。

3. 加强价格调控应急机制，有效应对突发事件

为应对北京鲜菜价格异常波动频发，需进一步完善现有的价格应急机制，加强储备，做好应急预案，科学管理、有序协调，从容有效的应对突发事件。

4. 完善低收入群体价格补贴联动机制，切实维护群众利益

建立一套完整的低收入群体价格补贴联动机制。在价格波动较大时，适当的发放临时补贴，灵活性强、见效快；价格出现长期上涨并超过一定幅度时，提高救助标准。尽快制定符合当前价格形势的社会保障标准和价格上涨联动机制，切实保障低收入群体利益。

北京市经济社会统计报告

Beijing Economic-Social Statistical Profile

民情民意调查

北京农村基层民主建设调查报告

◆◇孟素洁　何　侃　窦莉莉

为进一步加快推进北京农村基层民主建设进程，2012年9月份，北京市统计局、国家统计局北京调查总队继续开展了“农村基层民主建设问卷调查”。本次调查在13个郊区县中采取等比例随机抽样方法，抽取了200个村，并从中抽取了1400个调查对象，其中包括1000户农户、400名村民代表，分别就基层“民主选举、民主决策、民主管理、民主监督”四项内容的实施情况和满意度开展了问卷调查。在全部被调查者中，党员占21.6%,非党员占78.4%。

一、农村基层民主建设现状基本评价

（一）农村基层民主建设现状总体评价

问及本村在贯彻执行“民主选举、民主决策、民主管理、民主监督”方面的实际情况时，分别有67.75%、64.5%、63.5%、65%的被访者认

表1　村民代表对农村基层民主建设总体评价（%）

	对四项民主执行情况的评价				
	不太好	一般	比较好	非常好	满意度
民主选举	6.50	25.75	34.25	33.50	73.69
民主决策	7.00	28.50	37.25	27.25	71.19
民主管理	6.00	30.50	35.75	27.75	71.31
民主监督	6.75	28.25	36.25	28.75	71.75

注：表中“满意度”按照不太好、一般、比较好、非常好分别赋值0.25分、0.5分、0.75分和1分，根据选择率加权平均计算得出。

为非常好和比较好（见表1）。在被调查者中，党员的认可度高于非党员10个百分点以上。其中，党员认为非常好和比较好的分别有77.91%、74.42%、74.42%、76.75%；而非党员中分别只有64.96%、61.79%、60.51%、61.78%的人这样认为。

（二）对村务公开满意度的评价

在全部被调查者中，对村务公开的关注度较高，但了解程度和满意度偏低。调查显示，90.6%的被调查者表示对村务公开表示关注或一般关注，而只有52.7%的被调查者表示对村务公开的主要内容和程序非常了解和基本了解；45.7%的被调查者表示对村务公开非常满意和比较满意（见表2）。

表2　村务公开情况

您认为本村村民对村务公开是否关注	选择率(%)	您对本村的村务公开工作满意程度怎样	选择率(%)
关注	72.4	非常满意	14.3
一般	18.2	比较满意	31.4
不关注	7.5	基本满意	36.5
不清楚	1.9	不满意	17.8

（三）对民主权利行使的评价

在全部被调查者中，有85.5%的被访者认为，本村村民代表的权利得到了充分行使或基本得到行使；72.25%的被调查村民代表认为村里的重大事项是由村民代表大会民主决策；60.5%的被调查村民代表表示会将每次村民代表大会的内容向村民全部宣传和传达，34%的村民代表表示会将重要的内容向村民宣传和传达。调查显示，村民代表在民主决策、民主管理中的权利基本得到了行使（见表3）。

（四）对村两委班子满意程度及党内民主情况的评价

调查显示，48.5%的被访者对本村两委班子的工作表示非常满意和比较满意，34.79%的村民表示基本满意；近五成的被访者认为村干部的民主意识强和较强，30.21%的被访者认为一般（见表4）。

表 3　　村民代表权利行使评价

您认为本村村民代表权利是否得到充分行使	选择率(%)	您认为村里的重大事项是如何决策的	选择率(%)	您作为村民代表，是否将每次村民代表大会的内容向村民宣传和传达(多选)	选择率(%)
充分行使	39.5	村支书或村长一人说了算	11.75	全部传达	60.50
基本行使	46.0	村委会或党支部决定，不与村民代表商议	12.00	重要的传达	34.00
没有行使	14.5	村民代表大会民主决策	72.25	村干部不让传达	2.00
其他	—	不清楚	2.75	自己认为没必要传达	3.50
—	—	其他	1.25	—	—

表 4　　对本村领导班子工作的评价

您对本村两委班子(村委会、村党支部)的满意程度是怎样的	选择率(%)	您认为村干部的民主意识强吗	选择率(%)
非常满意	18.43	强，遇事能和大伙商量	21.57
比较满意	30.07	较强，遇大事能和大伙商量	27.51
基本满意	34.79	一般，有事能和大伙商量	30.21
不满意	16.71	不强，总想自己说了算	20.71

二、农村基层民主建设认可度分析

（一）村民代表对农村基层民主建设现状评价高

调查显示，45.7%的被访者对本村的村务公开工作表示非常满意和比较满意，36.5%的被访者表示基本满意；对本村两委班子工作表示满意、比较满意的村民代表和被访村民比例分别为 57.8%、44.8%，相差 13 个百分点；71.5 %的村民代表认为本村的村民自治章程执行得好，村民基本能够遵守，而只有 59.4%被访普通村民这样认为。

（二）党员对农村基层民主建设现状认可度高

在对村民代表民主权力行使的评价中，认为充分行使和基本行使的党员达 90.69%，而只有 84%非党员这样认为；在对本村发展党员公开透明度的评价中，67.2%的党员认为是公开的，而只有 30.4%的非党员这样认为；在问及本村的村民自治章程执行情况时，74.5%的党员认为执行得好，村民基本能够遵守，而只有 59.7%的非党员这样认为。

在对村务公开满意度的调查中，59.6 %的党员表示非常满意和比较满意，而只有 42.1%的被访非党员这样认为；在对两委班子工作的评价和满意度调查中，非党员的认可度为 61.9%，而党员的认可度达到 44.8 %。

（三）村务公开满意度平原高于山区

在对村务公开满意度的调查中，48.8%的平原被访者表示非常满意、比较满意，而山区被访者只有 36.5%的人表示非常满意、比较满意；在对两委班子工作的评价和满意度调查中，山区被访者的认可度为 41.3%，而平原被访者的认可度达到 51.4 %，高于山区调查结果 10.1 个百分点。

三、农村基层民主化建设中值得关注的问题

（一）村民对村务公开的知晓率偏低

随着城市化进程的加快，农村中年轻、有知识、有文化、观念新的人都离乡务工、经商，从农村走出去的大学毕业生也基本都留在了城里，留守在农村的劳动力文化素质明显偏低。

同时，在调查中还发现，部分村民的民主意识还比较淡漠，对法律赋予的权利缺乏足够的认识和理解，相当多的村民不知道村务公开、民主管理的具体内容是什么。调查结果显示，村民对村务公开内容和程序不太了解，仅有 6.6%的普通村民表示对村务公开的主要内容和程序非常了解， 47.3%的被访者表示不了解；51.2%的被访者认为老百姓不知道哪些内容应该公开，哪些不应该公开；43%的普通村民认为村务公开走形式，公开内容不全面。

（二）部分村村务公开不透明

调查中发现，多数行政村能够如实地将公开的内容按规定全部公开，但也有少数村只将部分内容公开，而有关村财务等一些关键性或比较敏感的内容不予以公开或简单公开、应付了事。调查显示，17.8%的被调查者对本村的村务公开情况不满意， 22.1%的调查对象认为本村的村务

公开走形式，公开内容不全面，14.1%的调查对象认为本村的村务公开不透明，公开内容不真实。目前村民对村务公开内容的真实性和全面性异议较多，在一定程度上影响了群众对村务公开的满意度。

北京城镇居民的消费新图谱

◆◇王　军　江　羽

消费结构的变化是社会变迁的一个缩影。目前，虽然食品消费依然以超过三成的比重稳居居民生活第一大开支，但是恩格尔系数已经是“降”字当头。越来越多的人乐于走出家门享受餐饮、购物、娱乐消费的全过程，信贷消费、网络消费、超前消费方式已步入人们的日常生活，以汽车、旅游、现代化设备等为代表的消费热度上升，时尚元素渗入生活的各个角落，无不在诠释着京城居民消费在跨越温饱以后的品位追逐。

一、总体格局：食品比重稳中有降，消费升级蓄势而发

2002–2011 年，本市城镇居民家庭食品消费比重（恩格尔系数）由 33.8%下降到 31.4%，降低了 2.4 个百分点，非食品消费比重明显上升。今年 1–7 月，城镇居民食品消费比重继续下降，比 2011 年同期降低 0.1 个百分点。城镇居民消费已进入结构加快调整的消费升级阶段。

十年间，家用汽车消费进入快速上升通道，交通支出在消费中所占比重由 2002 年的 6.7%上升到 2011 年的 11.3%，成为比重上升最大的项目。2009 年下半年开始陆续推出的家电消费刺激政策促进家庭设备用品及服务消费在此后的两年加速增长，比重明显提高；今年以来，由于基本家电的日趋饱和，以及政策的结束和需求的提前释放，1–7 月家庭设备用品及服务支出增速放缓，在消费支出中所占比重较 2011 年同期下降了 0.5 个百分点。衣着消费的比重阶梯式上升，2006 年开始比重超过 9%，2009 年以来提高到 10%以上，今年 1–7 月再次提高达到 10.9%。文化娱乐支出则呈现商品类支出比重下降、服务类支出比重上升的态势，并在今年前 7 个月继续延续这种趋势。由于政府在基础教育和基本医疗上投入力度加大，2011 年居民家庭教育和医疗支出比重较十年前有所下降，但是近几年家教培训等校外教育支出快速增长，在教育消费中的比重迅

速提高。总体上看，食品消费地位稳中有降，耐用品及配套软件和后续服务消费引领增长、时尚文化娱乐消费渐成气候已构成当前居民消费的主体特征（见图 1）。

图 1　北京市城镇居民家庭非食品类消费结构两年对比

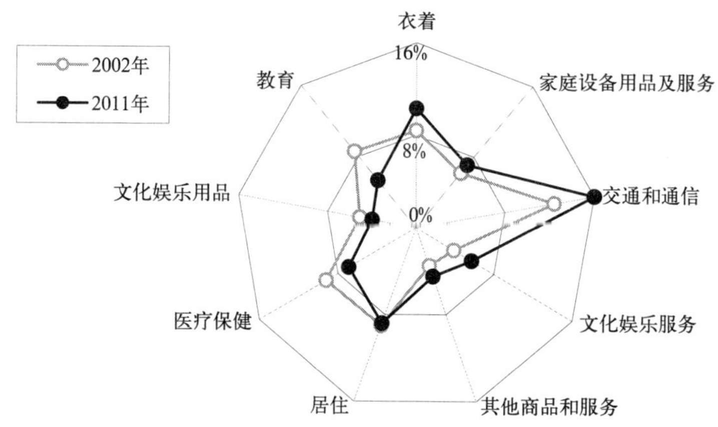

二、耐用品消费：一半是火焰，一半是海水

如果说 20 世纪八九十年代居民消费的主流仍是温饱类基本生活必需品，那么 21 世纪以来可以说是耐用品消费扬帆起航的时期，耐用品保有量提高，新兴产品消费渐成主角。近年来，汽车税费减免、以旧换新等刺激政策催化了家用汽车消费的快速增长；家电以旧换新、节能补贴政策也将家电消费推向了一个小高潮。随着短期刺激政策的落幕，汽车和家电消费趋势分化，在家电消费水落归槽的同时，严厉的限购政策并没有切断居民家庭汽车消费的自发式增长路径，进一步佐证了汽车需求的强劲活力。从耐用品消费冰火两重天的景象中，当前耐用品消费领域的趋向已十分明显：

（一）基本家庭设备和传统文娱耐用品趋于饱和，增长空间有限

早在本世纪初期，洗衣机、电冰箱等传统家用电器在本市城镇居民家庭中就已十分普及，2002 年城镇居民家庭洗衣机、电冰箱、彩色电视机的百户拥有量就已分别达到 99 台、102 台和 150 台，此后十年间变化

不大；城镇居民家庭中增加最多的家电和文娱设备当属空调和家用电脑，百户拥有量分别由2002年的110台和57台增加到2011年的171台和104台。对于日益饱和的传统耐用品，由于新增需求低，近几年的增长基本上集中在更新换代上。一般来说，耐用消费品的更换频率取决于其耐用度和产品自身的升级，刺激政策对缩短产品使用周期能起到一定的作用，但政策过后消费易现落差。今年1–7月，本市城镇居民家庭人均家庭设备支出同比下降12.9%，其中购买洗衣机、电冰箱、空调支出同比分别下降8.3%、23.9%、29.7%。居民家庭文化娱乐用品消费增速自2007年起就已明显放缓，2007–2011年人均文化娱乐用品支出年均增速仅为2.6%；今年1–7月，人均文化娱乐用品支出同比下降4.4%，其中购买彩色电视机、家用电脑支出分别同比下降30.8%和7.9%。

（二）交通、通信类耐用品消费需求旺盛，配套产品和服务消费后劲十足

近年来，交通、通信类耐用品消费的快速增长已经成为拉动居民消费增长的龙头。2011年，本市城镇居民人均家庭交通工具支出、移动电话支出分别是2002年的3.6倍和2.3倍；今年1–7月，此两项消费继续保持快速增长态势，同比增幅分别达18.5%和20.4%。截至今年7月，城镇居民家庭家用汽车和移动电话的百户拥有量分别为42辆和224部，分别是2002年的8.4倍和2.2倍。

耐用品的配套产品和服务消费具有刚性特征，随着家用汽车、通信工具等保有量的提高，相关消费显现出较大的增长潜力。汽车燃油、保养、维修等支出是居民家庭购车后稳定的大项开支，2011年，人均车用燃料及零配件、交通工具服务支出分别是2002年的23.1倍和4.0倍；今年1–7月，这两项支出分别比2011年同期增长17.5%和11.7%。网络技术的发展也促进了信息产品相关服务需求进一步扩张。截至今年7月，城镇居民每百户家庭接入互联网的移动电话43部，比2011年同期增长48.3%；每百户家庭接入互联网的计算机达到95台，同比增长17.3%。2011年，人均通过互联网购买商品或服务支出159元，比2010年增长62.2%；今年1–7月继续保持快速增长势头，同比增幅达38.4%。

三、时尚、文化、娱乐消费：星星之火，渐成燎原之势

当穿着打扮成为时尚的风向标，衣着消费的生理需求效用弱化，具有了更多的美学和社会功能，因而在近年来显现出蓬勃增长的态势。2011年，城镇居民衣着消费在消费支出中所占比重达到10.3%，比2002年提高1.9个百分点。今年1−7月，城镇居民人均衣着支出同比增长17.4%，在消费支出所占比重再次提高0.6个百分点达到10.9%，是比重上升最快的项目；服装、鞋类的平均购买单价分别比2011年同期提高8.7%和16.3%。化妆品、饰品、美容美发消费也呈现出欣欣向荣的气象。1−7月，城镇居民家庭人均化妆品、金银珠宝饰品、理发洗澡费和美容费分别同比增长20.5%、15.0%、13.3%和11.9%。

休闲娱乐则是另一种流行时尚。旅游、健身、摄影、观影曾经是“小资”生活的写照，而今，它正快速融入百姓家庭的日常生活中，成为文化娱乐服务消费的核心地带。2002−2011年本市城镇居民人均文化娱乐消费比重逐年上升，从2002年的3.9%提高到2011年的5.7%。今年1−7月，人均文化娱乐服务支出同比增长23.9%，其中，人均团体旅游、健身、其他文娱活动支出分别同比增长29.3%、34.8%和21.6%。

可以说，居民消费正发生着巨大的变化，从重视满足生理需求转向更加重视满足心理需求和社会需求的轨道上。经济增长和社会转型促使这种变化在时空维度上压缩，各种消费模式糅合共生，催生了当前居民家庭的消费新图谱。未来几年，汽车的新增需求将继续释放出高能量，更新换代型消费将成为耐用品消费的主攻方向；随着耐用品保有量的提高，配套产品和服务消费将成为新的增长点。同时，时尚也将继续推动传统消费项目焕发新的生机；随着旅游、健身和视听娱乐进入平民消费的扩张期，文化娱乐服务消费将成为增长潜力最大的消费项目。

北京市法人单位就业及工资情况分析

◆◇王岚岚

2011年是“十二五”的开局之年，北京市法人单位从业人员稳步增长，从业人员平均工资明显提高。全市3/4的从业人员聚集在城市功能拓展区和发展新区，制造业、批发和零售业、租赁和商务服务业三大行业从业人员引领行业前三，七大行业从业人员平均工资增速超全市平均水平。但企业用工成本的持续上升以及劳务派遣用工的规范使用值得关注。

一、从业人员及平均工资基本情况

2011年，北京市加快转变经济发展方式，总体经济运行基本稳定，全市法人单位从业人员稳步增长，从业人员平均工资明显提高。2011年末，全市法人单位从业人员907.7万人，比上年末增加42.4万人，增长4.9%，增速下降0.3个百分点。2011年，全市法人单位从业人员平均工资65294元，比上年增加9830元，增长17.7%，增速提高5.9个百分点（见表1）。

表1　2008-2011年全市法人单位从业人员及平均工资情况

	从业人员		从业人员平均工资	
	期末人数（万人）	增速(%)	平均工资（元）	增速(%)
2008年	812.0	-	46346	-
2009年	822.3	1.3	49592	7.0
2010年	865.3	5.2	55464	11.8
2011年	907.7	4.9	65294	17.7

二、从业人员及平均工资变动特点

（一）外商和港澳台商投资单位从业人员增量占全市增量五成以上

2011 年末，全市法人单位中，内资单位从业人员 767.0 万人，外商投资单位从业人员 90.1 万人，港澳台商投资单位从业人员 50.6 万人，分别比上年增加 19.0 万人、15.2 万人和 8.2 万人。三种类型单位从业人员增量分别占全市法人单位从业人员增量的 44.8%、35.8%和 19.3%。虽然外商和港澳台商投资单位从业人员占全市从业人员总量仅为 15.5%，但增量合计占比达 55.1%，对全市增加就业发挥了重要作用。

（二）近四成从业人员集中在制造业、批发和零售业、租赁和商务服务业

2011 年末，从行业门类看，全市法人单位从业人员居前三位的为制造业、批发和零售业、租赁和商务服务业，从业人员分别为 138.6 万人、113.5 万人和 95.9 万人。上述三个行业从业人员占全市法人单位从业人员总量的 38.3%。从增加的绝对量看，信息传输、计算机服务和软件业，批发和零售业，交通运输、仓储和邮政业从业人员增量居前三位，从业人员分别比上年末增加 8.3 万人、8.0 万人和 6.8 万人，占全市法人单位从业人员增量的一半以上（见图 1）。

图 1　　2011 年末从业人员居前十位的行业

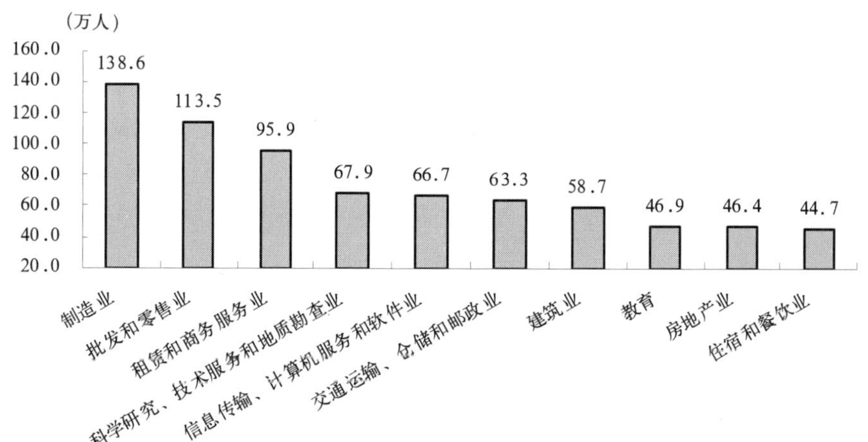

（三）城市功能拓展区和发展新区聚集全市3/4的从业人员

2011 年末，从地区分布看，城市功能拓展区的从业人员最多，为 482.6 万人，占全市从业人员的 53.2%；城市发展新区次之，为 194.2 万人，占 21.4%；首都功能核心区从业人员为 177.4 万人，占 19.5%；生态涵养发展区从业人员最少，为 53.5 万人，占 5.9%。由此可见，城市功能拓展区和城市发展新区作为带动全市经济发展的主体，聚集着全市 74.6%的从业人员，主要从事制造业，交通运输、仓储和邮政业以及批发和零售业等行业。

（四）从业人员中劳务派遣形式用工占7.1%

劳务派遣作为一种新兴的用工形式，具有用工灵活、成本低的特点，一定程度上能满足劳动力供求双方需求，已被越来越多的单位采用。2011 年末，全市法人单位从业人员中劳务派遣人员为 64.5 万人，占 7.1%。从行业门类看，电力、燃气及水的生产供应业，建筑业，交通运输、仓储和邮政业使用的劳务派遣人员占从业人员比重居前三，分别达 23.9%、13.2%和 11.9%。从用工单位类型看，外资单位使用劳务派遣人员比重最高，为 11.5 万人，占 12.7%；港澳台投资单位次之，为 6 万人，占 11.9%；另外，国有独资单位使用劳务派遣人员为 3.8 万人，占 10.2%，比重较高。

（五）文化、体育和娱乐业从业人员平均工资进入全市前三

2011 年，全市法人单位从业人员平均工资从行业门类看，十大行业从业人员平均工资高于全市平均水平，其中居前三位的为金融业，信息传输、计算机服务和软件业，文化、体育和娱乐业，从业人员平均工资分别为 17 万元、10 万元和 8.3 万元，分别是全市平均水平的 2.6 倍，1.8 倍和 1.6 倍。九大行业从业人员平均工资低于全市平均水平，其中居后三位的为住宿和餐饮业，农、林、牧、渔业，居民服务和其他服务业，从业人员平均工资分别为 3.3 万元、3.1 万元和 2.8 万元，不足全市平均水平的一半。

（六）七大行业从业人员平均工资增速超全市平均水平

2011 年，全市法人单位从业人员平均工资均保持较快增长。从行业门类来看，增速超过全市平均水平的有七个行业，分别为文化、体育和娱乐业，租赁和商务服务业，批发和零售业，制造业，住宿和餐饮业，公共管理和社会组织，居民服务和其他服务业。在七个行业中增速最高的为文化、体育和娱乐业，从业人员平均工资为 82726 元，比上年增长 26.4%；增速最低的为居民服务和其他服务业，从业人员平均工资为 28193 元，比上年增长 18.1%。上述行业从业人员平均工资增速较高，主要是由于人工成本提高，最低工资水平上调以及企业经营状况良好等原因带动。其中文化、体育和娱乐业，租赁和商务服务业，住宿和餐饮业，居民服务和其他服务业，2011 年利润总额比上年增长超过 25%，为工资增长提供了条件。

三、值得关注的问题

（一）企业用工成本持续上升

面对物价的上涨，最低工资标准的上调以及招工难等一系列情况，企业不得不以提高工资、提升福利水平等方式来稳定员工队伍。这就大大增加了企业的用工成本，2011 年制造业，住宿和餐饮业，居民服务和其他服务业从业人员平均工资的增速在 18%以上，均高于全市增速水平，且比上年有明显提升。一些劳动密集型企业和中小企业在用工成本持续上升的情况下，生产经营压力明显加大，企业用工的稳定性受到潜在影响。

（二）劳务派遣用工规范有待加强

劳务派遣作为一种用工形式，最显著的特征是劳动力的雇用和使用分离。在雇用和使用分离的情况下，存在用工单位差别对待劳务派遣工和正式职工的情况。2011 年，北京市劳务派遣人员平均工资 45373 元，低于全市从业人员平均水平。另据了解，发达国家劳务派遣人员的使用比例通常在 2%左右。而 2011 年，北京市劳务派遣人员用工的比例达 7.1%。在劳务派遣工使用比例较高的情况下，如何引导用工单位和劳务派遣中介机构规范派遣用工行为，保障劳动者的权益值得关注。

教育的单 百姓买得起吗

◆◇王守琪　周晓娜

“家里有个上学娃，想花的钱不敢花”——这恐怕是当下许多家庭的真实想法。尽管收入有高有低，但多数家庭都竭尽所能地为孩子提供良好的教育条件，城镇居民教育消费支出节节攀高。本文根据2011年5000户城镇住户抽样调查资料，对居民家庭是否有在校学生和其受教育程度进行比较分析。结果显示，教育支出是我市城镇居民在校学生家庭消费支出的重点，不同教育阶段家庭教育支出各有特点。

一、在校学生家庭教育支出逐渐升高

根据全市5000户城镇住户调查资料显示，2011年我市城镇居民的人均教育支出为1171元，占消费性支出的5.3%，相当于人均可支配收入的3.6%。其中，2058户有在校学生家庭的人均教育支出为2199元，占家庭可支配收入的7.6%，占家庭消费支出的比重为10.9%，而2942户无在校学生家庭的人均教育支出仅为280元，占家庭可支配收入的0.8%，占消费支出的1.2%。从不同教育阶段看，家中有高中和中专在校学生的家庭教育支出占可支配收入的比重最高，达10%，占消费支出的比重达13%，其次为初中组，教育支出分别占可支配收入和消费支出的9.4%和12.5%。

另外，通过2008−2011年的调查数据比较可知，在校学生家庭的教育支出占可支配收入的比重呈现逐年递增的趋势。从图1可知，各类型在校学生家庭其教育支出都呈现出随着时间而增长的态势。以初中组为例，教育支出占可支配收入的比重由2008年的7.0%上升到2011年的9.4%，提高了2.4个百分点。而无在校学生家庭的教育支出占可支配收入的比重由2008年的0.8%下降至2011年的0.77%，下降了0.03个百分点。

图 1　　2008–2011 年不同受教育阶段家庭教育支出占可支配收入的比重

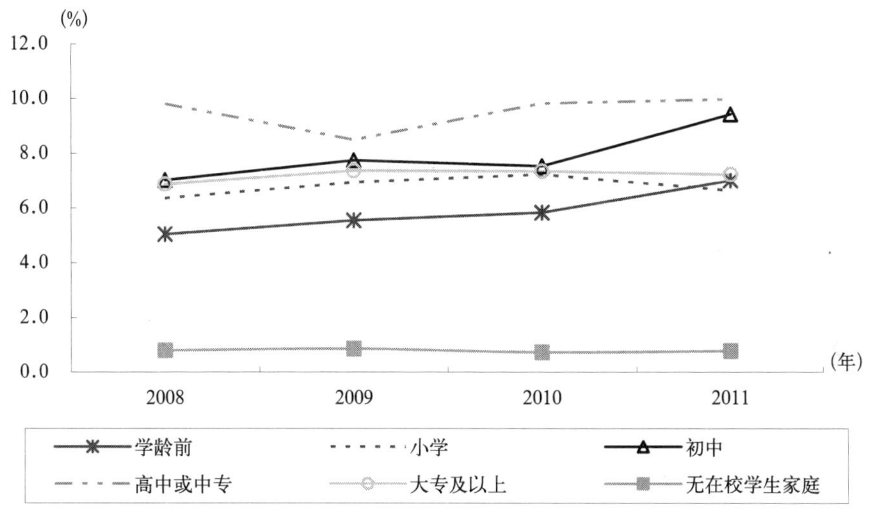

二、不同教育阶段教育支出特点各异

教育支出的增加反映了人们对教育重视程度的提升。随着升学和就业压力的加剧，几乎所有家庭都不遗余力地在子女教育方面加大投入。为了不让孩子输在起跑线上，父母从胎教开始倾注时间和金钱。从幼儿园到大学，一个家庭的教育支出，日渐成为中等及以下收入家庭不可承受之“重”。

（一）学龄前儿童：托幼费和培训班费为主

学龄前儿童的教育费用支出主要以托幼费和培训班费为主，仅此两项占家庭教育费用支出的 68.5%。随着现代社会竞争的加剧，竞争的浪潮已经波及到学龄前儿童甚至刚出生的婴幼儿。亲子班、早教班等各种名目繁多的培训班致使学龄前儿童的人均培训班支出达 834 元，成为比托幼费还高的第一位支出，占有学龄前儿童家庭教育费用支出的 38.2%。

（二）义务教育阶段：校外教育支出高且逐年递增

城镇居民家庭对义务教育阶段子女的教育支出主要包括三个部分：一是学杂费、书本费等各种接受义务教育所必需的费用。近年来，由于推行义务教育阶段“三免一补”政策，我市义务教育阶段学生的义务教育学杂费明显降低；二是家庭为了接受更高质量的教育而投入的兴趣班、课外辅导班、家教等辅导费用；三是为了接受更高质量的义务教育而缴纳的择校费等。第一部分可归入校内教育支出，后两部分归入校外教育支出。以小学组为例，2008 年小学组的校外教育支出为 771 元，2011 年升至 1402 元，三年间校外教育支出增长了 81.8%。2008 年，校外教育支出为校内教育支出的 2.7 倍，到 2011 年，增至 13.4 倍（见表 1）。

表 1　2008、2011 年义务教育阶段校内支出与校外支出比较

	小学		初中	
	2008 年	2011 年	2008 年	2011 年
校内教育支出（元）	288	104	328	165
校外教育支出（元）	771	1402	666	1759
校外支出/校内支出（倍）	2.7	13.4	2.0	10.7

由此可见，义务教育阶段，校外教育支出远远高于校内支出，且校外教育支出呈现逐年递增的趋势。在义务教育阶段的家庭教育支出中，自愿的或选择性的支出是主体，所谓“上学贵”确切地说应当是“贵”在校外而非校内，“贵”在家长为其子女进一步扩展知识、提高能力而“额外”支付的费用。

（三）非义务教育阶段：学杂费、培训班费是“主力”

高中阶段，学杂费、培训班费和家教费是教育支出的主体，其中学杂费占家庭教育支出的 21.3%，培训班费和家教费占 48.1%，这三项支出占家庭教育支出的近七成。到了大专及以上阶段，学杂费成为非义务教育阶段的主要支出。2011 年我市城镇居民有在校学生的家庭中，大专及以上组的人均非义务教育学杂费高达 763 元，占整个家庭教育支出的四成以上。与高中教育阶段相比，学生在大学阶段的培训班支出并没有明显减少。2011 年大专及以上家庭的培训班支出为 427 元，占教育费用支出的近四分之一。我们分析这是因为此阶段的学生虽然不再有高考压力，但却有来自大学毕业后的就业压力。为了增强在就业市场上的竞争力或继续出国深造，许多学生进入大学后就马不停蹄地考雅思、托福、计算机等级等各种证书，使得大学生的培训班支出仍然不少。

（四）校外教育：低收入家庭的“奢侈品”

为了让孩子接受更好的教育，不管收入高低，家长都尽可能给孩子提供好的教育资源，但高低收入户的校外教育支出差别较大。分收入组看，高收入家庭投入课外兴趣班、聘请家教等方面的费用远高于低收入家庭。2011 年我市 20%高收入组的家教费和培训班费为 838 元，占 20%高收入组家庭教育费用的一半；而 20%低收入组的家庭家教费和培训班费为 239 元，与高收入家庭比，虽然绝对额低，但占家庭教育费用支出的比重也达 38.2%。从其他教育费用看，2011 年高 20%收入组的其他教育费用为 180 元，为低 20%收入组其他教育费用的 3.3 倍。校外教育在教育费用中的比重随家庭收入的增加有增加的趋势，这进一步说明了家庭经济状况在一定程度上决定了教育投入的多少及投入去向，以家教费、培训班费、择校费、赞助费为主体的校外教育支出受到了家庭经济状况的影响，并且成为家庭之间教育开支差异的重要组成部分。校外教育成为低收入家庭拼不起却又不忍放弃的“奢侈品”。

综上所述，教育支出为在校学生家庭的一项重要支出，而且在一定程度上制约着家庭的即期消费。本文只是管中窥豹，从直接教育成本的角度分析我市城镇居民家庭的教育支出情况。直接教育成本仅限于各个家庭对处于学龄阶段在校学生的直接教育投入，不包括为孩子上学租房、购买食品和营养品、学习用具、体育娱乐用品、电脑、交通费等间接花费。

公共文化的市民需求：现状与期待

◆◇杜　鹃

自2006年《国家“十一五”时期文化发展规划纲要》首次明确提出“公共文化服务”的概念后，公共文化服务体系逐渐成为文化建设的核心理念。2011年，《中共中央关于深化文化体制改革，推动社会主义文化大发展大繁荣若干重大问题的决定》提到，“满足人民基本文化需求是社会主义文化建设的基本任务。必须坚持政府主导，按照公益性、基本性、均等性、便利性的要求，加强文化基础设施建设，完善公共文化服务网络，让群众广泛享有免费或优惠的基本公共文化服务”。就北京而言，中共北京市委《关于发挥文化中心作用加快建设中国特色社会主义先进文化之都的意见》，明确推动首都文化大发展大繁荣、努力建设中国特色社会主义先进文化之都，要以满足人民群众精神文化需求为出发点和落脚点。

这些论述给予了人民群众的文化需求以高度重视，表明了党和政府改善文化民生的决心。进一步满足居民日益增长的文化需求，不但能提高居民精神上的满足感，促进社会和谐稳定，同时也将有助于刺激文化消费，带动关联产业发展，从而拉动内需增长。

一、研究内容和方法

文化需求是指人们在一定时期内为了满足自身的精神需要而形成的对文化产品、文化传播服务、文化休闲活动的需求。因为文化需求是一个广义的概念，不可能在一次调查中穷尽，所以本次调查将其范围界定在以公共文化场所为载体的活动，包括文化产品中的图书、电影，文化传播服务中的商业演出（包括话剧、演唱会等）、展览、政府公益惠民演出，文化休闲活动中的社区活动、公园活动等。以上项目既包含了政府提供的基本公共文化服务，又包含了文化创意产业中的图书出版、电影市场、演出业等。

2012 年 5 月，北京市统计局、国家统计局北京调查总队开展了“北京市民的公共文化参与和文化需求调查”。调查采用计算机辅助电话访问方式（CATI），随机对居住在 16 个区县、居住时间超过半年以上（含外地来京人员）、18—70 岁的市民进行访问，共完成有效样本 3892 份。调查主要分两部分：第一部分针对市民公共文化活动的参与现状和习惯，旨在掌握当前人们参与文化生活的状况、特点；第二部分针对市民的文化需求和期望，旨在了解政府提供的公共文化产品、服务和公共设施是否满足了人们的需求，以及改进的空间。

二、北京市民参与公共文化活动的新特点

国内大量研究文献表明，“看电视、阅读书报、听音乐和广播、逛公园等”是具有普遍性的百姓参与的主要文化活动。因此，本文不再赘述此方面内容，而是探寻当前北京在打造中国特色社会主义先进文化之都，建设具有世界影响力的文化中心城市的背景下，市民参与公共文化活动呈现出的新特点。

图 1　　市民满足文化需求的途径

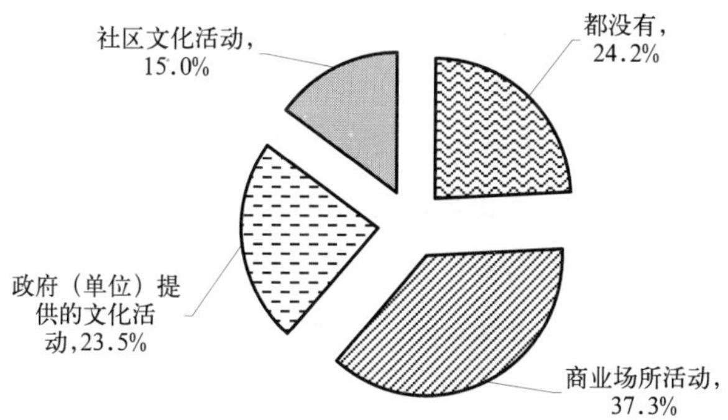

（一）满足市民文化需求的主要途径：市场、政府、社会

调查显示，北京市民外出满足文化需求的主要途径（见图 1）依次是市场性的商业场所活动（37.3%）、政府或单位组织的文化活动

（23.5%）、社区文化活动（15%）。

1. 文化市场在丰富居民文化需求方面发挥了主渠道作用

从图书市场看，2011 年全市报纸出版 253 种，期刊出版 2065 种，图书出版 16.6 万种[1]。调查结果显示，78.6%的被调查者认为目前图书报刊出版市场能够满足自己的需求。从电影市场看，2011 年全市共有院线影院放映单位 118 个，总银幕 617 个，放映场次 97.42 万场次。调查结果显示，六成以上被调查者去过电影院看电影（一年内），57.7%的被调查者认为目前电影市场能够满足自己的需求。

2. 以政府为主导的公共文化服务体系是市民实现基本文化需求的重要平台

主要表现在公共文化场所的利用和举办大型文化活动方面。从公共文化场所看，88.7%的被调查者去过公园（一年内），52.1%的被调查者去过博物馆、展览馆（一年内）。从政府举办的大型文化活动看，60.6%的被调查者参与过庙会、灯会等各类节庆活动，已成为京城节日的一个文化品牌。

3. 社区文化中心成为满足市民文化需求的有力补充

目前，北京市共有 319 个文化服务中心（文化站），十二五时期力争 2500 个社区都有自己的文化活动空间。调查显示，24.7%的被调查者参加过社区文化中心的活动（一年内）。在社区文化中心提供的众多文化服务中，最受欢迎的前三类主要有健身和球类（52.7%），舞蹈（31%），培训、讲座（27.8%）。

（二）影响文化生活和消费的三大因素：个人爱好、闲暇时间、价格

影响市民文化生活和消费的因素可分为两类：一类是主观因素，如个人兴趣爱好、流行风潮的影响等，另一类是客观因素，如价格、设施环境、便利性等。调查结果显示，个人爱好、闲暇时间、价格是影响市民文化生活和消费的三大主要因素（见图 2）。当问到“您的文化生活和消费主要受哪些方面的影响”时，位于第一位的是“个人兴趣爱好”，占到 58.6%；其次是闲暇时间（35.5%）和价格（35.5%）；然后是便利性（20.2%）。

1 为 2011 年初步数。

图 2　　影响市民文化生活和消费的因素

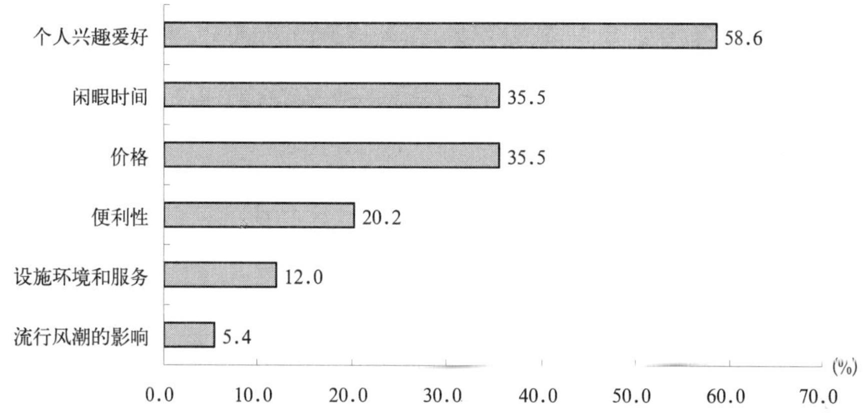

（三）新媒体异军突起，丰富了人们传统的文化娱乐方式

在资讯爆炸的今天，数字阅读、移动电视、触摸媒体等以互联网、数字技术为核心的新媒体迅速发展，丰富了人们传统的文化娱乐方式。

图 3　　您使用过以下哪些网络功能？

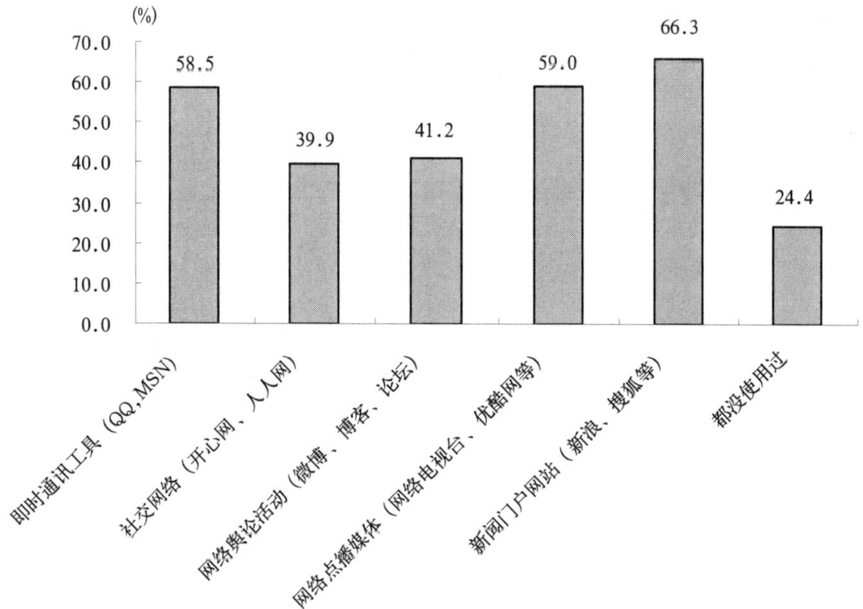

1. 网络使用普及，拓宽了传统文化娱乐活动方式

根据第29次中国互联网发展状况统计报告(中国互联网络信息中心发布)，北京的网民总数有1379万人，普及率达70.3%，位居全国第一。当问到“您使用过哪些网络功能”时，均有五成左右的被调查者使用过新闻门户网站、网络点播媒体、即时通讯工具等功能（见图3)。

2. 相比传统纸媒体，互联网成为受众更青睐的新兴阅读方式

信息网络对传统纸媒的冲击，致使受众阅读习惯发生变化。2011年，城镇居民人均书报杂志支出为66.6元，五年来年均下降4.3%。当问到“您平常主要通过什么方式阅读图书、杂志”时（见图4)，近四成人选择电子阅读的方式（在线阅读或者下载电子书)，22.2%的被调查者选择“到书店报亭购买”，前者是后者的将近两倍。中国新闻出版研究院组织实施的第九次全国国民阅读调查结果显示，数字阅读呈明显增长势头。2011年网络在线阅读人数比2010年增加了11.1%，手机阅读人数比2010年增加4.6%。

图4　　您平常主要通过什么方式阅读图书、杂志?

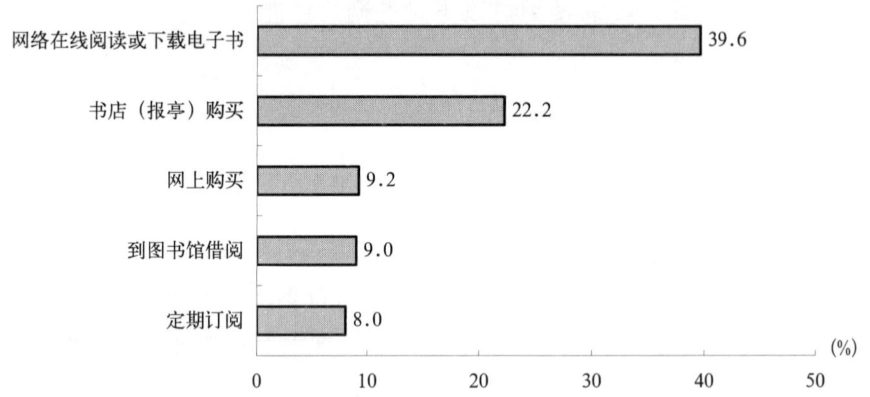

3. 相比电影院，市民更倾向实惠的观影方式

网络以其获取便利、价格便宜、方便检索信息的优势，比电影院争取到了更多的观众。2011年，城镇居民人均音像制品及软件支出为7.7元，五年来年均下降24.3%。当问到“您平常主要通过什么方式看电影”时（见图5)，37.4%的被调查者选择网上下载或在线观看，而去电影院

观看的只有12.9%，购买影碟的只占2.6%。此外，电视的电影频道作用也不可忽视，43.7%的被调查者选择通过电视观看电影。

图5　　您平常主要通过什么方式看电影？

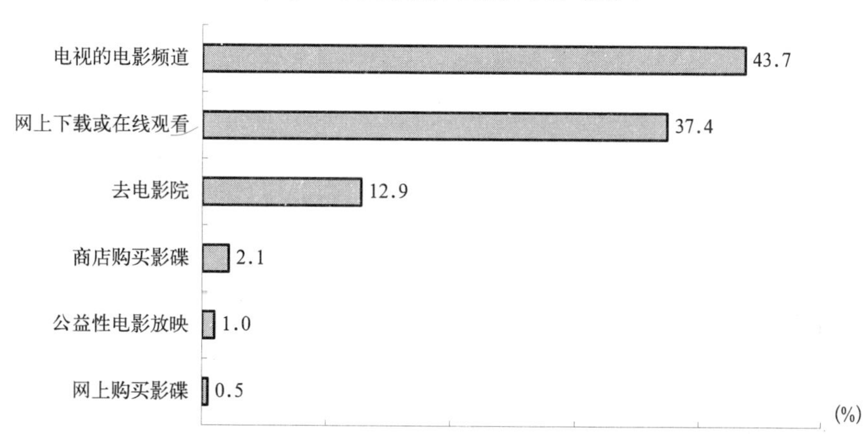

（四）面对海外文化和现代流行文化的影响，传统文化艺术、国产原创文化依然有坚实的群众基础

调查发现，市民对以京剧、昆曲、评剧、京韵大鼓等为代表的北京传统文化艺术表现出相当高的认同度，有广泛的群众基础。文化传统能延续一个城市的文化品格和特色，保护好传统文化，不仅能够给予市民更多的归属感和认同感，而且对传统文化的认同还蕴藏着巨大的市场潜力。当问到“过去一年内，您看过以下哪些传统文化艺术节目”时，75.8%的被调查者欣赏过相声、评书，55%的被调查者欣赏过杂技、魔术，36.4%的被调查者欣赏过京剧、昆曲、曲剧，25.8%的被调查者欣赏过京韵大鼓、单弦、琴书。过去一年内没有欣赏过以上各种传统文艺节目的只占15%。

从影视剧节目的选择上，国产剧和原创文化还是更符合多数人的口味。问到“您喜爱观看哪里出产的影视剧”时，55.4%的被调查者更青睐内地产影视剧，23.7%的被调查者喜欢欧美影视剧，此外分别有8.5%和7.6%的被调查者选择了港台和日韩影视剧。

三、满足公共文化需求的五大着力点

从对市民参与文化生活的特点和需求分析，为满足市民不断增长的文化需求，公共文化服务体系需从五个方面着力改善：

（一）提高公共文化场所和设施的利用率

1. 公共文化设施和场所的利用率、市民的参与度有待提升

文化设施是居民满足文化需求的空间载体，但数据显示，公共文化场所的利用率不甚理想。我们调查了社区文化中心、公园、博物馆展览馆、剧场剧院、电影院、图书馆等主要公共文化场所的利用情况（见图6）：公园的利用率最高，只有11.3%的被调查者表示从来没有去过；其次是图书馆，有52.7%的被调查者表示一年内从来没有去过图书馆；再次是剧场剧院，有62%的被调查者表示一年内从来没有去过剧场剧院；社区文化中心的利用率最低，有75.3%的被调查者表示一年内从来没有去过社区文化中心。对于“很少或者不去”以上文化场所的原因，首要是因为闲暇时间和距离的便利程度，还有价格，以及被网络媒体替代的因素。此外，不同文化设施和场所的服务人群各有侧重和指向，例如，从年龄分组看，61-70岁老年人对社区文化中心利用率相对较高，36.1%的被调查者参加过社区文化中心活动。

图6　一年内，表示“从来没有去过”以下公共文化场所的被调查者比例

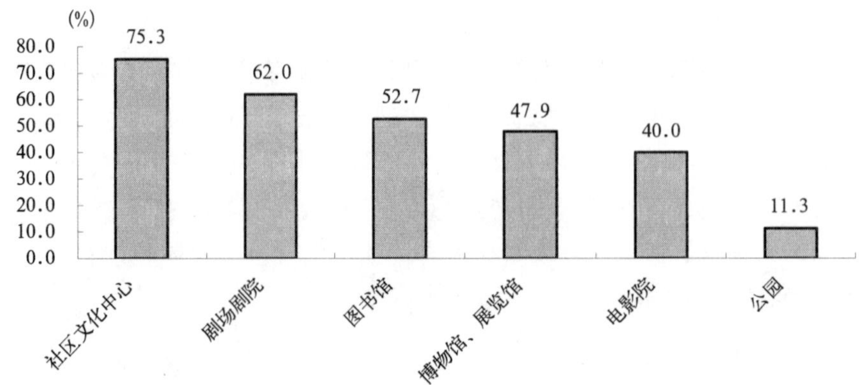

2. 图书馆人均资源还需增加

尽管北京集中了全国优质的文化资源，但从国际比较看，无论是绝对数量还是人均资源均显不足。以公共图书馆为例，能够称得上国际大都会的城市，公共图书馆的万人拥有量和馆藏量丰富，是基本的文化标志。目前北京市共有公共图书馆仅为 25 个，每 79.6 万人才拥有 1 个图书馆。国际主要大城市远远高于北京：伦敦共有 421 个图书馆，每 1.7 万人就拥有 1 个图书馆；纽约共有 204 个公共图书馆，每 3.6 万人就拥有 1 个图书馆。

3. 公共文化设施在区域、城乡之间的分布应更均衡

在有限的可支配时间里，往返不便导致人们放弃选择公共文化设施，使得其利用率不高。调查发现，分别问到“很少或者不去下列文化场所”的原因时，“离家远、不方便”是被调查者提及较多的一个理由。例如，34%的被调查者觉得博物馆展览馆“离家远、不方便”，同样分别有 21.4%和 19.9%的被调查者觉得剧场/剧院/体育馆和公园“离家远、不方便”。此外，农村的公共文化设施建设比城区更显不足，导致农村居民比市区/城镇居民更少利用公共文化设施，某种程度上制约了农村居民的文化需求。例如，农村居民“从来没有去过电影院”的比例达 60.9%，比市区/城镇居民高出 24 个百分点；农村居民“从来没有去过剧场/剧院”的比例达 79.5%，比市区/城镇居民高出 20 个百分点。

（二）提升文化品牌和惠民工程的影响力

节庆活动深受欢迎，大型品牌文化活动知名度较高，但参与度不够。庙会、灯会等节庆活动深受市民的喜爱。当问到“您听说或者参与过庙会、灯会等节庆活动”时，60.6%的被调查者表示参与过，其中 35.4%的人是专程计划性的参与，只有 1.6%的人表示没听说过。但是，问及“您听说或者参与过全市大型文化活动吗”（见表 1），61%的被调查者表示“听说过，但没参与过”，6.2%的被调查者参与过，其中 2.3%的人是专程计划性的参与。可见这些活动在市民中的知名度较高，但参与程度还不够。

（三）适度降低文化消费的价格水平

近年来，全市居民文化娱乐需求持续增长。2011 年，城镇居民人均文化娱乐支出 2136 元，同比增长 14%，五年来年均增长 9.1%。根据局

队 2009 年居民消费投资意向调查，对于中等收入以上的家庭，“休闲娱乐”已经成为继旅游、子女教育、买房/车后的最大消费点。

表 1　　市民对政府举办的各类文化活动的参与情况（%）

参与状况＼活动种类	公益惠民演出	全市大型文化活动	节庆活动
没听说	58.4	32.7	1.6
听说过，但没参与	34.1	61.1	37.9
偶遇式参与（在公园等场所偶然遇见，观看过	4.9	3.9	25.2
计划性参与（知道一定的演出计划，专程前往参与	2.6	2.3	35.4

面对强烈的消费意愿，文化消费价格却居高不下，与居民收入不匹配，让多数人望而却步，成为阻碍市民文化需求释放的一大因素。价格问题在演出市场和电影院更为突出：对于那些从不或很少去剧场/剧院观看演出、话剧的人群，28.1%的被调查者选择“票价高”；对于那些从不或很少去电影院看电影的人群，19.6%的被调查者选择“票价高”。票价的问题涉及到剧场的场租不合理，北京剧场的场租普遍比较高，超过了国外的标准。而从国际上例子来讲，纽约政府对于上演芭蕾舞和戏剧的“纽约市中心”实行免税，每年只需向政府交纳 1 美元的租金，因而使这一中心能以市民可承受的适当票价来保持较高的艺术水准。

针对在一年内曾去剧场/剧院观看过演出、话剧、演唱会等的有效人群，只有 66.8%的人是自己买票，其余均为赠票观看。调查显示，对于自己买票的被调查者，平均每次观看话剧的票价是 245 元，最低 20 元，最高 1300 元；平均每次观看演唱会的票价是 448 元，最低 30 元，最高 2000 元。按平均票价计算，每次看话剧的花费占到城镇居民家庭每月人均可支配收入的 9%，而演唱会近达 16%，消费价格和居民收入比例明显高于发达国家。

（四）改善文化服务“软”环境和信息发布途径

近年来，北京市投入了大量精力在公共文化设施和精品工程的建设上，但在运行管理等服务建设上还有待改善。公共文化机构缺乏从受众和服务对象需求的角度出发，来安排文化服务和产品供给的意识。

例如，针对“很少或者从来不去社区文化中心”的人群，其原因主要有两点：第一，服务时间与需求不契合。被调查者认为最大的原因（46.2%）是时间不允许。开放时间大都是工作日和工作时间，无法从时间上满足社区内的上班族、学生等的需要。第二，社区文化中心知晓度不高，反映了信息获取渠道不畅通。40.1%的被调查者反映“不知道社区文化中心在哪里”。加强社区文化中心在居民中的宣传，才能充分发挥基层文化组织机构的作用，真正服务于民。

此外，当问“到以下有关文化生活的选项中，哪些是您最为期待的”时，有 28%的被调查者希望“更方便找到各类公共文化活动的信息”。因此，应改善文化供求双方信息的不对称局面，让市民能方便、迅速地获取文化演出资源和活动信息。

（五）保障居民文化参与和可支配闲暇时间

调查数据显示，闲暇时间不足是影响居民满足文化需求的最大因素。对于表示“很少或者从来不去公园”的人群，52.5%的被调查者选择“没时间”；同样，在博物馆展览馆、剧场剧院等情况类似，对于表示“很少或者从来不去博物馆展览馆”的人群，44%的被调查者选择“没时间”；对于表示“很少或者从来不去剧场剧院”的人群，31.4%的被调查者选择“没时间”。

四、市民对文化生活的评价和需求期望

（一）总体评价

1. 三成以上市民积极评价自己的文化生活状态

当问到“您对自己平时的文化休闲生活满意吗”时，35.6%的被调查者表示满意，47.5%的被调查者认为一般，17%的被调查者觉得不满意。

2. 各类文化产品和服务中，对图书报刊的评价最高

当分别问到各类文化产品和服务（包括电视节目、电影市场、图书报刊产品、各类演出、社区文化活动、博物馆展览馆的展览讲座）是否满足市民的需求时，人们对图书报刊产品的评价最高，78.6%的被调查者认为当前市场上的图书报刊产品满足了自己的需求；其次是电视节目，

70.7%的被调查者认为现有的电视节目服务能够满足需求；评价最低的是社区文化活动，只有 36.7%的被调查者表示社区文化活动满足了需求（见图 7）。

图 7　对于以下各类文化产品和服务，表示“满足了自己的需求”的被调查者比例

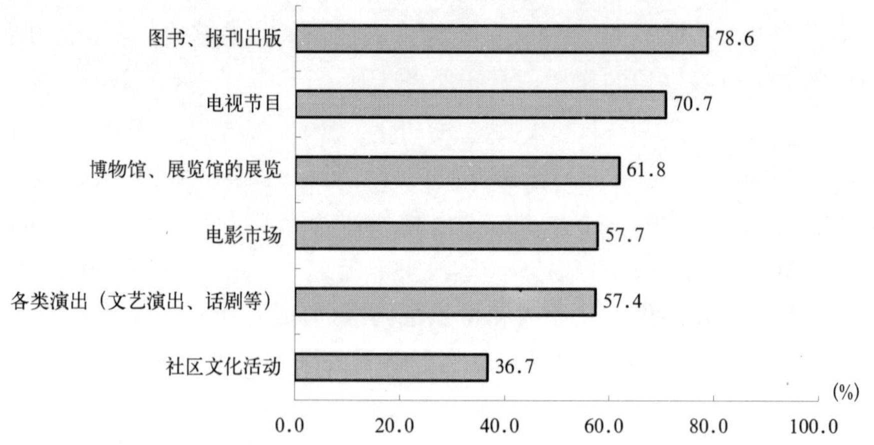

（二）需求和期望

1. 市民最期待的改变：价格更低、文化设施更多、社区文化活动更吸引人位列前三位

当问到“以下有关文化生活的选项中，哪些是您最为期待的”时（见图 8），价格问题、文化设施不足、社区文化活动被列为“市民最期待的改变”前三位。

第一位：53.2%的被调查者希望“价格再低一些”，再次验证当前某些领域的文化消费价格存在不合理因素，市民普遍感觉难以承担，免费项目少、收费不合理，让公共文化设施难以真正服务市民。

第二位：52%的被调查者希望“周边有更多的文化设施”，也证明了前面提到的“离家远、不方便”是人们较少利用公共文化场所或设施的重要原因。

第三位：40%的被调查者期待“社区文化活动更加吸引人、丰富”，反映了人们对社区文化活动的需求意愿较强，因此如何在活动内容上和

时间管理上做进一步改善，把更广泛的中青年、上班族也吸引进来，是社区管理者需要考虑的问题。

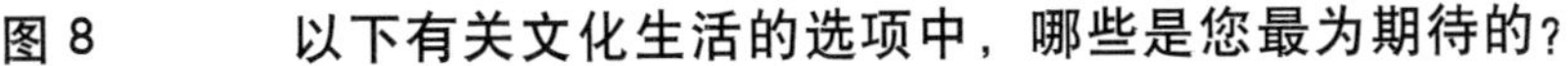

图 8　以下有关文化生活的选项中，哪些是您最为期待的？

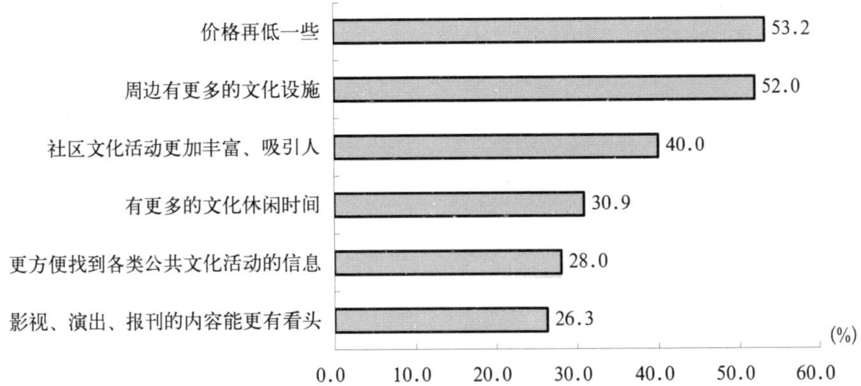

2. 市民最希望居住地附近增加的文化场所、设施：公园、书店或图书馆、体育场馆居于前三位

居民文化需求的满足，与文化娱乐设施的可得性高度相关。加强社会文化娱乐设施建设，应优先安排面向普通群众的基础文化设施，如向新建大型社区及农村、城南地区、城乡结合部、重点新城倾斜，而不能以豪华的大剧院、音乐厅等为主。当问到“您希望居住的附近增加以下哪些文化场所”时（见图 9），公园、书店或图书馆、体育场馆居于前三位。

第一位：49.6%的被调查者希望居住地附近增建“公园”。当前对于普通市民来说，公园的众多文化功能中，其休闲健身功能要大于观光功能。通过调查经常去公园的有效人群发现，69.1%的被调查者去公园的主要目的是“健身和散步”，再次是“观光”（25.9%）和“文艺活动”（4.5%）。

第二位：43.6%的被调查者希望居住地附近有更多的“书店和图书馆”。特别是对于教育程度高和年轻人，对于书店和图书馆的需求比其他文化设施更为强烈。数据显示，分别有 57.4%的研究生及以上和 48.9%的大学本科学历被调查者最希望居住地附近增加的是“书店或图书馆”，分别有 53.9%的 31–40 岁和 48.4%的 18–30 岁被调查者最希望居住地附近增加的是“书店或图书馆”。

第三位：33.2%的被调查者希望居住地附近增建“体育馆”，满足休闲健身的需要。

图 9　　您希望居住的附近增加以下哪些文化场所？

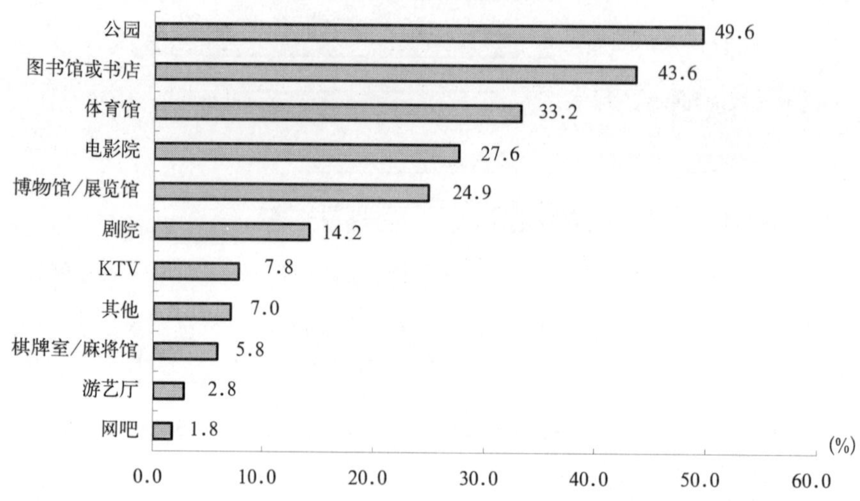

3. 市民将来的文化消费意愿不够丰富，尚需进一步引导和培养

调查发现，位于市民将来文化消费意愿前三位的是：看电视、阅读书报杂志、上网娱乐，表明市民的文化生活和消费意愿不够丰富多样，文化艺术需求尚需培养和引导。当问到“将来您愿意花更多的时间或钱在哪些活动上”时，46.3%的被调查者选择了“看电视”，41.5%的被调查者愿意“阅读书报杂志”，30.9%的被调查者选择“上网娱乐活动”。

根据 2008 年北京市居民时间利用情况调查，看电视仍是城乡居民最主要的娱乐休闲方式。城镇居民人均看电视时间 1 小时 53 分钟，农村居民 2 小时 10 分钟，分别占人均可支配时间的 43.3%和 57.3%。无论是现在的文化生活状况，还是将来的意愿需求，看电视仍排在居民文化需求的首位，说明图书、博物馆展览馆、电影院、剧场剧院等其他公共文化设施机构并没有发挥应有作用，其功能需要进一步释放。同时，从主观上反映市民的文化消费现状和意愿不够丰富，高雅艺术文化还需一个培养和引导的过程。

阶梯电价对市民的影响程度分析

◆◇张劭晨

2012年3月28日，国家发改委召开了2012年中国经济体制改革工作会议，按照会议部署，2012年上半年各省推出居民阶梯电价[1]。总体思路中表明，地方可以根据国家确定的原则确定各档次的用电标准，具体方案经过听证后出台实施。2012年5月7日，据新华社等媒体报道，根据国家发改委要求，6月1日起将全面试行居民阶梯式电价。随后，全国各地于5月份陆续召开阶梯电价听证会，就居民生活用电试行阶梯电价听取意见。

为了解北京市民对阶梯电价的关注情况以及实施后可能给其生活带来的影响，2012年5月，北京市社情民意调查中心以计算机辅助电话调查(CATI)形式，对全市范围内的1111位常住市民进行了问卷调查。

一、市民关注阶梯电价，关注度随对生活影响程度增加

调查显示，45.6%的被访市民对实行阶梯电价表示关注（其中18.8%的市民非常关注，26.8%的市民比较关注），37.6%的被访市民表示一般，还有16.8%的被访市民不关注（其中10.1%的市民不太关注，6.7%的市民非常不关注）。

市民的关注程度随着阶梯电价对其生活的影响程度明显增加。表示实行阶梯电价对生活无影响的被访市民中（占总数的36.0%），仅有35.0%的表示关注；表示影响程度较小的被访市民中（占总数的45.7%），46.4%的表示关注；而在表示影响程度大的被访市民中（占总数的

1 “阶梯电价”引全名为“阶梯式累进电价”，是指把户均用电量设置为若干个阶梯，第一阶梯为基准电量，电价不变；第二阶梯用电量高于第一阶梯，电价也相对提高，第三阶梯电量更多，电价也更高。其目的是继续优化销售电价分类结构，减少交叉补贴，建立有利于节能减排，引导用户合理用电的电价体系。

18.3%），有63.9%的表示关注（见表1）。

表1　　关注程度按对被访市民生活的影响程度划分

对阶梯电价关注程度	实行阶梯电价对被访市民生活的影响程度（%）		
	影响大	影响较小	无影响
非常关注	33.7	16.6	14.0
比较关注	30.2	29.8	21.0
一般	27.8	38.8	41.2
不太关注	2.9	9.9	14.0
非常不关注	5.4	4.9	9.8

二、市民对阶梯电价的合理性较为认同，半数被访市民支持政府调整电价

（一）逾六成被访市民认同阶梯电价的合理性，阶梯电价对促进市民节约用电有积极作用

调查显示，65.3%的被访市民认为阶梯电价既体现了公平负担的原则，又可以促进节能减排，是一种合理的用电机制（其中30.8%的非常认同，34.5%的比较认同），20.9%的被访市民表示一般，13.8%的被访市民表示不认同（其中7.9%的不太认同，5.9%的非常不认同）。

实行阶梯电价对促进市民节约用电有非常积极的作用。调查显示，如果实行阶梯电价，72.0%的被访市民表示会改变用电习惯从而节约用电，28.0%的被访市民表示不会这样做。

绝大多数被访市民在日常生活中已经能做到基本的节电措施。调查数据显示[2]，96.2%的被访市民有随手关灯的习惯；95.0%的被访市民有使用节能灯的习惯；88.3%的被访市民在购买家电会考虑选择节能电器；79.7%的被访市民能保证家电不长时间待机；77.3%被访市民会减少空调使用频率或调高空调温度。仅有0.3%的被访市民在日常生活中没有基本

2 此题为多选题。

的节约用电习惯。

（二）半数被访市民支持政府对电价进行调整，支持程度随用电量的增加而降低

如今，国家电力供需紧张，供电缺口加大。现行的统一电价模式中，居民平均电价低于供应成本。为了保持经济可持续发展，针对电价的调整显得尤为重要。调查显示，50.8%的被访市民支持政府调整电价（其中21.3%表示非常支持，29.5%表示比较支持），30.2%表示一般，还有19.0%的被访市民表示不支持（其中9.5%的不太支持，9.5%的非常不支持）。

需要注意的是，被访市民对调整电价的支持程度随着每月用电量的增加而降低。调查数据显示，每月用电量在230度以下的被访市民对调整电价的支持率为59.4%；每月用电量在231度至400度之间的被访市民，对调整电价的支持率为42.3%；每月用电量在400度以上的被访市民，对调整电价的支持率为25.9%（见表2）。

表2　　对调整电价的支持程度按每月用电量划分

支持程度	每月用电量（%）		
	230度以下	231度–400度	400度以上
非常支持	29.4	12.4	6.9
比较支持	30.0	29.9	19.0
一般	25.7	36.7	32.7
不太支持	7.0	12.1	22.4
非常不支持	7.9	8.9	19.0

三、被访市民普遍表示阶梯电价对生活影响不大，不会因此引发担心

（一）八成被访市民表示阶梯电价对生活影响不大，少数市民表示有一定影响

调查显示，36.0%的被访市民表示实行阶梯电价对自己生活没有影响，45.7%的被访市民表示影响较小，二者共占被访市民总数的81.7%；

余下18.3%的被访市民表示影响大（其中14.3%的影响较大，4.0%的影响非常大）。阶梯电价对市民生活影响程度主要和四个因素有关：

收入越低受影响程度越大。月收入在2000元以下的被访市民中，受阶梯电价影响程度大的比例为25.0%，比月收入5000元以上被访市民中的比例高出14.5个百分点（见表3）。

表3　　影响程度按月收入水平划分

影响程度	月收入水平（%）		
	2000元以下	2001至5000元	5000元以上
影响大	25.0	18.6	10.5
较小	42.6	46.8	47.1
无影响	32.4	34.6	42.4

用电量越高受影响程度越大。月用电400度以上的被访市民中，受阶梯电价影响程度大的比例为62.1%，比月用电230度以下被访市民中的比例高出53.3个百分点（见表4）。

表4　　影响程度按用电量划分

影响程度	月用电量（%）		
	230度以下	231度-400度	400度以上
影响大	8.8	24.9	62.1
较小	41.7	55.6	24.1
无影响	49.5	19.5	13.8

家庭常住人数越多受影响程度越大。家庭常住人数在5人以上的被访市民中，受阶梯电价影响程度大的比例为42.9%，比家庭常住1至2人的被访市民中的比例高出30.4个百分点（见表5）。

退休或待业和务农人员较在职人员和大学生受影响程度大。退休或待业和务农人员的被访市民中，受阶梯电价影响程度大的比例分别为

23.1%和 21.4%，分别比在职人员、学生中的比例高出 6.7 个、5.5 个百分点和 5 个、3.8 个百分点（见表 6）。

表 5　影响程度按家庭常住人数划分

影响程度	家庭常住人数（%）			
	1–2 人	2–3 人	4–5 人	5 人以上
影响大	12.5	13.3	25.4	42.9
较小	43.8	45.2	49.0	28.6
无影响	43.7	41.5	25.6	28.5

表 6　影响程度按在职情况划分

影响程度	在职情况（%）			
	在职	退休或待业	学生	务农
影响大	16.4	23.1	17.6	21.4
较小	46.0	44.8	53.0	42.9
无影响	37.6	32.1	29.4	35.7

（二）七成被访市民不会因实行阶梯电价而引发担心

调查显示，71.1%的被访市民表示不会因为实行阶梯电价而担心。其余 28.9%的被访市民中，16.7%的会担心实行阶梯电价引起物价上涨，如食品、生活用品等；10.0%的会担心引起其他资源性价格的上涨，如水价、燃气费等；2.2%的会担心自己或他人负担不起电费。

房地产调控催热租赁市场，租房者压力大增

◆◇徐 燕 腈 妍

目前北京市房地产销售价格仍在高位运行，多数买房者持观望态度，且受“限购令”政策影响，部分外来人口暂时无法买房。随着大量外来人口和毕业生的涌入，北京市房屋租赁市场需求增加，住宅租赁价格呈现持续上涨。为了解市民的租房状况和租房需求，北京市社情民意调查中心采用计算机辅助电话调查形式，对全市范围内租房居住的1011位市民进行了民意调查。

一、房屋租赁市场现状

（一）租金价格不断上涨，租房者压力较大

受“限购令”及一、二手楼市影响，租赁市场需求增加，住宅租赁价格持续上涨。从2010年起，北京市住宅租赁价格持续上涨。2011年1-4季度，全市住宅租赁价格环比分别上涨3.8%、1.9%、2.7%和0.2%[1]。随着租金价格的持续上涨，租房者承受的压力也在不断加大。调查显示，53.3%的被访者表示压力较大（其中，23.9%表示压力比较大，29.4%表示压力很大），21.3%表示压力一般，16%表示有点压力，9.4%表示压力不大。

收入越低的家庭承受的压力越大。调查显示，家庭年收入6万元以下的被访者中，58%表示压力较大；家庭年收入6万-12万元的被访者中，51%表示压力较大；家庭年收入12万元以上的被访者中，43%表示压力较大。

（二）房价高是选择租房的主因，未来购房意愿普遍较低

当被问及租房的主要原因时，88.4%的被访者表示“房价太高，暂

1 参考统计分析报告《销售持续低迷 新建商品住宅稳中有降——2011年房地产价格运行情况分析》。

时不具备购房能力”；59.2%表示“租房是更理性的消费”；30%表示“家里或单位宿舍能住，但希望有自己的独立空间”，这种情况以25岁以下年轻人较为突出，他们更注重生活的私密性；24.4%表示“不打算在北京定居而选择租房”；此外，“上班方便”、“照顾老人”、“子女上学方便”、“改善住房条件”等也是一些被访者选择租房的原因。

面对高房价，被访者的购房意愿普遍较低。调查显示，60%的被访者不考虑购房，14.4%计划1–2年内购房，11.7%计划2–5年内购房，9.1%计划5年以后购房，4.7%表示已购住房但现在租房住。从年龄看，面临结婚、生子等实际问题的年轻人购房意愿最强烈，调查显示，26–35岁的被访者中，29.8%表示计划5年内购房，该比例高于其他年龄段。从收入看，低收入家庭购房意愿最低，调查显示，家庭年收入6万元以下的被访者中，66.3%表示不考虑购房，该比例比家庭年收入12万元以上的高出19.4个百分点。

（三）中介哄抬租金、需求旺盛以及限购政策被认为是导致租金上涨的主要原因

调查显示，44.5%的被访者认为租金价格仍会继续上涨，22.2%认为会下降，14.2%认为维持现状，19.1%认为不一定。可见，被访者中预期租金价格上涨的比例较高。

当被问及最近租金上涨的主要原因时，35.3%的被访者认为是因为房产中介哄抬租金；25.8%认为是因为外来人口多、大学毕业生多导致了租房需求旺盛；20.1%认为是受限购政策的影响，部分外来人口暂时无法买房，只能选择租房；8.9%认为是因为银行利率的增长（见图1）。

图1　　市民认为房租上涨的主要原因

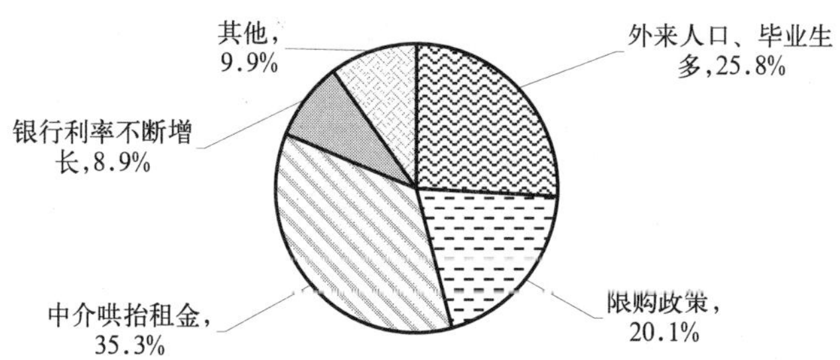

二、租房需求及影响因素分析

（一）独立租住的比例较高，经济实惠的房屋为主选

调查显示，被访者中独立租住的比例较高，经济实惠的房屋为租房者主选，月租多数在 2000 元以下，户型以中小户型为主，面积多在 70 平方米以下，且位置在四环外的居多。

逾七成被访者选择独立租住。其中，被访者中 72%的为独立租住，22.6%为合租（2 户），5.4%为群租（3 户及以上）。比较而言，独立租住相对安全、方便但费用较高，合租和群租较不稳定、缺乏隐私但费用较低。从年龄结构看，随着年龄的增长，独立租住的比例呈上升趋势。18−25 岁年龄段的被访者独立租住比例最低，合租和群租的比例最高，反映了一些年轻人选择合租、群租方式以降低住房开支的现象。

从月租花费看，2000 元以下占多数，67.6%的被访者表示月租为 2000 元以下。其中，29.2%的被访者表示月租为 900 元以下，38.4%为 901−2000 元，20.7%为 2001−3000 元，11.7%为 3000 元以上。

从租住户型看，被访者租住的房屋以单间、一居、两居等中小户型为主。其中，34.6%的被访者租住的是两居室，21.2%为平房，21%为一居室，15.6%为整套房中的一间，4.3%为三居室，3.1%为地下室，0.2%为复式房型。

从租房面积看，逾八成被访者租住的房屋面积不超过 70 平方米。其中，41.2%的被访者租住的房屋面积为 30 平方米以下，20.6%为 30−50 平方米，20.9%为 51−70 平方米，11.2%为 71−90 平方米，6.1%为 90 平方米以上。

从租房位置看，四环以外的居多。54.2%的被访者表示租住在四环外（其中，18.7%为四至五环之间，35.5%为五环外），45.8%的被访者租住在四环内（其中，17.3%为三至四环之间，14.4%为二至三环之间，14.1%为二环内）。可以看出，为应对高涨的租金价格，许多租房者选择到城市外围区域居住（见图 2）。

（二）交通便利和租金价格是租房者考虑的主要因素

调查显示，74.4%的被访者表示租房时主要考虑到上班地点的交通

是否方便，67.7%的考虑租金的高低，而被访者中把小区环境、离孩子学校远近、购物方便、房子质量与装修等方面作为主要选择因素的比例相对较少（见图 3）。由此可见，交通便利和租金价格是租房者考虑的主要因素。从年龄看，18-45 岁的被访者更注重交通的便利程度，占 76.4%，该比例比 46-65 岁年龄段高 15.1 个百分点；而 46-65 岁的被访者更注重租金价格，占 70.1%，该比例比 18-45 岁年龄段高 2.8 个百分点。

图 2　　市民租房需求特点

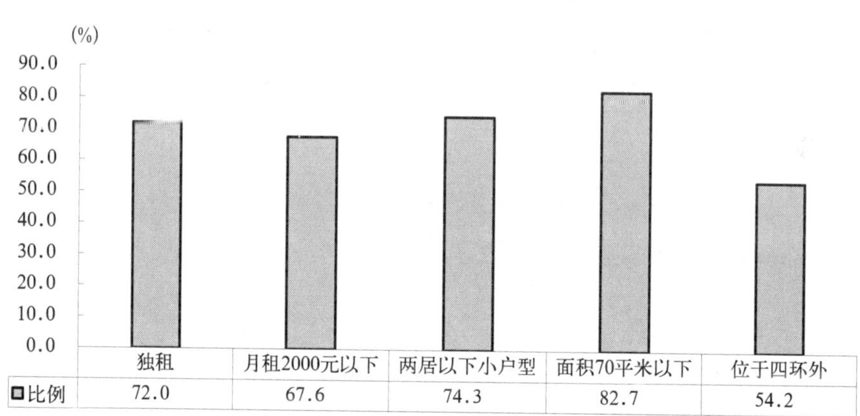

	独租	月租2000元以下	两居以下小户型	面积70平米以下	位于四环外
比例	72.0	67.6	74.3	82.7	54.2

图 3　　租房考虑的主要因素

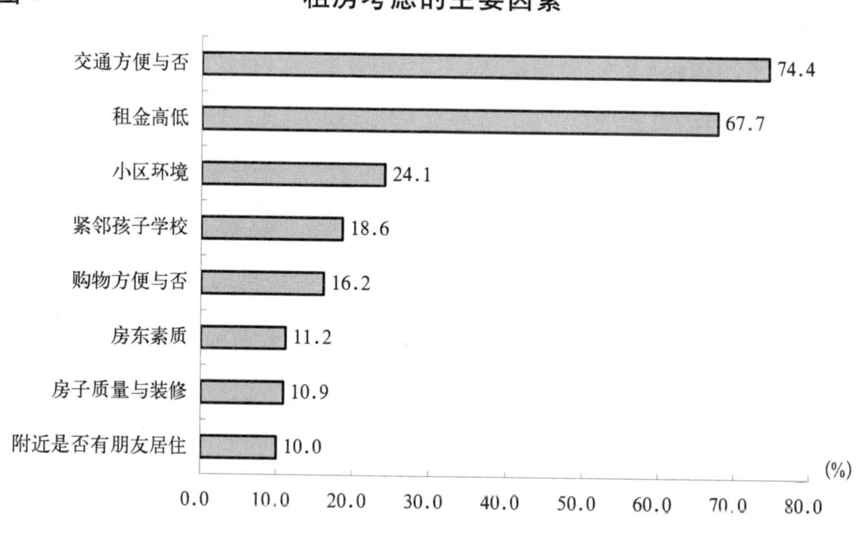

（三）房东违约、中介欺诈和居住安全是租房者担心遇到的主要问题

调查显示，被访者在租房时主要担心遇到以下三种问题：一是房东违约，随意提价或擅自缩短租赁期限，占 68.5%；二是遭遇中介欺诈，占 66.8%；三是小区的安全问题，占 65.3%。此外，遭遇二房东、室内设施损坏导致经济纠纷、邻里矛盾等也是不少被访者担心遇到的问题，分别占 45.7%、42%和 19%（见图 4）。

图 4　租房担心遇到的主要问题

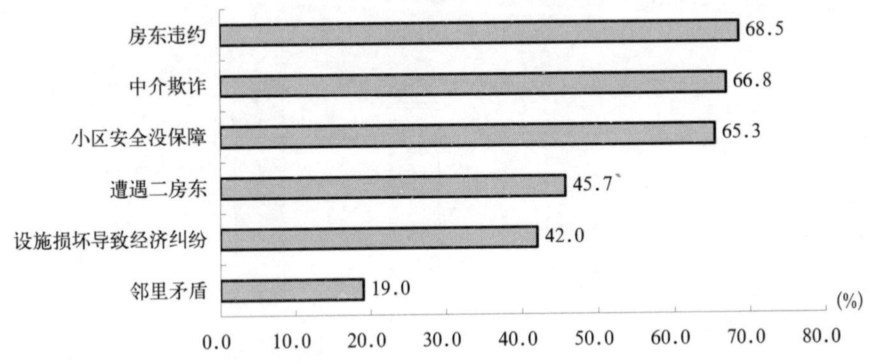

从受教育程度和收入水平看，受教育程度较高和收入水平较高的被访者最担心的问题都是遭遇中介欺诈。其中，本科及以上学历的被访者中有 77.1%的担心遭遇中介欺诈，该比例比本科以下学历的高 16.9 个百分点；年收入 12 万元以上的被访者中有 74.5%的担心遭遇中介欺诈，该比例比年收入 6 万元以下的高 12 个百分点。

（四）网络信息、亲友介绍和房产中介是获取房源信息的主要渠道

调查显示，市民主要通过网络信息、亲友介绍和房产中介来获取房源信息。其中，59.7%的被访者通过网络信息获取房源，56.5%通过亲友介绍获取房源，49.9%通过房产中介获取房源，23.9%通过街头或小区内的小广告获取房源，13.8%通过报纸、杂志广告获取房源。

从受教育程度看，本科及以上学历的被访者倾向于通过网络信息和房产中介获取房源，分别占 81.2%和 63.1%；本科以下学历的倾向于通过亲友介绍获取房源，占 63.1%。从收入水平看，收入水平越高的被访者，通过网络和房产中介获取房源信息的比例越高。年收入 6 万元以下

的被访者中，60.4%的通过亲友介绍获取房源，通过网络信息和房产中介获取房源的分别占 49%和 44%；年收入 6 万−12 万元的被访者中，通过网络信息和房产中介获取房源的分别占 70.2%和 52.1%；年收入 12 万元以上的被访者中，通过网络信息和房产中介获取房源分别占 74.5%和 66.2%。反映出随着受教育程度和收入水平的提高，市民更倾向于通过相对较正规的途径获取房源信息。

三、房屋租赁市场管理亟待规范和加强

（一）房屋租赁市场管理薄弱

目前，北京市房屋租赁市场的管理还存在薄弱环节，市场行为不规范，租赁纠纷较多。多数租房者处于弱势，一旦产生纠纷，维权较困难。调查显示，被访者担心遇到“房东违约”、“中介欺诈”、“二房东”、“室内设施损坏导致经济纠纷”等问题。

此外，群租、违法出租房屋现象仍然存在。调查显示，被访者中有 5.4%为群租。一直以来群租因其价格低廉而被很多租房者所喜爱，然而近年来却频频暴露出问题，如群租不但导致破坏房屋结构、损害房屋安全，而且给居住小区的环境治理、治安、消防等社会秩序管理带来了安全隐患。

（二）规范房屋租赁市场管理

受房地产调控政策影响，目前大多数住房需求将通过租赁市场解决，因此通过立法规范租赁活动、保障承租人权益的必要性就显得更加突出。调查显示，被访者认为需要采取下列举措改善租赁市场：第一，87.1%的被访者认为“政府应加大公租房、廉租房供应，满足多层次需求”；第二，85.4%认为应“加强市场监管，规范交易制度，让信息公开透明”；第三，81.2%认为应“明确规定价格，稳定租房市场”；第四，80.1%认为应“鼓励更多闲置房进入市场，缓解房源紧张”；第五，78.8%认为应“强制签订合法有效的租房合同，保护租住双方的权益”。近期，为加强房屋租赁市场管理，北京市已经出台地方法规《北京市房屋租赁管理若干规定》，对稳定租赁市场、保障承租人权益等方面做出了具体规定，相信房屋租赁市场将逐步得到规范。

北京市民生状况调查报告

◆◇徐 燕 丁海锋

党的十七大报告中强调要“加快推进以改善民生为重点的社会建设”，劳动就业、收入分配、社会保障、教育、医疗、住房、环境保护等民生领域成为政府关注的重点。在今年召开的北京市“两会”上，住房、医疗、教育等一系列关系民生发展的利好政策一一列入政府工作计划。为了解市民的生活水平情况、生活中遇到的主要困难以及关注的社会问题等民生情况，2012 年 2 月，北京市社情民意调查中心采用计算机辅助电话调查（CATI）形式，对全市范围内的 1528 位 18 至 65 岁，在北京居住半年以上的市民进行了民意调查。

一、居民生活状况得到明显改善，且未来预期良好

（一）近七成被访市民认为生活水平得到改善

调查显示，68.1%的被访者认为他们的生活水平比 5 年前有所上升（其中，18.7%认为上升很多，49.4%认为略有上升），22.5%认为没变化，6.2%认为略有下降，3%认为下降很多。年龄越大，认为生活水平提高的比例越低。30 岁以下、31−40 岁、41−50 岁、51−65 岁年龄段的被访者中，认为生活水平比 5 年前有所上升的比例分别为 76.9%、75%、61.5%和 59.9%，随年龄增长呈递减趋势。家庭收入较低，认为生活水平提高的比例较低。家庭月收入在 3000 元及以下、3001−5000 元、5001−10000 元和 10000 元以上的被访者中，认为生活水平比 5 年前有所上升的比例分别为 59.6%、66.6%、73.2%和 77.2%。

逾六成被访市民对未来生活预期良好。调查显示，61.2%的被访者认为未来 5 年的生活状况还将继续改善（其中，15.4%认为会上升很多，45.8%认为会略有上升），21.9%认为会没变化，7.5%认为会略有下降，2.9%认为会下降很多，6.5%说不清。

图 1　　被访市民认为生活水平提高的比例

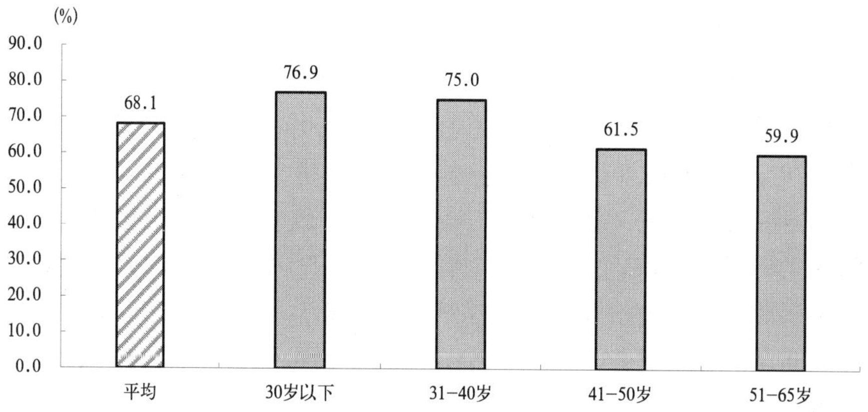

（二）逾四成被访市民对社会发展前景表示乐观

调查显示，46.9%的被访者对社会发展前景表示乐观（其中，11.4%表示非常乐观，35.5%表示比较乐观），44%的被访者对社会发展前景表示一般，5%表示不太乐观，4.1%表示很不乐观。年龄越低，对社会发展前景的乐观程度越低。30 岁以下、31−40 岁、41−50 岁、51−65 岁年龄段的被访市民中，对社会发展前景表示乐观的比例分别为 39.5%、43.9%、44.2%和 57.3%（见图 2）。

图 2　　被访市民对社会发展前景乐观的比例

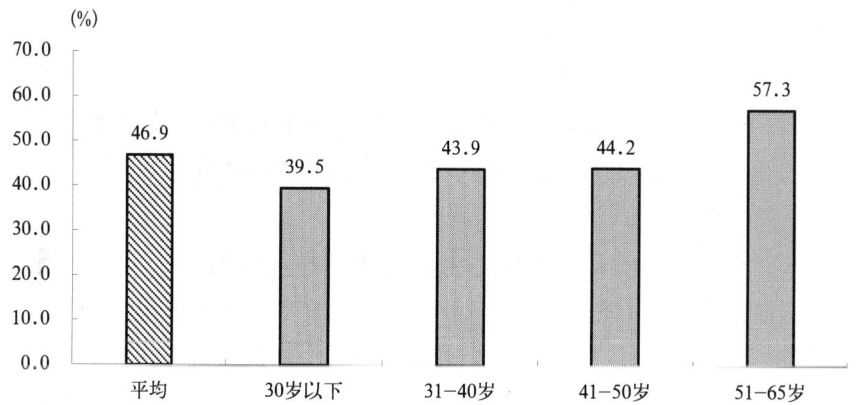

二、住房和物价上涨是目前最突出的生活问题

（一）近三成被访市民遭遇住房或买房困难

调查显示，被访市民认为目前遇到最困难的问题是住房和物价上涨。其中，29.3%的被访者认为“住房条件差，房价太高买不起房”，20.4%认为“物价上涨太快，生活水平下降”。此外，教育和医疗也是被访市民遇到的主要问题，12%认为“看病难、看病贵”，11.2%认为“教育费用高或入学困难”。其他诸如“社会风气差”、“家庭收入低”、“就业困难”、“养老问题”和“社会治安差”等问题，分别占 7.4%、5.8%、4.7%、4.2%和 2.5%。

各年龄段被访者都遇到了住房和物价上涨这两个较为共性的问题。此外，被访者面临的生活问题也呈现出较强的年龄特点。其中，30 岁以下被访者中住房问题的比例最高，为 41.1%，体现了这一年龄段所特有的买房压力；31—40 岁被访者中子女教育问题的比例最高，为 23.8%；51—65 岁被访者中看病问题的比例最高，为 15.5%。

（二）亲朋好友成为市民遇到困难时首选的求助对象

当被问及“遇到困难，您倾向于找谁解决”时，52.6%的被访市民选择亲朋好友，41.3%选择政府相关部门，38.1%选择司法机关，22.4%选择新闻媒体，18.1%选择社区组织，10.5%选择党组织。其他解决途径如政府信访部门、工会组织、慈善组织、宗教组织等，选择比例相对较低，分别占 8.5%、6.8%、1.7%和 1.2%。

三、看病、房价和物价等社会问题受到市民的普遍关注，食品和个人信息的安全状况令人担忧

（一）看病、房价和物价是市民最关注的社会问题

调查显示，“看病难、看病贵”、“房价过高”和“物价上涨”是被访市民最关注的社会问题，分别占 39.3%、31.4%和 31.1%。此外，“交通拥堵”、“收入差距大”、“教育收费高及教育不均衡问题”、“贪污腐败”也较受关注，分别占 27.9%、27.7%、27.3%和 23.4%。

被访市民对社会问题的关注点呈现出下列年龄特点：一是，年龄越低，关注“交通拥堵”和“房价过高”的比例越高，反映出年轻人上下班的交通压力以及买房的迫切需求；二是，年龄越高，关注“看病难、看病贵”和“贪污腐败”的比例越高，反映出中年人看病的压力大以及对贪污腐败等现象的关注；31－40 岁年龄段，关注“教育收费高及教育不均衡问题”的比例明显高于其他年龄段，反映出该年龄段面临较突出的子女上学、升学压力。

（二）被访市民最希望政府解决医疗、住房和收入问题

调查显示，当被问及“您最希望政府解决哪方面的问题”时，34.6%的被访市民希望政府“加大医改力度，解决看病难、看病贵问题”；30.2%希望政府“调控房价，加大保障性住房建设力度”；28.8%希望政府“提高居民收入水平”。其他较希望政府解决的问题依次是，“整治教育乱收费现象，解决教育不均衡问题”、“惩治腐败”、“改善交通状况”、“加大养老设施建设，解决养老问题”、“加强食品、卫生安全监督”和“稳定物价”，分别占 28.1%、25.9%、25.3%、23.3%、22.1%和 20%。

（三）食品和个人信息的安全状况最令被访市民担忧

通过对个人和家庭财产、人身、交通、医疗、食品、劳动和个人信息等 7 个方面的安全感进行调查，结果发现被访者在人身、个人和家庭财产方面安全感最高，感觉安全的比例均超过 50%（包括很安全和比较安全），分别为 65.5%和 52.2%；其次是劳动安全、医疗安全和交通安全，感觉安全的比例分别为 49%、38.9%和 37.1%；在食品和个人信息方面安全感最低，感觉安全的比例不足 30%，分别为 24.3%和 22.7%。调查结果反映出，各类食品安全事件和个人信息泄露的频发，导致广大市民对食品卫生和安全、个人信息安全比较担忧（见表 1）。

（四）被访市民较期待医疗卫生、教育服务和社会保障等领域获得较大发展

调查显示，当被问及“未来 5 年，您最希望北京市哪个公共服务领域获得较大发展”时，21.9%的被访市民选择医疗卫生领域，19.8%选择教育服务，17.5%选择社会保障。其他领域如环境保护、社区服务、公共交通等，选择比例分别为 13.6%、12.7%、12.6%。

表 1　　被访市民的安全感情况（%）

项目	感觉安全的比例（很安全和比较安全）
人身安全	65.5
个人和家庭财产安全	52.2
劳动安全	49.0
医疗安全	38.9
交通安全	37.1
食品安全	24.3
个人信息安全	22.7

四、全市“两会”报告中房地产调控、稳定物价和医疗改革成为主要关注点

（一）北京市“两会”政府工作报告中房地产调控、稳定物价、医疗改革等工作成绩令被访市民印象最深

调查显示，当被问及“您对北京市政府工作报告中 2011 年的哪些工作成绩印象较深”时，排在前四位的有“坚持房地产调控，投机投资性购房得到有效遏制”、“控制物价过快上涨”、“深化医药卫生体制改革”和“交通治堵取得一定成效”，选择比例依次为 28.5%、27.2%、27%和 23.8%。其他较为关注的还有“空气质量得到改善”、“提炼发布北京精神”、“加大住房保障力度”、“教育改革试点”、“居民收入增长”等，分别占 17.8%、17.5%、14.3%、13.1%和 12.8%。

(二)对于 2012 年的市政府工作目标，被访市民主要关注控制物价、收入增长、房地产调控及缓解交通拥堵

调查显示，当被问及“您对北京市政府工作报告中 2012 年哪些工作目标和任务较关注”时，排在前四位的有“居民消费价格涨幅控制在 4%左右”、“城乡居民收入实际增长 7%左右”、“抓好房地产调控，促进房价合理回归”和“加大缓解交通拥堵力度”，选择比例依次为 40.8%、29.7%、26.3%和 24.7%。

提高公众参与度　让民意之路更宽广

◆◇张曙光

近年来，各级政府在重大决策上越来越注重通过各种方式征集民意，倾听民众声音。2011 年北京市政府也提出了“坚持依法科学民主决策，完善决策程序和制度[1]”的实施意见。近两年开展的交通治堵方案、北京精神评选等一系列的民意征集活动，包括 2012 年 5 月结束的阶梯电价听证会，都表明政府决策对民意的重视。为了解市民对民意征集的认识、征集方式和渠道以及当前存在主要问题，为提高公众参与城市决策程度提供数据支持，北京市社情民意调查中心于 2012 年 5 月以计算机辅助电话调查（CATI）方式对全市 16 区县的 1108 名 18–65 岁的市民进行了公众参与城市决策的民意征集活动调查。调查结果如下：

一、市民对民意征集的认识和态度

（一）逾九成被访市民认为重大事项前有必要征集民意

调查显示，91.6%的被访市民认为城市重大事项决策前有必要征集民意，8.2%的认为没有必要，0.2%的不知道或说不清。

在对北京市“推广城市决策的民意征集活动”的评价中，认为北京市做的好的市民占 34.6%（其中，认为非常好的占 8.2%，比较好的占 26.4%），51%的认为做的一般，14.4%的认为做的不够好（其中 7.9%的认为不太好，6.5%的认为不好）。

（二）近七成被访市民认为民意征集能在决策中发挥作用

调查显示，69.9%（774 人）的被访市民认为民意征集能在城市公共

1 参看《北京市人民政府关于加强法治政府建设的实施意见》第三点，其中第 7 条还详细指出：研究制定重大行政决策程序性规定，科学界定重大决策事项范围，把公众参与、专家论证、风险评估、合法性审查和集体讨论决定作为重大决策的必经程序，凡未履行必经程序的重大事项不得作出决策。

决策中发挥作用，30.1%（334 人）的认为不能。

在认为能够发挥作用的 774 位被访市民中，39.8%的认为民意征集的主要作用是使决策更好的体现公众意见，32.9%的认为是提高政府决策科学水平，26.6%的认为是使公众形成对执行机构的持续性监督。可见，多数被访市民能够认可民意在城市决策过程中起到的“公众性”诉求作用。

调查还显示，72%的被访市民认为通过民意征集活动的推广可以使普通市民有更多的机会参与到城市决策中，27.3%的认为不能有更多机会，0.6%的不知道或说不清。

二、市民对民意征集渠道及内容的看法

（一）网络和随机抽样调查位于市民愿意采用的征集方式之首

调查显示，在民意征集方式上，80%的被访者倾向于网上征集（主要形式有领导信箱、民意征集、留言板、网上信访、网上公示、在线调查、在线访谈和公众论坛等）。随机抽样民意调查（入户、电话、街头拦截）方式则以 78.5%排在第二位。这表明，网络方式以便捷、随机抽样民意调查以直接互动等特点受到青睐（见图 1）。

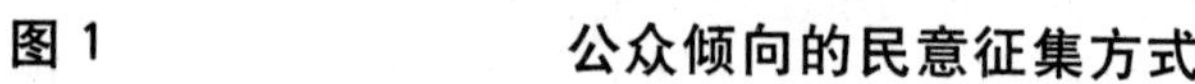

图 1　公众倾向的民意征集方式

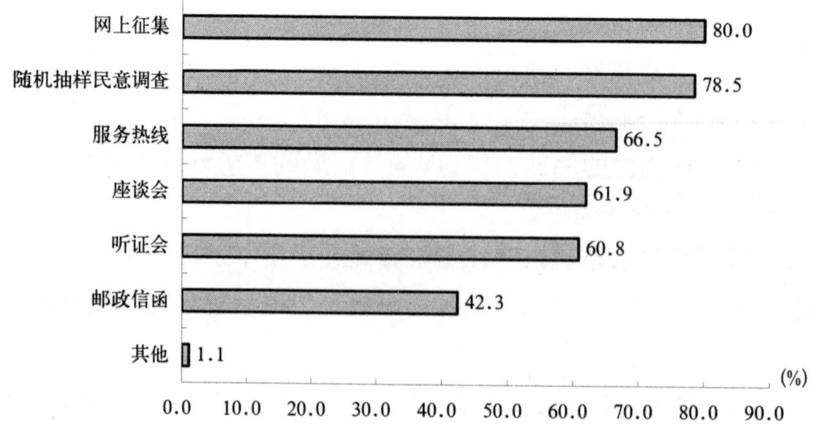

注：此题为多选题

被访市民对网络和随机抽样民意征集方式呈现以下特点：年龄越小，选择网上征集的比例越高。30 岁以下，31—49 岁和 50－65 岁年龄段被访者中，选择网上征集的比例分别为 86.2%，85.3%和 67.1%，随着年龄增长呈递减趋势。年龄越大，选择随机抽样调查的比例越高。18—30 岁，31—49 岁和 50－65 岁年龄段被访者中，选择随机抽样民意调查的比例分别为 74%，78.7%，82.4%。

（二）近六成被访市民愿意通过社区组织和政府民意调查机构进行民意征集

调查显示，30.1%的被访市民希望通过社区组织进行民意征集，28.7%的希望通过政府民意调查机构，24.5%的希望通过媒体，16.5%的希望通过民间团体，其他为 0.4%。这表明了被访者更希望通过社区组织、政府民意调查机构表达民意。

（三）医疗和住房问题居市民愿意参加的民意征集内容榜首

在公众最希望参与的民意征集内容方面，医疗和住房高居榜首，分别占 58%、49.7%，此外，教育、交通、饮食紧随其后，分别占 40.5%，32.3%，26.3%，这表明公众更希望参与和民生密切相关领域的民意征集活动（见图 2）。

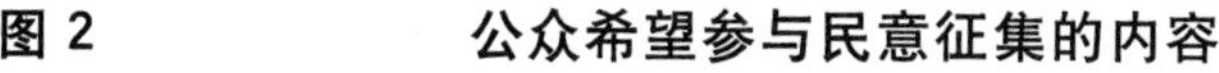

图 2　　公众希望参与民意征集的内容

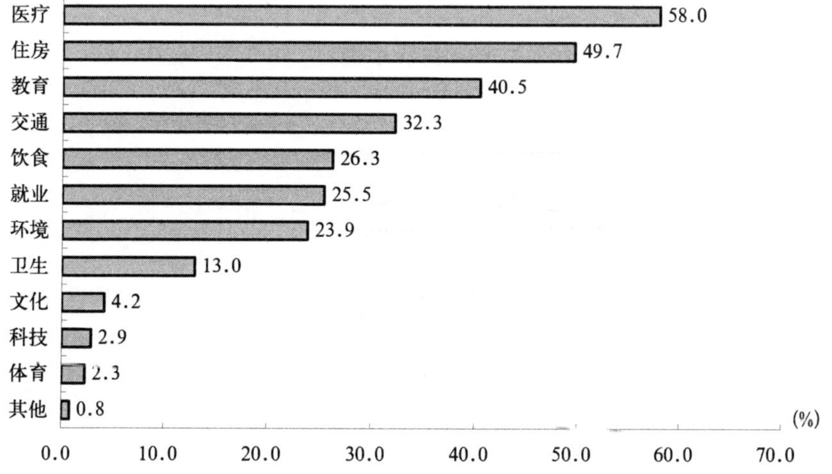

注：此题为限选题，最多选三项

被访市民愿意参与的民意征集内容呈现出以下特点：30岁以下的被访者选择住房的比例最高，为61.5%，体现了这一年龄段希望对住房问题解决的特别需求；31－49岁和50－65岁年龄段的被访者选择医疗的比例最高，分别为59.5%和57.4%，表明了这两个年龄段对医疗问题解决的特别需求（见表1）。

表1　不同年龄段被访者希望参与的征集内容（%）

内容	30岁以下	31－49岁	50－65岁
住房	61.5	48.9	40.3
医疗	56.6	59.5	57.4
教育	40.5	54.1	22.1
就业	35.2	22.2	21.2
交通	34.5	32.5	30.0
饮食	21.7	25.6	31.2
环境	16.4	23.5	31.2
卫生	10.9	11.4	17.1
文化	6.6	3.0	3.8
科技	3.6	1.3	4.4
体育	3.0	0.6	4.1
其他	0.7	0.2	1.8

三、民意征集活动中存在的问题及建议

1. “不知道如何参加”是没参加过的主要原因，应提高民意征集知情度

调查显示，11.6%的被访市民参加过本市的民意征集活动，88.4%的被访市民表示没有参加过。

在对没有参加过的979位被访市民问及原因时，58.8%的被访市民表示不知道如何参加。这表明，“不知道如何参加”是没有参加过民意征

集的主要原因。

让公众知情是使其参加民意征集的前提，因此，提高民意征集的知情度，通过网络、电视、报纸等各种媒介对相关信息进行宣传公开，明确参与方式、程序、条件，积极引导公众参加，针对参与人群的不同特点，以多种方式相结合来展开民意征集活动。

2.加强事前民意听取工作，提高征集过程透明度

调查显示，在问及“民意征集中，您觉得哪个阶段工作建设亟须完善？”时，51.4%的被访市民认为是事前听取民意阶段，29.8%的认为是事后反馈民意阶段，16.7%认为是事中征求民意阶段，不知道或说不清的为 2.1%。

另外，51.5%的被访市民认为当前北京市民意征集主要问题是“征集意见不透明”，“政府宣传力度不够”(48.9%)和“民众参与意识不足”（40.9%）分别排在第二和第三位（见图 3)。

图 3　当前北京市民意征集中主要存在的问题

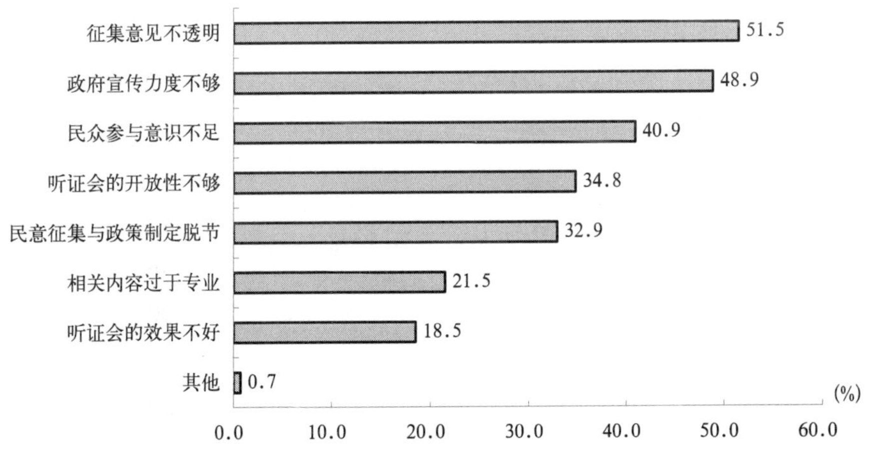

注：此题为限选题，最多选三项

事前民意听取工作是民意征集的第一步，这一阶段包括征集活动信息的公开，以开放透明的方式听取公众意见和诉求。但 51.4%的被访市民认为事前民意听取阶段工作亟须完善，民意征集活动的主要问题中，“征集意见不透明”（51.5%）和“政府宣传力度不够”（48.9%）的问题较为突出。因此，加强事前民意听取，一方面要加强宣传力度，让公众知道民意征集并参与进来，将民意诉求作为政策制定的导向，另一方面，让操作过程清楚透明，让公众不再“雾里看花”，才能提高公众对征集的信任度和参与度。

北京市未成年人思想道德建设状况调查报告

◆◇廖　珺　刘　瑶

未成年人是祖国的希望、民族的未来，是社会可持续发展的重要资源，加强未成年人思想道德建设对未成年人成长成才和身心健康具有重要意义。目前，全社会都在着力营造未成年人思想道德建设的浓厚氛围，北京市于 2012 年 5 月底出台《弘扬北京精神，深入推进未成年人思想道德建设行动计划》，为未成年人健康成长提供更好的保障。为摸清未成年人思想道德现状，了解未成年人对思想道德教育网络的评价，北京市社情民意调查中心采用计算机辅助电话调查的方式，对全市 1057 名[1]未成年人进行了“北京市未成年人思想道德建设状况调查”，所有问题由未成年人本人回答。本文根据调查数据，对北京市未成年人思想道德建设的现状和问题进行分析，并就加强未成年人思想道德建设提出几点建议。

一、北京市未成年人思想道德建设现状

（一）六成被访学生对学校思想道德教育[2]感兴趣

在学校、家庭、社会、网络“四位一体”未成年人思想道德教育网络中，学校发挥龙头作用。学生对于学校思想道德教育的兴趣是学生能否吸收、消化好这道“营养大餐”的关键。调查显示，学生对学校思想道德教育这道“营养大餐”兴趣比较浓厚：很感兴趣和感兴趣的学生占 58.3%，感觉一般的学生占 37.2%，不太感兴趣和根本不感兴趣的学生占 4.5%（见图 1）。

---

1 其中，小学 1-3 年级学生 201 名，小学 4-6 年级学生 300 名，初中生 330 名，高中/职高生 226 名，分别占 19.0%、28.4%、31.2%和 21.4%。

2 指学校的思想品德课，以及此方面的班、队、团活动。

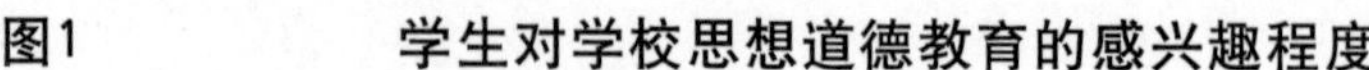

图1　　学生对学校思想道德教育的感兴趣程度

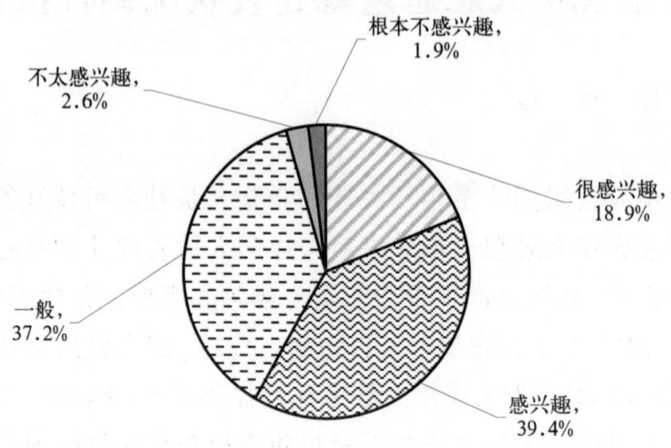

小学生对学校思想道德的兴趣浓于初中生和高中生。超过七成的小学生对学校思想道德教育感兴趣，而只有一半的初中生和四成高中生对此感兴趣。

通过向48位对学校思想道德教育不感兴趣的学生询问得知，内容不生动和形式局限于书本是学生对学校思想道德教育不感兴趣的主要原因（见图2）。

图2　　学生对学校思想道德教育不感兴趣的原因

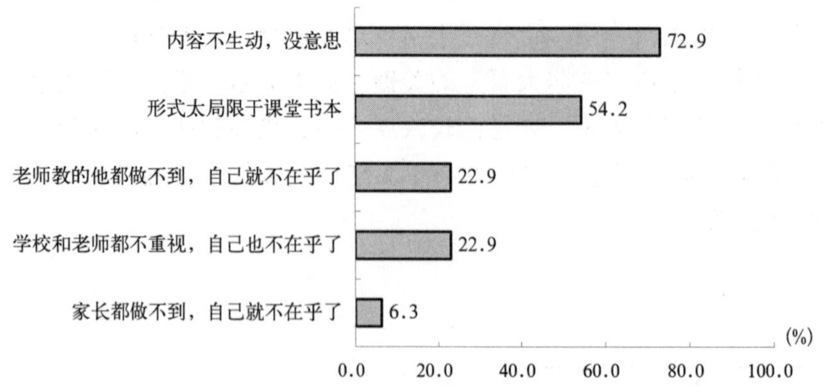

注：该题为多选题。

（二）道德品质突出是学生心目中优秀学生的核心标准

如何界定优秀学生，集中反映了未成年人当前的价值观，而此时形成的价值观将对其未来的人生道路产生深远影响。调查显示，“德”、“才”相比，被访学生认为“德”更关键，即道德品质突出是优秀学生的核心标准。其中，诚实守信是第一标准，74.0%的被访学生认为这是优秀学生需要做到的；孝敬长辈是第二标准，56.0%的被访学生认为优秀学生需要做到这条。由于升学压力和各类成绩考核，成绩优异虽不是优秀学生最重要的标准，但有 35.0%的被访学生选择此项，居第三位。而文明礼貌、爱国忠诚、勤劳节俭也是比较重要的标准，约三成学生选择这几项（见图 3）。

图3　学生心目中优秀学生的标准

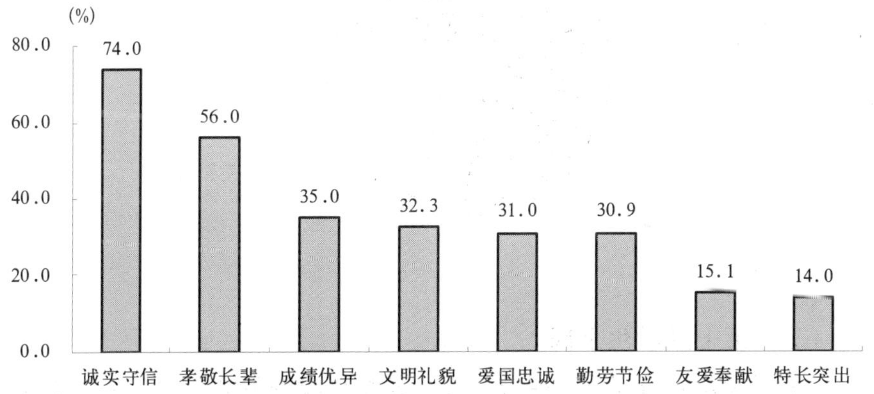

可见，基于“育人为本、德育为先”的培养理念，学校和社会在未成年人的思想道德教育方面确实取得一定的成效，未成年人高度认可道德品质的重要地位。

（三）九成学生喜欢任课老师

教师是塑造未成年人灵魂的工程师，是学生成长期中重要的引导者。调查表明，48.2%的被访学生喜欢全部任课老师，42.9%喜欢多数任课老师，8.6%只喜欢其中少数，0.3%表示所有任课老师都不喜欢。

低年级学生更加喜欢其任课老师。在初中和高中生中，分别有 39.7%和 31.1%喜欢所有任课老师，而在小学 1–3 年级学生中，喜欢全部任课老师的学生占 67.7%，比例约为初中生、高中生的两倍。

（四）半数学生认为教师日常行为举止对其影响较大

常识可知，教师的日常工作和生活表现出来的一切，对学生的认识和行为习惯会产生较大影响，这点得到了学生的认同。调查显示，15.2%的学生认为老师的日常行为举止对自己的影响很大，32.0%的学生认为影响较大，22.7%的学生觉得影响一般，12.6%的学生认为影响不大，17.5%的学生认为没有影响（见图 4）。

图4　　学生认为老师的日常行为举止对其的影响大小

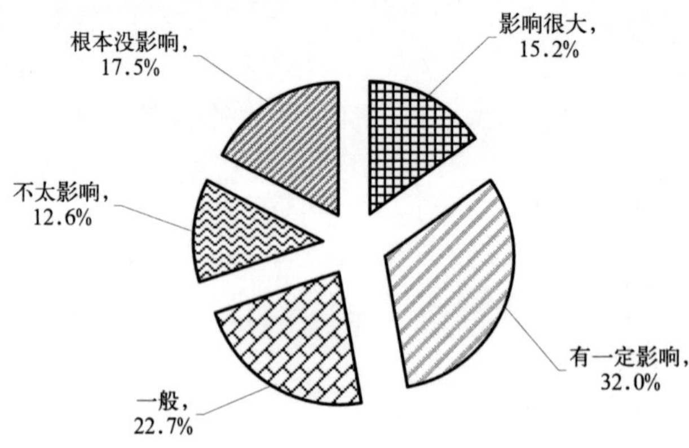

（五）近七成学生上网

网络环境是未成年人“四位一体”成长环境的重要部分。调查显示，66.7%的被访学生平时会上网，33.3%不上网。其中，小学 1–3 年级学生上网的比例为 32.3%，小学 4–6 年级的学生上网的占 61.3%，初中生上网的占 77.6%，高中学生上网的占 85.1%。网络作为开放的虚拟社区，吸引着越来越多的未成年人。积极净化网络环境，以便未成年人获取科学、正确的信息，是未成年人思想道德建设工作的重要内容。

二、需要关注的问题

（一）六成以上学生崇拜明星或没有偶像

在询问未成年人的偶像类型时，调查给出了伟人、科学家、思想家

等精神领袖，也给出明星、网络名人等娱乐人物。调查结果反映两个问题，一是被访学生崇拜明星的现象比较突出，31.0%的被访学生最崇拜明星，该比例几乎等于选择其他各类人物的比例之和；二是部分学生精神偶像缺失，33.0%的被访学生回答他们没有偶像。崇拜明星或者没有偶像的被访学生占 64.0%，与此形成鲜明对比的是，崇拜伟人、思想家、政治家和民族英雄的仅占 5.3%（见图 5）。

图5　未成年人的崇拜对象

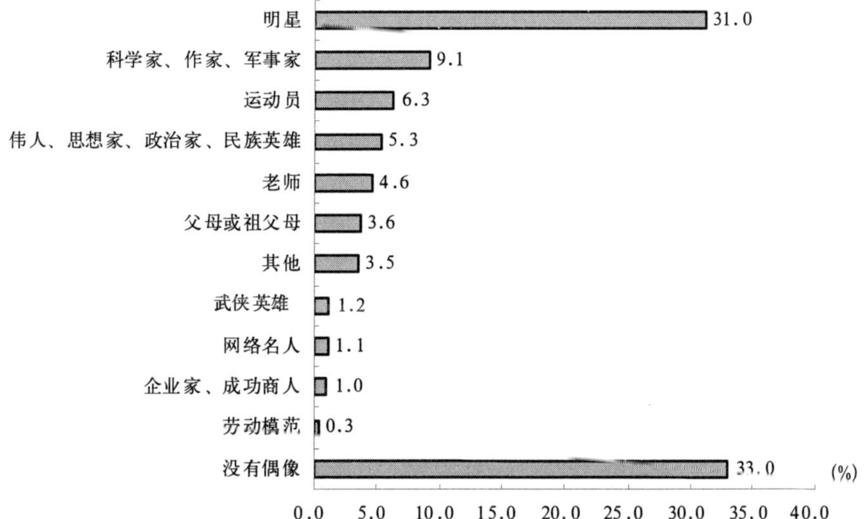

（二）家长与孩子在其身心健康、思想品质等方面的沟通不足

家庭是未成年人“四位一体”成长教育环境的重要环节。调查表明，家长与孩子的沟通内容不够全面丰富，局限于学习方面，对孩子在身心健康、思想品质和兴趣爱好方面的沟通较显不足。据未成年人反映，家长就学习方面与之沟通最多（占 50.7%），生活方面的沟通较少（占 19.2%），而对孩子在身心健康、思想品质和兴趣爱好等方面沟通更少（见图 6）。

（三）学校周边环境秩序不容乐观

教育部 2011 年下发文件，要求学校周边 200 米内不得开设网吧、歌舞厅等娱乐场所。从学生反馈来看，学校周边娱乐场所不多，但摆摊商贩密集，不良青少年和小混混偶尔出现，影响学校周边的环境秩序和学生的身心健康。56.3%的被访学生表示学校周边有摆摊商贩，22.2%反映有不良青少年和小混混，15.5%反映有网吧，7.9%反映有游戏厅，6.1%反映有歌舞厅（见图 7）。

图6　家长与孩子沟通的主要方面

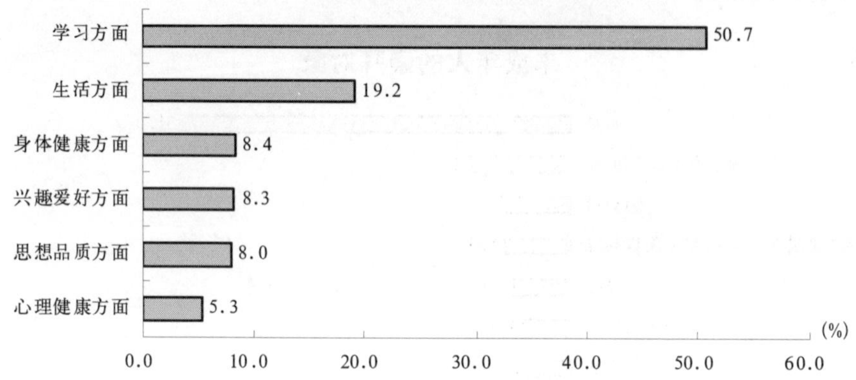

图7　学校周边的环境秩序问题

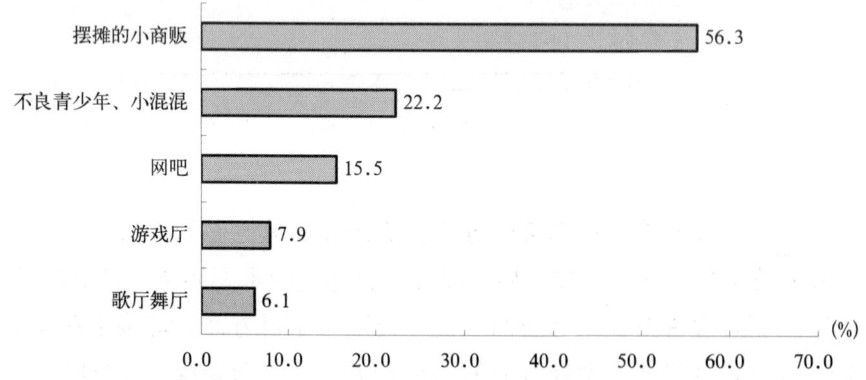

初中、高中学校周边环境秩序问题比小学更突出，主要表现为初、高中学生反映学校周边有不良青少年和网吧的情况比小学多见。三成以上的初、高中生反映学校周边有不良青少年和小混混，该比例是小学生的 4 倍；两成以上的初、高中生反映学校周边有网吧，该比例是小学生的 3 倍。

三、关于加强未成年人精神文化建设的几点建议

（一）推进小学、初高中生德育建设应重点“有别”

调查结果显示小学1–3年级和4–6年级调查结果趋同，初中和高中学生反映的特点类似，建议按照小学、初高中两类，有针对性地推进这两个阶段未成年人的思想道德建设。

与小学生相比，初中、高中生有以下特点：对学校思想道德教育的兴趣不太大，对任课老师的喜欢程度明显低于小学生，但认为老师的言行举止对其影响较大；上网比例高，信息来源渠道丰富，反映学校周边有小混混和网吧的比例较高。因而，为了加强初中、高中学生的德育工作，要注重以下三个方面：一是学校开展思想道德教育工作，内容上要生动、形式要活泼，若条件允许，可以多开展体验活动和实践活动，强调知行合一，让学生在实践体验中接受印象深刻的教育；二是教师要以爱感化学生，多与学生进行思想交流，把言教和身教结合起来，使学生感受到所学道德准则的可信，从而愿意去积极行动；三是要净化社会文化环境，清理校园周边的网吧，采取多种措施集中清理整治网络中的低俗内容和有害信息。

小学生对学校的思想道德教育和任课教师的评价都较高，建议进一步发挥课堂这块德育工作的主阵地作用，教师多给小学生进行思想道德教育，帮助学生正确认识客观世界。

（二）发挥家长对未成年人的心理健康和道德品质方面的引导作用

家庭教育在“四位一体”教育中发挥基础作用。那么，家庭教育的内容应该包括哪些？前文调查表明，目前家长与未成年人的沟通主要集中于学习方面，但对未成年人心理健康、思想品质等方面的交流不够。家长也应担负起德育的重要职责，争取实现与孩子的“全方位交流”。首先，家长自身要强化这种责任意识。另一方面，学校和老师应与家长做好沟通，将孩子的动态及时反馈给家长，多做提醒。对社会上家长学校、母亲课堂的优秀成果和经验多进行推广和宣传。

（三）树立和广泛宣传青少年模范典型

调查得出，多数未成年人要么崇拜明星，要么没有偶像，目前社会

推崇的模范典型多数是未成年人的长辈，其事迹、身份让未成年人感觉遥远，很难吸引其去学习和模仿。建议广泛搜集各地小英雄、小模范和优秀学生的事迹，让未成年人的同龄人去触其心灵，并以学校为主要阵地，通过粘贴墙报、观看宣传片、举办事迹报告会、讨论交流等方式，宣传青少年模范的行为和思想，真正发挥“见贤思齐”的作用。

中小学生课余“娱乐学习两手抓”

◆◇廖　珺　刘　瑶

“池塘边的榕树上，知了在声声叫着夏天……”经典的老歌还在传唱，可早已唱不出孩子们的共鸣。时下，中小学生的课余生活更像央视热播的一则公益广告中所描述的，课外班已成为中小学生课余的重要生活。为了解中小学生课余生活，摸清中小学生文化需求，北京市社情民意调查中心采用计算机辅助电话调查的方式，对全市 16 个区县共 1057 名[1]中小学生进行了“北京市中小学生课余文化生活调查”，让孩子们自己来描述他们的课余生活。

一、中小学生课余文化生活现状

（一）上网

1、上网比例从 2006 年的 53.1%提高到 2012 年的 66.7%

在大城市，上网是中小学生课余生活的重要组成部分。目前，中小学生教育网络已由学校、家庭、社会“三位一体”进一步扩展为包括网络在内的“四位一体”，充分显示出网络环境对中小学生成长的重要影响。调查显示，中小学生上网比例近年来提高较快，从 2006 年的 53.1%提高到 2012 年的 66.7%，上升 13.6 个百分点。

2、小学 4—6 年级学生成为上网“生力军”

随着网络的普及和上网的便利化，越来越多小学生开始接触网络。在不同年级学生中，小学 4–6 年级学生的上网比例提高最快。2012 年，32.3%的小学 1–3 年级学生上网，比 2006 年提高 11.3 个百分点；61.3%的小学 4–6 年级学生上网，比 2006 年提高 20.4 个百分点，提高最快；77.6%的初中生上网，比 2006 年提高 13.1 个百分点；85.1%的高中生上

1　其中，小学 1–3 年级学生 201 名，小学 4–6 年级学生 300 名，初中生 330 名，高中/职高生 226 名，分别占 19.0%、28.4%、31.2%和 21.4%。

网，比 2006 年提高 1.5 个百分点（见图 1）。

图1　　不同年级学生上网比例（2006 年和 2012 年）

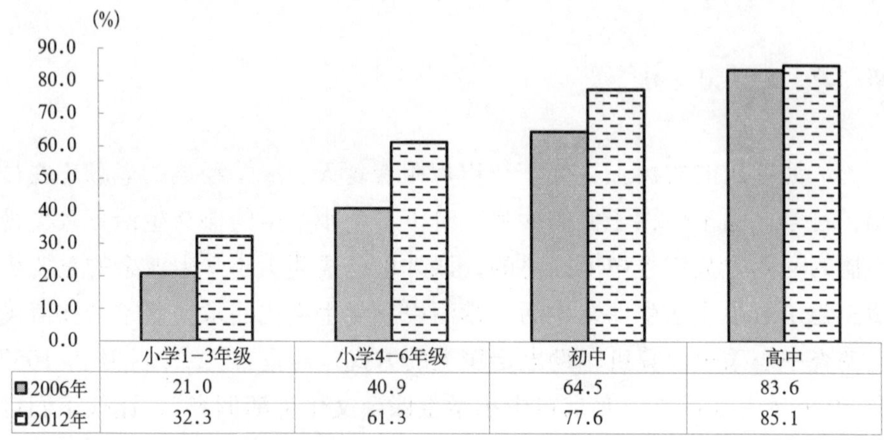

	小学1-3年级	小学4-6年级	初中	高中
2006年	21.0	40.9	64.5	83.6
2012年	32.3	61.3	77.6	85.1

3、“蹲家上网”最常见

91.8%的中小学生主要在自己家里上网，用手机等移动设备或在学校机房上网的不多，分别占 4.5%和 3.0%。《中国青少年上网行为调查报告》提到，青少年上网环境优化，从网吧逐步向家庭和学校转移。上网环境偏家庭化，一方面是由于计算机在家庭中已经很普及，根据统计部门住户调查资料显示，每百户北京城镇家庭拥有 84 台接入互联网的计算机，每百户北京农村家庭中拥有 64 台计算机。同时，社会对网吧的监管力度也不断加强，教育部规定学校周边 200 米内不得开设网吧，规范了学生上网环境。

（二）阅读

1、小说、漫画和童话书居“看书排行榜”前三甲

阅读书籍是学生课外生活的重要部分。小说、漫画和童话是中小学生最常看的课外书类型，分别有 36.8%、25.4%和 21.6%的被访学生常看以上三种类型书籍，符合孩子的心理特点和阅读习惯。

其中，小学生偏爱童话和漫画，中学生最爱看小说。纯真烂漫的童话书最受小学生欢迎，四成左右的小学生常看童话书；图文并茂的漫画书居第二位，三成左右小学生常看漫画书。随着年龄的增长，学生阅读

能力增强，对文字的理解和把握能力提高，小说取代童话成为新宠，五成以上的中学生常看小说；而漫画书地位岿然不动，仍有近二成中学生常看漫画。

图2　　中小学生课外阅读书的选择类型

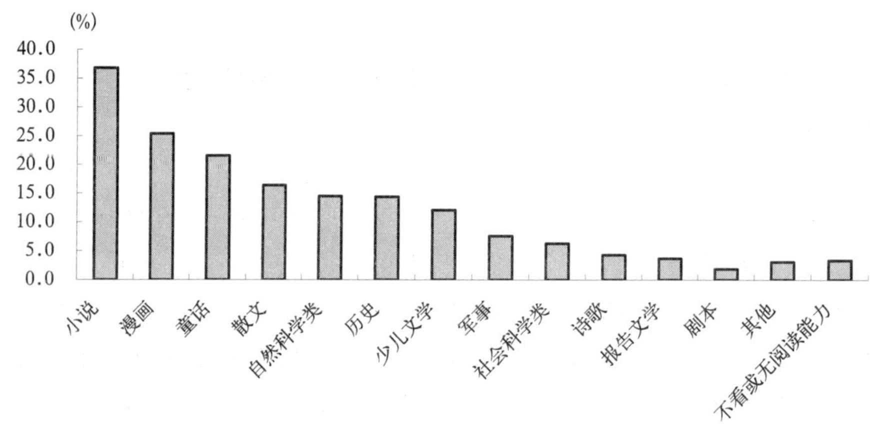

注：该题为限选题，最多选三类。

2、自主购书是中小学生课外读物的来源

中小学生在阅读上具有较大的自由选择权，课外读物主要是学生自主购买得到的。42.1%的被访学生所看图书是自主购买的，19.2%是向图书馆借阅的，15.0%是父母或学校指定购买的。

在询问中小学生如何花零花钱时，购买图书报刊是他们的第一选择，与前文学生自主购买图书相呼应。具体如下：41.5%的被访学生乐意将零花钱用于购买图书报刊，40.3%的被访学生乐意花在食品上，35.6%乐意花在文具上，选择花在玩具、服装、电影等其他方面的较少，比例均不超过10%[2]。

（三）看电视：小学生痴迷动画片，中学生移情娱乐节目和电视剧

总的来看，动画片是中小学生最常看的电视节目，但这主要以小学低年级学生对动画片的痴迷作为支撑。在小学1–3年级学生中，高达82.1%最喜欢看动画片，该比例遥遥领先于其他节目类型；小学4–6年

2 零用钱花在哪些方面是限选题，被访学生最多选择三项。

级学生仍最爱看动画片，55.7%表示爱看动画片；而在中学生中，动画片的地位迅速下降，娱乐节目和电视剧成为热门，三成以上表示喜欢看娱乐节目和电视剧。

二、值得关注的问题

（一）减负不减：过半学生参加课外班[3]，上哪类课外班主要考虑当前实用价值

目前，国家在政策上正逐步为学生减负，限制公办学校开办课外班，但仍有部分家长基于培养孩子的考虑，为孩子选择相应的课外班。数据显示，56.8%的学生参加了课外班。在参加课外班的学生当中，平均每人上 1.6 种课外班。课外班的内容以传统的课程科目辅导（如外语、奥数等）为主，文体兴趣班次之,而参加科技班（如制作模型等）的最少。外语、补习班、奥数是学生参加最多的三大类课外班，分别有 19.5%、11.5%和 10.9%的被访学生参加了上述三类。

图3　参加不同类型课外班的学生比例

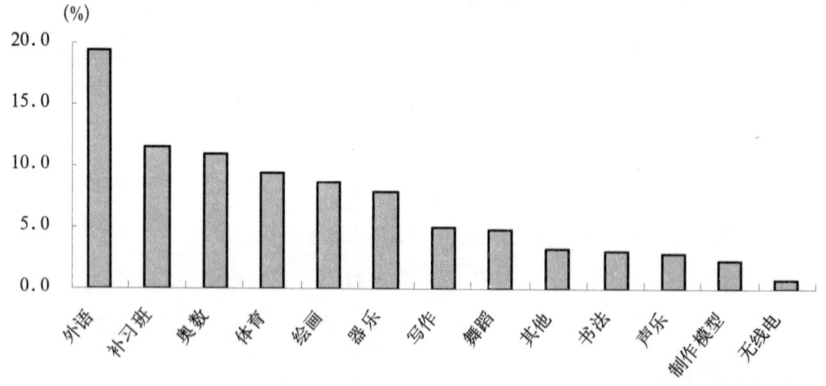

小学生参加课外班的比例最高，初中生次之，高中生最低。七成小学生参加了课外班，而在初中生和高中生当中，参加课外班的比例分别降至五成和四成。从内容看，在小学生中，参加外语班的最多，其次是

3 含特长班和兴趣班。

绘画、体育等文体兴趣班；而中学生参加最多的是补习班。说明家长在为孩子选择课外班的时候，以“实用”为准：对小学生注重在外语能力和文体特长方面全面发展；而对中学生来说，课外班的首要目的是提高学习成绩，因而补习班成为首选。

（二）七成以上的小学生上网最常玩游戏

网络提供了信息流通的平台，为现代人的生活带来了极大的便利，但要中小学生利用好这把“双刃剑”，目前有点难。调查显示，我市中小学生对网络资源的利用比较肤浅，偏社交娱乐化，使用网络来辅助学习、看新闻的不多。七成以上的小学生上网主要玩游戏，近六成中学生主要用于聊天交友。

以全部学生作为整体看，54.4%[4]的被访学生上网常玩游戏，47.4%常聊天交流，40.3%选择查找信息，30.5%选择上网主要是娱乐，25.9%上网用于辅助学习。上网看新闻、购物、写博客的学生较少（见图4）。

图4 上网的主要活动

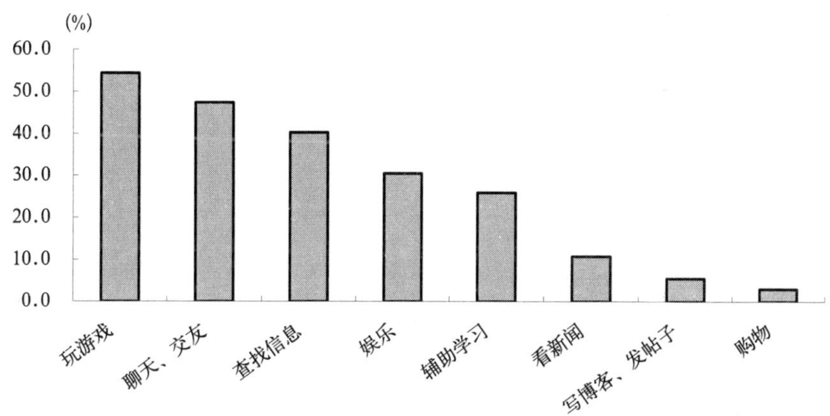

（三）仅三成学生喜欢国产动画片

近年来，我国大力扶持国产动画片的发展，相关措施包括在黄金时段相关频道只播国产动画片。在这样的环境下，国产动画片在中小学生中的受欢迎程度并不高：19.6%明确表示不喜欢，46.5%觉得一般，只有

4 中小学生上网常做之事为限选题，最多可选三项。

33.9%的学生表示喜欢。

进一步询问不喜欢的原因，小学生觉得国产动画片形象不好看，中学生觉得情节不吸引人、题材陈旧没创意，即小学生重形象，中学生重内容。

三、意见建议

（一）堵疏结合，引导中小学生会用和善用网络

让中小学生用对网络这把“双刃剑”，需堵疏结合、双管齐下。“堵”，即堵住不利于中小学生健康成长的信息，如建立内容分级管理制度，净化网络环境。“疏”体现在丰富内容和加强引导两方面。一是丰富内容：进一步丰富符合中小学生口味的网络文化精品，从学生所思所想，去把握他们的文化娱乐需求，以有助于中小学生形成健康人格和优秀品质为目标来创作和推广优秀网络文化产品。二是加强引导：提供网络“双刃剑”的《使用说明书》，在上网内容、上网时长等方面提供一些合理参考，并做好相应的监督执行工作。由于九成以上中小学生主要在自己家里上网，可见家长对中小学生的上网指导至关重要。家长在有条件的情况下，增加与孩子的互动，进一步了解孩子的上网需求和感受，在孩子上网的时候予以一定的指导和陪伴。

（二）从现实需求和学生兴趣出发，适量参加课外班

与上网一样，上课外班也是一把“双刃剑”，需合理安排。在目前的考试和招生制度不做大调整的前提下，课外班还会成为家长和孩子的选择，但是参加课外班应把握好“度”。一是征得学生的理解，结合中小学生本人的兴趣和需要来报班。特别是对部分高年级学生而言，他们对自己的学习有细致规划，可以参考学生意见来选择报班。二是不宜负担过重，保证学生的睡眠、锻炼和玩乐时间。本次调查发现，有 31.5%的被访学生睡眠时间“不达标[5]”，但充足的睡眠是中小学生成长发育的基础需求，应切实得到保证。

5 中共中央国务院《关于加强青少年体育 增强青少年体质的意见》中提出“小学生睡眠 10 个小时，初中生 9 个，高中生 8 个小时”的睡眠时长，调查将此作为标准。